精品教材
管理系列

Career Planning and Management

职业生涯规划与管理

（第2版）

石建勋◎编著

清华大学出版社

北京

内 容 简 介

本书结合时代发展和当代大学生、研究生的特点,全方位、多角度地介绍了一些职业生涯规划与管理的基本知识和方法,还介绍了职业生涯心理健康的自我调适以及成功学、组织变革、互联网等与职业生涯规划的关系,借助于实践案例,帮助读者对职业选择、人生成就、健康快乐等一系列问题进行通盘考虑、合理规划。

本书内容新颖、涉及面广、信息量大,案例丰富、生动实用,不仅适合各类在校学生学习使用,也适合广大中、青年职场人士进行职业生涯自我设计时参考,还可作为相关领域的理论研究工作者、管理人员和关心职业生涯规划的人士的阅读资料。

图书在版编目(CIP)数据

职业生涯规划与管理/石建勋编著. —2 版. —北京:清华大学出版社,2017(2020.8重印)
（21 世纪经济管理精品教材·人力资源管理系列）
ISBN 978-7-302-47293-3

Ⅰ. ①职… Ⅱ. ①石… Ⅲ. ①职业选择—高等学校—教材 Ⅳ. ①G647.38

中国版本图书馆 CIP 数据核字(2017)第 108494 号

责任编辑:张　伟
封面设计:李召霞
责任校对:宋玉莲
责任印制:杨　艳

出版发行:清华大学出版社
　　　　网　　址:http://www.tup.com.cn,http://www.wqbook.com
　　　　地　　址:北京清华大学学研大厦 A 座　　　　邮　　编:100084
　　　　社 总 机:010-62770175　　　　　　　　　　邮　　购:010-62786544
　　　　投稿与读者服务:010-62776969,c-service@tup.tsinghua.edu.cn
　　　　质量反馈:010-62772015,zhiliang@tup.tsinghua.edu.cn
　　　　课件下载:http://www.tup.com.cn,010-83470158
印　刷　者:北京富博印刷有限公司
装　订　者:北京市密云县京文制本装订厂
经　　销:全国新华书店
开　　本:185mm×260mm　　　印　　张:22.75　　　字　　数:541 千字
版　　次:2012 年 1 月第 1 版　 2017 年 6 月第 2 版　　印　　次:2020 年 8 月第 3 次印刷
定　　价:42.00 元

产品编号:070072-01

第2版 前言

不知不觉中,这本书的第 1 版印刷发行已经过去五年有余。作者孤陋寡闻,五年来,职业生涯规划的理论似乎没有多少变化,但职业生涯规划的环境,无论是中国还是世界都发生了一些根本性、颠覆性的变化,这些变化对每个人来说,是新机遇,也是新挑战。伟大的先行者孙中山说得好:"世界潮流浩浩荡荡,顺之者昌,逆之者亡。"这句话蕴含的真理,对一个国家、一个政党、一个企业、一个组织都适用,对每一个渴望成才成功的个人也适用,因此,认清形势,把握大势,对个人的职业生涯规划至关重要。鉴于此,本书再版之际,应出版社编辑之邀,作者结合时代变迁的大背景,对本书部分章节进行了修改、完善和补充,又增加了新的一章,主要介绍在"大众创业,万众创新"的时代背景下,如何做好以创新创业为主题的职业规划。

鉴于书中章节结构安排的制约,不能充分展开对形势和大势的分析,故此在再版前言部分简单谈谈职业规划的新形势、新机遇和新挑战,供大家参考。

世界正在发生深刻复杂的变化。

2016 年年初以来,欧债危机尚未根除、英国脱欧公投成功、美国两党恶斗选举丑闻不断、北非中东颜色革命后动乱不息、恐怖主义持续并蔓延至欧洲、土耳其发生未遂军事政变、欧洲难民潮不堪重负、美国当选总统特朗普上台后贸易保护主义、逆全球化和民粹主义有愈演愈烈的趋势,等等。这些看似不相关的独立事件,都说明了一个事实:当今世界,人类社会面临的最严重危机不是经济危机而是制度危机,无论是全球治理层面还是国家治理层面,无论是西方发达国家还是广大发展中国家,制度变革远远落后于政治、社会、文化和经济发展,新制度供给严重短缺,导致了金融危机、经济危机、日益严重的生态环境危机和恐怖主义蔓延。人们不禁要问,今天的世界到底是一个什么样的世界?

这是一个以中国为代表的新兴经济体国家迅速崛起、世界政治经济格局正在发生重组和洗牌的世界。

中国正在创造历史,正在改变世界。

改革开放 30 多年来,中国经济社会的发展取得了世人瞩目的成就。中国的发展离不开世界,世界的发展同样离不开中国。今天的中国,已经深深地与世界紧密融合在一起,中国的发展和世界的发展互为机遇、互为条件、互相促进,中国的开放发展不仅为实现自身的繁荣发展创造条件,也为世界走向共享包容的人类命运共同体贡献力量。今天的世界,因为中国为代表的新兴经济体国家快速发展,国际政治与经济格局正在发生前所未有的变化,中国在世界经济和全球治理中的分量迅速上升,对世界的贡献和影响力日益增加,世界的发展越来越需要中国智慧、中国倡议、中国方案、中国速度、中国制造、中国投资、中国订单等。

当前中国人民正在以习近平同志为核心的党中央领导下进行中国特色社会主义建设,为实现中华民族伟大复兴的"中国梦"而奋斗。"中国梦"的基本内涵是实现国家富强、民族振兴、人民幸福。具体来说,就是要在中国共产党成立一百年时全面建成小康社会,在新中国成立一百年时建成富强、民主、文明、和谐的社会主义现代化国家。国家好,民族好,每个人才会好。"中国梦"是民族的梦,也是我们每个中国人的梦。每个人都能在为"中国梦"的奋斗中实现自己的梦想。生活在伟大时代的中国人民,共同享有人生出彩的机会,共同享有梦想成真的机会,共同享有同祖国和时代一起成长与进步的机会。我们要在实现"中国梦"的奋斗中,实现我们自己的梦,也要通过实现自己的梦,来促进"中国梦"的实现。有梦想,有机会,有奋斗,一切美好的东西都能够创造出来。

习近平主席强调:"中国梦"是国家的梦、民族的梦,也是包括广大青年在内的每个中国人的梦。"得其大者可以兼其小。"只有把人生理想融入国家和民族的事业中,才能最终成就一番事业。新的历史条件下,青年人的职业生涯规划只要与"中国梦"紧密结合就会有光明前途。

中华民族伟大复兴的步伐加快,中国开放的大门越开越大,中国企业正在走出去,中国提出"一带一路"战略,亚投行成立、人民币加入一篮子货币和国际化进程加快,中国更多地参与国际经济治理、国际维和、国际援助、国际机构,中国与多国互免签证等,这些都为青年人职业生涯规划的全球化布局打开了一条宽广的大路,就像中国人近几年进行资产全球化配置一样,未来,中国青年人的职业生涯可以更加方便在全球范围内规划和发展。

中国经济进入新常态,改革开放进入新阶段。"大众创业,万众创新"的新形势、以"去产能、去库存、去杠杆、降成本、补短板"为主的供给侧结构性改革,以"创新、协调、绿色、开放、共享"的五大发展理念,统筹推进经济建设、政治建设、文化建设、社会建设、生态文明建设"五位一体"总体布局和协调推进全面建成小康社会、全面深化改革、全面依法治国、全面从严治党"四个全面"战略布局,构建起坚持和发展中国特色社会主义事业的"四梁八柱"。在实现中国梦的伟大斗争和改革发展中,中国的政治、经济、社会、文化等方方面面都将发生巨大而深刻的变化,旧的体制机制、产业产能、企业和社会组织、职业逐渐会减少或消失,新的体制机制、产业产能、企业和社会组织、职业将会大量涌现,因此,新时期的职业生涯规划必须是认清形势,把握大势,努力把职业生涯发展的个人梦和"中国梦"紧密结合起来,才能有美好的未来。

我们生活在一个伟大的时代。

当代青年人是参与和见证实现中华民族伟大复兴"中国梦"的一代人,是参与和见证中国经济总量成为世界第一的一代人,是见证中国成为世界最有影响力的世界大国的一代人,是参与和见证中国新时期改革开放不断取得伟大胜利的一代人,是参与和见证世界政治经济格局大变革、大调整的一代人。

生活工作、创新创业在这个伟大时代，是当代青年人的幸运。不负这个伟大的时代，不负这个伟大时代赋予当代青年人的历史使命和责任担当，把个人梦和"中国梦"紧密结合起来，是当代青年人发展的必由之路。

谨祝阅读此书的青年人能够走好自己的人生路，认清形势，把握大势，明确责任，勇于担当，做一个既有德又有才，既为己又为他人、为国家，努力学习和工作，健康快乐生活，人格健全、有志有为的"明白人"，在人生道路上走好、走稳、走正。

感谢黄杨璐、李宪宇、朱凯凯三位青年人在本书再版修改完善过程中做出的贡献。

作　者

2017 年 1 月 1 日元旦

于同济大学

前言

随着经济与社会的发展，人力资源个体的职业需求也在不断提升，职业不仅是谋生的手段，也是个人参与社会生活、实现自身价值的根本途径。在此背景下，职业生涯规划与管理应运而生，越来越受到广大年轻人的重视。

人活着不仅仅是为了工作，更重要的是实现身心健康和生活快乐的目标。基于职业成功、职业发展、心理健康、快乐生活视角下的职业生涯规划与管理，不仅包括一个人的学习及一项职业，或组织的生产性贡献以及到最终退休的整个过程，还包括个人的财富增长、心理健康、快乐生活等多方面内涵。职业生涯规划与管理，能够使一个人认识、管理自我的人际关系、财富和职业历程，处理好家庭、工作、组织等之间关系，在职业发展的同时，实现身心健康和生活快乐的目标。

近几年，由于大学生和各类研究生招生规模的不断扩大，大学生和研究生面临较大的就业压力，他们的自主就业、职业发展成为社会各界关注的热点。

作为掌握较高专业知识技能的人才资源，大学生、研究生对职业自我管理的需求意识较高。同时，职业生涯规划是一门综合性、应用性很强的专业学科，在校期间通过职业生涯教育可以提高学生职业生涯规划的能力，引导和帮助学生进行科学、合理的职业生涯规划。

本书在编写过程中，参考、借鉴了前人的研究成果、教材、著作和教学案例，参考了中外媒体报道和专家评论。尽管在书中尽量对一些引用材料出处做了注明，在书后列出了有关的参考文献，但由于时间紧、工作繁忙而导致的疏漏以及某些网络文献资料来源处的作者不详，一些采用的文献出处及作者姓名未能一一列出，在此向文献的原作者表示真挚的敬意、歉意和由衷的感谢！我的研究生周浩同学参加了本书部分资料收集、文字整理及文字校对工作，在此一并表示感谢！

特别要说明的是，本书的编写、出版得到了同济大学研究生教材出版基金的资助，在此表示衷心的感谢！

本书理论与实践研究涉及面广,需要深入探讨的问题很多,定会存在不当之处,敬请广大读者和业内人士批评指正。电子邮件联系方式为 sjx1218@sohu.com。

石建勋

2011 年 10 月于同济大学

目 录

第 1 章　职业生涯规划与管理的基本知识 ……………………………………… 1

1.1　职业的产生、演变及发展趋势 …………………………………………… 1
1.1.1　职业的含义与特征 ………………………………………………… 1
1.1.2　职业的分层与分类 ………………………………………………… 2
1.1.3　职业的产生与发展 ………………………………………………… 4
1.1.4　职业变化的趋势 …………………………………………………… 5

1.2　职业生涯规划的概念与意义 ……………………………………………… 8
1.2.1　生涯的概念与规划的定义 ………………………………………… 8
1.2.2　职业生涯规划的目的和意义 …………………………………… 11
1.2.3　职业生涯规划的成功性评价 …………………………………… 12

1.3　职业选择与生涯规划发展的相关理论 ………………………………… 14
1.3.1　职业生涯发展的含义及其影响因素 …………………………… 14
1.3.2　职业选择匹配理论 ……………………………………………… 16
1.3.3　职业发展阶段理论 ……………………………………………… 22
1.3.4　职业社会学习理论 ……………………………………………… 26
1.3.5　职业锚理论 ……………………………………………………… 27
1.3.6　国内职业生涯阶段理论 ………………………………………… 30

1.4　职业生涯管理的基本知识 ……………………………………………… 35
1.4.1　职业生涯管理的概念 …………………………………………… 35
1.4.2　职业生涯管理的人才测评理论与实践 ………………………… 36
1.4.3　对现行测评方法的评价 ………………………………………… 40
1.4.4　心理测验 ………………………………………………………… 42

第 2 章　职业生涯规划第一步：自我认知 …………………………………… 51

2.1　自我认知的概念与方法 ………………………………………………… 51
2.1.1　自我认知的概念 ………………………………………………… 51
2.1.2　自我认知的方法 ………………………………………………… 51

2.2　进行职业需要的自我认知 ……………………………………………… 54

2.2.1　马斯洛的需要层次论 ………………………………… 54

2.2.2　赫茨伯格的双因素理论 ………………………………… 55

2.3　进行职业兴趣的自我认知 …………………………………… 56

2.3.1　兴趣的含义 ……………………………………………… 56

2.3.2　兴趣在职业活动中的作用 ……………………………… 57

2.3.3　测验:了解你的职业兴趣 ……………………………… 58

2.4　进行职业价值观的自我认知 ………………………………… 64

2.4.1　价值观的含义 …………………………………………… 64

2.4.2　职业价值观的含义 ……………………………………… 65

2.4.3　树立正确的职业价值观 ………………………………… 66

2.5　进行职业人格的自我认知 …………………………………… 68

2.5.1　气质与职业 ……………………………………………… 68

2.5.2　性格与职业 ……………………………………………… 72

2.5.3　MBTI 性格类型系统的典型性格分析 ………………… 77

2.5.4　天赋、性格与"优势理论" ……………………………… 82

2.6　进行职业能力的自我认知 …………………………………… 84

2.6.1　职业能力及其影响因素 ………………………………… 84

2.6.2　职业能力及其测评 ……………………………………… 87

第 3 章　个人职业生涯规划:设计与管理并重 ……………………… 102

3.1　个人职业生涯规划设计 ……………………………………… 102

3.1.1　个人职业生涯规划的内涵与原则 ……………………… 102

3.1.2　个人职业生涯规划设计步骤 …………………………… 105

3.1.3　职业生涯规划设计的自我认知与环境认知 …………… 108

3.1.4　确定职业生涯目标 ……………………………………… 109

3.1.5　职业生涯设计的战略模型及决策过程 ………………… 114

3.1.6　职业生涯路线设计 ……………………………………… 116

3.2　个人职业生涯管理要点 ……………………………………… 118

3.2.1　个人需要与组织需要的匹配 …………………………… 118

3.2.2　个人职业生涯周期管理 ………………………………… 120

3.3　管理者的自我职业生涯管理 ………………………………… 122

3.3.1　学习:提高管理技能与领导才能 ……………………… 122

3.3.2　策略:如何进行职业生涯管理 ………………………… 123

3.3.3　结果:建立职业生涯中"成功的良性循环" …………… 129

3.3.4　管理生涯成功要领 ……………………………………… 130

3.4　职业生涯规划要熟悉职业规律 ……………………………… 135

3.4.1　另一个视角的职业规律 ………………………………… 135

3.4.2　职业生涯规划需要理性的冒险 ………………………… 139

3.5 在职场中建立个人品牌 ·· 139

第 4 章 组织职业生涯管理：留住人才 ·································· 144

4.1 组织职业生涯管理的意义 ·· 144
   4.1.1 组织职业生涯管理的产生背景与内涵 ···················· 144
   4.1.2 组织职业生涯管理的功能 ·································· 144
   4.1.3 知识经济时代组织职业生涯管理的对策 ·················· 149
4.2 组织的职业生涯管理操作实务 ·· 151
   4.2.1 职业生涯诊断 ·· 151
   4.2.2 确定职业生涯发展目标和成功标准 ······················ 153
   4.2.3 确定职业生涯发展策略 ···································· 155
   4.2.4 职业生涯实施管理 ·· 159

第 5 章 大学生的职业生涯规划 ·· 168

5.1 职业生涯规划从大一开始 ·· 168
   5.1.1 学生时代的职业生涯阶段定位 ···························· 168
   5.1.2 大学生的职业生涯设计 ···································· 169
   5.1.3 大学生职业生涯设计五大前提 ···························· 171
   5.1.4 大学 4 年的职业规划 ······································ 172
5.2 大学生职业理想与充分就业的现实选择 ································ 173
   5.2.1 大学生就业形势分析 ······································ 173
   5.2.2 当代大学生的职业理想特征 ······························ 175
   5.2.3 当代大学生职业理想存在的误区 ·························· 176
   5.2.4 大学生职业选择的原则 ···································· 177
   5.2.5 与大学生职业生涯规划相关的热点问题 ·················· 179
5.3 大学生求职择业需要提高自身素质 ···································· 182
   5.3.1 思想与道德素质 ·· 182
   5.3.2 知识与能力素质 ·· 183
   5.3.3 健康的心理素质 ·· 183

第 6 章 求职择业的渠道与方法 ·· 187

6.1 选好第一份职业：职业生涯第一站 ···································· 187
   6.1.1 选择好第一份职业 ·· 187
   6.1.2 给第一次求职择业者的一些建议 ·························· 189
   6.1.3 求职择业要注意的原则 ···································· 189
6.2 有效利用人才市场 ·· 190
   6.2.1 人才市场的基本知识 ······································ 190
   6.2.2 参加人才市场的方法与技巧 ································ 191

6.3　简历的写作方法与技巧 ·· 191

6.3.1　写好简历 ··· 191

6.3.2　一般性简历的写作基本要求 ······································· 194

6.3.3　写好简历要注意的问题 ·· 195

6.3.4　网上简历要突出自身优势 ··· 198

6.4　面试的方法与技巧 ·· 199

6.4.1　面试的种类 ··· 199

6.4.2　面试的内容 ··· 200

6.4.3　面试前的准备 ·· 200

6.4.4　面试的技巧 ··· 201

6.4.5　面试后的跟踪 ·· 211

6.5　签约与报到 ·· 212

6.5.1　签约 ·· 212

6.5.2　派遣与报到 ··· 213

6.6　迅速适应职业角色 ·· 214

6.6.1　学生角色与职业角色的差异 ······································· 214

6.6.2　学生角色向职业角色的转换 ······································· 214

6.6.3　角色转换过程中的不适应 ·· 216

6.6.4　积极适应职业角色 ··· 217

第 7 章　研究生的职业生涯规划 ·· 221

7.1　研究生就业情况分析 ··· 221

7.1.1　研究生就业大环境分析 ·· 221

7.1.2　研究生的就业方向 ··· 222

7.1.3　研究生就业的困惑 ··· 222

7.1.4　研究生就业的优势与劣势 ·· 223

7.1.5　研究生职业生涯规划的现状 ······································· 223

7.2　学术型研究生的职业生涯规划 ··· 224

7.3　MBA 学生的职业生涯规划 ·· 226

7.3.1　企业更看重 MBA 学生的素质 ····································· 226

7.3.2　企业对 MBA 学生最不满意的方面 ································ 227

7.3.3　MBA 学生职业规划应注意的问题 ································ 228

第 8 章　职业生涯心理健康 ··· 238

8.1　心理健康与职业生涯规划 ··· 238

8.1.1　心理健康视角下的职业生涯规划 ·································· 238

8.1.2　生涯智慧与生涯规划 ·· 240

8.1.3　心理健康与工作需要 ·· 241

8.2　进行心理健康的自我调适 ·· 244
　　8.2.1　职场病态心理面面观 ·· 244
　　8.2.2　学习积极心理学 ·· 245
8.3　战胜职业心理压力 ·· 249
　　8.3.1　解除"压力"的心理策略和治疗方法 ······························ 250
　　8.3.2　缓解心理压力十大对策 ·· 250
　　8.3.3　繁忙中的心灵休憩方法 ·· 253
8.4　树立心理健康的正确理念 ·· 255
　　8.4.1　心理和谐之源：自我和谐、心理平衡 ······························ 256
　　8.4.2　学会感恩 ·· 257
　　8.4.3　学会宽容 ·· 258
8.5　自我管理 ·· 258
　　8.5.1　自我管理的内容 ·· 258
　　8.5.2　自我管理的策略 ·· 259
　　8.5.3　自我管理的进取心和平常心 ·· 260
　　8.5.4　自我时间管理的技巧 ·· 260

第9章　提高职场人际关系能力 ·· 267
9.1　情商与处理人际关系能力 ·· 267
　　9.1.1　情商的概念及由来 ·· 267
　　9.1.2　情商（EQ）对人生和事业的作用 ·· 269
9.2　提高认知他人的能力 ·· 270
　　9.2.1　认知他人的范围 ·· 270
　　9.2.2　认知他人的方法 ·· 271
　　9.2.3　认知他人的"八观" ·· 272
　　9.2.4　认知他人的"六验""六戚""四隐" ·· 272
　　9.2.5　认知他人的表情 ·· 273
　　9.2.6　理解他人情绪的4个步骤 ·· 273
9.3　提高自我激励能力 ·· 274
　　9.3.1　需要自我激励的时刻 ·· 274
　　9.3.2　自我激励的4个小动作 ·· 276
9.4　提高自我情绪控制调节能力 ·· 277
　　9.4.1　情绪控制的5个阶段 ·· 277
　　9.4.2　情绪调节的11种技巧 ·· 279
9.5　建立良好人际关系的原则与方法 ·· 282
　　9.5.1　处理人际关系的基本原则 ·· 282
　　9.5.2　了解他人的情感需要 ·· 283

第 10 章　成功学与职业生涯规划 ·· 293

　10.1　成功学的概念和基本观点 ·· 293

　　10.1.1　成功学的概念 ··· 293

　　10.1.2　成功学的原理和基本理论 ····································· 293

　　10.1.3　成功学的分类 ··· 294

　10.2　正确认识与理解成功学 ·· 295

　10.3　别人的成功不可复制 ·· 297

　　10.3.1　"打工皇帝"的成功并不能复制 ······························· 297

　　10.3.2　"不成功即失败"的错误逻辑 ··································· 298

　　10.3.3　什么样才算成功 ·· 298

　10.4　可以借鉴的成功方法 ·· 298

　　10.4.1　清醒认识自己 ··· 299

　　10.4.2　不断超越自己 ··· 302

第 11 章　职业环境发展的新特点和新趋势 ····························· 305

　11.1　职业环境发展变化的新特点 ·· 305

　11.2　组织变革的发展趋势与无边界职业规划 ···························· 309

　　11.2.1　组织变革的发展趋势 ·· 309

　　11.2.2　无边界职业生涯规划 ·· 310

　11.3　互联网与职业生涯规划 ·· 315

　　11.3.1　互联网时代带来职业发展的变革 ······························ 315

　　11.3.2　利用互联网进行职业规划 ····································· 317

第 12 章　高难度的职业规划:创业 ···································· 323

　12.1　时代呼唤大学生创新创业 ·· 323

　12.2　创业:也需要进行职业规划 ·· 328

　12.3　大学生、研究生创业成功之道 ······································· 333

　　12.3.1　融入社会,修炼自我,把握机遇 ································ 333

　　12.3.2　谨慎选择,注重开局,力求成功 ································ 337

　　12.3.3　学生创业应该始于熟悉和擅长领域 ····························· 339

　　12.3.4　学生创业如何避免没有实践经验 ······························ 341

　12.4　有关大学生、研究生创业的扶植政策 ································ 342

　　12.4.1　国家支持学生创业的政策和措施 ······························ 342

　　12.4.2　学生创业贷款优惠政策 ·· 344

　　12.4.3　新时期"大众创业,万众创新"的新政策 ······················ 346

参考文献 ··· 349

第 1 章

职业生涯规划与管理的基本知识

职业是一个人安身立命之本、施展抱负之基、成就自我之根。当一个人步入职场的第一天，就开始书写其职业生涯；当一个人退离职场安度晚年之时，几十年的职业生涯早已在其身上留下不可磨灭的职业印记。虽然大多数人天天从事自己的职业，却很少有人去深究职业、职业生涯这些概念的含义。在日常生活中，不了解这些概念似乎对我们的职业和职业生涯没有多大影响，但当我们把职业生涯作为一个特定的学术和实践领域进行研究时，探讨这些基本概念的含义，就成为首要任务。

1.1 职业的产生、演变及发展趋势

1.1.1 职业的含义与特征

职业是社会分工的结果，是人类社会生产和社会生活进步的标志。随着经济和社会的不断发展，科学技术的突飞猛进，社会职业的数量、种类、结构、要求都在不停发生着变化。

不同学派的专家和学者出于不同的研究目的，从各自的立场出发阐述了对于职业的不同理解。其中，比较有代表性的是社会学家和经济学家的观点，都涉及职业的三个最重要特征。

1. 经济特征

从个人角度看，人们从事特定的职业，从职业劳动中获得经济报酬，以达到满足自身生存和发展的需要。因此，可以说，职业是个人获得经济收入的来源，是个人维持家庭生活的手段。从社会角度看，职业的分工是构成社会经济制度运行的主体，职业劳动创造出社会财富，从而为社会的存在和发展奠定物质基础。

2. 社会特征

职业本身是社会发展的产物，每一种职业都体现了社会分工的细化。社会成员在一定的社会职业岗位上为社会整体做出贡献，社会整体也以全体成员的劳动成果作为积累而获得持续发展和进步的动力。

3. 技术特征

任何一个职业岗位都有其职责要求，而要达到相应的职责要求，必须具有特定的知识和技能。职业岗位一般对任职者学历、职业资格、专业技术水平、上岗培训合格证、专业工作年限等都有具体规定。只有达到职业岗位的要求才能上岗。

综上所述，我们可以对职业定义如下，职业一般是指人们在社会生活中所从事的以获得物质报酬作为主要生活来源并能满足自身精神需求的、在社会分工中具有专门技能的

工作。它是人类文明进步、经济发展以及社会劳动分工的结果,同时也是社会与个人或组织与个体的结合点,由此形成人类社会共同生活的基本结构。也就是说,个人是职业的主体,但个人的职业活动又必须在一定的组织中进行。组织的目标靠个体通过职业活动来实现,个体则通过职业活动对组织的存在和发展做出贡献。因此,职业活动对个人和组织都具有重要意义。

从个人的角度讲,职业活动贯穿于人一生的主要过程。人们在其生命的早期阶段接受教育与培训,是为职业做准备。从青年时期进入职业生涯到老年退离工作岗位,一个人的职业生活可以长达几十年,即使退休以后仍然与职业活动有着密切的联系。职业不仅是个人谋生的手段,也是个人存在意义和价值的证明。选择一个合适的职业,拥有一个成功的职业生涯,是每一个职场人的追求和向往。对于组织来说,不同的工作岗位要求具有不同能力、素质的人担任,把合适的人放在合适的位置上,是人力资源管理的重要职责。只有使员工选择了适合自己的职业并获得职业上的成功,才能真正做到人尽其才、才尽其用,组织才能兴旺发达。

1.1.2　职业的分层与分类

1. 职业分层

职业分层是按照职业的社会地位和社会对职业的价值取向所做的职业等级排位。它以人们从事职业的社会地位和职业声望为标准,为社会公众所认可。最早以职业角色为依据确定劳动者社会经济地位的学者,是美国人口普查局工作人员威廉·C.翰特,他将全部职业劳动者分为4个等级,依次是产业主、职员、熟练工人、一般体力劳动者。

不同的职业之间存在很大的差异,如职业活动的内容不同、工作的复杂程度不同、所需付出的体力和脑力不同、工作的环境不同、所需要的任职资格条件不同、在组织结构中的权力不同、收入水平不同等,这必然使不同职业的社会地位不一样,这是职业分层的依据。如果只是笼统地宣讲不同的职业都是社会分工的需要,是不能令人信服的。当一个社会只注重总体而忽略作为其根本要素的个人时,就会以服从社会需要来抹杀职业层次性,这是违背客观实际的。当社会重视个人时,必然承认职业的层次性,承认职业存在差别,通过给人创造平等竞争、自由择业的机会,促使人们积极向上,进而促进社会的健康发展。

从个人角度来看,职业分层就是认识职业层次。职业层次是指在同一种职业或职业类型内部,由于工作活动及其对人员要求的不同而造成的区别。一般按工作所要求的技能和责任心的程度,可以分为6种层次。

(1) 非技能性工作。这种层次的工作简单、普通,不要求独立的决策能力和创造力。

(2) 半技能性工作,要求在有限的工作范围里具有一些最低程度的技能和知识或一种高程度的操作技能。

(3) 技能性工作,要求具备熟练的技能、专门的知识和判断力,才能完成所分配的工作。

(4) 半专业性和管理性工作,是指要求有一定的专门知识或判断力的脑力工作,对他人有低程度的责任。

(5) 专业性工作,要求大量的知识和判断力,具有一定的责任和自主权。

（6）高级专业性和管理性工作，要求具有高水平的知识、智力和自主性，能承担更多的决策和监督他人的责任。

由上可知，决定一个人职业层次的应该是其能力水平。一般用一个人的受教育程度或培训水平来代表其所达到的相应的能力水平。因此，不同层次的工作要求不同的受教育水平或培训水平，一个人的知识水平在很大程度上决定了其所要从事的职业层次。一般来说，第（5）、（6）层次的工作要求大学生或研究生；第（3）、（4）层次的工作需要受过大学教育或中等程度的培训；而第（1）、（2）层次的工作只需要进行适当的工作培训即可。

由于社会分工的要求，人们必须在不同领域和层次上工作。因此，当人们确定了自己的工作领域后，还需要进一步发掘自己的能力、价值观和目标，以决定自己在所选择领域的某个层次上开始工作及未来想要达到的层次。

2. 职业分类

职业分类是指国家采用一定的标准和方法，依据一定的分类原则，对从业人员所从事的各种专门化的社会职业进行全面、系统的划分与归类。工作分析是职业分类的基本方法。职业分类的工作分析法是根据工作的基本属性对每一种职业活动进行分析，按照工作特征的相同和相异程度进行划分与归类。科学的职业分类是职业社会化管理的平台，也是职业自身发展的需要。一个国家职业体系结构的形成，为人们了解社会职业领域的总体状况奠定了基础，也增强了人们的职业意识，促使人们提高自身的职业素质。同时，社会经济的发展促使社会对职业的需求不断发生变化，能够满足社会需要的新的职业也在不断产生、发展。因此，职业的分类也处在不断地调整变化之中。

由于各国经济发展水平不同、历史和国情不同，职业分类的具体情况也不相同。最早进行职业分类工作的是英、美等西方国家。英国在1841年将职业分列为431种。美国在1820年的人口普查工作中就已列出职业统计项目。1850年，美国进行了专门的职业普查，划分了15大行业、323种职业。1860年又增至584种。1965年确定为21 741种。到了1980年，《美国百科全书》认定美国有25 000种职业。法国在20世纪80年代中期确定的职业是8 600种。加拿大1982年出版的《职业分类词典》将职业分为23个主类、81个子类、499个细类。日本的职业分为12个大类、52个中类、279个小类。

从以上各国职业分类的情况可以看出，各国职业分类的标准是不一致的。为了使国际间的职业分类具有可比性，1958年，国际劳工组织制定了《国际标准职业分类》。1966年，在日内瓦第十一届国际劳工专家统计会议上通过了《国际标准职业分类》的修订版。目前根据国际职业分类的通行做法，职业分类一般划分为大类、中类、小类和细类4个层次。大类依工作性质的同一性进行分类；中类是在大类的范围内，根据工作任务与分工的同一性进行分类；小类在中类之内按照工作的环境、功能以及相互关系分类；细类在小类的基础上，依照工作的工艺技术、操作流程等相似性和同一性再做划分与归类。

新中国成立以来，国家有关部门根据我国的国情，开展了大量的职业分类调查工作，参照联合国国际劳工局的《职业标准分类》，制定了有关职业分类的标准与政策。特别是改革开放后，我国先后制定了国家标准《职业分类与代码》《中华人民共和国工种分类目录》，并根据社会经济发展的需要，修订了国家标准《职业分类与代码》，在此基础上又制定了《中华人民共和国职业分类大典》。《职业分类与代码》将我国的职业分为8个大类、

63 个中类、303 个小类。8 个大类是各类专业技术人员;国家机关、党群组织、企事业单位负责人;办事员和有关人员;商业工作人员;服务性工作人员;农林牧渔劳动者;生产工人、运输工人和有关人员;不便分类的其他劳动者。

1.1.3　职业的产生与发展

职业的产生与发展是社会进步的反映。但是,职业不是伴随人类社会的形成而产生的,而是社会劳动分工的必然产物,并随社会劳动分工的深化而发生变化。

1. 社会分工是职业产生的基础

在原始社会初期,生产力水平低下,劳动过程只存在以性别、年龄为基础的自然劳动分工,还没有形成社会劳动分工。同时,由于每个人不是固定从事某项专门的活动,没有形成独立的专门职能,也就没有职业可言。随着生产力的发展,人类出现了 3 次具有特别重要意义的社会分工,即游牧业同农业的分离、手工业同农业的分离、商业和商人阶级的产生。由于这些社会分工,最初的职业出现了,如牧人、农夫、工匠、商人等。

2. 社会分工的发展和变化决定与制约着职业的发展和变化

科学技术的进步、生产工具的改进和生产社会化使社会分工更为精细和具体,专业化程度越来越高,社会职业的种类也越来越多。据有关资料介绍,在 20 世纪 70 年代,全世界职业种类就超过 42 000 种。同时,由于科学技术和生产力的发展,全社会劳动分工的模式和职业结构也在发生深刻的变化,社会职业结构变迁的速度越来越快。从农业革命到工业革命经历了数千年,而从工业革命到新的产业革命只用了 200 多年。就在这 200 多年里,新的行业不断涌现,行业主次地位的变化也越来越快。例如,工业革命时期纺织业占主要地位,一直到 20 世纪钢铁、汽车和建筑业才先后超过纺织业,但是电子行业从产生、发展到成为一个主要行业只用了几十年。与此同时,脑力劳动者职位在社会职位总额中所占比例越来越大。

3. 经济发展对职业发展有重要影响

经济领域是集中职业种类和职位数量最多的社会领域。经济的发展要求社会为其提供各个行业需要的人才,人们也因此获得更多的就业机会,故社会经济对职业的变迁、发展有特别重要的直接作用。

人类社会跨入 21 世纪,世界上大多数国家把经济的增长和发展放到中心或优先的位置,其结果是直接促使产业结构和行业结构变迁速度的加快,职业的结构、数量和分布状况的变迁也更加频繁。我国改革开放以来,由于产业结构的发展,一些新型的行业和职业不断兴起,如租赁业、房地产业等;服务性职业的社会地位提高,如保险业、广告业、旅游业、娱乐业迅速发展,这些都是经济发展的直接结果。

4. 科技进步给职业发展带来巨大冲击

现代科技的发展,带来许多新技术、新产品和新工艺。这些新技术、新工艺的研究、开发、应用必然导致部分职业的新旧更替。例如,电子计算机技术的发展,让诸如电报发报员、电话接线员、机械打字员等传统职业逐渐走入末路,但随之而来的电子通信、网络服务、电子保安、计算机制造、调试、维修、设计、培训等新职业相继破土而出。科技发展使职业发展越来越呈现出这样的特点：脑力劳动职业发展速度越来越快,体力劳动职业将越来越少;经济部门和服务性行业的职业越来越多,行政管理等行业的需求越来越少。

1.1.4 职业变化的趋势

1. 职业变化的主要特点

职业变化主要有以下 3 个方面的特点。

1）职业要求不断更新

新的职业层出不穷,传统的职业消亡和迁移仍在继续,一些职业因新的工作设备和条件变化,对职业内容有新的要求。例如,行政工作人员在以前只要求具备较好的组织协调能力、分析解决问题能力、文字能力、口头表达能力等,但现在还要求具备社会交往能力及计算机辅助管理能力、办公自动化操作能力等。

职业需求不断变迁的大致状况是以第一、第二产业社会职业的消亡变动和重组为主,第三产业迅猛发展,如交通运输业、邮电通信业、商业、服务业、金融保险业、信息咨询业、租赁广告业、卫生、体育、教育培训和文化艺术等,尤其是信息产业的潜力更为巨大,国外有人把其称为第四产业。这些新兴行业的出现和兴起,将为社会提供更多的就业岗位。同时,由于新技术、新成果的不断推广应用,也为第一、第二产业等传统行业提供了新的发展机遇。例如,由于新技术的应用、新的生产方法和发展思路,给农业这一传统产业也带来前所未有的职业选择机会。

就世界范围内来说,21 世纪还将形成许多新的职业,如高级信息服务行业、人身安全保障和娱乐行业、太空和海洋开发专家、环保专业人员等。未来学家预测,在 21 世纪兴起的众多职业中,增长最快的行业将是计算机操作与信息处理、院外保健(如戒酒、戒毒等)、个人供应服务和其他新的服务项目(如咨询、演讲、电话电信服务等)。随着我国经济、社会、文化和科学技术的发展,我国的产业结构将发生根本的变化。有关专家预测我国未来10 年有较大发展潜力的行业和急需的人才主要是航空航天技术、汽车技术、电子信息技术、轻工生物技术、食品营养与检验教育、稀土工程、材料科学与工程、电气信息、创意产业、影视制作、环境保护技术、公共管理、律师等。

2）永久性职业减少

未来职业的发展趋势是只有少数人能拥有"永久性"的工作,而从事计时、计件或临时性职业的人会越来越多。终身依附于一个组织的固定职业不断削减,独立的、不依赖于任何组织的自由职业不断产生。依附于一个组织的固定职业是工业革命时代的产物。工业社会组织的特征是相对较少的外部环境和内部组织结构的变化;可预期的活动序列;易于分割的流水线工作流程;易于分解的职能和责任范围。与此特征相适应,终身为一个组织工作,从事一个稳定的、全职的、长期的固定职业就成为那个时代完成各种生产活动最为有效的方式。但是,今天这种传统的固定职业中有相当一部分正在被临时性工作、项目分包、专家咨询、交叉领域的合作团队或者自由职业者所代替。

造成这种局面的原因是知识经济的出现和发展。在知识经济条件下,越来越多的工作包含知识的加工而不是对物质的处理。彼德·德鲁克在 1993 年指出,"在今天真正具有控制力和起着决定作用的生产要素不是资本,不是土地,也不是劳动力,而是知识。后资本主义时代的两大阶级是知识工人和服务工人,而不是资本家和无产者"。较之制造业,知识性和服务性职业所涉及的活动很难像传统的工厂和办公室的工作那样职责界定明确。更有可能需要跨职能的团队活动,而不仅仅是流水线上的体力劳动。知识和服务业比传统产业更有可能交由外部的顾问或独立的专家完成,并且他们也更容易运用外部采购的方式。因此,现在越来越多的工作正在由那些并没有在相关公司拥有固定职位的人来完成。他们通常是自我雇用的独立个体,在需要时以顾问或独立专家的身份提供上门服务,或者受雇于承担了分包任务的公司。美国职业指导专家威廉·布里奇斯在《创建你和你的公司》一书中预言,传统的固定职业越来越有可能被更加灵活的非固定职业所取代。

3) 专业化的职业教育越来越重要

各种就业岗位需要更多的受过良好教育、掌握最新技术的技术工人,单纯的体力劳动或机械操作职业将明显减少。在发达国家,制造业中蓝领工人失业率高于从事管理工作的白领员工;而白领员工中从事服务性工作,如银行、广告等的失业率又明显高于从事开发和研究工作的员工。未来白领、蓝领阶层的界限将越来越模糊,职业逐渐向专业化方向发展。

2. 未来的热门职业

热门职业是人才市场供求双方都非常关心的职业,只要有可能,双方都愿意率先进入热门职业。因为从事热门职业和录用有热门职业专长的人,都会有助于在激烈的市场竞争中获得更多的生存机会和发展机会。热门职业一般是根据经济发展的情况形成的。21 世纪是知识经济时代,高新技术、电子通信将是经济新的增长点。所以,一些与信息、生物、高新科技迅速发展相关的职业将逐渐成为热门职业。

据有关专家估计,新的发展时期我国热门职业将朝着以下方向发展。

1) 软件开发、硬件维护、网络集成等高层次计算机科技类职业

当今社会已步入信息化时代,计算机应用日益普及。据有关方面预测,数年之内计算机专业的毕业生将持续走俏人才市场,成为高新技术企业争夺的焦点。据了解,近年来上海交大、复旦、同济、华南师大等名校计算机专业的研究生、本科生几乎每人都有五六家单位任其选择,其薪水的市场价格也水涨船高,最低也在 4 000 元。即便是一般高校的计算机专业毕业生,月薪也不低于 3 000 元。正因为计算机专业毕业生供不应求,不少用人单位只得改聘应用数学专业的毕业生,这让前几年一度滞销的数学专业毕业生身价随之暴涨。

2) 通信工程、无线电技术等电子工程类职业

近几年邮电通信业迅猛发展,程控电话、移动通信网等通信设备现代化建设需要大批通信工程、无线电技术等电子工程类专业的毕业生。随着今后国家把机械、电子、汽车制造业定为带动整个经济增长和结构升级换代的支柱产业,与此相关专业的毕业生将大有用武之地,若干年内就业前景广阔。

3) 农科类职业

科教兴农、提高农业科技含量等政策给农科类毕业生提供了大显身手的广阔舞台,相当一部分的农科类毕业生将充实到乡镇、农场的作物栽培、"菜篮子"工程、家禽水产养殖、农业机械行业或农科研究机构中去。他们将凭借自身掌握现代技术和经营管理的优势,从事各类集体或个体承包,逐步发展成为中国新型的"农场主""牧场主"或"水产大王"。

4）金融、房地产、信息咨询等产业

技术密集型的第三产业是发展经济的重点,这些行业紧缺高学历、高层次人才。尽管今后仍会出现部分非金融类高校的金融专业毕业生改行就业的现象,但金融专业研究生和名校金融专业本科生在人才市场上依然抢手。

5）政法类职业

时下,专、兼职律师队伍和企业法律顾问队伍日益壮大,并且成为热门职业。随着市场经济的深入发展,社会对法律类专才的需求将日益扩大。今后司法队伍的主要来源将是政法类专业毕业生。此外,公务员考试制度的确立,更为政法类专业毕业生开辟了公平竞争的机会。

6）师范、医科类职业

据了解,今后师范、医科类毕业生的就业重点将转向技术力量较弱的基层单位和边远地区、郊区、一线文教卫生单位,以解决城乡发展不平衡、结构布局不合理的矛盾。目前改造薄弱学校,挂编流动支教、支医计划已经启动。

7）环境类职业

环境问题是人类发展中的一个日益严重的社会问题和重要课题,越来越受到各国重视。更多的废物管理员、废物处理师和环境工作研究、开发、应用职业将会应运而生。

8）院外医疗业

随着人们生活水平的提高和医学科技的发展,人类寿命将延长,出现人口老龄化问题,需要大批的医疗保健专家。

9）美容职业

时至今日,人们已普遍接受了"化妆即是表达尊重"的理念。在美容业高度发达的国家和地区,妆容的分类早已到了不厌其"细"的地步,工作妆与舞会妆都有极其严格的区分标准。因此,美容职业将成为热门职业。

10）国际商务策划师

进入21世纪以来,商务策划将成为发展前景最好、收入最高、就业最稳定的热门职业之一。当前中国企业最缺乏的人才就是能提供商务策划的企业"军师",这些"军师"必须是具备丰富的商务经验且善言谈或笔谈的人,善于独立思考且洞察力和创新意识较强、能产生好点子或新建议的人,熟悉行业的运行机制并有行业发展战略眼光,能帮助本企业渡过转型危机的人。这些人才能够在各自领域不断提供新创意、新设想,能够发现更有战略价值的新领域、新课题、新产品,不断形成"人无我有"的优势,也因此将成为最受欢迎的人。

3. 未来衰落的职业

由于全球经济受互联网的影响,职业变化的速度不断加快,一些非常熟悉的职业甚至是目前比较热门的职业将要消亡。西方有位专家就曾撰文介绍了今后15年极有可能过时的职业。

1）传统秘书

自从个人计算机、电子邮件和传真机问世,秘书的时间有45％以上是用来做文件归档、传递信息、邮寄信息、邮寄信件和复印材料的工作。但是更先进的电子办公系统将使主管人员和经理有可能把潦草的便条变成备忘录,按一下指令键便可以分发出去,传统的秘书实际上将不复存在。

2）银行出纳员

今后几乎所有的银行客户都会使用自动柜员机，只会留下为数不多的出纳员负责银行业务的前台交易。

3）电话话务员

据预测，西方发达国家的电话电报公司可望在今后几年用自动化语音识别技术取代其一半以上的长途电话话务员。这种技术和自动化电话网与语音信息系统将会使人们失去一些就业机会。

4）接待员

美国某些通信公司现在就可以提供能够处理打进和打出电话的极其先进的语音识别系统，许多公司也正在研制相似的系统，这使得不少大公司和政府机构将来可以取消接待员这种职业。

5）公共图书馆管理员

计算机已取代图书馆的卡片目录，而且不久可能取代传统意义上的图书馆，那时人们可能会通知图书馆通过互联网把图书内容传送过来。

6）矿业

由于商业区、住宅区、房地产渐有起色，加上环境的整修，公共工程公路、桥梁、水坝的兴建，建筑业将会持续成长。然而因为石油、天然气等工业的不振，煤、金属等矿产的需求不高，矿业的成长将相当有限。

7）制造业

制造业包含机械的设定、调整、操作及维修等，或是以手工利用小型器械来制造产品或组合零件。目前由于进口产品多且多利用国外生产，加上生产线的自动化，传统的人工制造业难逃日渐衰退的命运。唯一幸免的可能是塑胶器具的操作，因为某些金属器械将为塑胶制品所取代。

8）运输业

运输业含大众运输及货品的搬运。一般而言，运输业将会持续成长，当然也因行业相异而有不同的发展。就公车司机这个行业的发展来说，仍会快速成长，卡车货运则是持续成长。而操纵搬运机械者，则因机器的自动化而成长有限，水路和铁路运输也将因为新科技的发明而日益衰退。

9）清洁工人、基层劳力

在清洁工人、基层劳力方面自动化进展缓慢，也因离职率高、容易受到景气循环的冲击等因素所影响，未来也不容乐观。

1.2　职业生涯规划的概念与意义

1.2.1　生涯的概念与规划的定义

1. 生涯的概念与形态

一般意义上说，生涯就是生活，如日常生活也是一种生涯。职业生涯，是指一个人一生连续担负的工作职业和工作职务的发展道路。目前西方较为通用的说法，是美国生涯理论专家萨珀的观点："生涯"是生活里各种事件的方向；它统合了个人一生中各种职业和生活的角色，由此表现出个人独特的自我发展形态；它也是人生自青春期至退休所有有报酬或无报酬职位的综合，除了职位之外还包括与工作有关的各种角色。生涯发展是以人为中心的，只有个人在寻求它的时候，它才存在。

萨珀认为，生涯是个人终其一生所扮演角色的整个过程，由以下3个层面构成。

（1）时间，指个人的年龄或生命的时程，可细分为成长、试探、建立、维持、衰退等时期。

（2）广度或范围，是指每个人一生所扮演各种不同的角色种类。

（3）深度，即个人投入的程度。

萨珀的生涯理论谈到，每个人都有其独特的生涯形态，而这种形态的不同，对人的发展影响极大。好的生涯形态，使事业获得成功；不好的生涯形态，使事业一事无成。

日本生涯专家高桥宪行将人的生涯形态归纳为以下18种，可做参考。

（1）超级巨星型，知名度极高，一举一动常常在无形之中牵动许多人的利益，是众所周知的知名人士。

（2）卓越精英型，指那些品行端正、知识丰富，具有敏锐的观察力，常常适时化险为夷、扭转乾坤的人士。

（3）安分劳碌型，是指安分守己，过着朝九晚五安定生活的人士。

（4）得过且过型，缺乏理想、抱负，很少为工作奋斗和拼搏，只求生活过得去即可。

（5）捉襟见肘型，机会来了不知把握，机会走了又怨天尤人、自暴自弃。

（6）祸从口出型，是指一些人喜欢批评，常在言谈中将过错推卸给别人；喜欢标新立异，又常常提出一些根本无法实现的计划。

（7）中兴二代型，继承可观家产，又能兢兢业业将其发扬光大。

（8）出外磨炼型，是指将第二代接班人送到外公司去工作，从基层做起，靠自己的能力、关系发展自己、磨炼成长。

（9）家道中落型，面对困境，常常束手无策，欲振乏力。

（10）游龙翻身型，能充分运用人生的蛰伏期，深刻思考自己的未来，并重新设计自己，终至一举飞跃。

（11）转业成功型，是指一些人面对生涯困境，能迈开步伐，解脱束缚，另谋出路，闯出另一番天地。

（12）一飞冲天型，智能与经营才华出众，又有冲劲，一旦遇有好的机会，就能一跃而起。

（13）强力搭档型，是指在幸遇知音、志趣相投、能力互补的强力搭档下，开创成功职业生涯的人士。

（14）福星高照型，是指一些人相当幸运，往往随着时势的推移，在风云际会中成就美好的事业前程。

（15）暴起暴落型，是指一些人命运多舛，起伏不定，崛起、衰败往往在一夕之间。

（16）随波逐流型，这类人目标不够明确，策略不够坚定，行动也常三心二意，因此只有随波逐流，难有闯劲。

（17）强者落日型，是指能够呼风唤雨、才能出众的一些人士，但常因人生的际遇，虎落平阳,以致了度残生。

(18) 一技在身型,是指专精某一领域,专心钻研,始终不懈,显得特别踏实的人士。

2. 职业生涯的概念

职业生涯是指一个人一生中的所有和工作相联系的行为与活动,以及相关的态度、价值观、愿望等连续性经历的过程,包括人的过去、现在和将来。格林豪斯(Greenhaus)对此进行了归纳总结,指出传统的观点有两种。一种是将职业生涯理解为一种职业或者一个组织的有结构的属性,另一种传统的观点是将职业生涯看成一种个人的而不是一个职位或一个组织的特性。然而,即使是持这种观点的人对职业生涯的定义也不尽相同。第一种定义是"提升的职业生涯观",主张只有当一个人展现出在地位、金钱等方面有稳定或者快速的提高时,才构成其职业生涯。这个定义表明如果人们没有经历提升或其取得其他实质性的成就,就不能算是真正具有职业生涯。第二种定义是"专业的职业生涯观",强调职业生涯必须具有专业化的特点,必须获得一个确定的职业或是达到某种社会地位才能构成一个人的职业生涯。例如,医师和律师就被认为具有职业生涯,而文员和机械工就没有。第三种定义是"稳定的职业生涯观",强调在某一职业领域或紧密相关的领域从事一种稳定的职业才算得上是职业生涯。

与上述观点不同,格林豪斯认为,"职业生涯是贯穿于个人整个生命周期的、与工作相关的经历的组合"。他强调职业生涯的定义既包含客观部分,如工作职位、工作职责、工作活动以及与工作相关的决策,也包括对工作相关事件的主观知觉,如个人的态度、需要、价值观和期望等。一个人的职业生涯通常包括一系列客观事件的变化以及主观知觉的变化。一个人可以通过改变客观的环境如转换工作,或者改变对工作的主观评价如调整期望,来管理自己的职业生涯。因此,与工作相关的个人活动及其对这些活动所做出的主观反应都是其职业生涯的组成部分,必须把两者结合起来,才能充分理解一个人的职业生涯。同时,这个定义也包含着这样一个意思:随着时间的推移,职业生涯是不断向前发展的,并且无论从事何种职业、具有何种晋升水平、工作模式的稳定性如何,所有人都拥有自己的职业生涯。

格林豪斯还强调个人、组织和环境对个人的工作生命周期的影响与重要性。个人在职业生涯过程中所做出的关于工作和职业方面的选择,在很大程度上取决于个人以及组织内部的力量。当然,其他外部力量,如社会、家庭和教育体系,也起到很重要的作用。一方面,个人受其技能、知识、能力、态度、价值观、个性和生活环境等的影响而做出特定的工作选择;另一方面,组织为个人提供工作及相关信息,以及个人可以在将来谋求其他工作的机会和条件,也影响着个人的职业选择和职业生涯的发展。

在现实生活中,一个人选择一种职业后也许会终身从事,也许会一生中转换几种职业。无论怎样,一旦开始进入职业角色,其职业生涯就开始了,并且随时间的流逝而延续。职业生涯就是表示这样的一个动态过程,是指一个人一生在职业岗位上所度过的、与工作活动相关的连续经历,并不包含在职业上成功与失败或进步快与慢的含义。也就是说,不论职位高低,不论成功与否,每个工作着的人都有自己的职业生涯。职业生涯不仅表示职业工作时间的长短,而且包含着职业发展、变更的经历和过程,包括从事何种职业工作、职业发展的阶段、由一种职业向另一种职业转换等具体内容。

职业生涯是一种复杂的现象,由行为和态度两方面组成。要充分了解一个人的职业生涯必须从主观和客观两个方面进行考察。表示一个人职业生涯的主观内在特征是价值观念、态度、需要、动机、气质、能力、性格等;表示一个人职业生涯的客观外在特征是职业活动中的各种工作行为。一个人的职业生涯受各方面的影响,如本人对自己职业生涯的设想与计划、家庭中父母的意见和配偶的理解与支持、组织的需要与人事计划、社会环境的变化等,都会对职业生涯有所影响。

3. 职业生涯规划的定义及其特性

职业生涯规划,是指个人发展与组织发展相结合,对决定一个人职业生涯的主客观因素进行分析、总结和测定,确定一个人的事业奋斗目标,并选择实现这一事业目标的职业,编制相应的工作、教育和培训的行动计划,对每一步骤的时间、顺序和方向做出合理的安排。

良好的职业生涯规划应具备以下特性。

(1)可行性。设计要有事实依据,并非是美好的幻想或不着边际的梦想,否则将会贻误生涯良机。

(2)适时性。设计是预测未来的行动,确定将来的目标,因此各项主要活动何时实施、何时完成,都应有时间和时序上的妥善安排,以作为检查行动的依据。

(3)适应性。设计未来的职业生涯目标,牵涉多种可变因素,因此设计应有弹性,以增加其适应性。

(4)持续性。人生的每个发展阶段应能连贯衔接。

职业生涯规划要求一个人根据自身的兴趣、特点,将自己定位在一个最能发挥自己长处的位置,可以最大限度地实现自我价值。职业生涯规划实质上是追求最佳职业生涯的过程。一个人的事业究竟向哪个方向发展,他的一生要稳定从事哪种职业类型、扮演何种职业角色,都可以在此之前做出设想和规划。

1.2.2 职业生涯规划的目的和意义

人生需要精心地规划和设计。如果想获得事业的成功,成为某个行业中的佼佼者,你就应该善于计划自己的生活,设计好自己的职业生涯。在职业生涯规划中,有这样一句发人深省的话:你今天站在哪里并不重要,但是你下一步迈向哪里却很关键。

如前所述,职业生涯规划是指在对一个人的从业条件进行测定、分析和总结研究的基础上,确定其最佳的职业奋斗目标,并为实现这一目标做出行之有效的安排。换句话说,是指个体根据社会经济发展需要即就业环境和本人实际情况,对自己一生的职业发展道路所做的设想和规划,是对个人职业前途的展望。

职业生涯规划分个人职业设计和组织职业设计两方面。在任何社会、任何体制下,个人职业设计更为重要,是人的职业生涯发展的真正动力和加速器。个人职业生涯规划又分为择业设计与调整职业设计,两者都是在一定的社会环境和自身条件制约下,个人在社会中寻找自己位置的主动行为。它要求个人根据社会环境和自身条件,将自己定位在一个最能发挥自己长处的位置,可以最大限度地实现自我价值,并与社会价值相统一,其实质是追求最佳职业生涯发展道路的过程。

职业生涯规划的目的,绝不只是帮助个人按照自己的资历条件找到一份工作,达到和实现个人目标,更重要的是帮助个人真正了解自己,为自己定下事业大计,筹划未来,进一步详细估量主、客观条件和内、外环境的优势和限制,在"衡外情、量己力"的情形下,设计出符合自己特点的合理而又可行的职业生涯发展方向。其意义可以归纳为以下几点。

1. 战略规划,经营未来

职业生涯规划或再规划,简而言之就是对人才和职业进行匹配的规划与再规划过程。职业生涯本身就是一个动态的不断发展的变化过程。职业规划不是应变之策,而是经营未来。有效的职业规划,有利于明确人生未来的奋斗目标。一个人的事业究竟应向哪个方向发展,可以通过制定职业生涯规划明确起来。"目标之所以有用,仅仅是因为它能帮助我们从现在走向未来。"只有明确的目标,才能激励人们去奋斗,并积极创造条件去实现目标,以免漫无目标而四处漂浮、随波逐流。

2. 把握自己,争取成功

职业生涯规划是以人的认识为基础和前提的,又要解决目标问题,这些问题解决好了,也就把握住了自己。如何从一个学生转变成一个精明的职场从业人员,有很长的一段路要走。现实竞争的残酷,并不允许你慢慢地成长,其要求每个人不仅要看清自己,还要看清前方,快速成长起来。对于年轻人来说,可以有困惑,可以有迷茫,但绝对不允许自己放弃努力。

3. 有高度,才可能跳得更高

职业生涯规划,是我们每个人根据自己的实际工作能力和专业知识,大致设计好一个自己将要为之奋斗的目标,即自己以后要走的路。在前进的道路上,先给自己定下一个合适的高度,然后再通过一步一步的努力朝着目标前进,直至达到既定高度后再设定新的高度,渐行渐高,前方的高度就是我们的未来。

4. 没有规划的人生注定要失败

亚里士多德曾经说过:"人是一种寻找目标的动物,他生活的意义仅仅在于是否正在寻找和追求自己的目标。"完全没有规划的职业生涯,注定是要失败的。

有这样一个案例,一群意气风发的"天之骄子"从美国哈佛大学毕业了,即将步入职场,他们的智力、学历、环境、条件都相差无几。在临出校门时,哈佛大学对他们进行了一次关于人生目标的调查,结果是 27%的人没有目标;60%的人目标模糊;10%的人有清晰但比较短期的目标;3%的人有清晰而又长远的目标。25 年后,哈佛大学再次对这群学生进行跟踪调查,结果显示,3%的人在 25 年间始终朝着一个方向不懈努力,几乎都已成为社会各界的成功人士,不乏行业领袖、社会精英;10%的人短期目标不断实现,成为各自领域中的专业人士,大都生活在社会的中上层;60%的人比较安稳地生活和工作,但都没有什么特别的成绩,几乎都生活在社会的中下层;27%的人生活没有目标,过得很不如意,并且常常抱怨他人、抱怨社会、抱怨这个"不肯给他们机会"的世界。其实,他们之间的差异仅仅在于,25 年前他们中的一些人知道为什么和怎样去进行职业规划,而另一些人则不清楚或不很清楚。

1.2.3　职业生涯规划的成功性评价

职业生涯规划为人生事业成功提供了科学的技术和基本的操作方法,并能使组织与员工实现双赢,因此对个人的职业生涯发展及组织发展都具有重要的意义和作用。职业生涯成功标准如下所述。

1. 职业生涯成功是个人职业生涯追求目标的实现

职业生涯成功的含义因人而异,具有很强的相对性,对于同样的人在不同的人生阶段也有着不同的含义。每个人都可以,也应该对自己的职业生涯成功进行明确界定,包括成功意味着什么,成功时发生的事和一定要拥有的东西、成功的时间、成功的范围、成功与健康、被承认的方式、想拥有的权势和社会的地位等。对有些人来讲,成功可能是一个抽象的、不能量化的概念,如觉得愉快、在和谐的气氛中工作、有工作完成后的成就感和满足感。在职业生涯中,有的人追求职务晋升,有的人追求工作内容的丰富化。对于年轻员工来说,职业生涯的成功即在其工作上建立满足感与成就感,而不是一味地追求快速晋升;在工作设计上,设法扩大其工作内容,使工作更具挑战性。

2. 5 种不同的职业生涯成功方向

职业生涯成功能使人产生自我实现感,从而促进个人素质的提高和潜能的发挥。职业生涯成功与否,个人、家庭、企业、社会判定的标准都存在一定的差异。从现实来看,职业生涯成功的标准与方向具有明显的多样性。

目前大家共识的有 5 种不同的职业生涯成功方向。

(1)进取型。直线型思维的人视成功为升入企业或职业较高阶层,使其达到集团或系统的最高地位。

(2)安全型。一些扎实的人需要长期的、稳定和相应不变的工作认可、工作安全、尊敬和成为圈内人。

(3)自由型。一些人视成功为经历的多样性,希望在工作过程中得到对自我最大的控制权而不是被控制。

(4)攀登型。一些人将成功定义为一种螺旋形的东西,不断上升和自我完善,从而得到刺激、挑战、冒险和擦边的机会。

(5)平衡型。在工作、家庭关系和自我发展之间取得有意义的平衡,以使工作不至于变得太耗精力或太乏味。

学者们认为这些职业生涯成功的标准和观念来自个人的思维习惯、动机和决策类型,并成为指导人们长期职业生涯选择的根据。

职业生涯成功与家庭生活之间也有着非常密切的关系。个人与家庭发展遵循着并行发展的逻辑关系,职业生涯的每阶段都与家庭因素息息相关,或协调或冲突。职业生涯与家庭的责任之间的平衡,对于年轻雇员特别是女性雇员尤为重要。每个人在社会生命周期中都扮演着多种社会角色,但作为子女、父母的角色是不可逆的。我们能放弃一项职业,却不能放弃这些角色。相反,我们要设法完成这些角色。因此,家庭成员的意见对雇员的工作成效有重大影响。

要对职业生涯成功进行全面的评价,必须综合考虑个人、家庭、企业、社会等各方面的因素。有人认为职业生涯成功意味着个人才能的发挥以及为人类社会做出贡献,并认为职业生涯成功的标准可分为自我认为、社会承认和历史判定。对于企业管理人员来说,按照其人际关系范围,可以将其职业生涯成功标准分为自我评价、家庭评价、企业评价和社会评价 4 类评价体系。如果一个人能在这 4 类体系中都得到肯定的评价,则其职业生涯必定能获得成功。

3. 职业生涯成功评价体系

职业生涯成功评价体系,见表 1-1。

表 1-1　职业生涯成功评价体系

评价方式	评价者	评价内容	评价标准
自我评价	本人	自己的才能是否充分施展;对自己在企业发展、社会进步中所做的贡献是否满意;对自己的职称、职务、工资待遇等方面的变化是否满意;对处理职业生涯发展与其他人活动关系的结果是否满意	根据个人的价值观念及个人的知识、水平、能力
家庭评价	父母、配偶、子女等家庭成员	是否能够理解和肯定;是否能够给予支持和帮助	根据家庭文化
企业评价	上级、平级、下级	是否有下级、平级同事的赞赏;是否有上级的肯定和表彰;是否有职称、职务的晋升或相同职责权利范围的扩大;是否有工资待遇的提高	根据社会文明程度、社会历史进程

由于职业生涯成功方向和标准的多样性,企业应根据员工的具体情况制定个性化的职业生涯开发与管理战略,这是对雇员人格价值的尊重。同时,企业也应根据自身的特点制订职业生涯开发与管理工作的战略目标和措施。通过两者之间的平衡,找到企业发展和个人发展之间的最佳结合点,促进两者共同发展。

1.3　职业选择与生涯规划发展的相关理论

1.3.1　职业生涯发展的含义及其影响因素

1. 职业生涯发展的含义

职业生涯发展是指为达到职业生涯计划的各种职业目标进行的知识、能力和技术的发展性培训、教育等活动。

职业生涯发展的基本点是个人,但是现代社会中个人都生活在一个组织中,在组织中从事职业活动。组织由个人构成,并依靠个人才能生存与发展。个人在组织中应尽量满足组织需要的义务,不能单纯地把组织作为满足自己个人需要的工具,应着眼于整体,尽力而为,为组织效劳。同时,组织领导者必须关心个人需要与利益,关心组织成员的职业生活条件和心理状况,重视个人潜力的发挥。正如古布森、伊凡舍维奇、唐纳利在《组织:行为、结构、过程》中所写的:"在设计职业生涯通路中,完全整合组织与个人的需要确实是不可能的。但是,系统的职业生涯计划都能做到这一点。"因此,可以这样说,职业生涯发展的重要原则是个人与组织之间的相互配合,这种配合程度集中表现为所设计与发展的职业生涯对个人和组织的需要和利益的满足程度。

一个人的职业生涯发展深受 5 个方面因素的影响,即教育背景,家庭影响,个人的需求与心理动机,把握时机,社会环境。

2. 职业生涯发展影响因素分析

根据对许多成功人士的分析总结,发现以下一些因素或做法有助于个人在事业上的成功。

1）创造性地努力工作

大家都知道,努力、勤奋地工作是事业成功的必由之路。但是,流了汗水并不能保证就能取得事业的进步。有人把从业人员分为实现者和成功者两大类型,发现二者的差别并不主要表现在主观努力程度的不同,而是在于实现者不能摆脱他们在学校学习时形成的模式,不能主动地、积极地对待职业,而是被动地等待别人给他们分配任务,对待成果不会主动利用,像学生一样等待别人给他们打分、评奖。而成功者则善于主动地寻找职业竞争的机会,找出最需要自己去做的事情,发掘特殊的职业能力,并通过新的职业任务致力于革新和创造。

2）增强交际能力

我们每天的职业都需要与人合作、与人交往。但是,谁也不喜欢难以相处的人。那么,怎样才能成为人们喜欢的人呢?

实际上,要成为一个令人喜欢的人,掌握一点基本的社交知识是十分必要的。概括起来,主要有以下 4 条。

（1）待人不要冷漠。

（2）善于听取话中之话。

（3）善于提出批评和接受批评。

（4）情绪要稳定。

以交往为基础的社会关系网使我们能够在各自的事业上互有所求而不怀惶恐不安的心理。实际上,大家都是相互依赖的,我们往往并不愿承认这个简单的事实。因此,从事业成功的角度,仅仅遵守以上 4 条是不够的,出色的交际艺术不仅包括与他人的良好合作,而且在于积极地扩大自己的交际圈,与外界进行联系。

3. 帮助上级

对许多雄心勃勃的人,尤其是年轻人,上司似乎是对头或愚蠢的代名词,而且许多人认为,接近上司是奉承讨好。带着这种心理,他们经常故意与上司作对,或者仅仅完成分内工作,即使上司工作出现了失误,也幸灾乐祸,不予主动帮助。实际上,对上级应有正确的认识。

仅仅因为职业出色,通常还不能保证一个人在单位稳步迅速上升,不管公正与否,这是现实。一般认为,以下几个因素是影响一个人晋升或阻碍职业发展的因素。

1）忽视彼得原则

彼得原则认为,在等级制度中,每个人都可能被提升到他不再能胜任的水平。几乎人人都了解这一规律,可很少有人认为其对自己适用,人们习惯于对每一个晋升机会都进行争夺,但并不是每个晋升都符合你的利益。一个不符合你专长的晋升只会加速你生活中的彼得原则早日来临。例如,有的人因为业务能力很强,而被提拔到管理岗位上,但他们却不管自己对管理别人有无兴趣,都接受这种晋升,到头来使大家都受到伤害。

2) 忽视组织文化

在任何一个组织中,都或多或少存在一些不成文的习惯、规范。在一个单位所有的人如果都穿白大褂,你肯定不会一个人穿西装。这就是一种组织文化。这种组织文化的影响对组织中所有人来说,都是十分巨大的。任何人忽视这种影响的存在,都会对其事业发展产生一定的不良影响,除非你处处表现得都十分杰出。

3) 希望得到每个人的好感

希望得到所有人的好感,是一件十分可怕的事情。因为在职业中,期望得到所有人好感的人,势必会偏离现实,使职业决策产生偏差。这是对"与人为善"的误解,是个人同情心和个人感情的产物。只有做出坚定又正确的决策,坚持原则,才能得到人们的尊敬和爱戴。

4) 实施不良的自我保护

一个机构的最高领导人如果有变化,其目的一定是想进一步改善这个机构,而不是与个人有什么恩怨。许多的人都不相信这一点,总是从个人的角度来看待新领导的到来。他们对新的领导抱有抵触情绪,这样一来,领导对他们也会产生不良的抵触情绪。实际上,这对大家都不好。

5) 在公共场合随便说话

对人真诚是应该的,但是不可过于轻信别人。这也是许多人之所以不成功的原因。如果你必须倾吐对某个同事或领导的看法,最好留着回家去说,尖刻的话会很快传开,结果是你会因此受到不该受到的伤害。

6) 行为反复无常

对周围的人来说,反复无常是最令人恼火的。今天对受到的挫折大发其火,明天对同样的事情又从容对待,会让人觉得太不可靠。

在任何一个单位,处理大部分日常问题时,最需要的可能是稳健的判断,而不是个人的创造性。一个人要表现出自己的稳定风格,这样在长期的生活中,你的独特人格魅力才会感染所有的人。

7) 出了事就埋怨别人

人不可能不犯错误,人总是在犯错误的过程中不断进步。犯了错误应该勇于承认,这并无不好之处。但是,也不要养成不断犯错误、不断承认的坏习惯。出了差错既不需要埋怨,也不要迁怒于别人。在错误中吸取经验教训,才会使你进步。

8) 不能以身作则

如果一个人不能以身作则,只是命令别人,是不会有好效果的。同样,如果不是时时注意指教你的部下,你就不应该指望他们会依照你的方式行事。要知道,有时以身作则、身先士卒具有巨大的感召力。

1.3.2　职业选择匹配理论

1. 帕森斯的特质因素论

1909 年,美国波士顿大学的帕森斯在《职业选择》一书中,明确提出职业选择的三大要素。

（1）自我了解，明确自己的性向、成就、兴趣、价值观和人格特质等。

（2）获得有关职业的知识，包括信息的类型（职业的描述、工作条件、薪水等）、职业分类系统、职业所要求的特质和因素。

（3）整合有关自我与职业世界的知识。帕森斯的理论强调，在做出职业选择之前首先，要评估个人的能力，因为个人选择职业的关键就在于个人的特质与特定行业的要求是否相配。其次，要进行职业调查，即强调对工作进行分析，包括研究工作情形、参观工作场所、与工作人员进行交谈。最后，要以人职匹配作为职业指导的最终目标。帕森斯认为只有这样，人才能适应工作，并且使个人和社会同时得益。

帕森斯认为职业与人的匹配，分为以下两种类型。

（1）条件匹配，即所需专门技术和专业知识的职业与掌握该种特殊技能和专业知识的择业者相匹配。

（2）特长匹配，即某些职业需要具有一定的特长，如具有敏感、易动感情、不守常规、有独创性、个性强、理想主义等人格特性的人，宜从事美的、自我情感表达的艺术创作类型的职业。

帕森斯的特质因素论，作为职业选择的经典性理论，至今仍然对职业生涯规划和职业心理学的发展具有重要的指导意义。

2. 罗伊的人格发展理论

心理学家罗伊（Anne Roe）的人格理论大约在 20 世纪 60 年代提出，其理论试图说明遗传因素和儿童时期的经验对于未来职业行为的影响。罗伊认为，早年经验会增强或削弱个人高层次的需求，进而影响人的生涯发展。她特别强调早期经验对个体以后的择业行为的影响。

罗伊的理论是假设每个人天生就有一种扩展心理能量的倾向，这种内在的倾向配合个体不同的儿童时期的经验，塑造出个人需求满足的不同方式，而每一种方式对于生涯选择的行为都有不同的意义。

罗伊认为，需求满足的发展与个人早期的家庭气氛及成年后的职业选择有着密切的关系。例如，个体成长过程中，父母对他（她）是接纳的还是拒绝的，家中气氛是温暖的还是冷漠的，父母对他（她）的行为是自由放任的还是保守严厉的，这些都会反映在个人所做的职业选择上。

罗伊认为，我们所选择的工作环境，往往会反映出幼年时的家庭气氛。如果我们小时候生活的环境充满温暖、爱、接纳或保护的氛围，就可能会选择与人有关的职业，包括服务、商业、文化、艺术与娱乐或行政（商业组织）等一类的职业。如果我们小时候生活在一个冷漠、忽略、拒绝或适度要求的家庭中，便可能会选择科技、户外活动一类的职业，因为这些职业的研究范围是以事、物和观念为主，不太需要与人有直接、频繁的接触。

罗伊把职业分为服务、商业交易、行政、科技、户外活动、科学、文化和艺术娱乐八大职业组群，依其难易程度和责任要求的高低，分为高级专业及管理、一般专业及管理、半专业及管理、技术、半技术及非技术 6 个等级。这八大职业组群和 6 个专业等级，组成了一个职业分类系统，见表 1-2。

表 1-2　罗伊的职业世界分类系统(1984)

层　次	群　　组						
	I 服务	II 商业交易	III 行政	IV 科技	V 户外活动	VI 科学	VII 文化	VIII 艺术娱乐
1. 高级专业及管理	社会科学家、心理治疗师、社会工作督导	公司业务主管	董事长、企业家	发明家、高级工程师	矿产研究员	医师、自然科学家	法官、教授	指挥家、艺术教授
2. 一般专业及管理	社会行政人员、社工人员	人事经理、营业部经理	银行家、证券商、会计师	飞行员、工程师、厂长	动植物专家、地质学家、石油工程师	药剂师、兽医	新闻编辑、教师	建筑师、艺术、评论员
3. 半专业及管理	社会福利人员、护士	推销员、批发商、经销商	会计、秘书	制造商、飞机修理师	农场主、森林巡视员	医务室技术员、气象员、理疗师	记者、广播员	广告美术工作员、室内装潢家、摄影员
4. 技术	技师、领班、警察	拍卖员、巡回推销员	资料编纂员、速记员	锁匠、木匠、水电工	矿工、油井钻探工	技术助理	一般职员	演艺人员、橱窗装潢员
5. 半技术	司机、厨师、消防员	小贩、邮递员、售票员	出纳、邮递员、打字员	木匠、驾驶员	园丁、农民、矿工助手		图书管理员	模特、广告绘制员
6. 非技术	清洁工人、门卫、侍者	送报员		助手、杂工	伐木工人、农场工人	非技术性助手	送稿件人员	舞台管理员

3．霍兰德的职业个性理论

美国霍普金斯大学心理学教授约翰·霍兰德（John Holland）于 1971 年提出具有广泛社会影响的个性—工作适应性理论，并编制了霍兰德职业人格能力测验。该测验能帮助个体发现和确定自己的职业兴趣与能力专长，进而作为个体在求职择业时进行决策的依据。

1）主要观点

霍兰德认为，生涯选择是个人人格在工作世界中的表露和延伸，某一类型的职业通常会吸引具有相同人格特质的人，而具有相同人格特质的人对许多生活事件的反应模式也是基本相似的，他们创造了具有某一特色的生活环境（也包括工作环境）。霍兰德认为，在同等条件下，人和环境的适配性或一致性将会增加个体的工作满意度、职业稳定性和职业成就感。霍兰德生涯理论的基础主要由 4 个基本假设组成。

（1）大多数人的人格特质都可以归纳为 6 种类型，即现实型、研究型、艺术型、社会型、管理型和常规型。

（2）工作环境也有 6 种类型，其名称、性质与人格类型的分类一致。

（3）人们都尽量寻找那些能突出自己特长、体现自己价值和能令自己愉快的职业，如一个现实型的人会尽力去寻找现实型的职业，其他几种人格类型和职业类型的匹配亦然。

（4）一个人的行为表现是职业环境类型和人格类型相互作用的结果。如果知道自己的人格类型和职业类型，就可以预测自己的职业选择、工作变换、职业成就、教育及社会行为。

2）人格类型

（1）现实型。现实型的人喜欢从事户外工作或操作机器，而不喜欢在室内工作。这种人通常比较现实，身强体壮，擅长机械和体力劳动，会倾向于选择制造、渔业、野生动物管理、技术贸易、机械、农业、技术、林业、特种工程师和军事工作等职业。有时候，现实型的人在用言语表达自己情感时可能会存在困难。

（2）研究型。研究型的人喜欢那些与思想有关的研究活动，如数学、物理、生物和社会科学等，喜欢研究那些需要分析、思考的抽象问题。研究型的人通常聪明、好奇、有学问、具有创造性和批判性、具有数学和科学天赋的特征。这一类型的人虽然常隶属于某一研究团体，但他们喜欢独立工作。例如，实验室工作人员、生物学家、化学家、社会学家、工程设计师、物理学家和程序设计员等。

（3）艺术型。艺术型的人喜欢自我表达，喜欢在写作、音乐、艺术和戏剧等方面进行艺术创作。他们通常会尽力避免那些过度模式化的环境，喜欢将自己完全投注在自己所制定的项目中。这样的人通常善于表达，有直觉力，具有想象力和创造力，具有表演、写作、音乐创作和讲演等天赋。他们从事的职业主要有作家、艺术家、音乐家、诗人、漫画家、演员、戏剧导演、作曲家、乐队指挥和室内装潢等。

（4）社会型。社会型的人典型的表现是喜欢与人合作，积极关心他人的幸福，喜欢给人做培训或给大家传达信息，愿意帮助别人解决困难。他们喜欢的工作环境是那些需要与人建立关系、与群体合作、与人相处以及通过谈话来解决问题和困难的工作环境。社会型的人通常易合作、友好、仁慈、随和、机智、善解人意。他们偏好的主要职业有教学、社会工作、宗教、心理咨询和娱乐等。

(5) 管理型。管理型的人喜欢领导和控制别人,或为了达到个人或组织的目的而去说服别人。他们追求高出平均水平的收入,喜欢利用权力,希望成就一番事业。这样的人多从商或从政。管理型的人通常精力充沛、自负、热情、自信,具有冒险精神,能控制形势,擅长表达和领导。他们大多会在政治或经济领域取得一定成就。适合这类人的职业主要有商业管理、律师、政治领袖、推销商、市场经理或销售经理、体育运动策划者、采购员、投资商、电视制片人和保险代理人等。

(6) 常规型。典型的常规型的人喜欢规范化的工作或活动,希望确切地知道别人希望他们怎么样和让他们干什么,喜欢整洁有序。若把常规型的人放在领导者的位置会让他们感到不适应,他们更愿意在一个大的机构中处于从属地位、跟随大溜。常规型的人大多具有细心、顺从、依赖、有序、有条理、有毅力、效率高等特征。他们多擅长文书或数据类工作,通常会在商业事务性的工作中取得成就。适合这一类人的典型职业有会计、银行出纳、图书管理员、秘书、档案文书、税务专家和计算机操作员等。

3) 职业环境类型

(1) 现实型的职业。现实型的职业通常是那些对物体、工具、机器、动物等进行操作的工作。从事现实型职业的人通常具有现实型的人格特质,他们大多是现实的、机械的,并具有传统的价值观,倾向于用简单、直接的方式来处理问题,也用他们的机械和技术能力来进行生产。

(2) 研究型的职业。研究型的职业通常是指那些对物理学、生物学或文化知识进行研究和探索的职业。从事这一职业的人通常具有研究型的人格特质,他们大多是有学问、聪明的人,获取成就的方式主要是通过证明他们的科学价值而达到,这样的人一般会以复杂、抽象的方式看待世界,并倾向于用理性和分析的方式来处理问题。

(3) 艺术型的职业。艺术型的职业通常指那些进行艺术、文学、音乐和戏剧创作的职业。从事这一职业的人通常具有艺术型的人格特质,他们大多擅长表达,富有创造力,直觉能力强,不随大溜,独立性强。他们通常以展示自己的艺术价值来获取成就,以复杂的和非传统的方式来看待世界,与他人交往更富于情感和表达。

(4) 社会型的职业。社会型的职业主要是那些与人打交道的工作,如教导、培训、发展、治疗或启发人的心智等。从事这类职业的人通常具有社会型的人格特质,他们通常乐于助人、善解人意、灵活而随和。他们获取成就的主要方式是通过展示自己的社会价值而达到,并常常以友好、合作的方式来与人相处。

(5) 管理型的职业。管理型的职业主要是指那些通过控制、管理他人而达到个人或组织目标的职业。从事这一职业的人通常具有管理型的人格特质,他们一般都具有领导和演说才能,通过展示自己的金钱、权力、地位等来获取成就,常常以权力、地位、责任等为标准来衡量外界事物,并通过控制的方式来处理问题。

(6) 常规型的职业。常规型的职业通常是指那些对数据进行细致有序的系统处理的工作,如录入、档案管理、信息组织和工作机器操作等。从事这一职业的人通常具有常规型的人格特质,他们通常整洁有序,擅长文书工作,一般会在适应性和依赖性的工作中获取成就。他们通常以传统的和依赖的态度来看待事物,并用认真、现实的方式来处理问题。

4. 弗鲁姆的择业动机理论

美国心理学家弗鲁姆(V. H. Vroom)在 1964 年出版的《工作和激励》一书中,提出解释员工行为激发程度的期望理论的基本公式:$M = V \cdot E$。

其中,M 为动机强度,指积极性的激发程度,表明个体为了一定目标而努力的程度;V 为效价,指个体对一定目标重要性的主观评价;E 为期望值,指个体实现目标可能性的大小,也就是目标实现的概率。员工个体行为动机的强度取决于效价大小和期望值的高低。

弗鲁姆认为,这一理论也可以用来解释个人的职业选择行为,具体化为择业动机理论。该理论的应用(个人如何进行职业选择)分为以下两个步骤。

1) 确定择业动机

用公式表示,即择业动机=职业效价×职业概率。

公式中,职业效价指择业者对某项职业价值的评价。职业效价取决于两方面:一方面是择业者的择业价值观;另一方面是择业者对某项具体职业要素(如兴趣、工资、发展空间、工作条件等)的评价。公式中,职业概率是指择业者获得某项职业可能性的大小。职业概率大小通常取决于以下 4 个因素。

(1) 某项职业的社会需求量。在其他条件一定的情况下,职业概率同职业需求量呈正相关。

(2) 择业者的竞争能力。择业者的竞争能力即择业者自身工作能力和求职就业能力越强,获得职业的可能性越大。

(3) 竞争系数。竞争系数指谋求同一种职业的劳动者人数的多少。在其他条件一定的情况下,竞争系数越大,职业概率越小。

(4) 其他随机因素。择业动机公式表明,对择业者来说,某项职业的效价越高,获取该项职业的可能性越大,择业者选择该项职业的意向或者倾向越大;反之,某项职业对择业者而言,其效价越低,获取该项职业的可能性越小。

2) 比较择业动机,确定选择的职业

择业者对其视野内的几种目标职业,分别进行价值评估和获取该项职业可能性的评价,然后通过比较,选择某项职业。

5. 爱德华·鲍亭的择业心理动力理论

早在 20 世纪初期,西格蒙德·弗洛伊德就曾讨论过关于人类动机和本能驱动的问题。爱德华·鲍亭等人以弗洛伊德的个性心理分析为基础,吸取了特质—因素理论和心理咨询理论的一些概念和技术,对职业团体进行了大量的研究,于 20 世纪 60 年代后期提出个人内在动机和需要等动机因素在个人职业选择过程中具有重要作用的结论,他们将其称为"心理动力理论"(psychodynamic approach)。

鲍亭等人依据精神分析学派的观点,探讨职业发展的过程,将工作视为一种升华,而影响个体职业选择的动力则来源于个人早期经验所形成的适应体系、需要等人格结构。它们影响个人的能力、兴趣及态度的发展,进而左右其日后的职业选择与适应。个人在人格与冲动的引导下,通过升华作用,选择能够满足自身需要与冲动的职业。个人生命的前

6 年决定着他未来的需要模式,而这种需要模式的发展则受制于家庭环境,成年后的职业选择就取决于早期形成的需要,旨在满足个人的这些需要,如果缺少职业信息,职业期望可能因此受到挫折,在工作中会显示出一种婴儿期冲动的升华,一旦个人有自由选择的机会,则必然选择能满足需要而又可免于焦虑的职业。

心理动力论者的主要观点表达如下。

(1) 社会上所有职业都能归入代表心理分析需要的、分属以下范围的职业群: 养育的、操作的、感觉的、探究的、流动的、抑制的、显示的、有节奏的运动等,并认为这一理论除了那些由于文化水平和经济因素而无法自由选择的人之外,可以适应其他所有的人。

(2) 注重从个人职业发展的观点以及个人内在因素来探索职业选择,强调发展当事人的自我概念,通过当事人人格的重建来达到职业选择,重视当事人在职业选择中的自主作用。但是,它过于偏向个体内在因素的作用,而忽视当事人所处的现实社会环境方面的因素,未免失之偏颇。职业选择具有很强的个人特征,同时也具有鲜明的社会特征,尤其在我国目前的职业选择,社会环境因素起着极其重要的作用,是不可忽视的。

1.3.3　职业发展阶段理论

职业生涯发展理论认为个体在不同的职业发展阶段中,对职业的需要以及追求发展的方向和方式存在较大的差异,只有充分认识到人在职业生涯发展各个不同阶段的特点和规律,才能更好地规划自己的人生。职业生涯阶段如何划分,各国专家学者有不同的划分理论和方法,主要可分为按年龄层次划分、按专业层次划分和按管理层次划分 3 种类型。

1. 舒伯的终身职业生涯发展理论

美国职业规划专家舒伯(E. Super)从人的终身发展的角度出发,根据自己"生涯发展形态"的研究结果,并参照布尔赫勒(Bueller,1933)的生命周期理论,提出一个职业发展的生涯发展概念模式。

1) 生涯发展阶段

舒伯(1953)依据年龄将个体生涯阶段划分为成长、探索、确立、维持与衰退 5 个阶段。其中,有 3 个阶段与金斯伯格的分类相近,只是年龄与内容稍有不同,舒伯增加了就业以及退休阶段的生涯发展。具体分析如下。

(1) 成长阶段(0～14 岁),该阶段孩童开始发展自我概念,开始以各种不同的方式来表达自己的需要,且经过对现实世界不断地尝试,来修饰自己的角色。

(2) 探索阶段(15～24 岁),该阶段的青少年,通过学校的活动、社团休闲活动、打零工等机会,对自我能力及角色、职业做了一番探索,因此在进行职业选择时有较大弹性。探索阶段属于学习打基础阶段,在这一时期个人将认真地探索各种可能的职业选择,对自己的天资和能力进行现实性评价,并根据未来的职业选择做出相应的教育决策,完成几次择业和初就业。

(3) 确立阶段(25～44 岁),属于选择、安置阶段。经过早期的试探与尝试后,最终确立稳定职业,并谋求发展,获得晋升。

(4) 维持阶段(45～64 岁),属于升迁和专精阶段。在这一阶段,劳动者一般达到常言所说的"功成名就"情景,已不再考虑变换职业工作,只力求维持已取得的成就和社会地位。

(5)衰退阶段(65岁以上),属于退休阶段。在家庭上投入相当多的时间,休闲者和家长的角色最为突出,这一阶段的主要任务就是注重发展新的角色,寻求不同方式以替代和满足需求。

2)循环式发展任务

在随后的研究中,舒伯对于发展阶段的理论又进行了深化。他认为,在各个发展阶段中都要经历成长、探索、确立、维持和衰退这些阶段,这样就形成一种螺旋循环发展的模式。这种大阶段套小阶段的模型丰富和深化了生涯发展阶段的内涵。各阶段中的子阶段发展任务,详见表1-3。

表1-3 循环式发展任务

生涯阶段	年　　龄			
	青年期 14～25岁	成年初期 25～45岁	成年中期 45～65岁	成年晚期 65岁以上
成长期	发展合适的自我概念	学习与他人建立关系	接受自身的限制	发展非职业性的角色
探索期	从许多机会中学习	寻找心仪的工作机会	确认有待处理的新问题	选择良好的养老地点
确立期	在选定的职业领域中起步	确定投入某一工作,并寻求职位上的升迁	发展新的应对技能	完成未完成的梦想
维持期	验证目前的职业选择	致力于维持职位的稳固	巩固自我以对抗竞争	维持生活的兴趣
衰退期	从事休闲活动的时间减少	减少体能活动的时间	集中精力于主要的活动	减少工作时间

根据上述循环式发展任务,在大学阶段,大学一年级的新生必须适应新的角色与学习环境,经过"成长"和"探索",一旦"确立"了较固定的适应模式,同时"维持"大学学习生活之后,又要开始面对另一个阶段——准备求职。原有的已经适应了的习惯会逐渐衰退,继而对新阶段的任务又要进行"成长""探索""确立""维持"与"衰退",如此周而复始。

2.格林豪斯的职业生涯发展阶段理论

美国心理学博士格林豪斯研究人生不同年龄阶段职业发展的主要任务,并将职业生涯发展分为5个阶段。

1)职业准备

典型年龄段为15～18岁,主要任务是发展职业想象力,对职业进行评估和选择,接受必需的职业教育。一个人在此阶段所做的职业选择,是最初的选择而不是最后的选择,主要目的是建立起个人职业的最初方向。

2)进入组织

18～25岁为进入组织阶段,其主要任务是在一个理想的组织中获得一份工作;在获取足量信息的基础上,尽量选择一种合适的、较为满意的职业。在这个阶段,个人所获得信息的数量和质量将影响个人的职业选择。

3）职业生涯初期

处于此阶段的典型年龄是 25～40 岁,主要任务是学习职业技术,提供工作能力;了解和学习组织纪律和规范,逐步适应职业工作,适应和融入组织;为未来职业成功做好准备。

4）职业生涯中期

40～55 岁是职业生涯中期阶段,其主要任务是对早期职业生涯重新评估,强化或转变自己的职业理想;选定职业,努力工作,有所成就。

5）职业生涯后期

从 55 岁直至退休为职业生涯后期,主要任务是继续保持已有的职业成就,维持自尊,准备隐退。

3. 金斯伯格的职业生涯发展阶段理论

美国著名的职业指导专家、职业生涯发展理论的先驱和典型代表人物——金斯伯格(Eli Ginzberg)研究的重点是从童年到青少年阶段的职业心理发展过程。他将职业生涯的发展分为幻想期、尝试期和现实期 3 个阶段。

1）幻想期

幻想期指处于 11 岁之前的儿童时期。儿童对大千世界,特别是对于他们所看到或接触到的各类职业工作者,充满了新奇、好玩的感觉。此时期职业需求的特点是单纯凭自己的兴趣爱好,不考虑自身的条件、能力水平和社会需要与机遇,完全处于幻想之中。

2）尝试期

尝试期指 11～17 岁由少年儿童向青年过渡的时期。此时期,人的心理和生理在迅速成长发育和变化,有独立的意识,价值观念开始形成,知识和能力显著增长与增强,初步懂得社会生产和生活的经验。在职业需求上呈现出的特点是有职业兴趣,但不限于此,更多的是客观地审视自身各方面的条件和能力;开始注意职业角色的社会地位、社会意义,以及社会对该职业的需要。

3）现实期

现实期指 17 岁以后的青年时期。即将步入社会劳动,能够客观地把自己的职业愿望或要求,同自己的主观条件、能力,以及社会现实的职业需要紧密联系和协调起来,寻找合适于自己的职业角色。此时期所希求的职业不再模糊不清,已有具体的、现实的职业目标,表现出的最大特点是客观性、现实性、讲求实际。

金斯伯格的职业生涯发展论,事实上是前期职业生涯发展的不同阶段,也就是说,实际上揭示了初次就业前人们职业意识或职业追求的发展变化过程。金斯伯格的职业生涯发展理论对实践活动曾产生过广泛的影响。

4. 施恩的职业生涯发展阶段理论

美国麻省理工学院斯隆管理学院教授、著名的职业生涯管理学家施恩(E. H. Schein)立足于人生不同年龄段面临的问题和职业工作主要任务,将职业生涯分为 9 个阶段:成长、幻想、探索阶段;进入工作世界;基础培训;早期职业的正式成员资格;职业中期;职业中期危险阶段;职业后期;衰退和离职阶段;离开组织或职业——退休。

1) 成长、幻想、探索阶段

一般 0~21 岁的人处于成长、幻想、探索职业发展阶段。主要任务是：①发展和发现自己的需要和兴趣，发展和发现自己的能力与才干，为进行实际的职业选择打好基础；②学习职业方面的知识，寻找现实的角色模式，获取丰富信息，发展和发现自己的价值观、动机和抱负，做出合理的受教育决策，将幼年的职业幻想变为可操作的现实；③接受教育和培训，开发工作世界中所需要的基本习惯和技能。在这一阶段所充当的角色是学生、职业工作的候选人、申请者。

2) 进入工作世界

16~25 岁的人步入进入工作世界阶段。首先，进入劳动力市场，谋取可能成为一种职业基础的第一份工作；其次，个人和雇主之间达成正式可行的契约，个人成为一个组织或一种职业的成员。这一阶段充当的角色是应聘者、新学员。

3) 基础培训

处于基础培训阶段的年龄段是 16~25 岁。与进入工作世界阶段不同，要担当实习生、新手的角色。也就是说，已经迈进职业或组织的大门。此阶段的主要任务一是了解、熟悉组织，接受组织文化，融入工作群体，尽快取得组织成员资格，成为一名有效的成员；二是适应日常的操作程序，应付工作。

4) 早期职业的正式成员资格

早期职业的正式成员资格阶段的年龄段为 17~30 岁，面临的主要任务：①承担责任，成功的履行与第一次工作分配有关的任务；②发展和展示自己的技能与专长，为提升或进入其他领域的横向职业成长打基础；③根据自身才干和价值观，根据组织中的机会和约束，重估当初追求的职业，决定是否留在这个组织或职业中，或者在自己的需要、组织约束和机会之间寻找一种更好的配合。

5) 职业中期

处于职业中期的正式成员，年龄一般在 25 岁以上。此阶段的主要任务为：①选定一项专业或进入管理部门；②保持技术竞争力，在自己选择的专业或管理领域内继续学习，力争成为一名专家或职业能手；③承担较大责任，确实自己的地位；④开发个人的长期职业计划。

6) 职业中期危险阶段

处于职业中期危险阶段的年龄段为 35~45 岁。此阶段的主要任务为：①现实地估价自己的进步、职业抱负及个人前途；②就接受现状或者争取看得见的前途做出具体选择；③建立与他人的良师关系。

7) 职业后期

从 40 岁以后直到退休，可说是处于职业后期阶段，此时的职业状况或任务为：①成为一名良师，学会发挥影响，指导、指挥别人，对他人承担责任；②扩大、发展、深化技能，或者提高才干，以担负更大范围、更重大的责任；③如果求安稳，就此停滞，则要接受和正视自己影响力与挑战能力的下降。

8) 衰退和离职阶段

一般在 40 岁之后到退休期间，不同的人在不同的年龄会衰退或离职。此阶段主要的职业任务为：①学会接受权力、责任、地位的下降；②基于竞争力和进取心下降，要学会接受和发展新的角色；③评估自己的职业生涯，着手退休。

9）离开组织或职业——退休

在失去工作或组织角色之后，面临两大问题或任务：①保持一种认同感，适应角色、生活方式和生活标准的急剧变化；②保持一种自我价值观，运用自己积累的经验和智慧，以各种资源角色，对他人进行传帮带。

需要指出的是，施恩虽然基本依照年龄增大顺序划分职业发展阶段，但并未囿于此，其阶段划分更多是根据职业状态、任务、职业行为的重要性。正如施恩教授划分职业周期阶段是依据职业状态和职业行为和发展过程的重要性，又因为每人经历某一职业阶段的年龄有别，所以，他只给出了大致的年龄跨度，并在职业阶段上的年龄划分有所交叉。

1.3.4 职业社会学习理论

社会学习论是由美国心理学家班都拉(Bandura)所创，强调的是个人独特的学习经验对其人格与行为的影响。克朗伯兹(Kmboltz)将其观念引用到生涯辅导上，用以了解在个人决策历程当中，社会、遗传与个人因素对于决策的影响，并对职业生涯决策影响因素进行了分析。

1. 遗传因素

遗传因素是指人们先天所获得的各种因素，包括各种生理特征，如身高、外形、肤色、身体残疾等，这些因素可以拓展或限制个人的职业偏好和能力。另外，有些人天生就在艺术、音乐、书法、体育等方面有天赋。一般来说，人们在某方面越是有天赋，就越是在那些方面或领域中有"可塑性"。

2. 环境条件和社会现象

大量的环境因素会影响到个体的职业生涯选择。这些因素一般来说，是超出个体能力控制范围之外的，包括社会、文化、政治以及经济的因素。另外，像气候和地理环境这样的因素在很多方面也会影响到个体。生活在一种受污染的环境中或是生活在一种经常发生地震或气候非常寒冷的环境中，对于人们进行职业生涯选择有着重要影响。克朗伯兹和他的同事们把这些影响因素归纳为社会因素、教育因素、职业因素和学习经历。

1）社会因素

社会中的很多变化对个人的职业生涯选择有着重要影响。例如，技术的进步极大地改善了交通运输工具，使汽车和飞机的速度更快，而这些变化又为人们创造出很多新的就业机会。在很多领域中，人们已经将计算机作为加工和储存信息的手段，这种变化又对劳动力市场产生巨大的影响。除此之外，社会的很多社团和福利事业团体也会创造出很多就业机会。在某种程度上，不同的社团在需求人员的结构上也会有所不同。例如，平原地区的人们就需要很多牧场主和农场主，而城市则需要大量的商人和生意人。社会条件也会影响到对资源的供给和需求。

2）教育因素

教育的可获得性同时受到社会和个人因素的影响。例如，一个人所受的教育程度既受到家庭对教育所持态度的影响,同时也跟家庭的经济条件或状况有极大关系。另外,学校的教育体制和制度,以及老师和学校资源对学生兴趣与能力产生的影响也是非常重要的。

3）职业因素

工作以及劳动力市场上有很多因素是个体无法控制的,但是对于人们做出职业生涯决策却有很大影响。其中,最重要的是工作机会的数量和工作性质,工作可能是季节性的,可能会受到地理环境的影响,或者也可能受到不断变化的经济条件的影响。教育的需要也是各种各样的,一些工作需要毕业证、学位证等证书或者其他任职条件。另外,工作的薪水和声誉是不同的,依供给、需求和文化价值观的不同而不同。安全感和其他要求也可能会影响某个工作的可获得性。

4）学习经历

一个人的职业偏好是其各种学习经历共同作用的结果。克朗伯兹指出两种学习经验:个体作用于环境的和环境作用于个体的。一个人可能会有许多学习经历,而这些经历最终会影响到他(她)的职业选择。整天在学校里的学生会接触到很多信息,需要他(她)做出反应,或是喜欢,或是迷惑,也有可能是气馁。由于经历的种类繁多,每个人的学习经历都会跟其他人的学习经历有所不同。

3. 完成任务的技能

完成任务的技能包括目标设定、价值观归类、想法的产生,以及获取职业信息、找出备选职业并选定职业。遗传基因、环境状况以及学习经历都会培养做事技能。按照克朗伯兹生涯社会学习理论的观点,个人的偏好折射出个人所习得的反应。当你做或观察别人做与某项职业有关的事而得到正反馈,如赞许、认可等,你会倾向于对该职业有所偏好;反之,没有反馈或因你的偏好、技能、行动而受罚,会减弱甚至会完全消除你对某一职业的偏好。例如,在校成绩较差、看到他人在所选的领域里找不到工作、听到父母或其他人贬损某些职业、自己做的职业规划总是被他人否决、看到他人的职业计划受挫,可能会得出结论——个人无法控制自己的未来。

1.3.5 职业锚理论

当我们进行个人职业生涯规划时,职业锚是一个非常重要的概念,有助于我们进行职业定位。

1. 职业锚的含义

职业锚(career anchor)是美国著名职业心理学家埃德加·H.施恩(Edgar H. Schein)教授提出的。他认为,职业生涯发展实际是一个持续不断的探索过程,随着一个人对自己越来越了解,这个人就会越来越明显地形成一个占主导地位的职业锚。

那么,究竟什么是职业锚?施恩认为,职业锚是指一个人不得不做出职业选择的时候,不会放弃职业中一些至关重要的态度和价值观。"锚"是指抛到水底可以使船停稳的器具,"职业锚"则又有职业稳定、定位等含义。在职业心理学中,职业锚实际上就是人们选择和发展自己的职业时所围绕自己确定的中心。

　　一个人对自己的天资和能力、动机和需要以及态度和价值观有清楚的了解之后，就会意识到自己的职业锚到底是什么，直到他们不得不做出某种重大选择的时候。例如，到底是接受公司将自己晋升到总部的决定，还是辞去现职，转而开办和经营自己的公司？正是在这一关口，一个人过去的所有工作经历、兴趣、资质、潜能等才会集合成一个富有意义的职业锚，这个职业锚会告诉此人，对他个人来说，到底什么东西才是最重要的。

　　可见，职业锚是"自省的才干、动机和价值观的模式"，是自我意向的一个习得部分。具体而言，是个人进入职业生涯早期或工作情境后，由习得的实际工作经验所决定，与在经验中自省的动机、需要、价值观、才干相符合，达到自我满足和补偿的一种稳定的职业定位。

　　具体而言，职业锚的概念包含了 3 个方面的内容：自省的动机需要，以实际情境中的自我测试和自我诊断以及他人的反馈为基础；自省的才干和能力，以个人工作环境中的实际成功为基础；自省的态度和价值观，以自我与雇佣组织和工作环境的准则和价值观之间的实际碰撞为基础。

　　这里不难理解，如果一个人流向于一个有可能失败或者不能满足其需要，或者与其价值观相左的环境，他就可能掉头进入某种更和谐的环境，如同航船下锚停泊于合适的港湾，这就是锚的比喻。而下锚的这个地方，就是个人职业生涯的长期贡献区。

2. 职业锚的类型

　　施恩根据自己对麻省理工学院毕业生的研究，提出了 5 种职业锚：技术职能型职业锚、管理能力型职业锚、安全稳定型职业锚、自主独立型职业锚和创造型职业锚。不同类型的职业锚，也就是不同类型的自我概念模式。近年来，国外许多机构进行了大量的试验来研究职业锚理论，又将其拓展为 8 种职业锚。

　　1）技术/职能型

　　技术/职能型的人追求在技术职能领域的成长和技能的不断提高，以及应用这种技术/职能的机会。他们喜欢面对来自专业领域的挑战，对自己的认可是提高自身的专业水平，一般不喜欢从事管理工作，因为这将意味着他们要放弃在技术/职能领域的成就。

　　2）管理型

　　管理型的人追求并致力于工作晋升，倾心于全面管理、独自负责一个部分，可以跨部门整合其他人的努力成果。他们想去承担整个部分的责任，并将公司的成功与否看成自己的工作。具体的技术/功能工作，仅仅被看作通向更高、更全面管理层的必经之路。

　　3）自主/独立型

　　自主/独立型的人希望随心所欲地安排自己的工作方式、工作习惯和生活方式。追求能施展个人能力的工作环境，最大限度地摆脱组织的限制和制约。他们宁愿放弃提升或工作扩展的机会，也不愿意放弃自由与独立。

　　4）安全/稳定型

　　安全/稳定型的人追求工作中的安全与稳定感。他们对可预测的成功感到放松，关心财务安全，如退休金和退休计划。稳定感包括诚实、忠诚以及完成上司交代的工作。尽管有时可以达到一个高的职位，但他们并不关心具体的职位和具体的工作内容。

　　5）创业型

　　创业型的人希望使用自己的能力去创建属于自己的公司或创建完全属于自己的产品

（或服务），而且愿意去冒风险，并克服面临的障碍。他们想向世界证明，公司是他们靠自己的努力创建的。他们可能正在别人的公司工作，但同时他们在学习并评估将来的机会，一旦感觉时机到了，便会自己走出来创建自己的事业。

6）社会服务型

社会服务型的人指那些一直追求他们认可的核心价值，如帮助他人、改善人们的安全、通过新的产品消除疾病等。他们一直追寻这种机会，即使意味着变换公司，也不会接受不允许其实现这种价值的工作变换或工作提升。

7）挑战型

挑战型的人喜欢解决看上去无法解决的问题，战胜强硬的对手，克服无法克服的困难障碍等。对他们而言，参加工作或职业的原因是工作允许他们去战胜各种不可能。新奇、变化和困难是他们的终极目标。如果事情非常容易，则马上变得非常令人厌烦。

8）生活型

生活型的人喜欢允许他们平衡并结合个人的需要、家庭的需要和职业的需要的工作环境。他们希望将生活的各个主要方面整合为一个整体，因此需要一个能够提供足够的弹性让其实现这一目标的职业环境，甚至可以牺牲职业的一些方面。例如，提升带来的职业转换，他们将成功定义得比职业成功更广泛。他们认为，自己如何去生活、在哪里居住以及如何处理家庭事情及在组织中的发展道路，是与众不同的。

小贴士

职业锚自我分析

请你回答以下问题，看看你的职业锚属于哪一种。

（1）你在中学和大学时期主要对哪些领域比较感兴趣（如果有的话）？为什么对这些领域感兴趣？你对这些领域的感受是什么？

（2）你毕业之后所从事的第一种工作是什么（如果相关的话，服役也算在其中）？你期望从这种工作中得到些什么？

（3）当你开始自己的职业生涯的时候，你的抱负或长期目标是什么？这种抱负或长期目标是否曾经发生过变化？如果有，是在什么时候？为什么会发生变化？

（4）你第一次换工作或换公司的情况是怎样的？你希望下一个工作能给你带来什么？

（5）你后来换工作、换公司或换职业的情况是怎样的？你为什么会做出变动决定？你所追求的是什么？（请根据你第一次更换工作、公司或职业的情况来回答这几个问题。）

（6）当你回首自己的职业经历时，你觉得最令自己感到愉快的是哪些时候？你认为这些时候的什么东西最令你感到愉快？

（7）当你回首自己的职业经历时，你觉得最让自己感到不愉快的是哪些时候？认为这些时候的什么东西最令你感到不愉快？

（8）你是否曾经拒绝过从事某种工作的机会或晋升机会？为什么？

现在请你仔细检查自己的所有答案,并认真阅读关于职业锚的描述。根据你对上述这些问题的回答,将每一种职业锚赋予1~5的某一分数,1代表最不符合你对问题的回答,5代表最符合你对问题的回答。最后你从5种职业锚的得分中,可以得知自己最倾向的类型。

(资料来源:孟万金. 职业规划——自我实现的教育生涯[M]. 上海:华东师范大学出版社,2004.)

1.3.6 国内职业生涯阶段理论

1. 国内职业生涯的五阶段论

我国职业指导专家也提出了类似的划分方法,即根据职业发展进程,把每个人的职业生涯大致分为职业准备期、职业选择期、职业适应期、职业稳定期和职业结束期5个阶段。

1) 职业准备期

职业准备期是形成较为明确的职业意向后,从事职业的心理、知识和体能准备及以后等待就业的时期。每一个择业者都有选择一份理想职业的愿望和要求,准备充分的,就能够很快地找到自己理想的职业,顺利地进入职业角色。

2) 职业选择期

职业选择期是在职业准备的基础上实际选择职业的时期,也是由潜在的劳动者变为现实的劳动者的关键时期。职业的选择不仅仅是择业者个人挑选职业的过程,同时也是社会挑选劳动者的过程。只有个人与社会成功结合、相互认可,职业选择才算结束。择业者的职业选择非常重要,尤其是第一次选择。

3) 职业适应期

择业者刚刚踏上职业岗位,必然要有一个适应的过程,完成从一个择业者到一个职业工作者的角色转变。要尽快适应新的角色,适应新的工作环境、工作方式,树立良好的第一印象,建立和谐的人际关系。这一过程一般需要半年左右。

4) 职业稳定期

职业稳定期是职业适应期结束,相对稳定地从事职业工作的时期。这一时期,个人的职业生活能力最旺盛,是创造业绩、成就事业的黄金时期。当然,职业的稳定不是绝对的,特别是在科技发展日新月异、人才流动日趋加速的今天,就业单位和职业岗位发生变化是很正常的。需要指出的是,在职业稳定期,由于科学技术进步、产业结构调整等因素,个体容易进入"职业发展高原期",因此特别需要接受继续教育,需要不断学习、不断提高。

5) 职业结束期

由于年龄或身体状况等原因,个体逐渐丧失职业能力或职业兴趣,从而结束职业生活过程的时期就是职业结束期。

2. 职业生涯阶段模型

一个人一生所从事的职业按先后顺序可分为早期生涯、中期生涯和晚期生涯3个发展阶段。在这3个时期中,我们依据休普的划分,又可以将一个人的职业生涯分为4个阶段:探索阶段、磨炼创立阶段、维持阶段和衰退阶段。这两种阶段模型可以用图1-1加以描述。

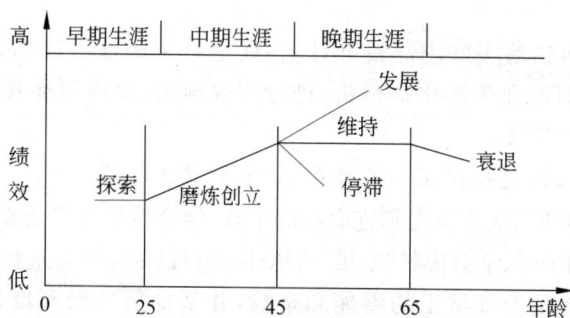

图 1-1　职业生涯阶段模型

从图 1-1 中可以看出,职业的选择是一个发展的过程。在这个过程中,每一步骤都与前后步骤有密切的联系,共同决定未来职业的发展趋向。同时,人也是作为一种生物存在的,有其独特的生命特征,因此职业选择的趋向必须依赖于个人的年龄和发展阶段。不同年龄和发展阶段的特征与职业生涯的选择和发展是一种相互依赖、相互作用的过程。每个人都是作为不同的个体存在的,不同的个体之间的个性、能力、兴趣不同,当他们面对同一环境时所获得的现实机会也是有很大差异的。因此,当一个人在做出职业选择的时候就必须在个体特征和现实机会之间取得平衡。

从员工个人的角度来看,其职业生涯发展阶段可分为早期、中期和后期。在不同的时期,由于员工个人生命特征的不同,其所面临的职业生涯发展任务也不同。因此,不同阶段的职业生涯中个人和组织任务存在着明显的差别。

1) 职业生涯早期阶段

职业生涯早期阶段,是指一个人由学校进入组织并在组织内逐步"组织化",并为组织所接纳的过程。这一阶段一般发生在 20～30 岁。

(1) 个人任务,包括进入组织学会工作;学会独立,并寻找职业锚;完成向成年人的过渡。

(2) 组织任务,包括对新员工进行上岗引导和岗位配置;提供一个富有挑战性的最初工作;为员工提供较为现实的未来工作展望及未来工作描述;对新员工严格要求,并开展职业生涯规划活动;开展以职业发展为导向的工作绩效评价,提供阶段性工作轮换和职业通路。

2) 职业生涯中期阶段

职业生涯中期阶段,是一个时间周期长(年龄跨度一般是 25～50 岁)、富于变化,既有可能获得职业生涯成功(甚至达到顶峰),又有可能出现职业生涯危机的一个很宽阔的职业生涯阶段。职业生涯中期处于个人生命周期、职业生涯周期和家庭生命周期完全重叠的阶段,员工个人的各方面任务繁重。由于 3 个周期的交叉运行,容易导致员工职业问题的产生,形成职业生涯中期危机。例如,缺乏明确的组织认同和个人职业认同,现实与职业思想不一致,职业工作发生急剧转折或下滑等。

(1) 个人任务,包括保持积极进取的精神和乐观的心态;面临新的职业与职业角色选择决策;成为一名良师,担负起言传身教的责任;维护职业工作、家庭生活和自我发展三者间的均衡。

（2）组织任务，包括落实好内部晋升计划，促进员工职业生涯向顶峰发展；提供良好的教育培训计划；针对职业生涯中期危机，进行有效预防、改进和补救。

3）职业生涯后期阶段

职业生涯后期阶段，是指员工一般处在 50 岁至退休年龄。

（1）个人任务，包括承认竞争力和进取心的下降，学会接受和发展新角色；学会和接受权力、责任和中心地位的下降；学会应付"空巢"问题；回顾自己的整个职业生涯，着手退休准备。

（2）组织任务，包括发挥员工的潜能和余热，并帮助员工顺利度过职业生涯后期；组织向处于职业生涯后期的员工提供适应退休生活的计划；采取多种措施，做好员工退休后的生活安排。

表 1-4 是成年人生命周期阶段划分的一个简单汇总，综合了多位研究者的研究成果。这只是一个粗略的划分标准，并不是现实的准确描述。

表 1-4　成年人生命周期各阶段的特点

生命阶段	主要心理活动	标志事件	态度特征
离开家庭（16 岁或 18 岁到 20 岁或 24 岁）	心理上将自己与家庭分离开来；减少自己对家庭的依赖性；开始建立新家庭；把自己看成成年人	离开家庭；进入社会，并对自己的生活做出独立自主的安排；上大学，出外旅游，参军，参加职业等。开始决定自己准备学什么；开始选择职业；开始恋爱	在"继续待在家中"和"脱离家庭"之间权衡
进入成年人世界（20 岁到 27 岁或 29 岁）	探索进入成年人世界的可能性，并开始想象自己已是一个成年人。开始形成最初的生活结构；发展寻求友谊的能力；开始幻想；找到一位可以作为良师益友的伙伴	暂时投身到职业中去，处于职业生涯的第一个阶段；被聘用；第一次开始职业；适应职业环境；辞职或被解雇；失业；迁徙；结婚；决定要生一个孩子；小孩开始上学；购置一幢房屋；社区活动；在组织中任职	"我行我素"。为未来而生活和奋斗；暂时投身职业中只是权宜之计
30 岁时的转变（30 岁左右）	重新检查自己的生活结构和当前所从事的职业；做一些必要的变动，特别是尽努力去实现在 20 多岁时没有来得及实现的奋斗目标	改变自己的职业，或是在某一行业里改变专业方向；重新回到学校读书；爱情；分居；离婚；再次结婚	"什么是生活的全部含义？我是否在做我应该做的事？我希望从生活中得到什么？"
专心于职业和生活（30 岁出头）	更加努力，更加投身到职业中去，更关心家庭，为自己认为有价值的事而奋斗；对于一位有事业心的男子或是职业妇女来说，开始成为本行业中年轻有为的成员；制订一张时间表，将自己对生活的幻想变成具体的长远奋斗目标	父母去世；寻找职业；热衷于家庭活动；挣钱；小孩已长大，可以重新返回学校读书	希望能使自己的生活更稳定，更有条理，并通过制订和实现长远目标来"使希望变成现实"

生命阶段	主要心理活动	标志事件	态度特征
开始成为一个独立自主的人（35～39岁或39～42岁）	成为本行业中有影响的人物；有意减少对上司、批评家、同事、配偶和挚友的依赖性；在一些重要场合力求有自己的独立性并希望得到社会的认可；对于一位妇女来说，她的第一职业就是做家务，并越来越愿意承担家庭义务，同时自己也去寻求有价值的东西；独自参加一些活动	获得关键性的提升；得到别人的赏识；同挚友的关系破裂	没有原来那种青春朝气；期待人们的认可；时间开始不够用；日子开始令人烦恼
中年时期的转变（40岁出头）	使生活结构与自我表现更加相互适应；竭力消除内心对生活的感受与自己对生活的期望之间的差异	面对现实，从对生活的幻想中清醒过来；改换职业；再一次结婚；一无所有；那些把家务劳动作为第一职业的妇女开始走出家庭，寻找自己的第二职业；朋友、同胞兄弟姐妹或儿女去世	感受到体力的衰减、年龄的增加和死期的接近；男性开始出现女性特征，而女性则出现男性特征
重新稳定下来（42～48岁）	欣赏自己对生活所做的抉择及生活方式	成为别人的挚友；和同事及年轻的朋友们一道分享知识和技能；为下一代做出自己的贡献；又有了新的兴趣或爱好；对于男性来说，职业生涯已经到头	
进入50岁（45～55岁）	再一次检查生活结构与自我的适应程度；需要改变自己生活道路上的方向；有些人还走上了新的开端	妇女寻找职业的最后一次机会，同时也是她们实现自己生活理想、满足自己志趣的最后良机，家庭责任感消失；丈夫的职业地位发生变化	为了达到既定的目标，实现自己的夙愿，做出不得已的生活变动——或许这样做已经太迟了，但的确是"我"在自己的后半生中乐意去做的事
再一次稳定下来，开始熟谙世故，事业达到鼎盛期	在人生最后一段旅程中取得重大的成就	在事业上会出现新的机会；又有新的希望满足自己的理想；自己对成就下定义	在感情上和待人处世方面变得老练；配偶变得越来越重要；自我宽慰
生活道路的回顾，生命结束（60岁和60岁以上）	接受生活中所发生的一切，认为它们都是有价值、有意义的；回顾评价自己的生活和自己在生活中所做的选择	自己和自己的配偶都已退休；朋友、配偶和自己的去世	回顾自己一生中的所作所为；希望能永远享受人间的喜怒哀乐；依恋家庭；考虑到死亡

3. 职业生涯发展的三、三、三理论

职业生涯发展的三、三、三理论是人生的 3 个"三阶段"。

1) 职业发展第一阶段

职业发展的第一个"三阶段"主要分为输入阶段、输出阶段和淡出阶段(表 1-5)。输入是指对知识、信息、经验的输入,输出是指输出服务、知识、智慧和其他产品。该理论提出的人生三大阶段是一个弹性边界,弹性产生的原因受教育程度、工作行业、职位高度、身体状况和个人特质、成就欲望等因素所影响,更加适合当前迅速发展的人性特质对职业生涯发展影响的现实。

表 1-5　职业生涯三、三、三理论

	输入阶段	输出阶段	淡出阶段
阶段	从出生到从业前	从就业到退休前	退休以后
主要任务	输入信息、知识、经验、技能,为从业做重要准备;认识环境和社会,锻造自己的各种能力	输出自己的智慧、知识、服务、才干;进行知识的再输入、经验的再积累、能力的再锻造	精力渐衰,但阅历渐丰、经验渐多,逐步退出职业,适应角色的转换。该阶段是夕阳无限好阶段,有更加广阔的时空以实现以往的夙愿

2) 职业发展第二阶段

职业生涯发展的第二个"三阶段"主要是指输出阶段中职业发展的阶段。这一阶段的发展特点与第一个人生三大阶段一样,依然是弹性的、开放的、动态的,有显著的个性化特征和受多维环境因素与个体因素影响的结果。表 1-6 表达的是输出阶段的三段论。

表 1-6　输出阶段的三段论

		个人的工作状态	职业环境状态
输出阶段	适应阶段	订 3 个契约 对领导:我要服从你的领导; 对同事:我要与你协同工作; 对自己:我要使自己表现出色	适应工作硬软环境,个体与环境,个体与同事相互接受,此时进入职业
	创新阶段	独立承担工作任务; 努力做出创造性贡献; 向领导提出合理化建议	受到领导和群众认可,进入事业辉煌阶段
	再适应阶段	由于工作出色获得晋升; 由于发展空间小而原地踏步; 由于自身骄傲或工作差错受到批评	个体要调整心态,适应变化了的环境;此时属于职业状态分化的阶段,领导和同事看法不一

3) 职业发展第三阶段

职业生涯发展的第三个"三阶段"主要是指再适应阶段中职业发展的阶段。"再适应阶段"在现实中每个人都会遇到,职业一次成功的人很少,都要经历"再适应阶段",这一阶段不是人生最辉煌的阶段,却是人生到达辉煌的必经阶段。表 1-7 表达的是再适应阶段的三段论。

表 1-7　再适应阶段的三段论

		职 业 状 况
再适应阶段	顺利晋升	面临着新的工作环境的挑战,新的工作技能的挑战,原同级同事的嫉妒,领导会提出新的要求,表面的风光隐藏着一定的职业风波
	原地踏步	此时会有倚老卖老、不求上进的状态出现,挂在口头边的话是"此事我早已了解"或"我再熟悉不过了",对同事的发展出现心理不平衡,此时如做职业平移或变更更适合
	下降到波谷	由于个体原因或客观原因,遭受上级批评,或受降级处分,工作状态进入波谷,此时如能重新振奋精神,有希望进入第二次"三三三"发展状态

1.4　职业生涯管理的基本知识

1.4.1　职业生涯管理的概念

从个人的角度讲,职业生涯管理是指一个人对自己所要从事的职业、要进入的工作组织、在职业发展上要达到的高度等做出规划和设计,并为实现自己的职业目标而积累知识、开发技能的过程。其一般通过选择职业、选择工作组织、选择工作岗位,在工作中技能得到提高、职位得到晋升、才干得到发挥等来实现。

在市场经济条件下,员工个人真正成为具有自主性的市场主体——自主择业、自主流动,自己管理自己的职业,自己掌握自己的命运。但是,自主择业并不意味着个人可以随心所欲,组织也同样有着用人的自主权,任何一个具体的职业岗位都要求从事这一职业的个人具备特定的条件,如教育程度、专业知识与技能水平、体质状况、个人气质及思想品质等。并不是任何一个人都能适应任何一项职业,这就产生了职业对人的选择。一个人在择业上的自由度很大程度上取决于个人所拥有的职业能力和职业品质。个人的时间、精力、能量毕竟是有限的,要使自己拥有不可替代的职业能力和职业品质,就应该根据自身的潜能、兴趣、价值观和需要来选择适合自身优点的职业。将自己的潜能转化为现实的价值,这就需要对自己的职业生涯做出规划和设计。因此,人们越来越重视职业生涯的管理,越来越看重自己的职业发展机会。

1. 职业生涯管理的意义

任何规划和计划如果不实施、不加以有效管理都只能是空中楼阁,因此,对职业生涯规划必须进行有效管理。我们可以把职业生涯管理看作一种对个人开发、实现和监控职业生涯目标与策略的过程。职业生涯管理是一个长达一生的过程,能够使我们认识自我、工作、组织;可以设定个人的职业目标;发展实现目标的战略以及在工作和生活经验的基础上修正目标。虽然职业生涯是指个体的工作行为经历,但职业生涯管理可以从个人和组织两个不同的角度来进行。

职业生涯既是个人生命运行的空间,又和组织有必然的内在联系。一个人的职业生涯设计得再好,如果不进入特定的组织,就没有职业位置,就没有工作场所,职业生涯就无从谈起。组织是个人职业生涯得以存在和发展的载体。同样,组织的存在和发展也依赖于个人的职业工作,依赖于个人的职业开发与发展。

2. 职业生涯规划与管理的分类

职业生涯规划与管理可以按时间的长短,以及主体和主导者的不同进行以下分类。

1) 按照时间的长短来分类

按照时间的长短来分类,职业生涯规划可分为人生规划、长期规划、中期规划与短期规划 4 种类型。

(1) 人生规划,是指整个职业生涯的规划,时间长至 40 年左右,设定整个人生的发展目标,如规划成为一个有数亿资产的公司董事长。

(2) 长期规划,是 5~10 年的规划,主要设定较长远的目标。例如,规划 30 岁时成为一家中型公司的部门经理,规划 40 岁时成为一家大型公司副总经理等。

(3) 中期规划,一般为 3~5 年内的目标与任务。例如,到不同业务部门做经理、从大型公司部门经理到小公司做总经理等。

(4) 短期规划,是 3 年以内的规划,主要是确定近期目标,规划近期完成的任务。例如,对专业知识的学习、掌握哪些业务知识等。

一个人的职业生涯是一个长期的过程,所以应有一个整体的职业生涯规划,但整个人生职业生涯规划是一个笼统的概念,很难具体地实施。例如,制定一个人生职业生涯规划,要成为一个掌握上亿资产公司的总经理。为了达到这个目标,就要把这个规划分成几个中等的规划,如什么时候成为一个部门的主管,什么时候成为一个部门的经理。然后,再把这些规划进行进一步的细分,将其分解为直接可操作的具体计划,如为了达到总经理的要求,攻读 MBA 工商管理硕士学位;从事不同的职业,丰富各个业务流程等。我们可以把整个人生职业生涯规划分成几个长期的规划,长期的规划再分成几个中期的规划,中期规划再分成几个短期的规划,一步一步来实现自己的目标。

2) 按照职业生涯规划的主体和主导者来分类

按照职业生涯规划的主体和主导者来分类,可分为个人职业生涯规划和组织职业生涯规划两种类型。

(1) 个人职业生涯规划,是一个人对其一生中所承担职务相继历程的预期和计划,包括一个人的学习、对一项职业或组织的生产性贡献和最终退休。个体职业生涯规划并不是一个单纯的概念,与个体所处的家庭以及社会存在密切关系。

(2) 组织职业生涯规划,是从组织的发展角度对员工的职业生涯进行管理,集中表现为引导和帮助员工制定职业生涯规划,建立各种适合员工发展的职业通道,针对员工职业发展的需求进行适时的培训,给予员工必要的职业指导,使企业的发展与员工的发展紧密结合起来,增加企业的凝聚力和发展的后劲。

1.4.2　职业生涯管理的人才测评理论与实践

无论对个人还是组织,做好职业生涯管理的前提条件是自我认知和对管理对象个体的正确认识评价,而科学的测评方法有助于我们更好地认识自我,认识他人。

1. 人才测评的含义

人才测评是运用现代心理学、管理学及相关学科的研究成果,通过心理测验、情境模拟等手段对人的能力、水平、性格特征等因素进行测量,并根据职位需求及企业组织特性对其素质状况、发展潜力、个性特点等心理特征做出科学的评价。

我国最早的较为标准化的人才测评是 1916 年在清华大学内开展的职业指导活动。1921 年,中华职教社采用自制的职业心理测验对入学人员进行了测验。但因中国社会工业的落后以及社会条件的限制,早期人才测评难以形成规模发展。20 世纪 60 年代以来,我国因工业和军事发展的需要,人才测评工作有了一次长足的发展,如 70 年代空军第四研究所曾编制《学习飞行能力预测方法》,用以对招考新生进行集体心理测验,取得良好的效果,使飞行员淘汰率大大降低。

改革开放后,人才测评在公务员招考和企业的招聘中得到了极为广泛的重视与应用。一些公司开始由专业人员采用心理测验手段进行选员,政府部门召集心理学家帮助建立公务员测评体系,而越来越多的企业、事业单位也意识到人才测评对员工招聘的重要性。

2. 人才测评的目的

人力资源开发和管理的基础与前提是知人,知人才能善任。要充分开发和有效利用人才资源,不仅要知其所掌握的知识和技能,还要知其发展潜能和个性特征。对人的知识技能可以通过传统的考试进行考察,而对人的发展潜能和个性特征则只能借助现代人才测评技术来了解。人才测评从功用的角度上,可分为选拔性测评、配置性测评、开发性测评、诊断性测评和考核性测评。

3. 人才测评方法

人才测评从技术层面上,分为两大类。第一类是标准化的心理测验,通过笔试测验来了解人的基本能力素质和个性特征;第二类是评价中心技术,包括小组讨论、结构化面试。具体来讲,人才测评主要有以下方法。

1) 心理测验

心理测验指使用系列心理测量表来测量一个人的潜能和个性特点,如基础职业能力、价值取向、进取意识、创新能力、风险承受能力等。通常的做法是让受测者在答题卡或在计算机上作答一些客观性试题,然后对作答结果进行系统评价,并出具相应的职业心理素质测评报告。

2) 面试

面试指通过精心设计的面试来测量受测者的岗位胜任能力和个性特征,可分为结构化面试、半结构化面试和自由式面试。通常的做法是由主考官根据面试设计向受测者进行系统提问,几位训练有素的面试考官再用客观化评分表对受测者进行量化评价。

3) 文件筐测验

文件筐测验又称为公文处理测验,是将工作情境中可能遇到的各种典型问题设计成信函、请示、备忘录等书面形式,让受测者在规定时间内写出书面处理意见或决定。文件筐测验比较适合对管理人员的测评,可以考察应试者多方面的能力,如计划分析能力、判断决策能力以及对下属的指挥能力。

4) 小组讨论

小组讨论包括有领导小组讨论和无领导小组讨论,其中无领导小组讨论更为常用。在无领导小组讨论中,通常把受测者分为几个小组,各组在无负责人的情况下,要在规定时间内对资金分配、任务分担、干部提拔等有争议的问题进行讨论,并形成一致意见。考官通过受测者在讨论中的表现做出评价。

5) 情境模拟

情境模拟指通过设置工作中的各种典型情境,让受测者在特定情境中扮演一定的角色,完成一定的任务,从而考察其沟通和解决问题等方面的实际工作能力。

4．人才测评的应用

具体而言,人才测评可以起到如下 4 个方面的作用。

1) 自我认知

自我认知是个人职业规划的前提条件,自己往往对自我的认识有一定的盲点,通过中介机构的测评,可以清楚地知道自己的性格特点、能力倾向和优劣势,从而为个人的职业规划提供比较科学的依据。

2) 人员招聘

人才测评在人员招聘中应用较为普遍,如选拔营销人员,除了解应试者的营销知识外,还需通过测评了解其营销动机、人际敏感性和沟通技能、失败承受性等职业心理特性,可以使人员录用的失误率大幅度降低。

3) 优化组合

例如,在部门、班组等团队的人员组合中,不仅要考虑成员间的专业知识、年龄结构的互补,还要通过测评考察成员间工作价值观念的一致性和个性特征的相容性等,以形成高效率的工作队伍。

4) 人力资源普查

通过测评,可以全面掌握组织内全体人员的素质状况,为人力资源规划、培训、流动和安置提供依据。

5．人才测评的特点

人才测评是一种特殊复杂的社会认知活动,其主体包括主持测评者和测评对象。归纳起来,其主要有以下几个方面的特点。

1) 人才测评是心理测量,不是物理测量

一般来讲,人才测评主要是对个体心理现象的测量,包括能力、兴趣、性格、气质及价值观等。身高、体重等有时也列入测量范畴,但不是主要方面。人才测评主要是心理测量,这是由心理素质在个体发展事业成功过程的关键性作用所决定的。美国心理学家特尔曼曾对 800 名男性成人进行测评,发现其中成就最大的 20%与成就最小的 20%两组之间,最明显的差异是他们在心理素质上的差异。成就最大组,在进取心、意志力、兴趣和坚持性方面,明显高于成就最小组。物理测量结果是以物理的度量单位计算的,如重量是以斤(两)计算,长度是以米(分米)计算的。相反,心理测量测查的对象具有内在性、隐蔽性和无形性等特点。相对于物理测量,心理测量就复杂艰巨得多。

2）人才测评是抽样测量，不是具体测量

人才测评的对象是素质及绩效，但素质及绩效不是在某一孤立时空内抽象存在的，而是表现或弥漫于个体活动的全部时空中。从理论上讲，人才测评实施时，涉猎的范围越广，收集的相关信息越充分、越全面，测评结果就越有效、越具体客观。但在实际操作中，上述理想状态不可能存在，也不可能做到，任何一项测评的主持者，在有限时间内都不可能掌握被测评者素质的全部表征信息，只能本着"部分能够反映总体"的原理，对测评要素进行抽样，保证样本的足够多及其足够的代表性，从样本的测量结果来推断全部待测评内容的特征。那种企图一应俱全，对测评内容全面进行测评的想法在实践中行不通，也没有必要。

3）人才测评是相对测量，不是绝对测量

任何测评从测评的实施者主观愿望来讲，都力求尽量地客观反映被测者素质的实际状况。但再严格的素质测评都会存在一定的误差，这是由测评的主观性决定的，毕竟人才测评是人对人的测评。一方面，测评方案的设计及测评活动的实施都是凭借施测人的个人经验进行的，而不同的施测人对测评目标的理解、测评工具的使用及测评结果分数的解释，都难免带有个人色彩，不可能完全一致。另一方面，作为测评对象的人，其素质是抽象模糊的，其构成是极其复杂的，且测评工具具有一定的局限性，诚如苏东坡言："人难知也，江海不足以喻其深，山谷不足以配其险，浮云不足以比其变。"由此可见，人才测评既有精确的一面，又有模糊的一面。

在人才测评实践中，应强调测评的精确性、科学化，但人才测评具有复杂性，在测评技术尚不十分发达的情况下，片面追求精确性，反而违背人才自身特有的特点。德国物理学家海森堡在1927年提出了物理学中的"测不准原理"，在人才测评活动中也存在测不准关系，人才测评也处于一定的测不准状态，即测评实施对被测者的鉴别评价不一定完全符合对象的实际情况，测评结果虽然反映被测者素质的基本状态，但与被测者真实素质都有一定程度的偏离。这就是说，人才测评既有测准的一面，也有测不准的一面；测准是相对的，测不准是绝对的。

随着人类认识自身能力的提高及测评技术的发展，人才测评将逐步摆脱测不准的状况，无限逼近测准的状态，这个过程是十分漫长的。因此，从这个意义上讲，人才测评的结果只有相对意义，没有绝对意义。

4）人才测评是间接测量，不是直接测量

人的素质是个体实施社会行为的基本条件和潜在能力。素质的突出特点之一是抽象性。素质是隐蔽在个体身上的客观存在，是一种内在抽象的东西，是看不见、摸不着乃至说不清的。但素质并不神秘，有一定的表现性，即素质可以通过人的行为表现出来，素质和行为之间存在一系列中介物。我们不能对素质本身进行直接测量，但可以通过表现的行为特征进行间接的推测和判断。由此可见，人才测评是间接测量，而不是直接测量。

6. 人才测评中的素质结构

人才的素质一般可以分为身体素质、思想政治素质、知识素质、能力素质和心理素质5个方面。

1）身体素质

身体素质是个人最基本的素质。没有健全的体魄和良好的身体素质，就失去了事业成功最起码的条件。身体素质包括体质、体力、体能、体形和精力。身体素质的测评大都可以通过现代医学手段进行,通过这种体检,可以测试出个人的视力、身高、体重、血压、脉搏、肝功能、心脏等是否健康。

2) 思想政治素质

思想政治素质是指个人从事社会政治活动所必需的基本条件和基本品质,是个人政治思想、政治方向、政治立场、政治观点、政治态度、政治信仰的综合表现。个人的思想政治素质与其在社会生活中的位置、政治生活经历有密切关系,是随着个人的成长,在长期社会生活实践中逐步形成、发展和成熟的。思想政治素质由多种因素构成,有丰富而深刻的内涵。一般包括政治方向、政治立场、政治观点、政治纪律、政治鉴别力、政治敏锐性和政治技能。

3) 知识素质

知识素质是指个人做好本职工作所必须具备的基础知识与专业知识。基础知识是应试者知识结构的基础。通过测评考试,可以测试应试者应具备的基本理论、基本知识和基本方法的掌握程度,特别是运用这些理论、知识和方法解决工作中实际问题的能力。专业知识是知识结构的核心,也是区别于其他专业领域人才知识结构的主要标志。

4) 能力素质

能力从广义上来说,是人们认识、改造客观世界和主观世界的本领。从狭义上来说,是指胜任某种工作的主观条件,表现为顺利完成某项活动且直接影响活动效率所必备的心理特征。能力是顺利完成某种活动中的一种心理特征,但活动中的心理特征并不都是能力。例如,领导干部的能力是领导干部从事管理活动必须具备的并直接和活动效率有关的基本心理特征,是胜任领导工作、行使其权力、承担责任的主观条件。

5) 心理素质

所谓人的心理素质是指人在感知、想象、思维、观念、情感、意志、兴趣等多方面心理品质上的修养。心理素质是一个内容非常广泛的概念,涉及人的性格、兴趣、动机、意志、情感等多方面内容。良好的心理素质即指心理健康或具备健康的心理。例如,领导干部的心理素质包括事业心、责任感、创新意识、权变意识、心理承受能力、心理健康状况、气质类型和领导风格等。

1.4.3　对现行测评方法的评价

1. 现行测评方法存在的问题

近些年来,我们在探索科学、"如何评价"人才选拔方面,已经取得了一定的进步。例如,在公务员选拔过程中,重视思想政治素质,强调人才的实际能力,以及开始向社会公开招考、择优录用的大胆尝试。但是仍然存在一些薄弱环节。例如,虽然建立了考试机制,但缺少统一的标准;在考试的内容上,多偏重于知识考察,忽视发展潜能的预测;在考试技术上,沿用教育测量的做法多,借助于多种科学引用新技术的尝试少。尽管考试录用人才的做法已赢得社会和用人部门的认可,但是高分低能的问题仍未得到解决。要使人才测评工作再上一个台阶,我们有必要对考试方法进行新的探索和研究。

2. 测试内容的分析

从影响工作成绩的因素出发,可以对人才录用中应该考察的内容做如下分析。

1) 智能因素

(1) 知识与工作成效。知识是个人经过有目的、有选择地学习后,在头脑中形成的有系统、有层次的结构体系。知识与工作绩效的关系密切,是做好工作的基本条件。对知识的考察,一是看容量;二是看结构的合理性。后者对工作绩效的影响更为直接。

这两年来,对知识的考察有过争论,有人主张知识并不是推测潜能的指标,而智力与能力倾向测验对潜能的预测才更有意义。这种观点认为,管理人员的发展,主要决定在基本才能的具备和运用,而非决定于某专业方面的知识有多少。

(2) 智力与工作绩效。关于智力与工作绩效的关系,目前尚有争议。但大多数人认为智力因素是选择人员的必要条件。不过也有研究表明,当智力均已达到中等水平以后,与工作绩效的相关甚微,尤其是在执行类人员中,高智力很可能导致低绩效。即使是在指导类管理者中,智力也并非越高越好,因为过于聪明的人制定政策,往往容易脱离实际。所以,有些国家在制定选人原则上,对常识、智力采取封闭式标准,即规定录用的最低限和最高限。

(3) 能力倾向与工作绩效。能力倾向的含义,尚有广义与狭义之分。广义地说,其包括人的身体条件、智能、性格、兴趣等是否适合于某个方面的职业领域。狭义地说,是指为了有效地进行某种特定活动所必需的特殊能力。值得指出的是,人的能力倾向是尚未接受教育训练的潜能,同经过学习训练而获得的才能是有区别的。

另外,能力倾向与智力之间无必然的相关。心理学的实践证明,人的特殊能力与智力的关系很小。一个人具有较强的智力水平,可能会有一些特殊的才能,但也可能缺乏某些如音乐的、美术的特殊能力。而那些有美术、音乐才能的人,其聪慧性可能在平均者之上,也可能在平均者之下。所以,我们不能从一个人的能力倾向来推测他的智力,同样也不能从他的智力水平来推测他的特殊能力。

能力倾向与工作绩效的相关是比较明显的,如果一个人的能力与他所从事的工作特点相匹配,那么就容易得到成功。我们提倡"用人所长"就是这个道理。

(4) 实践经验与工作绩效。实践经验是指从亲身参加活动或者直接观察活动中得到的知识、技巧和行为方式。实践经验与工作绩效之间的相关性是显而易见的,尤其对于政府机关执行类的人才来讲,在某种意义上,经验比学历、知识更重要。需要指出的是,一个人被录用前的实践经验与他将要从事的工作性质只有是正相关时,其实践经验才能继续获得用武之地,否则就没有考察意义。

2) 非智能因素

(1) 政治素质与工作绩效。政治素质主要是指一个人的政治立场、信仰和态度倾向,主要体现在思想觉悟、道德情操和价值水准上。在行政工作中,政治素质将决定工作绩效的方向,是人才考核中不可忽视的主要指标。

(2) 成就动机与工作绩效。成就是指一个人在工作中达到组织或个人目标所设置的期望值。实践证明,工作绩效的大小,取决于一个人的能力与成就动机的强度,即强度较高的成就动机将有助于工作上的成功,但是成就动机也并非越高越好。有研究表明,成就动机处于中等强度时,工作绩效最佳。

近年来,欧美等国又发展出一种新的笔试,要求个人撰写未来"自传",设想个人今后 5~10 年的工作计划,以此测验应试者的成就动机和决策能力,从而发现最合适的管理人才。

(3) 社会适应性与工作绩效。社会适应性是指人与社会相互作用时的心理承受水平以及自我调节能力,包括人的气质、性格、应急能力等心理指标。

社会适应性对工作绩效的影响反映在人才身上是比较直接且明显的。例如,在智能指标基本相同的前提下,不同气质类型的人对待同一工作表现出的活动方式和工作效果是不一样的。应该说,每一个人的社会适应性都是针对特定某一环境而言,并且具有适应性强与弱的区别。

社会适应性虽然不是选拔考核人才的重要指标,但是在实际工作中又无时不在影响和制约着一个人对知识的运用、经验的积累和才能的发挥。在特殊的情况下,将起到比智能因素更为重要的作用。例如,在应急状态下,一个人的情绪稳定性和应变能力往往比智慧显得更重要。事实上,对于从事行政工作的人才来说,导致其工作上的受挫或失败,由于适应、自我调节能力差者多;由于知识欠缺、经验不足者少。

(4) 身体条件与工作绩效。身体健康、精力充沛是取得工作绩效的前提和保证。当然,影响工作绩效的除了以上主观因素外,还受环境因素的影响。

3) 测试手段的开发

工作岗位所需要的考核内容,只有借助于有效的测量方法和测试手段才能得出。由于我们录用考试的对象——人是一个受多种因素影响的复杂整体,所以考核就要借助于多种方法和手段才能获得有参考价值的资料。如今,知识老化的周期已经大大缩短,单纯的知识积累和一般能力的培养已不适应形势的需要,要求选拔具有应变能力的人才,而这种人才需要通过多方面的测验才能发现。因此,各国主张考试内容应包括以下 3 个方面。

(1) 知识测验,包括基础知识和专业知识两部分。例如,目前行政工作逐渐向专业化发展,更注重应试者的专业知识。

(2) 智力测验,主要包括对空间能力、察觉能力、归纳能力和语言关系能力的综合测验。

(3) 技能测验。例如,行政工作测验主要包括应试者处理实际问题的速度和质量,应试者的领导才能和处理人际关系的能力,以及检验其对知识和智力运用的程度和能力。

因此,通过多种教育形式的综合运用,来选拔具有独立思考能力和应变能力的人才,已成为各国考任制的发展趋势。在国内,随着管理学、考试学、心理测量及计算机技术的不断发展和完善,能够科学、客观、全方位地考核人才已经从可望变成可能,对于人类智能的考察可以通过一系列规范化的测量方法得以实现。当然,这需要在实施中付出艰苦的努力,既包括严谨求实的研究作风,又要有走出经验框框的创新意识。

1.4.4　心理测验

1. 心理测验的性质

从 1905 年第一个作为测量人智力的工具的比纳西蒙力量表问世至今,心理测验就面临着应用和发展中的两种错误态度。一种是不思考、探索其原理、内容、方法，就妄加批评；另一种是盲目迷信，夸大测验功能，且对测验结果的解释极不慎重。这两种态度的共同原因之一都是对心理测验的性质缺乏足够的认识。

作为大脑的产物——心理现象来说，不能直接测量，但是人的心理必定会在人的具体活动和行为中有所表现，倘若我们对智力或人格特征这些测量对象有着明确的操作定义，便可根据它寻找一组作业或刺激（实际上就是一组测题或问卷）用以引起被试者的行为，而从中推论出其智慧能力或个性特征。例如，要测量智力，便得首先弄清"智力是什么""哪些活动是智力活动"，而后才能定出一组作业，让被试者对此做出反应，借以得到他完成这组作业的成绩，而此成绩就是他的智慧效率。然后我们就由直接测得的智慧效率，推测他的智力。由此可见，心理测量是间接的测量。

2. 心理测验的种类和功能

这里讲的测验是标准化测验，标准化测验应具备下列条件。

（1）给所有被试者实施有代表性的相同的一组测题，为他们的作业取得直接比较的基础。

（2）实施测验的程度（包括测验指导语、测验时间限制、测验情境等）要有详细的规定，以保证每一位被试者有相同的测验条件。

（3）记分方法要有详细的规定，使评分误差极低。

（4）要建立常模。常模（标准化样的平均数）则给予测验分数提供参照点。这样的一个测验就能作为测量人的某种心理特性（智力、能力倾向、人格特征等）的工具。

心理测验有以下种类。

1）根据测量的对象来分

（1）智力测验，目的在于测量智力的高低，一个人的智力水平可以用智商（IQ）表示。

智力测验是衡量智力高低的参考，对于管理中估价一个人的能力水平，给予安排恰当的工作有重要的作用。例如，某项工作要求智商120，智商低于或高于它的人都需要用人部门认真考虑。前者会由于能力低而无法胜任；后者则可能由于智商超出该项工作性质要求而不安于现状，甚至轻视这项工作，造成不良后果。因此，人事部门在选用和安排人才时，应当尽可能做到每个人的智力水平与其工作性质相适应。

（2）能力倾向测验，又称性向测验，目的在于发现被试者的潜在才能，深入了解其长处和发展倾向。能力倾向测验一般可以分为两类。一是一般能力倾向测验，测量一个人多方面的特殊潜能。例如，区分能力倾向测验，可以预测一个人哪一方面潜在能力较高或较低，多用于选择人才和就业指导。二是特殊能力倾向测验，偏重测量个人的特殊潜在能力，如音乐能力倾向测验、机械能力倾向测验。

（3）成绩测验。测量一个人经教育训练后的学业成绩，又称成就测验，可分为科学测验和综合测验。前者测量学生某学科的知识、技能，后者测量学生各学科的知识、技能。成绩测验同能力倾向测验的区别在于，前者是测量在工作中所具有的实际能力，后者是心理指标测量在未来工作中的胜任能力。

（4）人格测验，又称个性测验，是测量情绪、需要、动机、兴趣、态度、性格、气质等方面的心理指标。

2)根据测验的人数来分

(1)个别测验,只能由同一个主试在同一时间内测量一个人。个别测验的优点是主试对被试的言语、情绪状态可以仔细地观察,并且有充分的机会与被试合作,可以唤起被试者最大努力,以保证其结果正确可靠。个别测验的缺点在于时间不经济、测验的手续复杂,需要训练有素者方能胜任。

(2)团体测验,可由一位主试官同时测量若干人。各种教育测验都是团体测验,一部分智力测验也是团体测验。其优点是时间经济,主试不必接受严格的专业训练即可担任;缺点在于对被试者的行为不能做切实的控制,所得的结果不及个别测验准确可靠。

3)根据测验材料来分

(1)语言或文字测验,可以测量人类高层次的心理功能,编制和实施都较容易。人类的心智能力不能完全以图形或实物测量出来,所以语言或文字测验应用范围较广,团体测验多数采用这种方法。然而其不能应用于语言有困难的人,而且难以比较语言文化背景不同的被试者。

(2)非文字测验或操作性测验,以图画、仪器、模型、工具、实物为测验材料,被试者以操作表达。其长处和短处,正好与语言或文字测验相反。

4)根据测验的功用来分

(1)预测测验和成就测验。预测测验用于推测某人在某方面未来成功的可能性,智力测验、能力倾向测验就属于此类,其多数根据作业分析的结果来选择测验材料。成就测验在于考察人目前某方面的成绩,如一般教育测验所测量的是学生现在的成绩,往往是根据作业样本来选择测验材料。

(2)难度测验和速度测验。难度测验的功用在于测量被试者的程度高低,其时间限制的标准通常是使 95% 的被试者都有做完测验的机会。测量由易到难排列,以测量被试者解决难题的最高能力。速度测验在于测量被试者作业的快慢,其测题难度相等,但严格限制时间,看规定时间内所完成的测量数量。

(3)普通测验与诊断测验。普通测验在于考察一个人或一个团体在某些心理品质方面的分布情况。诊断测验则进一步去诊断被试者某方面的特殊优点和缺点。

3. 心理测验是人才测评方法的补充

现代人事管理的目的就是追求人与事的有效配合,追求使用科学方法甄选适当的人才,以便提高工作效率。因此,心理科学的发展,已经能够相当有效地测定人类若干心理物质与工作效率之间的相关。因此,目前在国外的人事考核与选拔方面,除了应用档案审查与面谈手段之外,已比较普遍地使用心理测验的技术方法。无论对企业管理人员,还是对机关工作人员的选拔或晋升,往往都必须经过各种心理测验来决定取舍。当然,在国外人们对心理测验的认识和评价是不一致的。但是,这不能否认心理测验具有一定的科学意义。

行为管理学的研究成果证实,由于人与人之间存在着个别差异,因此不同人会对同一种工作有不同的适应性;不同的工作也就自然要求具有不同的个性心理特征的人来承担。在工作性质与人的自然属性及智力发展水平之间存在着一种镶嵌现象。每一种工作都有一个能力界限,只需要恰如其分的某种智力发展水平。一个智力发展水平偏低或智力平庸的人,去从事一种复杂或比较精尖的工作任务时,往往会感到力不从心,产生焦虑心理,严重的还会由于团体压力而出现心理障碍或人格异常。因此,通过心理测验来区别人们心理特征与智力结构水平的高低,并根据人们智力发展水平来分配不同的工作,能够真正做到人尽其才,才尽其用。由此看来,心理测验完全可以配合其他考试评价方法,从不同角度去考核人才心理素质结构的不同侧面。诚然,作为完善的人才选拔考核方法还有待于诸多方法的综合运用。

复习思考题

1. 如何从职业产生和发展的角度定义职业这一概念? 它有什么特点?
2. 如何理解职业分层与分类的必要性?
3. 你怎样看待职业未来的发展趋势?
4. 从职业生涯阶段模型中,你有哪些启发?
5. 什么是职业锚理论? 如何分析应用职业锚理论?
6. 为什么要对职业生涯规划进行管理?
7. 简述人才测评的分类和基本方法。

案例探讨

孙先生的职业锚分析与职业发展规划

第一部分　个人基本情况

姓名:孙先生　　　　　　　　性别:男

年龄:38 岁　　　　　　　　　学历:大专

部门:行政部　　　　　　　　职务:经理

第二部分　职业生涯发展现状

孙先生,1984 年参军,1990 年退伍,先后在××厂做过两年工厂保卫工作,在××厂担任 3 年行政助理,其间参加成人高校学习,取得机电工程专业大专毕业证。1996 年,进入××电子贸易公司从事业务工作,由于业绩较好,1999 年被提拔为业务部副经理。2001 年,进入本公司,担任行政部副经理,2003 年被提拔为行政部经理。

第三部分　心理测评结果

心理测评手段包括纸笔测验、结构化访谈。

1. 职业测评能力特征(图 1-2)

描述:直观、整体地认识事物的能力较强;逻辑、分析地认识事物的能力中上;双脑协调使用的能力中上;能力综合指数良好。

2. 工作流程适应性(图 1-3)

描述:工作流程适应性指向于创造开发。

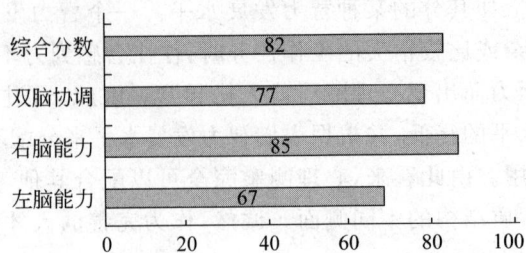

图 1-2　职业测评能力特征

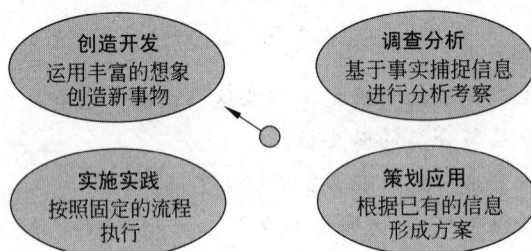

图 1-3　工作流程适应性

3. 业务环境适应性(图 1-4)

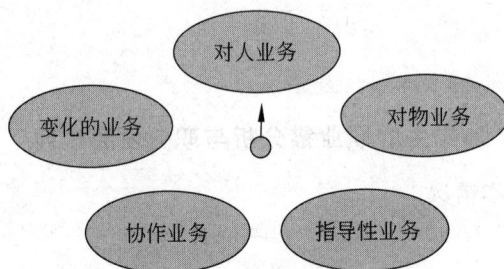

图 1-4　业务环境适应性

描述：业务环境适应性指向于"对人业务"。

4. 其他个性特征(图 1-5)

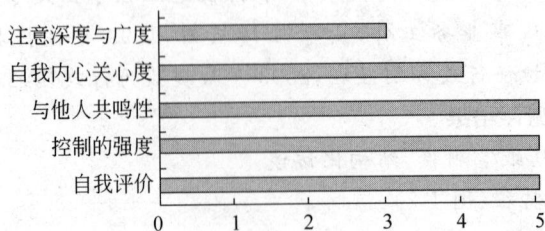

图 1-5　其他个性特征

描述：对某一件事物集中注意力,同时对其他的东西也保持一定的注意力;比较独立于周围环境进行思考,但是有时压抑自己;对自己的内心世界关心,敏感地感受心情的变化,善于自省;有强烈的成就感,自信心强;能强烈地感受他人的心情,容易与他人共鸣。

5. 总体描述

其综合能力良好。在能力方面,右脑能力强于左脑能力,偏向于整体思维。从工作流程来看,偏向于创造开发,即要求有创意的工作。从业务环境来看,则指向于对人业务,即与人打交道的工作。在个性方面,自信、具有较强的控制力,善于根据环境调整自己的行为,善于与人沟通,具有开放式沟通技巧,善于关注他人的需要,具有较强的心理承受力,善于利用团队资源,具有竞争意识。

第四部分　个人职业锚分析

1. 我是谁?

我是一家工程机械公司的行政部经理,已任职一年多,自我感觉称职,上、下级关系不错,老总评价不错,但自己对自己的岗位不太满意。

在中学时曾随父亲走街串巷售卖自制工艺品,虽赚钱不多,但体验到无数的快乐,因此在中学时读过有关营销大师的书籍,梦想有朝一日成为世界级营销大师,但父亲对自己的理想不以为然。参军时曾因军工企业与民营企业的联合工作,做过3个月的业务,因较好地完成任务受到首长嘉奖,自我感觉这3个月是部队生涯最快乐的日子。就业后,从工厂保卫到目前的行政经理,职业生涯近14年,但一想起做业务时的日子,总是回味无穷。目前,虽然做了行政经理,而且公司领导也觉得自己干得不错,但总觉得自己的职业中少了点什么。最不顺心的是,行政部的一些日复一日的琐碎事让自己快乐不起来。在做行政部经理的两年中,再也没有体验到那种签下单的快乐。现在的职位做好,也许能做到副总,但我觉得这个职位不能充分发挥我的能力。

我对市场有一种天生的敏感性。

我喜欢挑战的生活,我信奉"有业绩就是英雄,没有业绩就去死吧"。

我很爱我的家庭,但我不愿意为了家庭而放弃挑战的生活。我的妻子对我的这些想法很理解,很支持。我的朋友都认为我这种天赋离开市场做行政太可惜了。

我具有14年工作经验;身体健康;心理较正常;性格较外向,情绪较乐观;能够承受压力。

我喜欢唱歌,曾在部队文艺表演中获得过一等奖,差一点就到文工团去了。

2. 我想干什么?

我想做公司合伙人与职业经理人。

我想做大公司营销总监或跨国公司营销总监。

我想买一套豪宅,每天开着自己的车去工作。

我想在父母有生之年能够多尽一点孝心,可能的话把他们接到家里来住。

我有时想与人合伙创立公司,自己负责市场营销,别人负责行政管理,但目前缺乏足够的资金。如果能到大公司做营销管理,能在更高的层次上提升自己。

我做过当歌星的梦。

3. 我能干什么?

我可以负责一个公司的市场营销,对市场开拓的流程比较熟悉。

我是市场营销的业务能手,善于开拓新市场。

我有行政部管理的经验和安全管理经验。

我会开车。

我音域宽广,歌声浑厚。

我还会武功。

4. 环境支持我干什么?

我想在明年上半年公司竞争上岗中竞聘市场部经理,公司扩大为集团(公司计划明年就会扩大为集团,并实行管理者持股计划)后,以营销总监为职业发展目标。

我可以继续在现有公司做行政部经理,几年后有可能升职,并有可能获得一定股份。

市内有多家同类公司挖我去做市场部经理,薪酬承诺比现在高 50%(现在我一年大约收入 10 万元),但我对它们的公司文化难以认同,而且我如果真的去了后,它们能否兑现承诺也还是个问题。

我可以去大学深造,学市场营销专业,但目前经济条件还不允许。

我可以去学唱歌,也可以去酒吧巡唱,但年纪太大了,成就渺茫。

5. 我的职业与生活规划是什么?

明年上半年竞聘市场部经理,如果公司改为集团,且发展良好,以集团的营销总监为自己的职业目标。如果公司不能改为集团,则视公司发展,适当的时候(如三五年后)以其他集团公司的营销总监为职业目标。

工作的同时可以选择在职的 MBA 进修。

我打算买房、买车。

我想经常去看父母,以后接他们来住。

我有时去唱歌玩玩。

在各方面条件(资金条件、经历条件)许可时,打算创立公司。

6. 总评

在被试者的价值观中,被试者非常欣赏"有业绩就是英雄,没有业绩就去死吧"这句营销界的名言。被试者追求那种"要么是富翁、要么是乞丐"的刺激。从被试者的能力来看,也有销售的天赋,过去的业绩即是证明。从被试者的梦想、兴趣与能力来看,被试者的职业锚可以确定为技能管理型,具体方向为市场营销,而其职业的最佳发展则是营销界的精英乃至大公司的营销总监。因此,应以此为职业发展目标。

第五部分 公司环境分析

1. 企业战略分析

公司拟在工程机械行业做大做强,目前正在进行产业整合,为公司的良性发展打好基础。总体来说,虽然目前因为产业组合,在市场份额方面有些损失,但公司的总体远景令人乐观。

公司下一步拟建立集团公司,同时加强战略性人力资源管理,将进一步激励公司优秀人才脱颖而出。

2. 企业文化分析

以业绩论英雄,昨天你是英雄,如果你不努力,明天你就是狗熊。

管理人员能上能下,能者上,不能者下。

3．企业人力资源政策分析

实行竞争上岗，每年上半年举行一次，有利于优秀人才表现才能，有利于人才资源的合理配置。

低基本工资，高绩效工资。对于员工激励尤其是市场部和研发部的员工激励性强，由于其他行政人员如人力资源部、办公室工资比市场部低得多，有些部门有些不平衡，许多喜欢挑战的员工纷纷要求调往市场部，导致市场部的力量较强。

4．企业职业通道分析

企业实行3条职业通道，即管理人员通道、业务人员通道、技术人员通道，能较好地解决员工的晋升问题。

5．企业环境与个人职业发展的相融点分析

被试者要求往营销管理职位发展，企业的竞争上岗为其目标提供了前提。公司的战略远景比较喜人，从总体上来说是一个值得追随的公司。公司"以业绩论英雄"的企业文化为其挑战性职业目标提供了正强化。总体上，其选择的职业通道与公司的战略、企业文化、人力资源政策及公司的远景发展是相融的。

第六部分　个人 SWOT 分析

1．优势分析

被试者具有较强的沟通技巧，具有丰富的营销经历和管理经验，具有较好的营销天赋，有较好的过去公司的历史营销业绩证明；较能承受营销人员须具备的心理压力。

2．劣势分析

被试者仅有大专学历，现代营销知识较为欠缺，没有本公司的营销经历和业绩证明。

3．机会分析

明年的竞争上岗为被试者提供了条件；现有市场部经理年纪偏大，而且身体不好；虽为营销专业科班毕业，但业绩还没有完全表现出来，且管理经验还不足；同类公司的邀请为自身在此方向的发展也提供了机会。

4．威胁

现有市场部经理的阻碍，且可能因此影响二者的关系；现有市场部员工可能不服被试者；目前公司正面临一系列的调整，市场因此受到影响，要迅速打开局面非常不容易；市场部出差较多，对被试者加强学习不利。

基于以上分析，孙先生的优势比较明显，劣势能够通过学习弥补，且在营销职位上，学历的重要性应该让位于能力与业绩。至于威胁，企业的文化可以克服，且通过高层的支持也可以化解。总之，机会多多。

第七部分　利益相关者分析

1．公司高层领导

公司总经理具有较强的用人意识，早在招聘被试者时就提出，高层会支持任何一个有能力的人往其最适合的岗位发展，而且数次对市场部经理的身体健康表示担忧。

2．行政部员工

行政部员工基本不涉及行政部员工利益的损害。

3. 市场部负责人

市场部负责人有可能反对,并可能影响两人关系。

4. 市场部其他员工

少数与市场部经理关系特别好的人有可能不服从管理;由于公司的薪酬政策,基本上不损害市场部员工的利益;有可能是市场部副经理的竞争对手,但两人的竞争基本上不影响彼此关系,因为公司本来就有竞争上岗的惯例。

5. 其他中层干部

不影响其他中层干部的利益,但如果其他中层干部也参加竞聘,也仅是竞争关系,不会直接影响与他们的人际关系。

利益者相关分析表明,被试者的职业目标基本不受干扰。

第八部分　职业生涯发展建议

1. 竞聘

明年竞聘本公司的市场部营销经理,若竞聘不到该职位,适当时机往同类公司该职位发展;3年后做本集团公司的营销总监,5~7年做到大上市公司或跨国公司总监。

2. 进修

利用业务时间进行 MBA 进修,系统地学习现代营销知识,争取5年内完成。

3. 与顾问沟通

多与其他公司的营销经理、营销管理咨询公司的顾问、高校管理学院的学者接触。

4. 借助高层

借助公司高层帮助自己平衡各种人际关系,尤其是与内部竞争对手关系。

5. 自查

经常对照前面的 SWOT 分析来检查自己。

6. 其他建议

(1) 做到职业生活与家庭生活的协调。

(2) 处理好发展和稳定的关系,稳定是谋求更好发展的前提。

(3) 从自己的社会资本中主动寻求机遇。

(4) 尽可能从事连续性的职业,更好地积累职业资本。

(5) 时常反思、总结自己的职业发展计划和进展,及时修订目标和实现的途径。

(资料来源:深圳人才网,http://www.szhr.com.cn.)

讨论题

根据孙先生的心理测评和职业锚分析,你认同他的职业规划吗? 你可以提供哪些建议?

第 2 章

职业生涯规划第一步：自我认知

有效的职业生涯规划需要对自己及环境有充分且足够的了解，只有先了解自己，才能确定适合自己的生涯发展目标，而自我认知是达到自我了解的必经之路。以下介绍了自我及自我探索的途径和方法，并从需要、兴趣、价值观、个性、能力等方面探索了职业自我和职业之间的关系。

2.1 自我认知的概念与方法

2.1.1 自我认知的概念

在心理学上，自我是指一个独特的、持久的同一身份的我，主要包括作为认知对象的我和行为主宰者的我。认知自我属于自我意识范畴，包括自我觉察、自我认知、自我分析、自我评价等，可以从"我是谁""我从哪里来""我要到哪里去"3个问题入手来进行说明。

第一个问题——我是谁？这包括物质自我、社会自我和精神自我3个部分。

物质自我是对自己生理状况如身高、体重、形态以及住房、财产、衣物和装饰等的认识。一个人对自己的外貌长相、服饰打扮的定位和评价是物质自我的认识反应。这一部分有形的"自我"可以说是每个人对于"自我"最直接的感受和理解。

社会自我是对自己在社会关系、人际关系中的角色、地位、作用和权力等的认识和体验。社会自我使个体在社会化过程中得以发展和成长。

精神自我是自我认知中最核心的部分，是对"我"的内部主观存在的认识，是自身心理特征如需要、动机、价值观、能力、气质、性格等的认识。

第二个问题——我从哪里来？这包括自己的籍贯、家庭状况、学历、阅历、现有知识储备、能力、社会地位和社会资源等。

第三个问题——我要到哪里去？这包括对自己未来的人生设计，如希望自己在情感、经济、社会成就上达到什么样的目标，以及实现目标的具体方法。

正确认识自我是一个人迈向成功职业生涯的第一步，一个人如果无法充分认识自己，所有的努力都可能只是符合他人的期待和要求，而与自己的内心状态不符。因此，只有通过自我探索，了解自己的内在需求，个人的潜能才能得以充分发挥。

2.1.2 自我认知的方法

在古希腊帕尔纳索斯山南麓阿波罗神庙一根巨大的石柱上，刻着苏格拉底的名言"认识你自己"，卢梭称之为"比伦理学家们的一切巨著都更为重要，更为深奥"。那么，我们应该如何进行自我探索，认识自我？

1. 通过与别人的比较来认识自己

一个人对自己价值的认识，是通过与他人的能力和条件的比较而获得的。在与他人比较的过程中，应注意比较的参照系和立足点，要注意以下事宜。第一，跟别人比较的应该是行动后的结果，而不应该是行动前的条件。第二，跟别人比较要有标准，而且标准应该是相对标准而不应该是绝对标准，应该是可变的标准而不是不可变的标准。例如，一个人的容貌与出身是不可更改的，若以此为标准同别人比较是没有意义的。第三，比较的对象应该是与自己条件相类似的人。此外，大学生在认识自我过程中要努力拓宽生活范围，增加生活阅历，积极参加社会实践和社交活动，这些都有助于找到正确的参照系来了解自己。

2. 通过自我比较来认识自己

与过去的自己相比，是进步了、成熟了，还是退步了、又犯错误了？与理想中的自我相比，还有哪些差距等。通过自我比较来认识自己。前者可以发现自己的成绩和进步，提高自尊和自信；后者可以明确努力的方向，进一步完善自我，但是理想中的自我要切合自己的实际。

3. 通过分析他人对自己的评价来认识自我

从他人的态度和情感中认识自己，是明确自我的另一种途径。一个人对自己的认识难免有偏差，因此有必要根据他人的评价、他人对自己表现出的言行态度来认识自己。他人的评价就像一面镜子，正如古语所云"以人为鉴，可以明得失"。需要注意的是，正如镜子不一定能反映出事物的本来面目一样，别人对你的评价，由于受多种因素的影响，也不一定是完全正确的，不能把别人的评价和态度作为唯一的衡量标准，还要充分结合其他相关信息进行综合分析。

4. 通过内省来认识自我

了解自己最重要的还是时时刻刻不忘自我反省，随时检视自己的言行举止与内在思维，这是一种个体直接认识自己的方法。个体既是心理活动的主体，又是心理活动的对象。通过内省，我们可以了解自己的智力、情绪、意志、能力、气质、性格和身体条件等特点，内省也是自我意识形成的重要途径之一。在内省认识自己的过程中，一定要注意客观、全面、辩证地看待自己，形成正确的自我意识，真正地了解自己。

5. 通过自己的活动表现和成果来认识自我

自我的各个方面都是表现和反映在具体事件中，当代大学生可以通过学习和文学、艺术、体育、社会工作、人际交往等各方面的能力来加深自我认识，获得关于自己能力、意志、兴趣和投入角度等多方面的信息，但注意不要把成就或成绩作为评价自我价值的唯一尺度。

6. 认识自己的窗口

心理学家鲁夫特和英格汉提出了一个"周哈里窗口"（Johari Window）理论，把自我分为 4 个部分：公开的领域、盲目的领域、隐秘的领域、未知的领域（图 2-1）。

"公开我"，是代表自己和别人都了解的部分。对初次交往的朋友而言，这个区域就可

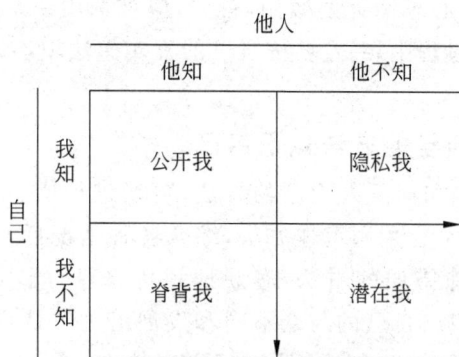

图 2-1　周哈里窗口

能很小；对于自己的父母，这个区域可能就变得很大。这个区域的大小视对方对你所了解的多寡而异。

"脊背我"，是代表自己看不清楚而别人却一目了然的部分，也就是所谓的个人盲点，通常是我们不自觉的瑕疵或怪癖、习惯等缺点。有自知之明、常常自我反省的人，这个区域比较小。虚心接受师长与亲友的指点是缩小盲目区的有效捷径。

"隐私我"，是代表个人很清楚且隐秘，他人不了解的部分。自己的秘密、弱点都不愿让别人知道，因为暴露这个部分可能会让自己受到伤害或被鄙视，唯有当我们很信任对方不会出卖、伤害自己的时候，才会开放自己的隐藏区。所以，这个区域的大小视个人对他人的信任程度而定，越信任的人，个人对其的隐藏区就越小。

"潜在我"，是代表自己和别人都不清楚的部分，这个区域范围大小是个未知数。有的时候经过省思或特殊的际遇，我们可能会突然有所顿悟，发现自己的潜能或潜藏的一些特质；有的时候则需要通过心理咨询、测验工具来开发；还有些部分可能是永远都不会察觉的。

上述 4 个部分，对大学生而言重点是了解"潜在我"和"脊背我"这两大部分。

"潜在我"是影响一个人未来发展的重要因素。许多研究都表明，人类平常只发挥了极小部分的大脑功能，如果一个人能够发挥出一半的大脑功能，就能轻易地学会 40 多种语言，背诵整套百科全书。苏联著名心理学家奥托指出："一个人所发挥出来的能力，只占他全部能力的 4％。"控制论的奠基人 N. 维纳指出："可以有把握地说，每个人即使他是做出了辉煌成就的人，在他的一生中利用他自己的大脑潜能还不到百亿分之一。"由此可见，认识与了解"潜在我"，是自我认识的重要内容之一。

"脊背我"是准确对自己进行评价的重要方面。如果一个人诚恳地、真心实意地对待他人的意见和看法，就不难了解"脊背我"。当然，这需要开阔的胸怀、正确的理解和"有则改之，无则加勉"的态度，否则，很难听到别人对自己的真实评价。

7. 通过心理测试认知自我

心理测试法是通过回答有关问题来认识自己、了解自己。测试题目是心理学家们经过精心研究设定的，只要如实回答，就能大概了解自己的有关情况。这是一种简便易行的自我剖析方法。国内外常用的测试方法有人格测试、智力测试、能力测验、职业倾向测验。

为了最大限度地发挥心理测评的效用,首先,应该选用一个较为权威的心理测量工具。其次,是在做测验的过程中,一定要按自己的真实想法填答。最后,应该选择一个安静没有干扰的环境。

8. 通过传统的和科学的方法认识自己

在人类历史上有许多如何识人识己的方法,可以进行借鉴。现在也有不少科学测验如心理测验,可以借鉴。在采用上述方法,综合各种情况后,自己进一步全面分析对比,采纳正确的认识,剔除错误的看法,客观地评价自己,既不高估自己,也不贬低自己。认识自己的优势、劣势、自己的与众不同和发展潜力。认识自己的生理特点,认识自己的理想、价值观、兴趣爱好、能力、性格等心理特点。需要注意的是,认识自我,要尽量客观、准确、全面,避免因为个人认识或个人动机出现较大误差。再者认识自我,包括认识自己的现状和未来,是为了更好地把握自己,发展自己,要避免因此限制自己,成为发展的桎梏。

9. 通过现实和历史的状况认识自己

现实中,自己最近事业、工作等各方面的基本情况如何,要从多个角度进行分析,要尽可能准确。历史的情况分析,要尽可能客观。通过对比分析历史和现实的情况,进行自我的重新认知,不断刷新认知改进认知。

2.2　进行职业需要的自我认知

需要是个体感到某种欠缺而力求得到满足的一种心理状态。这里的"需要"主要是指个体生存和发展两大需要,是针对个体身心健康和成长而言的。

2.2.1　马斯洛的需要层次论

著名心理学家亚伯拉罕·马斯洛(Abraham Maslow)认为:"你在生活中所做的每一件事情都是为了满足自己的需要。"马斯洛基于自己的研究提出,在人类的需求层次当中,只有当低层次的需求首先得到了满足,人们才会去追求高层次的需要。马斯洛把人的需要从低到高分为以下5个层次。

1. 生理的需要

人类最基本的需要是食物、水、睡眠、空气、身体活动、感官刺激等,这些需要的满足使我们得以生存。以生存为导向的人就是长期以来一直努力却又无法使生理需要得到充分满足的人。如果一个人长期处于饥饿、干渴或睡眠不足的状态,那他所有的行为就会直接指向能满足这些需求的活动。

2. 安全的需要

人们需要住在一个安全、有序、稳定、可靠、可以得到保护并且远离恐惧和焦虑的环境里。安全需要包括生理和心理的安全。以安全需要为导向的人,在生理需要上相对得到了很好的满足,但在安全的需要上没有得到充分的满足。

3. 归属的需要

归属的需要马斯洛也称之为"爱和归属的需要",也就是被他人认可、获得他人的感情和爱他人、对他人付出感情的需要。归属需要实际上是与他人发展良好的社会关系的需要。

4. 尊重的需要

人们需要来自他人的,以注意、欣赏、认可或地位等方式表现出来的尊重,以及建立在对自己的能力、成就、才干和独立的感觉之上的自尊。对尊重需要的满足会形成良好的自尊和自我价值感。

5. 自我实现的需要

在马斯洛需要层次论的顶点是自我实现的需要,即开发自我的潜能、充分发挥自己的天赋和才能、实现自己的人生任务并获得人格的独立和统一性的需要。只有当个人满足了前4个层次的需求,才会在自我实现的层次上采取行动。马斯洛所描述的自我实现的人对现实有着非常准确的知觉,对自己、他人和自然有很好的认同,有自发性,具有关注外界事物的能力。马斯洛称之为"越来越渴望成为原来的自己,即成为自己有能力成为的人"。

人们通常首先希望满足较低层次的需求,其次才会希望满足较高层次的需求。当一种需求得到满足时,另一种更高层次的需求就会占主导地位。我们在不同时间、不同条件下,个人需求会有所差异。

需求产生动机,动机决定行为。马斯洛的需要层次论从心理学的角度深刻阐述了工作、职业对我们的深刻含义,描述了各种动机对择业的影响。需求决定择业行为的流程,如图2-2所示。

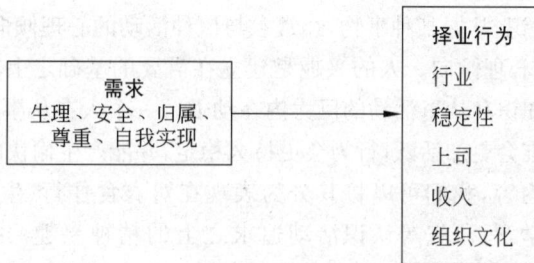

图 2-2　需求满足择业行为的流程

2.2.2　赫茨伯格的双因素理论

赫茨伯格于1959年在《工作激励》一书中,提出"双因素理论"的观点。他把能促使人们产生工作满意感的这类因素称为激励因素,把另一类促使员工产生不满意感的因素称为保健因素。激励因素是指与工作内容紧密相关的因素,这类因素的改善会使人们产生工作满意感,缺乏则会使员工产生"没有满意"的感觉。保健因素是指与工作环境相关的因素,这类因素的满足会消除员工的不满,如果得不到改善,则会引起员工对工作的不满。赫茨伯格双因素内容见表2-1。

表 2-1　赫茨伯格双因素内容

激励因素(1 753 例)	保健因素(1 844 例)	激励因素(1 753 例)	保健因素(1 844 例)
工作成就	公司政策与管理	责任感	地位
成绩认可	监督机制	发展	报酬
工作挑战性	人际关系	成长	工作安全感
工作趣味性	工作条件		

双因素理论实际上指出,对员工的激励可分为内在激励和外在激励。内在激励是从工作本身得到的某种满足,如对工作的爱好、兴趣、责任感、成就感等。这种满足能促使员工努力工作,积极进取。外在激励是指外部的奖酬或在工作以外获得的间接满足,如劳保、工资等。这种满足有一定的局限性,只能产生少量的激励作用。这是因为人除了物质需要以外,还有精神需要,而外在激励或保健因素难以满足人的精神需要。只有满足人的精神需要,才能持久而有效地激励人的积极性。在组织中,管理者若想持久而高效地激励员工,必须注重工作本身对员工的激励。这一理论被广泛地运用于人力资源的管理中,20世纪 60 年代以来,通过工作丰富化、工作扩大化和工作轮换制的实践,员工的缺勤、早退以及辞职现象大为减少。

赫茨伯格的理论虽然来自对职业人士的调查,但这一理论对个人职业选择与规划来说,也具有重大的启发意义。

2.3　进行职业兴趣的自我认知

2.3.1　兴趣的含义

兴趣是指个体为认识、掌握某种事物,经常参与该种活动的心理倾向,或者说,兴趣是一个人积极探究某种事物的心理倾向。人的兴趣是建立在需要的基础之上,在活动之中发展起来的,是推动人们去寻求知识和从事活动的巨大内在动力。一个人在从事自己感兴趣的活动时,注意力会更加集中,思维会更加活跃,行为会更持久稳定,并能产生愉快的心理状态。

按照兴趣的不同内容,我们可以将其分为表现在对衣食住行、生活环境与条件的追求之上的物质兴趣和对学习、研究等认识活动追求之上的精神兴趣。按照兴趣所指向的目标,又可以分为对活动过程表现出来的直接兴趣和对活动结果表现出来的间接兴趣。由于个体之间存在差异,个人的兴趣也表现出很大的不同,在兴趣内容上、兴趣范围和兴趣持久性上存在明显差异。

人的兴趣在广度、深度、稳定性和效能方面所表现出的不同特点叫兴趣的品质。具体论述如下:

1. 兴趣的广阔性

兴趣的广阔性是指兴趣的范围大小。有些人兴趣广泛,对什么都感兴趣,琴棋书画样样都乐于探求;有的人兴趣就比较单一,范围非常狭窄。

2. 兴趣的中心性

兴趣的中心性是指兴趣的深度。人不可能对所有的事物都抱有浓厚的兴趣,只是对某些方面特别感兴趣。因此,只有广阔的兴趣与中心兴趣相结合,才能促使人更好地发展。否则,什么都知道又什么也不深入,浅尝辄止,博而不专,这样的人很难有大的发展。

3. 兴趣的稳定性

兴趣的稳定性是指兴趣的持久与稳固程度。人与人之间的差异很大,有的人能长期地对他们从事的工作或研究的问题保持浓厚的兴趣,无论在工作中遇到什么困难都能加以克服,因此在事业上更容易取得成功。

4. 兴趣的效能性

兴趣的效能性是指兴趣对活动产生的效果大小的品质。凡是能促使人积极主动地学习和工作,并产生明显效果的都是积极的有效能的兴趣。

2.3.2 兴趣在职业活动中的作用

当人的兴趣对象指向职业活动时,就形成了人的职业兴趣。职业兴趣主要是回答"我喜欢做什么?"的问题,对人的职业活动有着重要的影响。一份符合自己兴趣的工作常常能够给自己带来愉悦感、满足感。在选择职业时,人们总会将自己是否对此有兴趣作为考虑因素之一。从感到有趣开始,到逐渐形成更加稳定、持久的乐趣,进而再与自己的奋斗目标相结合,形成有着明确方向性和意志性的志趣,这是人的兴趣发展过程。从事自己感兴趣的职业活动时,人们可以被激发出强烈的探索和创造的热情,可以在良好的体能、智能、情绪状态之下从事有意义的职业活动,激发自己全身心地投入而又感觉心甘情愿。从事自己感兴趣的职业活动可以使人比较容易适应变化的职业环境,可以使人在追求职业目标时表现出坚定有恒的意志力。可见,职业兴趣是个人在进行职业设计时必须考虑的重要因素之一。

我们应该努力培养自己多方面的兴趣、爱好,并且注意培养自己的中心兴趣,努力发展自己的专长,从而使自己的兴趣、爱好有明确的方向性,在进行职业选择时可以既有一个较广的适应范围,又有一个确定的指向,同时只有将能力和兴趣结合起来考虑,才更有可能取得职业的适应和成功。李开复曾提过关于兴趣的5点建议:选你所爱;爱你所选;把握每一个选择兴趣的机会;忠于自己的兴趣;找到最佳结合点。

总之,对个人来说,如果从事有兴趣的工作,就会更加努力,有努力就容易出成就。从某种意义上,甚至可以说,兴趣比能力更重要。具体说来,兴趣对人们的职业活动的影响主要表现在以下3个方面。

1. 兴趣是人们职业选择的重要依据

正如人们在日常生活中喜欢参加自己感兴趣的活动一样,具有一定兴趣类型的个人更倾向于寻找与此有关的职业,特别是在外界环境限制较小时,人们都会选择自己感兴趣的职业。因此,对个人的兴趣类型有了正确的评估后,就有可能预测或帮助人们进行职业选择。

2. 兴趣可以增强人的职业适应性

兴趣可以通过工作动机促进个人能力的发挥,兴趣和能力的合理结合会大大提高工作效率。研究表明,如果一个人从事自己感兴趣的职业,就会发挥他全部才能的80%~90%,而且长时间保持高效率却不感到疲劳;而对所从事工作没有兴趣的人,只能发挥其全部才能的 20%~30%。

3. 兴趣在某些情况下具有决定性作用

由于兴趣的本质特征,兴趣会影响一个人的工作满意度和稳定性。在某些情况下,如果不考虑经济因素,甚至具有决定性作用。一般来说,从事自己不感兴趣的职业很难让人感到满意,并由此会导致工作的不稳定。

资料链接

马云:找到一个自己感兴趣的方向,坚持做下去,这就是成功的秘密

"我年轻的时候,左看右看都不像是能成功的人。"马云这样说,"爸妈、老师都不觉得我将来会成功。"

马云年轻时的种种迹象也确实印证着父母、老师的评判。读书成绩一般,上的大学也不是名校,就连找工作也是连连碰壁。当年,包括马云在内的 24 名同学一起到肯德基应聘,23 个人都被录用,只有马云被拒之门外。

1994 年年底,已经 30 岁的马云邀请了 20 多个朋友到家里做客,他向大家宣布,自己要放弃英语老师的工作,要创业,要在互联网领域闯出一番天地。朋友中只有一个人赞同,其余的人都反对:"你懂互联网技术吗?""你有资金吗?""你有经验吗?"……父母更是坚决反对,反对的理由让今天的马云忍不住大笑:"父母说,看你的样子就不是发财的样子,能发财的人耳朵都大,你耳朵那么小。"

父母、朋友的反对,马云并不意外。他觉得他们说得也没有错,自己确实不懂技术,也没什么钱,模样也不像能发财的样子。他自己也说不清为什么要创业,只是觉得不去做就很难受。

出乎所有人意料,马云成功了。2014 年 9 月 19 日,阿里巴巴正式在纽交所挂牌交易,当天收盘,阿里巴巴市值达 2 314.39 亿美元,成为仅次于谷歌的全球第二大互联网公司。

"有人说我想得远、跑得快,实际上我跟大家一样,只是因为抓住了一个关键问题。"马云说。马云说的这个关键问题是指自己的兴趣与爱好。并根据自己的兴趣进行一系列其他的发展与探索,抓住了互联网技术开启的新时代机遇。

马云说,他最近在欧洲 9 个国家考察后发现了一个有意思的现象:中国人眼中富足的欧洲,它们的年轻人却有着种种迷茫,不知道自己的兴趣爱好是什么,找不到想要的。马云发现,这种迷茫,中国内地的年轻人有,中国香港的年轻人有,中国台湾的年轻人有,美国的年轻人也有。

在马云看来,找到一个自己感兴趣的方向,坚持做下去,就是成功的秘密。"创业要选择自己喜欢的方向,找到一批志同道合的人,从最容易的地方做起。"马云说。

(资料来源:中国青年报)

2.3.3　测验:了解你的职业兴趣

心理学中有很多职业兴趣表,其中比较经典的是霍兰德(Holland)职业倾向测验。该测验有助于我们发现和确定自己的职业兴趣与能力特长,从而更好地确定职业方向,选择一个恰当的职业目标,做出更适合自己的择业决策。该测验使用的范围较广,包括社会上的一般人员、大中学生,也包括管理人员。

本测验充分借鉴霍兰德的经典职业倾向测验表格,进一步完善而成职业兴趣倾向测验。本测验作为一种工具来帮助自己进行职业生涯设计,可以更容易发挥出自己的能力,帮助自己发现和确定个人的职业兴趣与能力专长,从而科学地做出求职择业的决策。

1. 你所感兴趣的活动

你喜欢做下列事情吗?

R 型(现实型活动)	I 型(研究型活动)
1. 装配修理电器	1. 阅读科技书刊
2. 修理自行车	2. 在实验室工作
3. 装修机器或机器零件	3. 研究某个科研项目
4. 做木工活	4. 制作飞机、汽车模型
5. 驾驶卡车或拖拉机	5. 做化学实验
6. 开机床	6. 阅读专业性论文
7. 开摩托车	7. 解一道数学或棋艺难题
8. 上金属工艺课	8. 上物理课
9. 上机械制图课	9. 上化学课
是:　　个	是:　　个
A 型(艺术型活动)	**S 型(社会型活动)**
1. 素描、制图或绘画	1. 给朋友们写信
2. 表演戏剧、小品或相声节目	2. 参加学校、单位组织的正式活动
3. 设计家具或房屋	3. 加入某个社会团体或俱乐部
4. 在舞台上演唱或跳舞	4. 帮助别人解决困难
5. 演奏一种乐器	5. 照看小孩
6. 阅读流行小说	6. 参加宴会、茶话会或联欢晚会
7. 听音乐会	7. 跳交谊舞
8. 从事摄影创作	8. 参加讨论会或辩论会
9. 阅读电影、电视剧本	9. 观看运动会或体育比赛
是:　　个	是:　　个
E 型(企业型活动)	**C 型(常规型活动)**
1. 对他人做劝说工作	1. 保持桌子和房间整洁
2. 买东西与人讨价还价	2. 抄写文章或信件
3. 讨论政治问题	3. 开发票、写收据或打回条
4. 从事个体或独立经营活动	4. 打算盘或用计算机计算
5. 出席正式会议	5. 记流水账或备忘录
6. 做演讲	6. 上打字课或学速记法
7. 在社会团体中做一名理事	7. 上会计课
8. 检查与评价别人的工作	8. 上商业统计课
9. 结识名流	9. 将文件、报告、记录分类与归档
是:　　个	是:　　个

2. 你所擅长或胜任的活动

R 型（现实型能力）	I 型（研究型能力）
1. 使用锯子、钳子、车床、砂轮等工具 2. 使用万能电表 3. 给自行车或机器加油，使它们正常运转 4. 使用钻床、研磨机、缝纫机等 5. 修整木器家具表面 6. 看机械、建筑设计图纸 7. 修理结构简单的家用电器 8. 制作简单的家具 9. 绘制机械设计图纸 是：　个	1. 了解真空管的工作原理 2. 知道 3 种以上蛋白质含量高的食物 3. 知道 1 种放射性元素的"半衰期" 4. 使用对数表 5. 使用计算器或计算尺 6. 使用显微镜 7. 辨认 3 个星座 8. 说明白细胞的功能 9. 解释简单的化学分子式 是：　个
A 型（艺术型能力）	S 型（社会型能力）
1. 演奏一种乐器 2. 参加二重唱或四重唱表演 3. 独奏或独唱 4. 扮演剧中角色 5. 说书或讲故事 6. 表演现代舞或芭蕾舞 7. 人物素描 8. 油画或雕塑 9. 制造陶器、捏泥塑或剪纸 是：　个	1. 善于向别人解释问题 2. 参加慰问或救济活动 3. 善于与人合作，配合默契 4. 殷勤待客 5. 能深入浅出地教育儿童 6. 为一次宴会安排娱乐活动 7. 帮助他人解决困难 8. 帮助护理病人或伤员 9. 安排学校或社团组织的各种集体事务 是：　个
E 型（企业型能力）	C 型（常规型能力）
1. 在学校里当过班干部并且干得不错 2. 善于督促他人工作 3. 善于使他人按你的习惯做事 4. 做事具有超常的经历和热情 5. 能做一个称职的推销员 6. 代表某个团体向有关部门提出建议或反映意见 7. 担任某种领导职务期间获过奖或受到表扬 8. 说服别人加入你所在的团体（俱乐部、运动队、研究组等） 9. 创办一家商店或企业 是：　个	1. 一天能誊抄近 1 万字 2. 能熟练地使用算盘或计算器 3. 能够熟练地使用中文打字机 4. 善于将书信、文件迅速归档 5. 做过办公室职员且干得不错 6. 核对数据或文章时既快又准确 7. 会使用外文打字机或复印机 8. 善于在短时间内分类和处理大量文件 9. 记账或开发票时既快又准确 10. 善于为自己或集体做财务预算（表） 11. 能迅速誊清贷方和借方的账目 是：　个

3. 你所喜欢的职业

R 型（现实型）	I 型（研究型）	A 型（艺术型）
1. 飞行机械技术人员	1. 气象研究人员	1. 诗人
2. 鱼类和野生动物专家	2. 生物学研究人员	2. 文学艺术评论家
3. 自动化工程技术人员	3. 天文学研究人员	3. 作家
4. 木工	4. 药剂师	4. 记者
5. 机床安装工或钳工	5. 人类学研究人员	5. 歌唱家或歌手
6. 电工	6. 化学研究人员	6. 作曲家
7. 无线电报务员	7. 科学杂志编辑	7. 剧本写作人员
8. 长途汽车司机	8. 植物学研究人员	8. 画家
9. 火车司机	9. 物理学研究人员	9. 相声演员
是：　　个	是：　　个	是：　　个
S 型（社会型）	**E 型（企业型）**	**C 型（常规型）**
1. 街道、工会或妇联负责人	1. 供销科长	1. 簿记员
2. 中学教师	2. 推销员	2. 会计师
3. 青少年犯罪问题专家	3. 旅馆经理	3. 银行出纳员
4. 中学校长	4. 商店管理费用人员	4. 法庭书记员
5. 心理咨询人员	5. 厂长	5. 人口普查登记员
6. 精神病医生	6. 律师或法官	6. 成本核算员
7. 职业介绍所工作人员	7. 电视剧制作人	7. 税务工作者
8. 导游	8. 饭店或饮食店经理	8. 校对员
9. 青年团负责人	9. 人民代表	9. 打字员
是：　　个	是：　　个	是：　　个

4. 你的能力类型简评

能力类型量表

R 型	I 型	A 型	S 型	E 型	C 型
机械操作能力	科学研究能力	艺术创造能力	解释表达能力	商业洽谈能力	事务执行能力
7	7	7	7	7	7
6	6	6	6	6	6
5	5	5	5	5	5
4	4	4	4	4	4
3	3	3	3	3	3
2	2	2	2	2	2
1	1	1	1	1	1

技能类型量表

R 型	I 型	A 型	S 型	E 型	C 型
体力技能	数学技能	音乐技能	交际技能	领导技能	办公技能
7	7	7	7	7	7
6	6	6	6	6	6

续表

R型	I型	A型	S型	E型	C型
5	5	5	5	5	5
4	4	4	4	4	4
3	3	3	3	3	3
2	2	2	2	2	2
1	1	1	1	1	1

5．统计和确定你的职业倾向

请将第一部分至第四部分的全部测验分数按前面已统计好的6种职业倾向(R型、I型、A型、S型、E型、C型)得分填入表格中,并做纵向累加。

测试	R型	I型	A型	S型	E型	C型
第一部分						
第二部分						
第三部分						
第四部分						
总分						

请将上表格中的6种职业倾向总分按大小顺序依次从左到右重新排列。

____型　____型　____型　____型　____型　____型

你的职业倾向性得分是:

_____型最高,得分为:_____。

_____型最低,得分为:_____。

得分最高的职业类型是最适合你的职业。以上全部测验完毕。现在,将你测验得分居第一位的职业类型找出来,对照下面的职业索引,判断一下自己适合的职业类型。

类型	特点
R 现实型	这种类型的人喜欢使用工具、机器,需要基本操作技能的工作,倾向于需要技能、体力和合作等方面的职业。此类型的人通常身体强健,动作灵活敏捷,具有较好的身体技能。他们可能在自我表达和向他人表达方面感到困难。他们喜欢在户外活动,喜欢使用和操作工具,尤其是操作那些大型机械,不善于与人打交道。他们愿意从事操作性工作,偏好于具体任务,动手能力强,做事手脚灵活,动作协调。他们遵守规则,对新观点和新变化兴趣不大。这种类型的人不善言辞,做事保守,缺乏洞察力,不善于与人交往,喜欢独立做事。 **性格特征:** 非社交的、物质的、遵守规则的、实际的、安定的、脚踏实地、实事求是、缺乏洞察力的、感情不丰富的、不善于与人交往。 **典型职业:** 计算机硬件工程师、电气工程师、海洋工程师、机械工程师、电子电器技工、机械装配员、机械技师、飞机维护员、系统软件工程师、土木工程师、建筑师、音响师、建筑制图员、玻璃雕刻师、消防员、客机飞行员、飞机机械师、轮船工程师、制图工程师(电子)、制图工程师(机械)、机械测量人员、精密制造(加工)操作员、制造系统维护员、数控设备程序员、操作X光的技师、自动化技师、机械工(车工、钳工等)

类　型	特　点
I 研究型 （探索型或 调查型）	喜欢智力活动和抽象推理、偏重分析与内省、自主独立、敏感、好奇心强烈、慎重；适合以观察、学习、探索、分析、评估或解决问题为主的职业。此类型的人抽象思维能力强，求知欲强，肯动脑，善思考，不愿动手。对科学研究和科学探索有热情，并表现出对工作的极大热情，对周围的人并不感兴趣。他们习惯于通过思考在思想中解决所面临的难题，而并不一定实现具体的操作。在科学领域，他们喜欢面对疑问和挑战。他们常常具有非传统的观念，倾向于创新和怀疑。这种类型的人知识渊博，有学识才能，不善于领导他人。考虑问题理性，做事喜欢精确，喜欢逻辑分析和推理，不断探讨未知的领域。 　　**性格特征**：喜欢智力的、抽象的、分析的、坚持性强、勤奋的、有韧性、喜欢钻研、好奇的、独立性强、内省的、慎重的。 　　**典型职业**：这种类型的人喜欢各种与生物科学、物理科学等有关的活动，不喜欢那些必须遵循许多固定程式的任务，倾向于需要认知能力的、独立的和富有创造性的工作。材料工程师、生物工程师、网络工程师、计算机程序员、计算机安全专家、化学工程师、电子工程师、技术支持工程师、统计学家、系统分析师、工业工程技术人员、药剂师、HR 顾问、财务分析师、气象学者、天文学家、药剂师、动物学者、科学报刊编辑、地质学者、植物学者、物理学者、数学家、实验员、科研人员、科技作者、外科医生、牙医
A 艺术型	属于理想主义者，想象力丰富，独创的思维方式，直觉强烈，感情丰富。适合非精细管理的创意类工作，如音乐、写作、戏剧、绘画、设计、广告、舞蹈等。此类型的人天资聪慧，喜欢具有许多自我表现机会的艺术环境，不喜欢从事粗重的体力活动和高度规范化和程式化的任务。他们喜欢单独一个人活动，有强烈的自我表现欲望，往往过于自信。他们独立性、自主性、自发性、非传统性和创造性都较强，好表现，不拘小节，自由放任，不受常规约束，情绪变化大，比较敏感。 　　**性格特征**：有创造性、富于想象力的、非传统的、敏感、容易情绪化、善于表达、冲动、做事理想化、追求完美、不重实际。 　　**典型职业**：这种类型的人具有语言、美术、音乐、戏剧或者写作等方面的技能，喜欢能发挥创造才能的职业。喜欢需要艺术修养、创造力、表达能力和直觉性的工作，不善于事务性工作。漫画家、场景设计师、科学摄影师、陈列设计师、专业摄影师、产品设计师、艺术教师、语言教师、翻译、广播电视播音员、音乐指挥、艺术指导、设计师（服装/平面/室内）、广告经理、制片人、广告文案、室内装饰专家、图书管理专家、摄影师、音乐教师、作家、演员、导演、记者、诗人、作曲家、编剧、编辑、雕刻家
S 社会型	关心工作能对他人或社会做出的贡献。重视友谊，善于合作，体察力强，有强烈的社会责任感；适合教导、帮助和支持类的工作如教师、辅导员、社会工作、医护、宗教。此类型的人关心社会的公正和正义，比较看重社会义务和社会道德，责任感强，关心社会问题，渴望发挥自己的社会作用，具有较强的人道主义倾向，社会适应能力强。他们善于表达，善于与周围的人相处，寻求广泛的人际关系，喜欢处于集体的中心地位，喜欢通过与他人讨论来解决存在的难题。他们不喜欢需要剧烈身体运动的工作，不喜欢与机器打交道。具有与他人相处共事的能力。 　　**性格特征**：热情友好、喜欢与人交往、善解人意、乐于助人、易于合作、有洞察力的、责任感强、善言谈、愿意教导别人。 　　**典型职业**：这种类型的人喜欢参加提供信息、启迪、帮助、咨询、培训、开发或治疗、教学以及各种理解、帮助他人的活动。倾向于需要人际交往技能方面的、与人打交道的工作。社会学者、导游、福利机构工作者、社会工作者、社会科学教师、经济学教师、商业教师、精神病工作者、公共保健护士、体能教练、理疗医生、食疗专家、职业咨询师、学校辅导员、个人理财顾问、培训发展顾问、职业健康专家

续表

类　　型	特　　点
E 企业型 （事业型或 经营型）	为人乐观,喜欢冒险,行事冲动,对自己充满自信,精力旺盛,好发表意见和见解。适合需要运用领导能力、施展人际能力与说服能力来达到组织目标的职业。此类型的人通常精力充沛、热情洋溢、做事有较强的目的性、喜欢竞争、富于冒险精神、自信、支配欲强、有野心和抱负。他们喜欢争辩,总是力求使别人接受自己的观点,通常追求权力、财富、地位,有领导才能。为人务实,习惯以利益、权力、地位、金钱等来衡量做事的价值。 　　**性格特征**:精力旺盛、雄心勃勃、友好大方、精力充沛、信心十足、善辩、冲动、独断、乐观、好交际、有支配愿望、富于冒险精神。 　　**典型职业**:这种类型的人善于辞令,爱好商业或与管理有关的职业,喜欢要求具备经营、管理、监督和领导才能的工作,适合做推销和领导工作。销售工程师、精密设备销售人员、生产线线长、建筑项目经理、保险理赔人员、推销员、进货员、商品批发员、旅馆经理、饭店经理、广告宣传员、调度员、律师、政治家、零售商、公关顾问、警察、经纪人、HR 经理、HR 主管(福利/培训/招聘)、旅游代理人、保险销售员、经理(物流/仓储)、生产经理
C 常规型 （传统型或 事务型）	追求秩序感、自我抑制、顺从、防卫心理强、追求实际、回避创造性活动。适合有清楚规范和要求的,按部就班、精打细算,追求效率的工作如财务工作。此类型的人通常谨慎保守、忠诚、尽职尽责,忠实可靠、自我控制能力强,尊重权威和规章制度,喜欢按计划办事,细心、有条理,习惯接受他人的指挥和领导,不喜欢冒险和竞争,缺乏创造性,富有自我牺牲精神。他们既不喜欢从事笨重的体力劳动,也不喜欢在工作中与别人形成过于紧密的联系,对于明确规定的任务可以很好地完成。他们喜欢关注实际和细节情况,不喜欢那些模棱两可的指示,希望精确地了解自己所要做的事情。 　　**性格特征**:有责任心、效率高、稳重踏实、细致、有耐心、自我抑制、顺从、有秩序的、实际的、依赖性强、缺乏想象力。 　　**典型职业**:这种类型的人倾向于规则较多、高度有序性的工作,包括言语方面和数量方面那些规范性较强的工作。喜欢要求注意细节、精确度、有系统有条理的职业。工程测量人员、建筑监理、记账员、会计、银行出纳、法庭速记员、成本估算员、税务员、核算员、打字员、办公室职员、统计员、计算机操作员、秘书、仓库管理员、机场控制中心主管、预算分析师、审计师、精算师

2.4　进行职业价值观的自我认知

2.4.1　价值观的含义

　　价值观是指人们认识和评价客观事物、现象对自身或对社会的重要性所持有的内部标准。每个人都生活在特定的生活环境中,对现实中的一切事物都会有一定的评价,哪些是好的、可接受的、值得的,哪些是不好的、不可接受的、不值得的,这就是价值观。价值观代表了人们最基本的信念,这些信念使人们对某些事情的认可和接受程度比对其他事情要高。价值观对个人的思想和行为具有重要的导向与调节作用,使之指向一定的目标或带有一定的倾向性。

　　一个人的价值观是从刚出生开始,在家庭和社会的影响下,逐渐形成和稳定下来的。一个人所处的社会环境、家庭的经济和社会地位、父母的职业和价值观、早期的学校教育等,对其价值观具有决定性的作用。广播、电视、电影、报纸等大众媒体对价值观的影响是不可忽视的。西方学者关于价值观的研究表明,一个人的价值观一旦形成,就会相对稳定、持久,不易发生变化。但是随着时代的变化、生活的变迁,人们的某些观念也会发生变化,这就是价值观的社会属性。

价值观对人的行为和生活选择有不可估量的影响,就像亚当·斯密所说的那样,价值观就像"一只看不见的手",在不知不觉中就决定了我们选择以什么样的方式度过一生。然而,你是否清楚地意识到它们的存在呢?对自身价值观的探索,将使我们的生活更有方向感,将有助于我们更好地回答下面3个最根本的哲学问题:"我是谁""我适合做什么工作""我的生命有什么意义"。

钢琴家路易斯·拉舍(Louise Rathes)认为,如果就一项已知的价值,你能够对接下来的7个问题都回答"是",那么就可以确定这项价值对你很重要。

我是否对这一价值感到骄傲(或珍视、爱护)?

我是否愿意公开维护这一价值——也就是说,在别人面前公开地为其辩护?

我是否在考虑了其他的价值之后才选择这项价值?

我是否考虑到选择这项价值的后果?

我是否自主地选择了这项价值?

我是否已经按照这项价值去行动了?

我是否依照这项价值前后一贯地行动?

2.4.2　职业价值观的含义

价值观在职业选择上的体现就是职业价值观(vocational value),是人们对待职业的一种信念和态度,或是在职业生活中表现出来的一种价值取向。职业价值观可以反映出个人价值观。人们在选择职业时,个人的择业标准和对具体职业的评价集中反映了他们的职业价值观。例如,在择业过程中,有的人追求丰厚的收入,有的人希望奋斗到较高的社会地位,有的人喜欢工作环境轻松愉快,也有很多大学生将能充分发挥自己的才能作为择业的第一标准。

对职业价值观和工作价值观的研究是职业生涯规划的基础。认识到个人思想中最根深蒂固的价值,是理解工作中什么样的特征才能给你满足的第一步。如果在职业生涯中找到了自己的价值观,那么工作就会变得更有意义、更有目的。如果你的工作没有使你得到满足,生活本身就会变得乏味和令人烦闷。

小贴士

21种个人价值观排序测验

请你按照下列21种个人价值观对你的重要程度,来排列它们的顺序。如果你有时间,还可以先把这些价值观的名称写在小纸片上,然后再将它们排序。在下面的测验中,在对你最重要的价值观旁边写下"1",接着在对你次重要的价值观旁边写下"2",如此继续下去,直到你排列完所有21种价值观,将"21"写在对你来说最不重要的价值观旁边。

——成就:成功;通过决心、坚持和努力而达到预定的目标。

——审美:为了美而欣赏、享受美。

——利他:关心别人,为别人的利益献身。

——自主:能够独立地做出决定的能力。

——创造性:产生新思想及革命性的设计。

——情绪健康:能够克制焦虑的情绪,有效阻止坏脾气的产生;思绪平静,内心感觉安全。

——健康:生命存在的条件,没有疾病和痛苦,身体总体条件良好。

——诚实:公正或正直的行为,忠诚、高尚的品质或行为。

——正义:无偏见,公平、正直;遵从真理、事实和理性;公平地对待他人。

——知识:为了满足好奇心、运用知识或满足求知欲而寻求真理、信息。

——爱:建立在钦佩、仁慈基础上的感情。温暖的依恋、热情、献身;无私奉献,忠诚地接纳他人,谋求他人的益处。

——忠诚:效忠于个人、团队、组织或政党。

——道德:相信并遵守道德标准。

——身体外观:关心自己的容貌。

——愉悦:一种惬意的感觉,是伴随着对美好事物的期待和对伟大愿望的拥有而产生的。愉悦不在于表面上的高兴,而更在于内心的满足和喜悦。

——权力:拥有支配权、权威或对他人的影响。

——认可:由于他人的反应而感到自己很重要、很有价值;得到特别的关注。

——宗教信仰:与神交流,服从神,代表神行动。

——技能:有效使用知识,完成工作的能力;具有专门技术。

——财富:拥有大量的物质财富;富足。

——智慧:具有洞察内在品质和关系的能力;洞察力、智慧、判断力。

请你列出自己的前6个排序:

1.＿＿＿＿　2.＿＿＿＿　3.＿＿＿＿　4.＿＿＿＿　5.＿＿＿＿　6.＿＿＿＿

(资料来源:Robert D Lock. 把握你的职业发展方向[M].钟谷兰,译.北京:中国轻工业出版社,2006.)

2.4.3　树立正确的职业价值观

职业生涯规划的核心是价值观,也就是说,你把什么看得最重。有人看重收入,那么职业生涯规划就会朝向高薪方向;有人看重地位,那么规划时就会优先考虑升迁;而有的人宁愿平凡安宁地生活,如此一来,职业生涯规划就会侧重稳定。一般来讲,职业价值观对确定职业规划具有本质意义。不过,从纵向来看,一个人的职业生涯规划也会因时因境做出一定调整和改变。例如,一般在职业规划初级阶段会较多考虑一些经济利益,以满足自己的生存需要。随着初级目标的实现,就会多考虑成就感的获得;再进一步,则会加大幸福感的权重。当然,任何一种职业价值取向都是因人而异的。

选择的最深层次的依据是个人的价值观,选择的表面依据是个人的职业目标。当然,对于没有目标的人,选择的依据就是他个人所理解的利益。主动选择要考虑的要点包括地域、行业、企业和职业。或者说,一个非常清晰的职业目标应该描述为,多少年后我希望成为在某地(北京/上海/纽约/老家的县城等)、某个行业(房地产/物流/教育培训等)、某个企业(500强企业/民企/国企/政府等)的一个从事某职业(人力资源/财务/金融/管理等,高/中/低层)的人士。

从实际的例子来看,我们的人生价值观决定了我们的生活态度,从而决定了我们的职业取向,并导致我们做出各种的职业选择,这种职业选择决定了我们的职业状况,从而也决定了我们的生活方式,这种生活方式又最后决定了我们的人生幸福感。

价值观在事实上左右着我们的决定,并进而决定我们的人生,包括职业选择。一个人要想成为职场的顶尖人物,就必须清楚地知道自己的价值观,同时确实按照这个价值观度过其人生。我们所见到的在职业上有着良好发展的人士,大多都秉持他们的价值观念,而一些不太顺利的职场人士大多思想混乱,要么秉持错误的价值观念,要么根本没有自己的价值观念,随着社会大众的舆论而摇摆不定。

从企业选人的角度也能够很好地揭示出价值观的重要性。为什么麦肯锡的咨询顾问很多并不是出身于管理专业?为什么一些学业上并不突出的人能够在竞争激烈的应聘中胜过那些学习成绩突出的人?为什么外企在招聘面试中总是会有"你最大的成就是什么""你最大的优缺点是什么"等看似非常普通的问题?其实,这些都和价值观有非常密切的关系。因为一个人在职业上的价值观念和他能取得的成就是息息相关的,与之相比,一时的学习成绩反倒成为末节。

从价值观的角度来说,职业发展成功还是失败的判别标准,就是个人是否得到了自己想要的生活,自己的职业所带来的生活方式是否符合自己的价值观。如果符合,你就会感觉很快乐,哪怕收入会相对低一些;如果不符合,你会感觉很痛苦,哪怕你拿着看起来很高的年薪。刚刚工作的时候,遇到那些拿高薪的人,或许很羡慕;但工作若干年后,心态就比较平和,遇到比自己薪水高的人能够理解,甚至有时候有些高薪的朋友还让人觉得同情,因为为了高薪他们也失去了很多,如天伦之乐和某种程度的身体健康,但他们也得到了成就感。因此,在职业发展上我们没有必要去羡慕别人,因为当你得到一些东西的时候也会失去另外一些东西,你可能得到的是高薪,但失去的是时间;你可能不会成为一个好领导,但会是一个好儿子。关键是你得到的,正好是你想要的;而你失去的,你并不介意。真正的职业目标追求的是相对满意和平衡。

职业发展不能用挣钱的多少来判断,那不应该成为我们职业上的目标。我们看到的真正成功的职业人士,即使在他们职业生涯的早期,也没有单纯地考虑金钱而是更多地追求自己的梦想,按照自己的价值观去发展。应该说,这样的人反而会成功。金钱只是职业发展所带来的副产品。当你按照自己的梦想去追求而后成功,所有美好的东西都会向你涌来,其中就包括金钱。

价值观的一个核心问题是如何看待和对待成功与幸福之间的关系。说到成功与幸福,除了看经济和物质方面的东西,更重要的是看人的面部表情和精神状态,这是社会观察很重要的一个方面。经常听到很多人抱怨"不幸福",说自己活得太累,生活压力太大。

其实,早就有人提出,中间阶层的幸福指数最高,那些世人看来"最不成功"和"最成功"的人士幸福指数却相对偏低。最新的"全球幸福指数"调查显示,国民幸福感名列前茅的并不是世界上最富裕的国家,而是拉丁美洲、亚洲以及加勒比海地区的中等收入国家。这些国家的人民对生活的满意程度非常高,而美国、英国这样的富裕国家却分别排在了第114位和第74位。这些统计数据告诉我们,幸福感是相对的,与人们对周围环境的感受相关,带有强烈的主观色彩。这与你是贫穷还是富有、是否成功出色,不是简单的对应关系。显然,这对于那些抱着"成功就会幸福"想法的许多当代大学生来说,或许会是一个不小的打击。很多做职业生涯规划的青年,张口就是成功,仿佛这是唯一目的。当然,我们并不排斥将成功作为职业规划的目的,要强调的是"成功不等于幸福"。在做职业生涯规划之前,首先要弄清你究竟想要的是怎样的生活。

2.5　进行职业人格的自我认知

2.5.1　气质与职业

1. 气质及其分类

现代心理学认为,气质是一种不受活动的目的和内容所影响的心理活动的典型、稳定的动力特征,即心理活动的强度、速度、稳定性、灵活性、指向性等特征。这些特征是个体与生俱来的高级神经活动类型在情感和行为方面的表现。例如,有的婴儿一出生就表现得很好动、喜欢吵闹,对外界事物反应迅速;有的婴儿则表现得比较平稳、安静,对外界事物反应缓慢,这些特征在儿童以后的游戏、学习、社会交往等活动中会逐渐表现出来。

气质无所谓好坏,也无善恶之分。每一种气质都有其积极的一面,也有消极的一面。气质类型本身不能决定一个人社会成就的高低,每一种职业领域都可以找出各种不同气质类型的代表,同一气质类型的人在不同的职业部门都能做出突出的贡献。有人曾研究指出,俄国著名文学家普希金、赫尔岑、克雷洛夫、果戈理分别属于胆汁质、多血质、黏液质、抑郁质的气质类型,他们在文学领域都取得了杰出成就。而达尔文和果戈理都属于抑郁质类型,却在各自不同的职业领域内取得了伟大成就。

气质虽然对一个人的智力活动有所影响,但不会影响到一个人智力发展的可能性。也就是说,不同气质的人,都可以获得同样好的成绩;相同气质的人,也可能获得不同的成绩。气质特征对于学业进步和完成任务的可能性,不起决定的作用。只要依靠个人的主观努力,充分发挥气质的积极因素,就能达到预期目的,取得好的成绩。

气质并不是绝对不变的,而是有一定的可塑性,人的气质可以在社会生活和教育条件下发展和改造。但我们必须看到,气质的可塑性是有限度的,不能忽视气质类型的巨大差异。气质不仅影响活动的性质,而且影响活动的效率。某些气质特征往往为一个人从事某种职业活动提供有利条件。例如,要求做出迅速、灵活反应动作的职业,对于多血质、胆汁质的人较合适,而对黏液质、抑郁质的人则较难适应。反之,要求持久耐心细致的工作,黏液质和抑郁质的人较为合适。在某些特殊领域的选材中,应当特别注意人的气质特点。不同的角色还需要不同气质的人去扮演。如果一个人恰恰从事了与自己气质不相符的职业,对这个人来说是痛苦的,对工作本身来说也是一种损失。因此,择业时要"量质选择"。

气质是一个古老的概念。早在古希腊时代,医学家希波克拉底就认为人体内有4种液体:黏液汁(生于脑)、黄胆汁(生于肝)、黑胆汁(生于胃)、血液(生于心脏)。这4种体液在不同的人身上占有不同的比例,只有4种体液调和,人才能健康,如果失调就会生病。他还根据体液在人体内占优势的程度不同,把人的气质分为4种类型。在体液的混合比例中,血液占优势的人属多血质,黏液汁占优势的人属黏液质,黄胆汁占优势的人属胆汁质,黑胆汁占优势的人属抑郁质。虽然现代生理学研究表明,气质的生理基础是人的高级神经活动类型,与人的体液无关,但希波克拉底把人的气质分为4种基本类型,仍被许多学者所采纳并沿用至今。以下是4种气质类型的简单描述。

胆汁质的人,具有情绪兴奋性高,反应迅速,心境变化剧烈,抑制能力较差;易于冲动,性情直率,不够灵活;精力旺盛,动作迅猛,性情暴躁,脾气倔强,容易粗心大意;感受性低而耐受性较高;外倾性明显等特点。

多血质的人,具有情绪兴奋性高,思维、言语、动作敏捷,心境变化快但强度不大,稳定性差;活泼好动,富于生气,灵活性强,乐观亲切,善交往;浮躁轻率,缺乏耐力和毅力;不随意反应性强,具有可塑性、外倾性较强等特点。

黏液质的人,具有情绪兴奋性和不随意反应性都较低,沉着冷静,情绪稳定,深思远虑;思维、语言、动作迟缓;交际适度,内心很少外露,坚毅执拗,淡漠,自制力强;感受性低而耐受性较高;内倾性较高并且明显等特点。

抑郁质的人,具有感受性很强,善于觉察细节,见微知著,细心谨慎,敏感多疑;内心体验深刻但外部表现不强烈,动作迟缓,不活泼;易于疲劳,疲劳后也易于恢复;办事犹豫和缺乏信心;内倾性明显等特点。

实际生活中,真正属于某种典型气质的人很少,大多数人是接近某种气质,同时又具有其他气质的一些特点。因此,判断一个人的气质,主要是了解某个人具有哪些气质特点,而不能简单套用现成的模式。

2. 气质与职业的关系

世界上的职业多种多样,在一般职业中气质的各种特性可以起到相互弥补的作用。例如,有人对优秀纺织女工的研究发现,属于黏液质的女工,有稳定的注意力并能及时发现断头故障,能克服注意力不易于转移的缺陷;属于多血质的女工,注意力易于转移,这种灵活性弥补了注意力易分散的缺陷。但是,有些特殊职业对气质类型则有比较高的要求。

实际上,不同的职业对人的气质特点都有特定的要求,如医务工作要求反应灵敏、耐心、细致、热情等品质;驾驶员、飞行员、运动员则要求机智、敏捷、勇敢、抗干扰强等气质特点;对组织管理干部则要求工作细致、善于交际、耐心等品质;外交人员则要求有思维敏捷、姿态活泼、能言善辩、感染力强等气质特点。因此,分析职业对气质的要求,分析个体的气质类型,有利于做到人职匹配,提高个体适应职业的能力。

没有任何一种气质类型是完美无缺的,也没有任何一种气质类型是一无是处的,每一种气质类型既有为人们所乐于接受的一面,也有为人们所不赞成或不易接受的一面。但是气质不同,对职业的适应性也是不同的,如果一个人具备了从事的职业所要求的气质特点,就可以为所从事的这项工作提供有利的条件。气质类型虽然不能决定一个人社会价值和成就的高低,但往往能够影响一个人工作的性质和效率,影响一个人对职业的适应性程度。因此,在职业选择中,气质应作为重要参考因素之一。

根据各种气质的特点以及职业要求,可以找到气质和职业之间的匹配关系,具体见表 2-2。

表 2-2　气质与职业的匹配关系

气质类别	多血质	胆汁质	黏液质	抑郁质
气质特点	活泼、好动、敏感	热情直率、外露、急躁	稳重、自制、内向	安静、情绪不易外露、办事认真
适合的职业	政府及企事业管理者、外事人员、公关人员、驾驶员、医生、律师、运动员、公安、服务员等	导游、推销员、勘探工作者、节目主持人、外事接待人员、演员等	外科医生、法官、财会人员、统计员、播音员等	机要员、秘书、人事、编辑、档案管理、化验员、保管员等
不适合的职业	单调或过于细致的职业	长期安坐的细致工作		热闹、繁杂环境下的职业

3. 职业气质自我测评

下面 60 道题,若如实回答可有助于确定自己的气质类型。在回答下列题目时,若与自己的情况"很符合"记 2 分,"比较符合"记 1 分,"一般"记 0 分,"较不符合"记 -1 分,"很不符合"记 -2 分。

(1) 做事力求稳妥,一般不做无把握的事。

(2) 遇到可气的事就怒不可遏,想把心里话全说出来才痛快。

(3) 宁可一个人干事,也不愿很多人在一起。

(4) 到一个新环境很快就能适应。

(5) 厌恶那些强烈的刺激,如尖叫、噪声、危险镜头等。

(6) 和人争吵时,总是先发制人,喜欢挑衅别人。

(7) 喜欢安静的环境。

(8) 善于和人交往。

(9) 羡慕那种善于克制自己感情的人。

(10) 生活有规律,很少违反作息制度。

(11) 在多数情况下情绪是乐观的。

(12) 碰到陌生人觉得很拘束。

(13) 遇到令人气愤的事,能很好地自我克制。

(14) 做事总是有旺盛的精力。

(15) 遇到问题总是举棋不定、优柔寡断。

(16) 在人群中从不觉得过分拘束。

(17) 情绪高昂时,觉得干什么都有趣;情绪低落时,又觉得干什么都没有意思。

（18）当注意力集中于某一事物时，别的事很难分心。

（19）理解问题总比别人快。

（20）碰到危险情景，常有一种极度恐怖感。

（21）对学习、工作怀有很高的热情。

（22）能够长时间做枯燥、单调的工作。

（23）符合兴趣的事情，干起来劲头十足，否则就不想干。

（24）一点小事就能引起情绪波动。

（25）讨厌做那种需要耐心、细致的工作。

（26）与人交往不卑不亢。

（27）喜欢参加热烈的活动。

（28）爱看感情细腻、描写人物内心活动的文艺作品。

（29）工作、学习时间长了，常感到厌倦。

（30）不喜欢长时间谈论一个问题，愿意实际动手干。

（31）宁愿侃侃而谈，不愿窃窃私语。

（32）别人总是说我闷闷不乐。

（33）理解问题常比别人慢些。

（34）疲倦时只要短暂的休息就能精神抖擞，重新投入工作。

（35）心里有话宁愿自己想，不愿说出来。

（36）认准一个目标就希望尽快实现，不达目的，誓不罢休。

（37）学习、工作同样一段时间后，常比别人更疲倦。

（38）做事有些莽撞，常常不考虑后果。

（39）老师或他人讲授新知识、新技术时，总希望他讲得慢些，多重复几遍。

（40）能够很快地忘记那些不愉快的事情。

（41）做作业或完成一件工作总比别人花的时间多。

（42）喜欢运动量大的剧烈的体育运动，或者参加各种文艺活动。

（43）不能很快地把注意力从一件事转移到另一件事上去。

（44）接受一个任务后，就希望把它迅速解决。

（45）认为墨守成规比冒风险要强一些。

（46）能够同时注意几件事物。

（47）当我烦闷的时候，别人很难使我高兴起来。

（48）爱看情节起伏跌宕、激动人心的小说。

（49）对工作抱认真严谨、始终一贯的态度。

（50）和周围人的关系总是相处不好。

（51）喜欢复习学过的知识，重复做能熟练做的工作。

（52）希望做变化大、花样多的工作。

（53）小时候会背的诗歌，似乎比别人记得清楚。

（54）别人说自己"出语伤人"，可自己并不觉得这样。

（55）在体育活动中，常因反应慢而落后。

（56）反应敏捷，头脑机智。

（57）喜欢有条理而不太麻烦的工作。

（58）兴奋的事常使自己失眠。

（59）老师讲新概念，常常听不懂，但是弄懂了以后很难忘记。

（60）假如工作枯燥无味，马上就会情绪低落。

将每题得分填入表 2-3 相应的得分栏内；分别计算 4 种气质类型的总得分。

表 2-3　职业气质自我测评量表

胆汁质	2	6	9	14	17	21	27	31	36	38	42	48	50	54	58	总分
多血质	4	8	11	16	19	23	25	29	34	40	44	46	52	56	60	总分
黏液质	1	7	10	13	18	22	26	30	33	39	43	45	49	55	57	总分
抑郁质	3	5	12	15	20	24	28	32	35	37	41	47	51	53	59	总分

气质类型的确定：

如果某一栏得分超过 20 分，其他三栏得分较低，则为典型的该气质；如果这一栏得分为 20～10 分，其他三栏得分较低，则为一般气质；如果有两栏的得分显著超过另两栏的得分，而且分数比较接近，则为两种混合型气质；如果一栏的得分低，其他三栏都不高，但很接近，则为 3 种气质的混合型。

2.5.2　性格与职业

1. 性格及其分类

性格是指一个人对事物的稳定态度以及与之相适应的习惯化的行为方式，在一个人的人格中处于核心地位，决定着个人的活动方向，是个人区别于他人的最主要特征。

与气质相比，性格则更多地受到后天社会生活环境的影响。心理学家认为，气质是性格形成的先天因素，家庭是个人性格形成的最重要因素。虽然家庭、学校、社会都会对人的性格产生多方面的影响，但相比之下家庭的影响最为重要。因为 6 岁之前是人的性格基本定型的最重要阶段，而孩子在这段时间通常都是在家庭中度过的，接触最多的就是自己的父母。因此，父母对孩子性格的形成起着关键作用。

瑞士心理学家荣格(Jung)认为，我们的心理活动会指向外部世界，也会指向自己的内心世界，前者属外倾型，后者属内倾型，同时我们通过感观和直觉来获取外界的信息，并利用这些信息，通过理性和感性的方式，对事情进行判断和认识，并在此基础上形成自己的行为习惯和人格模式。

后来,梅尔和布莱格母女以荣格的理论为基础,发展出 16 种人格理论,并于 1962 年发表了"梅尔-布莱格类型指标"(MBTI),作为测量心理类型的工具。后经美国的 Katharine Cook Briggs 与 Isabel Briggs Myers 深入研究而发展成型。MBTI 性格类型揭示了一个人深层的"本我"、真实的我、自我的核心,最本能、最自然的思维、感觉、行为模式,而不是在别人面前所表现出来的表面的性格特征。一个人的 MBTI 性格类型是由遗传、成长环境决定的,一旦形成,很难改变,只是性格倾向的程度会随着年龄的增长而有所变化。

通过了解自己和其他人的性格倾向,可以更好地理解自己的优点、缺点,更容易接受自己;更好地理解和接受他人,不会因为存在性格的差异而苦恼;能使我们理解为什么人与人之间在思维、行为、观念、表现等方面存在不同,有助于我们在工作、生活中更好地利用这种差异,接受其他观点的合理性,避免固执己见或者简单地判定某种做法的正确与错误。

50 多年来,MBTI 理论在全球范围得到了广泛的运用。例如,公司利用其进行招聘选拔、人岗匹配、组织诊断、改善团队沟通及人际关系;职业人士利用其进行职业定位、职业生涯规划;老师、学生利用其选择适合学习的专业,提高学习、授课效率;夫妻利用其融洽关系、增进感情。

MBTI 心理类型理论主要是将人的性格区分为 4 组维度,每组两个向度,据此就划分出 16 种不同的心理类型。MBTI 中的 4 组维度,如下所述。

1)外倾(E)与内倾(I)维度

外倾是指我们的注意力和能量主要指向外部世界;内倾是指个体将自己的注意力和能量集中于自己的内心世界。

2)感觉(S)与直觉(N)维度

感觉和直觉是我们感知世界、获取信息的两种方式。感觉型的人倾向于通过自己的感官来获取有关环境的事实和现实,他们需要获取精确的信息和事实,着眼于现在。直觉型的人则习惯用超越感官的方式来获取信息,更注重事情的含义、象征意义和潜在意义。直觉型的人对洞察力、抽象的事物和未来等方面有明显的偏好。

3)思维(T)与情感(F)维度

思维和情感是关于我们如何对获取的信息做决定并得到结果的两种方式。思维型的人习惯于通过分析数据、权衡事实来做出符合逻辑的、客观的结论和选择。情感型的人则习惯于通过自己的价值判断来做决定,通常会对信息做出个人的、主观的评价。思维型的人通常是直接的、分析型的,用思维做决定;而情感型的人更坚信自己的价值观,并习惯于用心灵来做决定。

4)判断(J)与觉察(P)维度

判断和觉察是关于个体面对外部环境时如何行动的两种态度。判断型的态度意味着个体会通过思维和情感去组织、计划和调控自己的生活。觉察型的态度则意味着这样的个体倾向于用感觉和直觉的方式去对事物做决定,他们的态度通常是灵活机动的、开放的。判断型的人喜欢将事情管理得井井有条,习惯过一种稳定有序的生活;而觉察型的人喜欢自发、随意地处理问题,并愿意保持一种开放性的态度。

通过对上述 4 组维度进行排列组合,就能得到 16 种性格类型。每个人通过 MBTI 测试都可以获得有关自己性格类型的信息,了解自己的性格特点,并据此选择适合自己性格类型的职业。以下我们分别介绍 16 种性格类型的特征及其适合的职业。

1) 内向感觉思考判断型

内向感觉思考判断型(ISTJ),这类人严肃、沉静,因专注和执着而取得成功;务实、有条不紊、尊重事实、逻辑严密、现实、可信,能够承担责任。其较适合会计师、账务核查员、工程师、财务经理、警察、技师等职业。

2) 内向感觉情感判断型

内向感觉情感判断型(ISFJ),这类人沉静、友好、可靠、尽责,能全力以赴地承担责任;持之以恒、勤劳、细致、忠诚、周到。其较适合健康工作者、图书管理员、服务性工作者、教师等职业。

3) 内向直觉情感判断型

内向直觉情感判断型(INFJ),这类人不屈不挠,有原创力,渴望做任何有需要的事,尽最大努力在工作上;很有可能获得别人的景仰,且说服别人谋取最佳的福利。其较适合艺术工作者、神职人员、音乐家、心理医师、教师、作家等职业。

4) 内向直觉思考判断型

内向直觉思考判断型(INTJ),这类人具有原创力,有较大动力去实现自己的构想和目的;眼界宽阔,很快能发现外在事件的意义;在有兴趣的领域,有很好的组织和实践能力;对事存疑,具有批判性,独立、坚决,能有高水准的工作表现。其较适合计算机分析师、工程师、法官、律师、工程人员、科学家等职业。

5) 内向感觉思考觉察型

内向感觉思考觉察型(ISTP),这类人是冷眼旁观者,沉静、保守,以好奇心远远地观察和分析生活,具有非预期的幽默感;关心事件的因果,应用逻辑原则来组织事实;擅长直接切入实际问题的核心,并找出解决的办法。其较适合手工艺者、建筑工作者、机械工作者、保全服务工作者、统计人员等职业。

6) 内向感觉情感觉察型

内向感觉情感觉察型(ISFP),这类人沉静、友善、敏感、善良、谦虚,即使有不同意见,也不会勉强他人接受其意见和价值观;不喜欢领导别人,而是忠实的跟随者;喜欢享受眼前的时刻,不急于完成事情。其较适合文书工作者、建筑工作者、音乐家、户外工作者、油漆工等职业。

7) 内向直觉情感觉察型

内向直觉情感觉察型(INFP),这类人是沉静的观察者、理想主义者,忠实、重视外在生活与内在价值的一致性;充满好奇心,很快看到事情的可能性,并将之作为实践其想法的催化剂;具有调适的弹性与包容性,希望了解人们及实现人类潜能的方式;其较少关注周围的现实。其较适合艺术工作者、娱乐工作者、编辑、心理学家、社会工作者、作家等职业。

8) 内向直觉思考觉察型

内向直觉思考觉察型(INTP),这类人沉静且保守,特别喜欢理论和科学探讨;喜欢运用逻辑来分析并解决问题,对意念思考充满兴趣,较不喜欢热闹的聚会和闲聊;常有清楚明确的兴趣,并将该强烈的兴趣应用于职业生涯中。其较适合艺术工作者、计算机分析师、工程师、科学家、作家等职业。

9)外向感觉思考觉察型

外向感觉思考觉察型(ESTP),这类人擅长切中要害解决问题,喜欢和朋友一起行动,或做机械性工作和运动;适应力强、容忍力佳,注重实用性且获得结果;不喜欢长篇大论,最擅长处理可以掌握、参与或投入的真实事情。其较适合账务核查员、工匠、行销人员、警察、销售职员、服务性工作者等职业。

10)外向感觉情感觉察型

外向感觉情感觉察型(ESFP),这类人喜交朋友、善于接纳、对人友善,让每一件有兴趣的事更为有趣,使别人感到快乐;喜欢行动、让事情发生,知道正在发生什么事并且热切地参与;记忆事实比精通理论容易,对需要常识判断且实务技能的情况可妥善处理。其较适合儿童保育人员、采矿工程师、秘书、督导等职业。

11)外向直觉情感觉察型

外向直觉情感觉察型(ENFP),这类人温暖热情、精神高昂、聪明、富有想象力,几乎能做任何感兴趣的事;很快能想出困难问题的解决之道,帮助任何有困难的人;常依赖即兴创作的能力而非事前充分准备,总能找到让人信服的理由。其较适合演员、神职人员、咨询师、记者、音乐家、公关人员等职业。

12)外向直觉思考觉察型

外向直觉思考觉察型(ENTP),这类人迅速、聪敏,擅长许多事,警觉性高,口才好;可能因乐趣和人争论不休,善于解决新的、挑战性的难题,但可能会忽略因循不变的工作;兴趣一直转变,很能找到逻辑性的理由。其较适合演员、记者、行销人员、摄影师、销售人员等职业。

13)外向感觉思考判断型

外向感觉思考判断型(ESTJ),这类人务实、实际,倾向商业或机械;对抽象理论不感兴趣,学习须有直接或立即性的应用目的,喜欢组织和操作活动;是很好的行政人员,很快就能做出决定,注意日常细节。其较适合督导者、行政人员、财务经理、推销人员等职业。

14)外向感觉情感判断型

外向感觉情感判断型(ESFJ),这类人有温暖的心、善于谈话、受欢迎、有良心、能合作且主动参与团体;喜欢和谐氛围,能创造和谐,总是对人很好;在鼓励和赞美下做最大的努力;主要的兴趣在于直接且显著地影响人们的生活。其较适合美容师、健康工作者、办公人员、秘书、教师等职业。

15)外向直觉情感判断型

外向直觉情感判断型(ENFJ),这类人负责任,真诚地关心其他人的想法和希望,依据他人的感觉来处理事情;能轻松提出计划或领导团体讨论,社会性强、受人欢迎、富有同情心;对他人的赞美和批评能及时做出反应;喜欢催化他人,协助他人发挥潜能。其较适合演员、神职人员、咨询顾问、咨询师、音乐家、教师等职业。

16)外向直觉思考判断型

外向直觉思考判断型(ENTJ),这类人坦率,是活动的领导者;善于建立并发展全面的方法体系,以解决组织的问题;擅长需推理和知识性的谈话,如公开演说;知识广博,而且喜爱任何能增长知识的活动。其较适合行政人员、律师、经理、行销人员、工程人员等职业。

2.测验一：识别你的职业性格

阅读下面每一对描述,选择其中在大多数情况下最像你的一个,你必须设想最自然状态下的自己,且在没有别人观察下的举止。

第一部分：关于你精力的描述,哪一种模式更适合你,是 E 还是 I?

E	I
喜欢行动和多样性	喜欢安静和思考
喜欢通过讨论来思考问题	喜欢讨论之前先进行独立思考
采取行动迅速,有时不做过多的思考	在没有搞明白之前,不会很快地去做一件事情
喜欢观察别人是怎样做事的,喜欢看到工作的结果	喜欢了解工作的道理,喜欢一个人或很少的几个人干事
在意别人是怎样看自己的	为自己设定标准

第二部分：关于处理信息的方式,其中哪一种模式与你更接近,是 S 还是 N?

S	N
主要是通过过去的经验去处理信息	主要是通过事实所反映出来的意义以及二者之间的逻辑关系去处理信息
愿意用眼睛、耳朵或其他感官去觉察新的可能性	喜欢用想象去发现新的做事方法、感受事物
讨厌出现新问题,除非存在标准的解决方法	喜欢解决新问题,讨厌重复地做同一件事
喜欢用自己会的技能去做事,而不愿意学习新的东西	不喜欢练习旧技能,更愿意运用新技能
对于细节很有耐心,但出现复杂情况时则开始失去耐心	对于细节没有耐心,但不在乎复杂的情况

第三部分：一些描述你做决定的方式,其中哪一种模式更接近你,是 T 还是 F?

T	F
根据逻辑决策	根据个人感受和价值观决策,即使它们可能不符合逻辑
愿意被公正和公平地对待	喜欢被表扬,喜欢讨好他人,即使在不太重视的事情上也是如此
可能不知不觉地伤害别人的感情	了解和懂得别人的感受
更关注道理或事物本身,而非人际关系	能够预计到别人会如何感受
不太关注和谐	不愿看到争论和冲突,珍视和谐

第四部分：一些描述你日常生活的方式,其中哪一种模式更接近你,是 J 还是 P?

J	P
预先制订计划,提前把事情落实和决定下来	保持灵活性,避免做出固定的计划
总想让事情按"它应该的样子"进行	轻松应对计划外和意料外的突发事件
喜欢先完成一件工作后,再开始另一件	喜欢开展多项工作
可能过快地做出决定	可能做决定太慢
按照不轻易改变的标准和日程表生活	根据问题的出现,不断改变计划

回顾前面的 4 个部分,哪些类型更接近你?圈出适当的字母,你的职业性格的 4 个字母为:_____。

3.测验二:20 个"我是谁"的游戏

目的:认识并接纳自我

(1) 20 分钟之内,写下 20 个"我是……"要求尽量反映个人特点,真正代表自己。

(2) 将自己所陈述的 20 项内容从身体状况、情绪状况、才智状况、社会关系状况等方面进行归类。

(3) 仔细分析自己的分类,从中得到启发。

4.测验三:了解自己的社会资源

社会资源指的是个人在自己的社会关系网络中所能获得的、来自他人的物质和精神上的帮助和支援。

(1) 请你对以下问题做简单的解答。

① 如果自己陷入困境,有多大把握能得到他人广泛、及时而又有效的帮助?

② 这些"他人"都包括了谁?请递次将其罗列出来。

③ 你在遇到物质上的困难时,最有可能求助并且有把握得到支持的人有谁?

④ 你在遇到精神上的痛苦时,最有可能求助并且有把握得到支持的人有谁?

⑤ 想到自己的社会支持系统,你会产生什么样的感觉?

⑥ 你是否知道要能够区分社会支持系统中不同关系所具有的不同功能?

⑦ 在得到别人的帮助后,你会想到感恩吗?

⑧ 别人向你求助时,你会帮助他们吗?

(2) 看看自己可以求助的人有几个。如果你的社会支持系统中不足 5 个人,就需要问问自己"是什么阻碍了我拥有较多的社会资源""我现在可以做些什么来增强自己的社会支持系统"。

2.5.3 MBTI 性格类型系统的典型性格分析

从公元前 450 年的希普克里兹(Hippocrates),到中世纪的帕拉萨尔斯(Paracelsus),都注意到所有的个体可以归纳为 4 种,同一种类型的人的性情具有惊人的相似之处。

心理学家大卫·凯尔西(David Keirsey)发现,这些由不同文化背景和不同历史时期的人各自独立研究得出的 4 种不同性情的划分,对性格的描绘惊人的相似。同时他发现,MBTI 性格类型系统中的 4 种性格倾向组合与古老智慧所归纳的 4 种性情正好吻合。这

4 种组合如下：

直觉＋思维＝概念主义者

触觉＋知觉＝经验主义者

直觉＋情感＝理想主义者

触觉＋判断＝传统主义者

对于不同的性格类型而言，没有"好"与"坏"之分，每个人都是独一无二的个体，都有其特别的优势和劣势，但问题的关键在于如何认识这些优势和劣势。我们的建议是"扬长避短"，这一点将会影响到你的成败及对工作的喜好。

需要说明的是，个人根据对每一种性格类型的描述来判断自己的性格类型往往不准确，必须使用可靠性得到充分验证的专业测试工具进行测试，并与对此系统和测试工具有丰富经验的专业人士充分沟通，由专业人士对测试结果进行修正或确认，才能确定自己的性格类型。

1. 概念主义者

"概念主义者"类型代表人物有比尔·盖茨、英国前首相撒切尔夫人、爱因斯坦等。

1）特点

"概念主义者"型的人自信、有智慧、富有想象力，其原则是"所有的事情都要做到最好"。"概念主义者"是 4 种类型中最独立的一种人。他们工作原则性强，标准高，对自己和对别人的要求都很严格，不会被别人的冷遇和批评干扰，喜欢以自己的方式做事。"概念主义者"型的人天生好奇，无论是由于工作本身的需要还是出于长远的考虑，很喜欢不断地吸取知识，他们因此而常常能看到同一问题的多个不同的方面，习惯全面、概括地思考问题和"一分为二"地看待问题。他们很善于发现事物的可能性，理解事物的复杂性，喜欢进行逻辑的分析，从而对真实或假设的问题构思出解决方案。

"概念主义者"喜欢能够提供自由、变化和需要有较高的智力才能完成的工作，不喜欢简单、重复的工作。他们喜欢看到自己的想法能够得到实施。"概念主义者"会对那些他们认为不够能干的人不耐烦，喜欢与很有能力的上司、下属、同事共事。许多"概念主义者"型的人推崇权力，易于被有权力的人和权力地位所吸引。

2）优势

(1) 善于分析、总结、判断。

(2) 善于从整体上把握事物。

(3) 喜欢追根究底，力图抓住事物的本质。

(4) 对文字、语言敏感。

(5) 抽象思维能力强，能理解复杂的理论概念，善于将事情概念化，善于从中推断出原则或预测趋势。

(6) 擅长策略性思维。

(7) 会接受建设性的批评，而不把其当作针对个人的问题。

3）潜在的弱点

(1) 由于有时给自己制定了不切实际的高标准，可能对自己和他人的期望过高。

(2) 易于像紧逼自己工作一样去逼着别人工作。

（3）常常不希望别人对抗自己的意愿，有时给人顽固、死板的印象。

（4）易于过分强调工作，从而损害了家庭的和谐。

（5）常常不记得花时间夸奖同事、下属或其他人。

（6）常常忽视一些工作中所需要的社交礼仪。

（7）有时没有注意到他人的情绪感受，从而给人冷漠、不近人情的印象。

（8）有时会因忽略细节而没有注意到周围环境的变化。

（9）易于过于理论化而不考虑实际情况，易受远景规划诱惑，难以具体落实。

（10）有时想法太多，不知道哪些是切实可行的，不知道真正应该做什么。

2. 经验主义者

"经验主义者"类型代表人物有麦当娜、玛丽莲·梦露、迈克尔·乔丹、莫扎特、毕加索等。

1）特点

"经验主义者"关注五官带给他们的信息，而且相信那些是可以测量和证明的东西，同时喜欢面对各种各样的可能性，喜欢自由随意的生活方式，是反应灵敏和自发主动的一种人。

"经验主义者"是4种类型中最富冒险精神的，其最可贵的地方在于机智多谋，令人兴奋，而且很有趣。他们为行动、冲动和享受现在而活着，一想到某件事情就有立即去做的冲动，而且喜欢一气呵成把事情做完；但又不喜欢太长时间做同一件事情，只有很少的事情（如自己很喜欢的事情）能够长期坚持，多数情况下难以做到坚持不懈。他们关注于眼前的情况，对眼前的情况看得很清楚，并能正确估计立即需要做什么。他们崇尚自由和主动，很少选择需要太多结构和规则的活动与环境。他们适应能力强，随遇而安而且注重实际。"经验主义者"喜欢有技巧性的活动，常常被认为是喜欢冒险、喜欢寻找刺激的人。

"经验主义者"喜欢可以提供自由、变化和行动的工作，喜欢那些能够有及时效果的工作，以能够巧妙而成功地完成工作为乐。由于他们喜欢充满乐趣的生活，无论做什么必须让其感到有高度的乐趣，这样才能令他们感到满意。

"经验主义者"又分为两类，即思维型经验主义者和情感型经验主义者。一些情感型经验主义者并不完全符合"经验主义者"型的人的性格特点，这是因为他们天性乐于帮助别人，希望自己的工作可以很快地改变他人的生活，喜欢做自己认为很有意义的事情。

2）优势

（1）对人/事物观察敏锐。他们能够清楚地看到正在发生的事情，而且能够敏捷地抓住机会。

（2）思维及行动反应敏捷、活跃，擅长随机应变，能够很快发现突然出现的实际问题，且灵活、勇敢、机智地解决问题。需要的时候，不会害怕冒险或立即采取应急行动。

（3）有创新意识，不像"传统主义者"那样墨守成规。

（4）许多"经验主义者"（但不是全部）尤为擅长使用工具和演奏乐器，这些东西可以被他们实际操作且要求有一定的精确度。

3) 潜在的弱点

(1) 因为喜欢面对各种各样的可能性,他们不能一直遵守已建立的规则,有时会逃避约束或计划。

(2) 他们有时会在没有认真考虑的情况下就采取行动。

需要说明的是,当你思考你是否是这种类型的人时,请记住环境常常迫使我们的行为并不能反映真正的自我。我们中的大多数人在部分时间里,尤其是在工作时,行为不得不表现得有计划性、有责任感。如果你被指定完成一项工作,那么你就必须在最后期限前准时做完,而且做出许多决定。更复杂的是,当你的个人生活与工作越来越多地缠绕在一起时,要想分辨"真正的你"会变得更加困难。在这种情况下,应看一看如果你能按照所希望的方式行为时,哪种偏好会给你带来最大的满足感。

3. 理想主义者

"理想主义者"类型代表人物有列宁、甘地、夏洛特姐妹等。

1) 特点

"理想主义者"型的人感兴趣的是事物的意义、关系和可能性,并基于其个人的价值观念做出决定。这是一类关心个人成长和如何理解他人与自我的人。

"理想主义者"做人的原则是"真实地面对自己",是 4 种类型中精神上最具哲理性的人。"理想主义者"乐于接受新的思想,善于容纳他人。

"理想主义者"好像永远在寻找生存的意义,非常崇尚人与人之间和各种关系中的真实和正直,容易将别人理想化。许多"理想主义者"本能地喜欢帮助别人成长和进步。"理想主义者"是很好的传播者,被人们认为是促进积极变化的催化剂。他们天生能够理解别人的情感,关心在生活、工作中碰到的人们(如同事、病人或客户、雇员)的需要。

对于"理想主义者"型的人而言,一份好的工作应该是对他们个人很有意义的工作,而不是简单的常规工作或只是一种谋生手段。"理想主义者"崇尚和谐,不愿意在一种竞争激烈或四分五裂的环境中发展。他们喜欢民主气氛浓、能够激励各种层次的人们高度参与的组织,会被那些促进人性价值的组织或那些允许他们帮助别人完成工作的职业所吸引。

2) 优势

(1) 对别人的情绪敏感,能理解、体会别人的心情,善于安慰、鼓励别人。

(2) 对文字、语言敏感。

(3) 善于分析、总结。

(4) 善于从整体上把握事物。

(5) 能理解复杂的理论概念,善于将事情概念化,善于从中推断出原则。

(6) 擅长策略性思维。

3) 潜在的弱点

(1) 有仅凭个人的好恶或价值观来决定事情,并希望别人也以同样的角度或标准来处理问题的倾向。

(2) 有时他们心里老想着别人的问题,可能会过于陷于其中,以至于被其困扰。

(3) 有时容易将别人或事情理想化,不够实际。

（4）不是特别善于管束和批评他人，尽管常常自我批评。有时会为了和睦而牺牲自己的意见或利益。

（5）有些"理想主义者"比较容易动感情，情绪波动较大。

4. 传统主义者

"传统主义者"类型代表人物有乔治·布什、乔治·华盛顿、英国女王维多利亚、伊丽莎白等。

1）特点

"传统主义者"相信事实、已证实的数据、过去的经验和"五官"所带给他们的信息，喜欢有结构、有条理的世界，喜欢做决定，是一种既现实又有明确目标的人。

"传统主义者"是 4 种类型中最传统的一类，坚定、可靠、可信。

他们重视法律、秩序、安全、得体、规则和本分，被一种为社会服务的动机所驱使。他们尊重权威、等级制度和权力，一般具有保守的价值观，很有责任感，且经常努力去做正确的事情，这使其可以信赖和依靠。

"传统主义者"需要有归属感，需要服务于别人，需要做正确的事情。他们注重安稳、秩序、合作、前后一致和可靠，而且严肃认真，工作努力。"传统主义者"在工作中对自己要求十分严格，希望别人也是如此。"传统主义者"喜欢那些与他们一样具有奉献精神、尊重权威和尽自己本分的同事。

"传统主义者"往往是组织机构的主要支持者，不论他们是在领导层还是处于被领导的位置上，最常扮演的角色就是"稳定器"——传统和现状的维护者。

大多数"传统主义者"（不论他们是属于什么判断偏好）最喜欢的是组织结构稳定、清楚、目标明确的岗位，不喜欢处在不断变化和杂乱状况之中的职位或组织。

"传统主义者"包括思维型传统主义者和情感型传统主义者，这两种传统主义者之间又有很明显的不同。情感型传统主义者常常不像思维型传统主义者那样明显地表现出传统主义者的一般特征。在做决定时，情感型传统主义者把与别人的关系和人放在首要位置，本能地努力寻求与他人更和睦的关系，同时不断寻找着使他们能够通过有形的方式帮助他人的机会。

2）优势

（1）务实，有条理，认真仔细。

（2）注重规则、政策、契约、例行习惯和时间要求。

（3）一旦他们承诺一件事情，总会坚持完成。

（4）在跟进、规范方面做得很好。

（5）以第一次和每一次都做了正确的事情为荣。

（6）对需要注意的事情有敏锐的洞察力。

（7）善于尽可能有效地利用现有资源完成工作。

3）潜在的弱点

（1）容易只看到事情有黑和白两种情况，而看不到中间的灰色地带。

（2）可能不能很快地做出改变和适应。

（3）有些"传统主义者"不擅长变通、缺乏想象力。

2.5.4　天赋、性格与"优势理论"

　　心理学上把性格定义为个人对现实的稳定态度和习惯化了的行为方式。同气质相比,它具有更大的后天性,是人在社会活动中通过与环境相互作用而逐步形成的。性格一经形成就具有一定的稳定性。世界上没有性格完全相同的两个人,每个人都与别人有所不同。

　　职业心理学的研究表明,不同的职业对从业者的性格要求也不同。例如,从事中学教师职业的人要求乐观外向,乐于与人亲近,耐心正直,责任心强,稳定性好,安详沉着,冷静自信。从事广告职业的人要求聪明,敏锐,敢于打破常规,狂放不羁,富于幻想。从事科学研究的人必须认真、聪明、独立自信、敢于怀疑,富于批判精神和创新意识。

　　人的性格一旦形成,就很难改变,但这并不是说人们只能顺其自然,人们仍可以通过自身的努力,充分发挥自己性格的优势,避免或减少自己性格中的劣势方面对事业的影响。性格的作用是一把"双刃剑",我们在选择人生目标时,一定要扬长避短,选择适合自己的职业。

　　人际关系、努力、教育等因素固然重要,但都不是职业成功的关键。成功心理学的最新研究认为,在外部条件给定的前提下,一个人能否成功,关键在于能否准确识别并全力发挥其天生优势——天赋和性格。只要能够识别和接受自身的天赋与性格,配以必要的知识和技能,而且寻找需要你所具备天赋和性格的岗位,持续地使用它们,并坚持下去,就有望成功,有望建立幸福的人生。

1.　优势理论

　　世界著名的"优势理论"也可称为"成功第一定律",用一个公式表示如下:

$$优势=天生优势+后天优势=(天赋+性格)+(知识+技能)$$

天生优势,是一个人天然产生并贯穿始终的思维、感觉或行为模式,包括天赋和性格。

知识是所学的事实和课程。

技能是做一件事的步骤。

　　天生优势是遗传和早期形成的,一个人到十五六岁就基本定型,也就是说其天赋和性格基本形成。一旦形成,就很难改变。每个人都有自己的天赋,就如同每个人都有自己的性格一样。天生优势是先天的,而后天优势(知识和技能)可以通过学习和实践而获得。所以,天生优势是一个人优势的关键。

　　例如,作为一名销售员,你能够学会如何介绍产品特性(知识),甚至能学会通过恰如其分的问题来了解每个潜在客户的需求(一种技能),但是你永远不可能学会如何在恰到好处的时刻以恰到好处的方式,推动这位潜在客户掏钱购买。后者就是一个人的天生优势。

　　有天赋的人能持续地表现优秀,没有这方面天赋的人往往表现平平,甚至很差,或者只是有时表现优秀。在许多工作中,你都能够获得必需的技能和知识,但无论什么工作,如果缺乏必需的天赋,就绝不可能持续地表现优秀。

　　每个人在他的天赋方面学习进步最快,成长空间、潜力最大,能够获得的成就也最大。与其把时间精力放在克服弱点上,不如放在发挥天赋上。职业成功之道在于最大限度地发挥优势,控制弱点,而不是把重点放在克服弱点上。因此,我们要尽快走出"只要下功夫,什么都能学会"的误区。就销售工作而言,不要盲目参加销售技巧、领导艺术以及其他用心良苦的培训,指望依靠培训脱胎换骨。除非你具备销售工作必需的天赋,否则进步将十分有限。

2. 天赋的内涵

1)天赋的表现特征

有天赋的人能持续地表现优秀,没有这方面天赋的人往往表现一般,或者不能持续地表现优秀。

天赋既不能增加,也不能减少,不能在本来没有的情况下通过学习获得,只能在有天赋的前提下通过传授、培训来加强。

天赋通常表现为一种学习的能力,拥有某种天赋,在学习这方面的东西时就能比一般人快,甚至无师自通。这就是中国人常说的"悟性好"。

例如,学习语言的能力就是一种天赋。有的人,来广州1年,广东话就说得很地道,听不出北方口音;有的人来广州10年,广东话还说不好。

2)天赋表现的范围

天赋几乎表现在所有的领域或行业中。

3)天赋的分类

按照作用的对象,天赋可以分为三大类。

(1)与人打交道的天赋。

(2)与物打交道的天赋。

(3)与数据/信息打交道的天赋。

有的人擅长与人打交道或与物打交道,不擅长与数据/信息打交道;有的人则擅长与数据/信息打交道,不擅长与人或物打交道。

4)天赋与职业的关系

天赋是一个人技能的最基本元素,一种天赋可以适用多种不同职业。假如你有很强的空间图形辨认力,你就有成为一名成功的画家的潜力,也可能有成为一名成功的雕刻家、建筑设计师、室内设计师的潜力。空间图形辨认力就是以上这些工作所需要技能的最基本元素。

5)天赋与兴趣的关系

一个人的兴趣、爱好往往蕴藏着自己的天赋,但兴趣、爱好不等于天赋。所以,我们可以从众多的兴趣、爱好中寻找自己的天赋,但不能把兴趣、爱好当作自己的天赋。

小 贴 士

性格天赋与成功之道

(1)性格不是指你不知道应该怎么做,而是做不到,也不是总做不到,有时也能做到,而是不能持续地做到,不能持续地做得很优秀,更不能享受做的过程。

（2）在别人面前有意识表现的行为特征只是一时的表象，不是性格本我。

（3）性格倾向不是跟其他人的横向比较，主要是自己跟自己的比较，就像把自己的中指跟自己的小指比长短。如果你是"右撇子"，不是说你比其他人的右手都更有力，而是说你的右手比你的左手更有力。

（4）MBTI性格类型理论中的"外倾""内倾"相当于我们日常生活中说的外向、内向，但日常生活中对外向、内向的判断不够标准。普遍的现象是日常生活中判断一个人性格外向，但按照MBTI性格类型理论的标准判断应该是"内倾"。中国人90%以上性格偏向"内倾"。

（5）从战略上，你要选择适合你的性格（本我）、并能最多地用到你的天赋优势的职业——扬长避短，只选择能充分发挥性格天赋优势的职业，避开会用到自己性格天赋弱点的职业。

（6）选定了适合自己的目标职业后，再看要在这个职业上取得成功，需要弥补哪方面的短处，改善哪方面的弱点，这就是一个战术层面的问题。

2.6　进行职业能力的自我认知

2.6.1　职业能力及其影响因素

1. 能力的含义

能力是指个人顺利完成某种活动所必须具备的心理特征，包括智力、性向和成就3种。智力是指个人的一般能力；性向是指个人可以发展的潜在能力；成就是指个人通过教育或培训在学识、知识和技能方面达到的较高水平。

从能力的定义即可看出，从事任何一种活动都必须具备一定的能力，能力是影响活动效果的基本因素。同样，对任何一种职业生涯而言，要让职业生涯得以顺利进行，必须具备相应的能力。能力总是和个体所从事的活动联系在一起，人们总是通过某种活动来考察个体的能力。

2. 能力的分类

人的能力是各种各样的，按照不同的角度可以将能力做如下分类。

1）一般能力和特殊能力

一般能力是指在不同种类的活动中表现出来的能力，如观察力、记忆力、想象力、创造力等。其中，抽象概括能力是一般能力的核心。平日我们所说的智力就是指一般能力而言的。人们要完成任何一种活动，都和这些能力的发展分不开。

特殊能力是指在某种专业活动中表现出来的能力，是顺利完成某种专业活动的心理条件。例如，画家的色彩鉴别力、形象记忆力，音乐家区别旋律的能力、音乐表现能力以及感受音乐节奏的能力等，均属于特殊能力。

一般能力与特殊能力的关系是十分密切的。一方面，一般能力是特殊能力的组成部分。人的一般听觉能力既存在于音乐能力中，也存在于言语能力中。没有听觉一般能力的发展，就不可能发展音乐和言语听觉能力。另一方面，特殊能力的发展有助于一般能力的发展。例如，音乐能力的发展会提高一般的听觉能力，进而影响言语能力的发展。

2）模仿能力和创造能力

模仿能力是指人们通过观察别人的行为、活动来学习各种知识,然后以相同的方式做出反应的能力。模仿不但表现在观察别人的行为后做出的相同反应中,而且表现在某些延缓的行为反应中。模仿是动物和人类的一种重要的学习能力。

创造力是指产生新的思想和新的产品的能力。一个具有创造力的人往往能超脱具体的知觉情境和思维定式的束缚,在习以为常的事物和现象中发现新的联系与关系,提出新的思想,产生新的产品。作家在头脑中构思新的人物形象,创造新的作品;科学家提出新的理论模型,并用实验证实这些模型,都是创造力的具体表现。

模仿力和创造力是两种不同的能力。动物能模仿,但不会创造。模仿只能按现成的方式解决问题,而创造力能提供解决问题的新方式与新途径。人的模仿力和创造力有明显的个体差异。有的人擅长模仿,而创造力较差;有的人既善于模仿又富有创造力。

模仿力与创造力又有密切的关系,人们常常是先模仿,然后再进行创造。科研工作者先通过观察、模仿别人的实验,然后才有可能提出有独创性的实验设计;学习书法的人先临摹前人的字帖,然后才有可能创作出具有个人独特风格的作品。在这个意义上,模仿也可说是创造的前提和基础。

3）流体能力和晶体能力

根据能力在人的一生中的不同发展趋势以及能力和先天禀赋与社会文化因素的关系,可以将能力分为流体能力和晶体能力。

流体能力是指在信息加工和问题解决过程中所表现的能力,如对关系的认识,类比、演绎推理能力,形成抽象概念的能力等。它较少地依赖于知识和文化的内容,而决定于个人的禀赋。流体能力的发展与年龄有密切关系。一般人在 20 岁以后,流体能力的发展达到顶峰,30 岁以后将随年龄的增长而降低。心理学家也发现,流体能力属于人类的基本能力,其个体差异受教育文化的影响较少。因此,在编制适用于不同文化的所谓文化水平测验时,多以流体能力作为不同文化背景的个体智力比较的基础。

晶体能力指获得语言、数学知识的能力,决定于后天的学习,与社会文化有密切的关系。晶体能力在人的一生中一直在发展,只是一般人到 25 岁以后,发展的速度渐趋平缓。

晶体能力依赖于流体能力。两个人具有相同的经历,有较强流体能力的人将发展出较强的晶体能力。但是,一个有较强流体能力的人如果生活在贫乏的智力环境条件中,其晶体能力的发展也可能是低下的或一般的。

4）认知能力、操作能力和社交能力

认知能力是指人脑加工、储存和提取信息的能力,即我们平常所讲的智力,如观察力、记忆力、想象力等。人们认识客观世界,获得各种各样的知识,主要依赖于人的认知能力。

操作能力是指人们操作自己的肢体以完成各项活动的能力,如劳动能力、艺术表演能力、体育运动能力等。操作能力是在操作技能的基础上发展起来的,又成为顺利掌握操作技能的条件。操作能力与认知能力不能截然分开。不通过认知能力积累一定的知识和经验就不会有操作能力的形成和发展;反之,操作能力不发展,人的认知能力也不可能得到很好的发展。

社交能力是指在人们的社会交往活动中所表现出来的能力,如组织管理能力、言语感染力、判断决策能力、调解纠纷和处理意外事故的能力等。这种能力对组织团体、促进人际交往和信息沟通有重要的作用。

受遗传和环境的影响,人的能力存在个体差异,这主要可以从质与量两个方面来体现。从质的角度而言,人的特殊能力存在差异。这不仅体现为人们所具有的特殊能力的不同,而且即使同一种特殊能力,其构成要素也会有差异。例如,高等教育总体而言属于专业教育,不同专业也促使大学生具有不同的特殊能力。从量的角度而言,人的能力发展水平和发展速度存在差异。在遗传和环境这两大因素的支配之下,通过个体成长和不断学习的交互作用,个人的能力在不断发展。人与人不仅在能力特质的总体发展程度上有差异,而且同一个人各种特质之间也有发展程度上的差异。

3. 能力的影响因素

影响能力的因素主要体现在素质、知识和技能、教育、社会实践和主观努力 5 个方面。

1）素质

素质是有机体天生具有的某些解剖生理特征,主要是神经系统、脑的特征以及感官和运动器官的特征。素质是能力发展的自然前提,离开这个物质基础就谈不上能力的发展。天生或早期聋哑的人难以发展音乐能力,双目失明者无从发展绘画才能,严重的早期脑损伤或脑发育不全的缺陷是智力发展的障碍。素质是能力发展的自然基础,但不是能力本身。素质作为先天生成的解剖生理结构,不能现成地决定能力本身。先天素质只是为能力的发展提供了最初的可能性大小。

2）知识和技能

知识是人类社会历史经验的总结。从心理学的观点来讲,知识是头脑中的经验系统以思想内容的形式为人所掌握。技能是操作技术,是对具体动作的掌握,以行为方式的形式为人所掌握。

知识、技能与能力有密切的关系。知识是能力形成的理论基础;技能是能力形成的实践基础。能力的发展是在掌握和运用知识、技能的过程中实现的;同时能力在一定程度上决定着一个人在知识、技能的掌握上可能取得的成就。能力和知识、技能的关系主要体现在,掌握知识、技能以一定的能力为前提;能力制约着掌握知识、技能的快慢、深浅、难易和巩固程度;知识的掌握又会导致能力的提高。当然,知识、能力的发展与技能的发展是不完全同步的。

3）教育

教育是掌握知识和技能的具体途径与方法。教育不仅在儿童和青少年的智力发展中起着主导作用,而且对能力的发展同样也起着主导作用。教育不但使学生掌握知识和技能,而且通过知识和技能的传授,还能促进心理能力的发展。学校教育对学生能力的培养是至关重要的,但是当他们走上工作岗位以后,已经掌握的知识和技能就显得不够用,有些甚至已经过时了。因此,在组织中对在职员工的教育和培训就显得特别重要。作为员工,必须掌握多种知识、多种技能,并能进行综合的运用。

4）社会实践

能力是人在改造客观世界的实践活动中形成和发展起来的。劳动实践对各种特殊能力的发展起着重要的作用。不同职业的劳动,制约着能力发展的方向。劳动实践也向人们提出不同的要求,在实践和完成任务的活动中,人们不断地克服薄弱环节,从而使能力得到相应的发展和提高。

5) 主观努力

主观努力是获得成功的必由之路。要使能力获得较快和较大的增长,没有主观的勤奋努力是不可能的。世界上许多政治家、科学家和发明家,无论他们从事的是什么领域,共同点都是长期坚持不懈、刻苦努力。没有刚毅、顽强、百折不挠的意志力,任何成就都不可能取得,能力的发展也无从谈起。

2.6.2 职业能力及其测评

1. 职业能力的含义

职业能力是人们从事某种职业的多种能力的综合。例如,一位教师只具有语言表达能力是不够的,还必须具有对教学的组织和管理能力,对教材的理解和使用能力,对教学问题和教学效果的分析、判断能力等。如果说职业兴趣或许能决定一个人的择业方向,以及在该方面所乐于付出努力的程度,那么职业能力则说明一个人在既定的职业方面是否能够胜任,也能说明一个人在该职业中取得成功的可能性大小。

职业能力与人的职业活动相联系,并表现在人的职业活动中。个体具有某种职业能力,就能够顺利地完成某种职业活动,而且职业能力的大小决定着职业活动效率的高低。职业能力是在一般能力和特殊能力的基础上发展起来的,是多种能力的有机组合。因此,我们可以把职业能力分为一般职业能力、专业能力和职业综合能力。

1) 一般职业能力

一般职业能力主要是指一般的学习能力、文字和语言运用能力、数学运用能力、空间判断能力、形体知觉能力、颜色分辨能力、手的灵巧度、手眼协调能力等。此外,任何职业岗位的工作都需要与人打交道,人际交往能力、团队协作能力、对环境的适应能力以及遇到挫折时良好的心理承受能力都是我们在职业活动中不可或缺的能力。

2) 专业能力

专业能力主要是指从事某一职业的专业素质和技能。在求职过程中,招聘方最关注的就是求职者是否具备胜任岗位工作的专业能力。例如,应聘教学工作岗位,对方最看重的就是你是否具备最基本的教学能力。

3) 职业综合能力

职业综合能力有很多种,这里主要介绍国际上普遍注重培养的"关键能力",其主要包括以下 4 个方面。

(1) 跨职业的专业能力。一个人跨职业的专业能力一般表现在运用数学和测量方法的能力;计算机应用能力;运用外语解决技术问题和进行交流的能力。

(2) 方法能力。方法能力一般表现为信息收集和筛选能力;掌握制订工作计划、独立决策和实施的能力;具备准确的自我评价能力和接受他人评价的承受力,并能够从失败经历中有效吸取经验教训的能力。

(3) 社会能力。社会能力主要是指一个人的团队协作能力、人际交往和善于沟通的能力。在工作中能够协同他人共同完成工作,对他人公正宽容,具有对事物的准确判断力以及自律能力等,这是在工作中胜任岗位、开拓进取的重要条件。

(4)个人能力。个人能力包括组织能力、沟通能力、领导能力、创新能力、学习能力等。在知识经济时代,学习能力是最重要的,因为知识总是在更新,只有不断学习才能跟上时代的步伐。

2. 能力对职业的影响

能力对职业的影响主要体现在如下方面。

1)一定的职业能力是胜任某种职业岗位的必要条件

任何一个职业岗位都有相应的岗位职责要求,一定的职业能力则是胜任某种职业岗位的必要条件。因此,求职者在进行择业时,要明确自己的能力优势以及胜任某种工作的可能性。条件允许的情况下,可以由专业职业指导人员帮助分析,根据求职者的学历状况、职业资格、职业实践等来确定求职者的职业能力,必要时可以通过心理测试作为参考,在基本确定求职者的职业能力和发展的可能性的基础上帮助求职者进行职业选择。

2)职业实践和教育培训是职业能力发展的前提

具体来看,职业实践和教育培训作为职业发展的前提表现如下:

(1)职业实践促进职业能力的发展。职业能力是在实践的基础上得到发展和提高的,一个人长期从事某一专业劳动,能促使人的能力向高度专业化发展。例如,计算机文字录用人员,随着工作的熟练和经验的积累,录入的速度会越来越快,准确性也会越来越高。个体的职业能力只有在实际工作中才能不断得到发展、提高和强化。

(2)教育培训促进职业能力的提高。个体职业能力的提高除了在实践中磨炼和提高之外,最有效的途径就是接受教育和培训。像我们所熟悉的职业教育、专科教育、大学本科教育、研究生教育等,学生通过对有关知识和技能的掌握,对以后更好地胜任本职工作会有极大的帮助。

(3)职业能力、职业发展与职业创造的关系。职业能力是人的发展和创造的基础。个体的职业能力越强,各种能力越是综合发展,就越能促进人在职业活动中的创造和发展,就越能取得较好的工作绩效和业绩,越能给个人带来职业成就感。

3. 职业能力测评和职业选择时应遵循的原则

从能力差异的角度来看,在职业能力测评和职业选择时应遵循以下原则。

1)能力类型与职业相吻合

从能力差异的角度看,人的能力类型是有差异的,即人的能力发展方向存在差异。职业研究表明,职业是可以根据工作的性质、内容和环境而划分为不同类型的,并且对人的能力也有不同的要求,因此应注意能力类型与职业类型的吻合。

能力水平要与职业层次一致或基本一致。对一种职业或职业类型来说,由于所承担的责任不同,又可分为不同层次,不同层次对人的能力有不同的要求。因此,在根据能力类型确定职业类型后,还应根据自己所达到或可能达到的能力水平确定相吻合的职业层次。只有这样,才能使能力与职业的吻合具体化。

每个人都具有一个多种能力组成的能力系统,在这个能力系统中各方面能力的发展是不平衡的,常常是某方面的能力占优势,而另一些能力则不太突出。对职业选择和职业指导而言,应主要考虑其最佳能力,选择最能运用其优势能力的职业。同样,在人事安排中,若能注重一个人的优势能力并分配相应的工作,会更好地发挥一个人的作用。

2)一般能力与职业相吻合

一般能力包括注意力、观察力、记忆力、思维能力和想象力等。不同的职业对人的一般能力的要求不同,有些职业对从业者的智力水平有绝对的要求,如律师、工程师、科研人员、大学教师等都要求有很高的智商。

3)特殊能力与职业相吻合

特殊能力是指从事某项专业活动的能力,也可称特长,如计算能力、音乐能力等。要顺利完成某项工作,除要具有一般能力外,又要具有该项工作所要求的特殊能力。例如,从事教育工作需要有阅读能力和表达能力;从事数学研究需要具有计算能力、空间想象能力和逻辑思维能力。法官就应具有很强的逻辑推理能力,却不一定要有很强的动手能力;建筑工应有一定的空间判断能力,却不需要良好的语言表达能力。

4. 职业能力倾向测评

所谓能力倾向,是一种潜在的、特殊的能力,与经过学习训练而获得的才能是有区别的,其本身是一种尚未接受教育训练就存在的潜能。职业能力倾向主要是指与个体成功地从事某种工作有关的能力因素,是一些对于不同职业的成功、在不同程度上有所贡献的心理因素。社会上的职业很多,各种职业对人的能力的要求也各不相同,而人的能力也存在很大的个体差异。因此,如果我们能对自己的职业能力做出恰当的评价,就可以结合自己的职业兴趣,选择适合自己的职业,并在选定的职业中充分施展自己的才华和优势。职业能力倾向测验就是一种测量人们从事某种职业活动潜在能力的评估工具,具有诊断功能和预测功能,可以判断一个人的能力优势与成功发展的可能性,可以为人员选拔、职业设计与开发提供科学依据。

1)特殊性倾向测验

特殊性倾向测验是系列式的,包括四大类多个小测验,是国外企业常用的职业能力倾向性测验。这4类分别是机械倾向性测验,主要测量人们对机械原理的理解和判断空间形象的速度、准确性以及手眼协调的运动能力;文书能力测验是专门了解个人打字、速记、处理文书和联系工作能力的测验,适合于科室和文职人员能力测量;心理运动能力测验,主要测验工业中许多工作所需的肌肉协调、手指灵巧或眼与手精确协调等技能;视觉测验,是运用特殊仪器对视力的多种特征进行测验,以评定其是否符合一定工作的要求。

2)多重能力倾向测验

多重能力倾向测验主要用来测量与某些活动有关的一系列心理潜能,能同时测定多种能力倾向。其中,普通能力成套测验(GATB)是较有代表性且较常用的。GATB由8个纸笔测验和4个仪器测验组成,可以测量9种职业能力,简单介绍如下。

(1)G——智能。智能即一般的学习能力,包括对说明、指导语和诸原理的理解能力、推理判断能力及迅速适应新环境的能力。

(2)V——语言能力。语言能力是指对语言的意义及其相关的概念,有效掌握的能力;对字词、句子、段落、篇章及其相关关系的理解能力;清楚而准确地表达信息的能力。其包括口头表达能力和文字理解与表达能力。

（3）N——数理能力。数理能力是指在正确、快速进行计算的同时，能进行推理，解决应用问题的能力。

（4）Q——书写知觉能力。书写知觉能力是指对文字、表格、票据等材料之细微部分正确知觉的能力；直观比较、辨别字词和数字，发现错误和矫正的能力。

（5）S——空间判断能力。空间判断能力是指对记忆片段图形与立体图形之间的关系的理解能力和解决应用问题的能力。

（6）P——形态知觉能力。形态知觉能力是指对实物或图像的有关细节的正确知觉能力；根据视觉能够比较、辨别的能力；对图形的形状和阴影的细微差别、长宽的细小差异，进行辨别的能力。

（7）K——动作协调能力。动作协调能力是指迅速、准确和协调地做出精确的动作，并迅速完成作业的能力；迅速而准确地做出反应动作的能力；手、眼协调运动的能力。

（8）F——手指灵活性。手指灵活性是指快速而准确地活动手指，操作细小物体的能力。

（9）M——手腕灵活性。手腕灵活性是指随心所欲、灵巧地活动手以及手腕的能力；拿取、放置、调换、翻转物体时手的精巧运动和腕的自由运动能力。

其中，V、N、Q能力出色的人，属于认知型职业类型；S和P能力出色的人可归入知觉型；K、F、M突出的人属于运动机能型。现实生活中，有许多人可能同时在上述两类能力类型中都相当优秀，或者9种能力水平相差不多，没有哪一种特别突出。一般能力倾向测验的意义，在于帮助个人发现什么样的职业领域最能发挥自己的潜能，而不是简单地划定"最适合的职业"，要知道人的很多能力是可以通过后天培养而积累的。

以上9种能力中的每一种能力，都要通过一种测验获得。这种能力倾向测验是从个人在完成各种职业所必要的能力中，提炼出各种职业对个人所要求的最有特征的2～3种。其中，纸笔测验可集体进行。计分采用标准分数，各能力因素的原始分数转换为标准分数后便可绘制个人能力倾向剖析图，并与职业能力倾向类型相对照，被试者可以从测验结果中知道能够充分发挥个人能力特性的职业活动领域。

资料链接

9种职业能力倾向的自我测评

以下的测验包括9个方面的能力的简易量化表（表2-4），每种能力倾向都有4道试题。测验时，请仔细阅读每一道题，并采用五级评分法对自己进行判定。

表2-4　9个方面能力量化表

1. 一般学习能力倾向（G）	强 1	较强 2	一般 3	较弱 4	弱 5
（1）快而容易地学习新内容					
（2）快而正确地解数学题					
（3）对课文的字、词、段落、篇章的理解、分析和综合能力					
（4）对学习过的材料的记忆能力					

2. 言语能力倾向（V）	强 1	较强 2	一般 3	较弱 4	弱 5
（1）善于表达自己的观点					
（2）阅读速度和理解能力					
（3）掌握词汇量的程度					
（4）你的语文成绩					
3. 算术能力倾向（N）	强 1	较强 2	一般 3	较弱 4	弱 5
（1）做出精确的测量					
（2）笔算能力					
（3）口算能力					
（4）你的数学成绩					
4. 空间判断能力倾向（S）	强 1	较强 2	一般 3	较弱 4	弱 5
（1）解决立体几何方面的习题					
（2）画三维的立体图形					
（3）想象盒子展开后的平面图					
（4）想象三维度的物体					
5. 形态知觉能力倾向（P）	强 1	较强 2	一般 3	较弱 4	弱 5
（1）发现相同图形中的细微差别					
（2）识别物体的形状差异					
（3）注意物体的细节部分					
（4）观察物体的图案是否正确					
6. 书写知觉能力倾向（Q）	强 1	较强 2	一般 3	较弱 4	弱 5
（1）快而准地抄写资料					
（2）发现错别字					
（3）发现计算错误					
（4）能很快查找编码卡片					
7. 眼手运动协调能力倾向（K）	强 1	较强 2	一般 3	较弱 4	弱 5
（1）玩电子游戏					
（2）打篮球、排球、足球一类活动					
（3）打乒乓球、羽毛球运动					
（4）打字能力					
8. 手指灵巧度（F）	强 1	较强 2	一般 3	较弱 4	弱 5
（1）灵巧地使用很小的工具					
（2）穿针眼、编织等使用手指的活动					
（3）用手指做一件小工艺品					
（4）使用计算器的灵巧程度					
9. 手腕灵巧度（M）	强 1	较强 2	一般 3	较弱 4	弱 5
（1）用手把东西分类					
（2）在推拉东西时车的灵活性					
（3）很快地削苹果					
（4）灵活地使用手工用具					

计分方法：

选"强"得 5 分,选"较强"得 4 分,选"一般"得 3 分,选"较弱"得 2 分,选"弱"得 1 分。

计算每一类能力的自评等级：自评等级＝总分÷4

将自评等级填入表 2-5。

表 2-5　自评等级表

职业能力倾向	自评等级	职业能力倾向	自评等级
G		Q	
V		K	
N		F	
S		M	
P			

根据结果对照表 2-6,可找到你适合的职业。

表 2-6　职业类型和职业能力倾向对应表

职业类型	职业能力倾向								
	G	V	N	S	P	Q	K	F	M
生物学家	1	1	1	2	2	3	3	2	3
物理科学技术员	2	3	3	3	2	3	3	3	3
数学家和统计学家	1	1	1	3	3	2	4	4	4
系统分析和计算机程序员	2	2	2	2	3	3	4	4	4
经济学家	1	1	1	4	4	2	4	4	4
社会学家、人类学学者	1	1	2	2	2	3	4	4	4
心理学家	1	1	3	4	4	3	4	4	4
历史学家	1	1	4	3	3	3	4	4	4
哲学家	1	1	3	2	2	3	4	4	4
政治学家	1	1	3	4	4	3	4	4	4
社会工作者	2	2	3	4	4	3	4	4	4
法官									
律师	1	1	3	4	3	4	4	4	4
职业指导者	2	2	3	4	4	3	4	4	4
大学教师	1	1	3	3	2	3	4	4	4
小学和幼儿园教师	2	2	3	3	3	3	3	3	3
中学教师	2	2	3	4	3	3	4	4	4
营养学家	2	2	2	3	3	3	4	4	4
画家、雕刻家	2	3	4	3	3	5	2	1	2
产品设计和内部装饰者	2	2	3	2	2	4	2	2	3
舞蹈家	2	2	4	3	4	4	4	4	4
演员	2	2	3	4	4	3	4	4	4
电台播音员	2	2	3	2	2	4	2	2	2
作家和编辑	2	1	3	3	3	3	4	4	4
翻译人员	2	1	4	4	4	3	4	4	4

职 业 类 型	职业能力倾向								
	G	V	N	S	P	Q	K	F	M
体育教练	2	2	2	4	4	3	4	4	4
体育运动员	3	3	4	2	3	4	2	2	2
秘书	3	3	3	4	3	2	3	3	3
统计员	3	3	2	4	2	2	3	3	4
一般办公室职员	3	4	3	4	4	3	3	4	4
商业经营管理	2	2	3	4	4	4	4	4	4
警察	3	3	3	4	3	3	3	4	3
导游	3	3	4	3	3	5	3	3	3
驾驶员	3	3	3	3	3	3	3	4	3

5. 创造力的自我测评

创造力是根据一定的目的,运用已知信息,产生出某种新颖、独特、有社会价值的产品的能力。这里的产品是指以某种形式存在的思维或物质成果。正是有了创造力,人类的生活才能够丰富多彩、日新月异。对一个人的创造力进行测量,对于预测他在未来的职业中的成就具有重要的参考意义。目前,世界各国开发的创造力测验有很多,这里我们选择较具代表性的尤金·劳德赛创造力倾向测验量表,以供大家自测时参考。

资料链接

尤金·劳德赛创造力倾向测试

美国心理学家尤金·劳德赛设计了下面的测验题,并指出试验者只需10分钟左右就可测出自己的创造力水平。试验时,只需在每一句话后面,用一个字母表示同意或不同意,同意的用"A",不同意的用"C",不清楚或吃不准的用"B"。回答必须准确、忠实。

(1) 我不做盲目的事,也就是我总是有的放矢,用正确的步骤来解决每一个具体问题。

(2) 我认为,只提出问题而不想获得答案,无疑是浪费时间。

(3) 无论什么事情要我产生兴趣,总比别人困难。

(4) 我认为合乎逻辑的、循序渐进的方法,是解决问题的最好方法。

(5) 有时,我在小组里发表的意见,似乎使一些人感到厌烦。

(6) 我花大量时间来考虑别人是怎样看我的。

(7) 我自认为是正确的事情,比力求博得别人的赞同要重要得多。

(8) 我不尊重那些做事似乎没有把握的人。

(9) 我需要的刺激和兴趣比别人多。

(10) 我知道如何在考验面前,保持自己的内心镇静。

(11) 我能坚持很长一段时间来解决难题。

(12) 有时我对事情过于热心。

(13) 在特别无事可做时,我倒常常想出好主意。

(14) 解决问题时,我常单凭直觉来判断"正确"或"错误"。

(15) 解决问题时,我分析问题较快,而综合所收集的资料较慢。

(16) 有时我打破常规去做我原来并未想要做的事。

(17) 我有收集东西的癖好。

(18) 幻想促进了我许多重要计划的提出。

(19) 我喜欢客观而有理性的人。

(20) 如果我在本职工作之外的两种职业中选择一种,我宁愿当一个实际工作者,而不当探索者。

(21) 我能与我的同事或同行很好地相处。

(22) 我有较高的审美感。

(23) 在我的一生中,我一直在追求着名利和地位。

(24) 我喜欢那些坚信自己结论的人。

(25) 灵感与成功无关。

(26) 争论时使我感到最高兴的是,原来与我观点不一致的人变成了我的朋友,即使牺牲我原先的观点也在所不惜。

(27) 我更大的兴趣在于提出新建议,而不在于设法说服别人接受建议。

(28) 我乐意自己一个人整日"深思熟虑"。

(29) 我往往避免做那种使我感到"低下"的工作。

(30) 在评价资料时,我认为资料的来源比其内容更为重要。

(31) 我不满意那些不确定和不可预计的事。

(32) 我喜欢一味苦干的人。

(33) 一个人的自尊比得到别人敬慕更为重要。

(34) 我觉得力求完美的人是不明智的。

(35) 我宁愿和大家一起工作,而不愿意单独工作。

(36) 我喜欢那种对别人产生影响的工作。

(37) 在生活中,我常碰到不能用"正确"或"错误"来加以判断的问题。

(38) 对我来说,"各得其所""各在其位",是很重要的。

(39) 那些使用古怪和不常用语词的作家,纯粹是为了炫耀自己。

(40) 许多人之所以感到苦恼,是因为他们把事情看得太认真了。

(41) 即使遭到不幸、挫折和反对,我仍能对我的工作保持原来的精神状态和热情。

(42) 想入非非的人是不切实际的。

(43) 我对"我不知道的事"比"我知道的事"印象更深刻。

(44) 我对"这可能是什么"比"这是什么"更感兴趣。

(45) 我经常为自己无意中说话伤人的行为闷闷不乐。

(46) 纵使没有报答,我也乐意为新颖的想法花费大量时间。

(47) 我认为"出主意无甚了不起"这种说法是中肯的。

(48) 我不喜欢提出那种显得无知的问题。

(49) 一旦任务在肩，即使受到挫折，我也要坚决完成。

(50) 从下面描述人物性格的形容词中，挑选出 10 个你认为最能说明你性格的词。

精神饱满的　有说服力的　实事求是的　虚心的　观察敏锐的　谨慎的　束手无策的　足智多谋的　自高自大的　有主见的　有献身精神的　有独创性的　性急的　高效的　乐意助人的　坚强的　老练的　有克制力的　热情的　时髦的　自信的　不屈不挠的　有远见的　机灵的　好奇的　有组织力的　铁石心肠的　思路清晰的　脾气温顺的　爱预言的　拘泥形式的　不拘礼节的　有理解力的　有朝气的　严于律己的　精干的　讲实惠的　感觉灵敏的　无畏的　严格的　一丝不苟的　谦逊的　复杂的　漫不经心的　柔顺的　创新的　泰然自若的　渴求知识的　实干的　好交际的　善良的　孤独的　不满足的　易动感情的

尤金·劳德赛创造力倾向评分方法：

本测试一共 50 道题，包括前 49 道题 A、B、C 选项对应的分数以及第 (50) 题性格分数，加上可得总分，前 49 道题 A、B、C 选项对应的分数如下：

其中 (1)、(2)、(5)、(13)、(16)、(19)、(20)、(21)、(27)、(37)、(40) 和 (43)、(44) 共 13 道题，对应 2、1、0 分。(8)、(17)、(23)、(29)、(31)、(32)、(35)、(38) 和 (47) 共 9 道题，对应 0、1、2 分。(10) 对应 1、0、3 分，(3)、(11) 对应 4、1、0 分，(7)、(9)、(12)、(33) 对应 3、0、1 分，(4) 对应 -2、1、3 分，(18)、(22) 对应 3、0、-1 分，(14) 对应 4、0、-2 分，(6) 对应 -1、0、3 分，(15)、(26)、(34)、(39)、(45) 对应 1、0、2 分，(24)、(42) 对应 -1、0、2 分，(25)、(48) 对应 0、1、3 分，(28) 对应 2、0、1 分，(30) 对应 2、0、3 分，(36) 对应 1、2、3 分，(41)、(49) 对应 3、1、0 分，(46) 对应 3、2、0 分。

其中第 (50) 题中下列每个形容词得 2 分：

精神饱满的　观察敏锐的　不屈不挠的　柔顺的　足智多谋的　有主见的　有献身精神的　有独创性的　感觉灵敏的　无畏的　创新的　好奇的　有朝气的　热情的　严于律己的

下列每个形容词得 1 分：

自信的　有远见的　不拘礼节的　一丝不苟的　虚心的　机灵的　坚强的

其余形容词得 0 分。

将分数累计起来，对应下列得分区间，即可做出判断。

110～140 创造力非凡

85～109 创造力很强

55～84 创造力强

30～54 创造力一般

15～29 创造力弱

-21～14 无创造力

（资料来源：道客巴巴，http://www.doc88.com/p-608738514795.html.）

6. 特殊职业能力测验与职业选择

特殊职业能力不同于特殊职业能力倾向。它不是一种潜在能力，而是某些特殊的职业所要求的现实存在的能力(包括工作技能)。工作技能是个体通过学习或训练来掌握、运用概念和规则,表现出对个体自身和工作环境产生影响的行为活动能力。鲍尔(Ball. B,1996)提出3种工作技能:自我管理、职业计划技能、核心工作技能。核心工作技能是个人在工作中很可能会经常使用的技能,包括工作创造性、掌握数字材料能力、书面表达能力、实践能力、解决问题的能力、组织能力、研究能力、人际关系、影响力、沟通能力。通过核心工作技能分析,可以有助于更好地分析、了解自己。

资料链接

卡特尔 16PF 测验

1. 卡特尔 16PF 测验简介

卡特尔16PF测验是美国伊利诺伊州立大学人格及能力研究所雷蒙德·卡特尔教授编制的。他采用系统观察法、科学实验法以及因素分析统计法,经过二三十年的研究确定了16种人格特质,并据此编制了测验量表。卡特尔认为"根源特质"是人类潜在、稳定的人格特征,是人格测验应把握的实质,这16种个性因素在一个人身上的不同组合,就构成一个人独特的人格,完整地反映了一个人个性的全貌。16种特质是影响人们学习生活的基本因素。

2. 16种基本性格特质

16种人格因素包括以下类型,见表2-7。

(1) 因素 A——乐群性

低分特征包括缄默,孤独,冷漠。高分特征包括外向,热情,乐群。

(2) 因素 B——聪慧性

低分特征包括思想迟钝,学识浅薄,抽象思考能力弱。高分特征包括聪明,富有才识,善于抽象思考,学习能力强,思考敏捷正确。

(3) 因素 C——稳定性

低分特征包括情绪激动,易生烦恼,心神动摇不定,易受环境支配。高分特征包括情绪稳定而成熟,能面对现实。

(4) 因素 E——恃强性

低分特征包括谦逊,顺从,通融,恭顺。高分特征包括好强固执,独立积极。

(5) 因素 F——兴奋性

低分特征包括严肃,审慎,冷静,寡言。高分特征包括轻松兴奋,随遇而安。

(6) 因素 G——有恒性

低分特征包括苟且敷衍,缺乏奉公守法的精神。高分特征包括有恒负责,做事尽职。

(7) 因素 H——敢为性

低分特征包括畏怯,退缩,缺乏自信心。高分特征包括冒险敢为,少有顾忌。

(8) 因素 I——敏感性

低分特征包括理智,注重实际,自食其力。高分特征包括敏感,感情用事。

（9）因素 L——怀疑性

低分特征包括依赖随和，易与人相处。高分特征包括怀疑，刚愎自用，固执己见。

（10）因素 M——幻想性

低分特征包括现实，合乎常规，力求妥善合理。高分特征包括幻想，狂放不羁。

（11）因素 N——世故性

低分特征包括坦白，直率，天真。高分特征包括精明能干，世故。

（12）因素 O——忧虑性

低分特征包括安详，沉着，有自信心。高分特征包括忧虑抑郁，烦恼自扰。

（13）因素 Q1——实验性

低分特征包括保守，尊重传统观念与行为标准。高分特征包括自由，批评激进，不拘泥于现实。

（14）因素 Q2——独立性

低分特征包括依赖，随群附众。高分特征包括自立自强，当机立断。

（15）因素 Q3——自律性

低分特征包括矛盾冲突，不顾大体。高分特征包括知己知彼，自律严谨。

（16）因素 Q4——紧张性

低分特征包括心平气和，闲散宁静。高分特征包括紧张困扰，激动挣扎。

表 2-7　16 种人格因素

人格因素	低分者特征	低				平均		高				高分者特征
		1	2	3	4	5	6	7	8	9	10	
乐群（A）	缄默，孤独						7					乐群，外向
聪慧（B）	迟钝，知识面窄	1										聪慧，富有才识
稳定（C）	情绪激动			3								情绪稳定
恃强（E）	谦逊，顺从						6					支配，攻击
兴奋（F）	严肃，审慎		2									轻松，兴奋
有恒（G）	苟且敷衍				4							有恒负责
敢为（H）	畏怯退缩				4							冒险敢为
敏感（I）	理智，注重实际				4							敏感，感情用事
怀疑（L）	依赖，随和					5						怀疑，刚愎
幻想（M）	现实，合乎常规						6					幻想，狂放不羁
世故（N）	坦白直率，天真				4							精明能干，世故
忧虑（O）	沉着，有自信心						6					忧虑抑郁，烦恼
实验（Q1）	保守，服从传统				4							自由，批评激进
独立（Q2）	依赖，随群附众					5						自立，当机立断
自律（Q3）	不顾大体				4							自律严谨
紧张（Q4）	心平气和						6					紧张困扰

8 种次级人格因素包括以下类型。

1）适应与焦虑型 X1

低分特征是指生活适应顺利，通常感到心满意足，能做到所期望的自认为重要的事情；也可能对困难的工作缺乏毅力，有事事知难而退、不肯奋斗努力的倾向。高分特征是指对生活上所要求的和自己意欲达成的事情常感到不满意，可能会使工作受到破坏和影响身体健康。

2）内向与外向型 X2

低分特征是指内倾，趋于胆小，自足，在与别人接触中采取克制态度，有利于从事精细工作。高分特征是指外倾，开朗，善于交际，不受拘束，有利于从事贸易工作。

3）感情用事与安详机警型 X3

低分特征是指情感丰富而感到困扰不安，可能是缺乏信心、颓丧的类型，对生活中的细节较为含蓄敏感，性格温和，讲究生活艺术，采取行动前再三思考，顾虑太多。高分特征是指富有事业心，果断，刚毅，有进取精神，精力充沛，行动迅速，但常忽视生活上的细节，只对明显的事物注意，有时会考虑不周，不计后果，贸然行事。

4）怯懦与果断型 X4

低分特征是指怯懦，顺从，依赖别人，纯洁，个性被动，受人驱使而不能独立，为获取别人的欢心会事事迁就。高分特征是指果断，独立，显露锋芒，有气魄，有攻击性的倾向，通常会主动寻找可以施展这种行为的环境或机会，以充分表现自己的独创能力，并从中取得利益。

5）心理健康因素 Y1

低于 12 分者仅占人数分配的 10%，情绪不稳定的程度颇为显著。

6）专业有成就者的人格因素 Y2

平均分为 55 分，67 分以上者应有所成就。

7）创造力强者的人格因素 Y3

标准分高于 7 分者属于创造力强者的范围，应有所成就。

8）在新环境中有成长能力的人格因素 Y4

平均值为 22 分；不足 17 分者仅占人数的 10% 左右，从事专业或训练成功的可能性极小。25 分以上者，则有成功的希望。

除了描述基本的人格特点之外，该测验还提供了可以描述人格类型的双重因素（内向与外向型、怯懦与果断型、适应与焦虑型、感情用事与安详机警型，见表 2-8）和社会成就因素。卡特尔 16PF 是进行大范围人格调查分析和研究较理想的问卷。

表 2-8　人格类型的双重因素

次级人格因素	低分者特征	低				平均		高				高分者特征
		1	2	3	4	5	6	7	8	9	10	
适应与焦虑型	适应						6.8					焦虑
内向与外向型	内向					4.4						外向
感情用事与安详机警型	冲动					4.3						安详
怯懦与果断型	怯懦					4.9						果断

3. 卡特尔 16PF 测验的目的

人格是稳定的、习惯化的思维方式和行为风格。它贯穿于人的整个心理,是人的独特性的整体写照。人格对于管理者来说是很重要的,渗透到管理者的所有行为活动中,影响管理者的活动方式、风格和绩效。大量研究和实践表明,一定样式的人格类型和管理活动有特定的关系,对团体的贡献不同,所适宜的管理环境也不同。利用成熟的人格测验方法对管理者或应聘人员的人格类型进行诊断,可为人事安置、调整和合理利用人力资源提供建议。这也正是 16PF 测验的使用目的,广泛适用于各类人员的选拔和评定工作。

4. 卡特尔 16PF 测验的功能

从乐群、聪慧、自律、独立、敏感、冒险、怀疑等 16 个相对独立的人格特点对人进行描绘,可以了解应试者在环境适应、专业成就和心理健康等方面的表现。在人事管理中,16PF 测验能够预测应试者的工作稳定性、工作效率和压力承受能力等,可广泛应用于心理咨询、人员选拔和职业指导的各个环节,可为人事决策和人事诊断提供个人心理素质的参考依据。

5. 卡特尔 16PF 测验的应用

卡特尔 16PF 测验设计科学,可靠性强,不仅可以对个体的个性特征和能力水平进行客观评估,还能检测出个体的心理健康程度、创造力及适应新环境的能力。这对于个体调整生活状态、进行职业规划等方面具有重大的指导意义。

卡特尔 16PF 测验是评估 16 岁以上个体人格特征最普遍使用的工具,对测评对象的职业、级别、年龄、性别、文化等方面均无限制,现已广泛应用于人力资源管理、职业规划、教育辅导、心理咨询等领域。

卡特尔 16PF 测验在企业中主要用于人员的招聘,不同的岗位需要不同的性格类型相匹配,这样的员工才能在固有的岗位上发挥自己的优势和特长,工作起来更有积极性。

(资料来源:豆丁网,http://shequ.docin.com.)

复习思考题

1. 为什么要进行自我认知? 自我认知包括哪些内容?

2. 什么是职业能力? 什么是职业能力倾向? 测评的方法有哪些?

3. 气质、性格与职业有什么关系? 如何进行职业定位?

4. MBTI 性格类型理论有哪些特点? 有几种典型的性格类型?

5. 你是如何进行自我认知的? 除了教材介绍的自我认知的方法外,你还有没有比较独特的方法帮助你认识自己?

6. 试用本章提供的测试方法对自己进行一次全面的测评。

案例探讨

建议他先不要跳槽

1. 个人情况

David,男,英语专业,在一家美资公司做销售。

2. 个人经历

毕业时凭一口流利的英语很幸运地进了一家全球著名的快速消费品企业,但不到10个月就跳槽了,去了一家港资公司,一年后又跳了槽,在一家美资公司做销售。这家企业的实力在行内是数一数二的,产品有明显的优势,所以他经常是在办公室通过电话做业务,一个月的收入五六千元,也比较稳定。但做了一年多,David有种"不得志"的压抑心理,觉得晋升到管理层的可能性不大,自己在公司很难成为一个举足轻重的人物,目前能够发挥的影响力很有限,所以开始寻找更好的发展机会。

虽然许多业务会自动找上门来,David还是很积极主动,经常四处出击,多方寻找机会,业绩在公司算不上最好,跟其他人不相上下。有时接到客户的订单,觉得时间紧,David就直接找一个工程师做项目,并安排客户服务人员等相关事项,因此多次被上司批评。之后,他知道这样做是侵犯了技术部经理等主管的职权范围,但他还是会这样做。他总感觉自己的能力没有得到充分发挥,那些主管的能力很一般,而老板又看不到自己的能力。他说一直困扰自己的一个问题是:在公司的影响力不够大,想进一步扩大自己的权限,又担心因此侵犯技术部经理的权限而遭排斥。

3. 他是这样决定不跳槽的

David是一个典型的"概念主义者"。"概念主义者"对待工作非常认真负责、积极主动,有很强的进取心,对工作的标准很高,对自己、对别人的要求都很高。他们喜欢与高素质的人一起工作,而又常常发现周围的同事甚至老板的水平并不高。他们非常自信,一般的人和事都很难动摇他们的自信心。他们很有主见,有时他们给人的印象是自我感觉太好、骄傲,而他们自己往往并不这样认为。他们就像一位"概念主义者"的太太对他先生的描述:"不喜欢应酬,却有隐隐的权力欲望。"他们很想让别人看到自己的能力,喜欢表现自己以证明自己的能力。他们不断进取,却又不注意人际交往中的礼节,他们中的许多人有"终生不得志"的感觉,所以我们经常见到"概念主义者"频繁跳槽。

职业规划师认为,"概念主义者"的主要问题在于他们的自我感觉太好,没有意识到正是自己的骄傲阻挡了自己与上司的沟通、与同事的相处,以及自己的晋升之路;他们进取心太强,太急于求成、锋芒毕露,不懂得怎样让上司自然地看到自己的成绩和能力,他们有一种不顾一切地表现自己的倾向,从而招致同事以至上司的忌妒和反感,而不是获得对自己能力的认同和赏识。他们有一种不切实际的权力欲望,就像David,只是一个销售人员,接到订单后的任务就是在项目开始时把客户及其项目交给公司指定的技术人员、客户服务人员,然后就是跟进进度、收款,而David对他工作内容的描述是"领导客户服务部和工程师完成客户交给的项目",无意识中扮演一种领导的角色,因此常常越位、越权而不自觉或不能自拔。

职业规划师建议"概念主义者"应该认识到每个人都有自己与众不同的天赋、特长,不要只看到自己强的那些方面。他们要看到上司之所以成为上司,自有他过人的地方,经理之所以被上司任命为经理,自有他的长处,自有上司的道理。也许在公司里,他们的特长比你的长处更重要、更实用。他们应该反思自己的天赋到底在哪里,应该怎样发挥自己的特长,应该在哪里发挥自己的特长。

通过这些反思,"概念主义者"要学会谦虚。如果他们真正做到比较谦虚,那是他们对自己的认识更深入,标志着他们的成熟,也就是他们走向成功的开始。

职业规划师建议 David 先不要跳槽,不仅是因为现在的工作不算太差,更重要的是现在首要的任务是提高自己的修养,加强自己的专业知识。可以在工作稳定的条件下考研究生,以进一步提高自己的专业技能。

（资料来源：职业规划中国网,http://www.ienjoyjob.com.）

讨论题

职业规划师建议 David 先不要跳槽给我们什么启示?

第 3 章

个人职业生涯规划：
设计与管理并重

3.1　个人职业生涯规划设计

3.1.1　个人职业生涯规划的内涵与原则

目前,许多人在探索职业发展阶段时存在一些观念上的误区,容易把职业规划与职业生涯规划相混淆,认为职业规划就是职业生涯规划。其实不然,文字表述上的不同已经说明了其不同的含义。弄清二者的概念和关系,有利于大学生早日做好自己的职业生涯规划。

1. 职业规划——找到适合的职业

职业规划就是规划职业,是通过规划的手段来找到适合自己的职业的过程。找到适合自己的职业是职业规划的核心标志,这个"适合"要在分析自己的基础上,综合考虑外在环境后做出判断。"适合"的简单判断就是"人职匹配",这其中要分析以下 3 个因素。一是"人",即大学生自身,由性格、理想、价值观、道德等内在因素和专业、知识、经验、技能等外在因素所组成,分析"人"就是分析自我的内、外两方面。二是"职",就是行业、职业、企业、职位等外在因素(简称"三业一位")。三是匹配,就是"人""职"互动的和谐适应。"人""职"互动要考虑工作方式和生活方式,这两个方式的适应是判定匹配的关键标志。

2. 职业生涯规划——规划整个人生

职业生涯规划,简单地说,就是规划个人从开始工作到退休的整个职业历程。职业生涯是个人从事职业工作的所有时间;职业生涯规划包括职业规划、自我规划、理想规划、环境规划、组织规划等。

人活着不仅仅是为了工作,更重要的是实现身心健康和生活快乐的目标。职业成功、财富增长、心理健康、快乐生活视角下的生涯规划与管理,不仅包括一个人的学习生活、对一项职业或组织的生产性贡献和最终退休,也包括个人的财富增长、心理健康、快乐生活等多方面内涵。而与此相关的生涯管理是一个长达一生的过程,能够使一个人认识自我并管理自己的心理、人际关系、财富和职业历程,处理好家庭、工作、组织等之间的关系,在职业发展的同时实现身心健康和生活快乐的目标。

职业生涯规划的目的就是争取最大的收益,实现少走弯路、不走错路、避免走回头路的职业探索与奋斗目标,通过最佳路径来实现职业理想。

因此,我们可以将个人职业生涯规划的内涵定义为个人对自身的主观因素和客观环境进行分析,确立职业发展目标,选择实现这一目标的职业,制订相应的工作、培训和教育计划,按照一定的时间安排,采取必要的行动,实现职业生涯目标的过程。

3. 职业生涯的 4 个"迷茫期"

职业生涯的第一个"迷茫期"是 14～22 岁,这个阶段的个体承担着学生与求职者的双重角色,主要的疑问是"我是谁、我能做什么"。迷茫的主要原因是自信心不足和缺乏社会经验。

职业生涯的第二个"迷茫期"是 22～28 岁,大部分人已进入工作领域,逐渐了解社会,建立了初步的人际关系网。工作一段时间后,开始重新衡量身边的一切,如工作环境、职业种类、待遇等与自己的"职业梦想"是否匹配。其主要疑问是理想与现实不相符,即"我是否要重新选择"。迷茫的主要原因是个人的发展目标与单位的现状、提供的机会等不一致。

职业生涯的第三个"迷茫期"是 28～35 岁,是个人职业发展的重要阶段。这个阶段的人已积累了较丰富的经验,其才能也得到了一定的发挥,正在为提升或进入其他职业领域打基础。其主要的疑问是"为什么这么多年我一直无所成就"。迷茫的主要原因是工作中的挫折及对目前工作的不满。

职业生涯的第四个"迷茫期"是 35～45 岁,这个阶段的人开始重新衡量所从事职业的价值,是容易发生职业生涯危机的阶段。其主要疑问是"接下去的岁月,我应该做些什么"。之所以迷茫,是因为拥有丰富人生阅历的他们对人生的有限与世事的无常产生较深刻的领悟,对"将来何去何从"难以决定。

其实,人在不同的阶段都会有不同的目标和需求。在职业生涯遇到"迷茫期"时,要弄明白自己需要的到底是什么,这一点非常重要。只有冷静地分析和对自己、对形势的客观判断,有克服暂时困难、争取美好未来的勇气、信心与决心,才能顺利度过职业生涯的各个"迷茫期"。

4. 职业生涯规划的原则

中国人力资源网就职业生涯规划提出了"十大原则",并进行了比较详细的阐述。

(1) 清晰性原则,是指考虑目标、措施是否清晰、明确? 实现目标的步骤是否直截了当?

(2) 挑战性原则,是指目标或措施是具有挑战性,还是仅保持其原来状况?

(3) 变动性原则,是指目标或措施是否有弹性或缓冲性? 是否能随着环境的变化而进行调整?

(4) 一致性原则,是指主要目标与分目标是否一致? 目标与措施是否一致? 个人目标与组织发展目标是否一致?

(5) 激励性原则,是指目标是否符合自己的性格、兴趣和特长? 对自己是否能产生内在激励作用?

(6) 合作性原则,是指个人的目标与他人的目标是否具有合作性与协调性?

(7) 全程原则,是指拟订生涯规划时必须考虑到生涯发展的整个历程,要做全程的考虑。

(8) 具体原则,是指生涯规划各阶段的路线划分与安排必须具体可行。

(9) 实际原则,是指在进行职业生涯规划时必须考虑自己的特质、社会环境、组织环境以及其他相关的因素,选择切实可行的途径。

(10)可评量原则,是指职业生涯规划的设计应有明确的时间限制或标准,便于评量、检查,可以随时掌握执行状况,并为规划的修正提供参考依据。

按照以上十大原则,我们在制订职业生涯规划时,还应该考虑清楚以下 3 个方面的问题。

(1)适合从事哪些职业或工作? 这个问题的回答要根据个体的职业价值观、职业兴趣、专业技能以及人格特质综合考虑。

(2)所在公司能否提供这样的岗位以及职业通路? 要考虑他(她)所在的公司可能给提供的相应岗位,从中选择那些适合的岗位。如果所在公司没有适合的岗位,或者说,所在的公司不可能提供适合的工作岗位,就应该考虑换工作。

(3)在适合从事的职业中,哪些方面是社会发展迫切需要的? 做职业生涯规划时,还要把目光投向未来,要研究清楚现在做的工作,10 年后会怎么样;自己的职业在未来社会需求中,是增加还是减少;在未来社会中自身的竞争优势随着年龄的增加是不断加强还是逐渐削弱;在适合从事的职业中,哪些是社会发展迫切需要的部分。

在综合考虑上述 3 个方面的因素后,就可以进行职业生涯规划了。

5. 职业与人生有机结合的原则

孔子曾说过一句话:"术不可不慎教!"即是说:"选择职业时,能不慎重吗?"这句话告诉我们,选择了一种职业就选择了一种生活或者说选择了一种人生。因此,选择职业时,要把职业与人生目标有机结合起来。以下的几点原则,对我们选择职业是很有启发和帮助的。

1) 兴趣原则

兴趣原则指的是个体所选择的职业,即使自己的付出与回报不对等,甚至有时根本没有报酬,仍然对这一职业保持浓厚的兴趣,对自己的吸引力不会因此而减弱。这是最重要的一条原则,也是个体职业生涯成功的重要基础。

2) 金钱原则

金钱不是万能的,但没有钱是万万不能的。所以,要充分考虑所选职业是否能给自己带来相当的收入。因为收入多少在很大程度上决定了你拥有多少自由,而且金钱本身可以创造机会,可以决定你能否做你想做、喜欢做的事情。当然,这种自由和机会是相对的。

3) 多样性原则或弹性原则

如果可能的话,所选择的职业应尽量具有某种弹性。天天机械地做同一件事情,你可能很快就会变得厌烦。所以,在可选择职业范围内尽量使自己的工作具有一定的弹性和多样性,不至于很快就感觉到兴味索然。

4) 慎重性原则

也就是说,除非你的收入有相当的保障,在得到另一份工作之前,千万不要轻易放弃目前的工作。健康、自由和幸福固然重要,但如果没有了面包,它们还有什么意义可言?

5) 长远性原则

"风物长宜放眼量",在择业时要充分考虑职业的特点和前景。一时趋之若鹜的职业,可能很快就成为明日黄花;今日的丑小鸭说不定就是明天的白天鹅。因此,在选择职业时,要注意长远性原则。

3.1.2 个人职业生涯规划设计步骤

1. 确定志向

志向是事业成功的基本前提。俗话说:"志不立,天下无可成之事。"立志是人生的起跑点,反映出一个人的理想、胸怀、情趣和价值观。所以,在制定生涯规划时,首先要确立志向。这是制订职业生涯规划的关键,也是最重要的一点。

2. 自我评估或自我认知

自我评估的目的是认识自己、了解自己。只有认识了自己,才能对自己的职业做出正确的选择,才能选定适合自己发展的职业生涯路线。自我评估包括个人的兴趣、特长、性格、学识、技能、情商、思维方式、道德标准以及社会中的自我认同等。

3. 职业生涯机会的评估或环境认知

职业生涯机会的评估,主要是评估各种环境因素对自己职业生涯发展的影响,也可称为环境认知。每一个人都处在一定的环境之中,离开了这个环境,便无法生存与成长。所以,在制定个人的职业生涯规划时,要分析环境条件的特点与发展变化情况,个人与环境的关系、在环境中的地位,环境对个人提出的要求以及对己有利的条件或不利的条件等。环境因素包括组织环境、政治环境、社会环境以及经济环境,只有对这些因素充分了解后,才能在复杂的环境中避害趋利,让自己的职业生涯规划更具有实际意义。

4. 职业的选择

职业选择的正确与否,直接关系到人生事业的成功或失败。据统计,在选错职业的群体当中,有80%的人在事业上是失败者。由此可见,职业选择对人生事业发展是何等重要。

如何才能选择正确的职业?这里建议大家至少应考虑性格与职业的匹配、兴趣与职业的匹配、特长与职业的匹配、内外环境与职业相适应等因素。

5. 职业生涯路线的选择

在职业确定之后,就面临着选择路线的问题。是向行政管理路线发展,还是向专业技术路线发展?或是先走技术路线,再转向行政管理路线……发展路线不同,对职业发展的要求也不相同。因此,在职业生涯规划中,须做出抉择,让学习、工作以及各种行动措施能沿着自己的职业生涯路线或预定的方向前进。

通常职业生涯路线的选择必须考虑3个问题:自己想往哪一条路线发展?自己能往哪一条路线发展?自己可以往哪一条路线发展?

6. 设定职业生涯目标

职业生涯目标的设定,是职业生涯规划的核心。一个人事业的成败,很大程度上取决于有无正确适当的目标。没有目标的人生如同驶入大海的孤舟,没有灯塔,不知驶向何方。只有树立了目标,才能明确奋斗的方向。

7. 制订行动计划与措施

确定了职业生涯目标后,行动便成为关键。没有具体的行动,目标就难以实现,也就谈不上事业的成功。这里所指的行动,是指落实目标的具体行为,主要包括工作、训练、教育、轮岗等方面的措施。例如,为达到自己的目标,在工作方面要采取什么措施,提高工作效率? 在业务素质方面,要计划学习哪些知识,掌握哪些技能,提高业务能力? 这些都要有具体的计划与明确的步骤。并且计划要切实可行,便于定时检查。

8. 评估与回馈

影响职业生涯规划的因素有很多,有的是可以预测的,而有的变化难以预测。因此,要使职业生涯规划行之有效,须不断对职业生涯规划进行评估与修订。修订的内容包括职业的重新选择、职业生涯路线的再次选择、人生目标的修正、实施措施与计划的变更等。

资料链接

职业规划的 5 个"What"

许多职业咨询机构和心理学专家进行职业咨询和职业规划时,常常会采用 5 个"What"的归纳思考模式,从"自己是谁"开始,然后一路问下去,共有以下 5 个问题。

(1) What are you? (你是谁?)

(2) What do you want? (你要什么?)

(3) What can you do? (你能做什么?)

(4) What can support you? (环境支持或允许你干什么?)

(5) What you can be in the end? (你最终的职业目标是什么?)

回答了这 5 个问题,找到它们的最高共同点,你就有了自己的职业生涯规划。

第一个问题"你是谁?",是指应该对自己进行一次深刻的反思,比较清醒地认识自己,把自己的优点和缺点都一一列出来。

第二个问题"你要什么?",是对自己职业发展的一个心理趋向检查。每个人在不同阶段的兴趣和目标并不完全一致,有时甚至是完全对立的。随着年龄和经历的增长逐渐固定,并最终锁定自己的终生理想。

第三个问题"你能做什么?",则是对自己能力与潜力的全面总结。一个人职业的定位最根本的还是个人能力,而职业发展空间的大小则取决于个人的潜力高低。对一个人潜力的了解应该从多方面着手,如对事物的兴趣、做事的韧力、临时的判断力以及知识结构是否全面、能否及时更新等。

第四个问题"环境支持或允许你干什么?",是指在客观方面环境支持包括本地的各种状态,如经济发展、人事政策、企业制度、职业空间等;在人为主观方面则包括同事关系、领导态度、亲戚关系等,这两方面的因素应该综合起来。有时我们在进行职业选择时常常忽视主观方面的东西,没有将一切有利于个人发展的因素充分调动起来,从而影响到个人的职业切入点。例如,在国外通过同事、熟人的引荐找到工作是最正常也是最容易的。当然,我们也应该知道这种情况和社会上一些不正常的"走后门"等歪门邪道是有本质区别的,区别就是这里说的环境支持是建立在自己的能力之上的。

明确前面 4 个问题,从中找到对实现职业目标的各种有利或不利的条件,列出不利条件最少的、自己想做而且又能够做的职业目标,那么第五个问题"你最终的职业目标是什么"自然就有了一个清楚的框架。下面我们以某高校计算机专业女生的职业选择和职业目标确定为例,进行简单分析,或许能够给大家带来一定的启发。

某高校计算机专业女生,在临近毕业时对自己的职业动向难以选择。就当前来说,计算机专业属于热门专业,找一份差不多的工作并不难,但由于是女生,感觉自己在就业时肯定不如同班的男生,同时对教师的职业又比较喜欢。在存在多种矛盾的情况下,我们不妨和她一起进行一次有关职业规划方面的认真思考,并通过对其职业前途的规划确定其就业方向。

(1) What are you? 自己是某高校计算机专业毕业生、优秀学生干部,学业成绩优秀,英语通过国家六级;辅修过心理学、管理学;参加过高校演讲比赛并获得名次;家庭经济状况一般,不属于特别有钱之类,但生活也不拮据;父母工作稳定,身体健康,暂时还不需要自己特别照顾;自己身体健康,性格偏于文静。

(2) What do you want? 首先,自己很想成为一名老师,这不仅是儿时的梦想,而且比较喜欢这种职业。其次,可以成为公司的一名技术人员。如果出国读管理方面的硕士,回国后做一名企业管理人员也是可以接受的。

(3) What can you do? 自己做过家教,虽然不是专业出身,但在与孩子交流方面有天生的优势,看到所辅导的学生学习成绩进步时感觉很有成就感;做过学生干部,与同学相处比较好,组织过几次有影响的大型活动;实习时主要在公司做一些开发工作,虽然没有大的成就,但感觉还行。

(4) What can support you? 家里亲戚推荐自己去一家公司做技术开发工作;自己的GRE(美国研究生入学考试)考得还可以,已经申请了国外几所高校,但能否得到奖学金是个未知数,再说现在申请留学签证也比较困难;曾有几家学校来系里招聘,但不是去当老师,而是做技术维护工作,不知会不会还有学校来系里招聘教师;有同学开了一家公司,希望自己能够加盟,但不了解这家公司的具体业务,也不知道其发展前途如何。

(5) What you can be in the end? 通过上述回答,最终得出 4 种选择,分别如下。

① 到一所学校当老师,自己有这方面的兴趣和理想,在知识和能力方面也不欠缺。在素质教育大趋势下,与师范类专业相比,自己有专业方面的优势,讲授知识时可以让学生了解到更多的前沿知识,特别是计算机在中学生阶段已经相当普及且有一定基础,自己有信心成为学生心目中理想的好老师。不足之处就是缺乏作为一名教师的基本训练以及一些教学技巧,但这些可以在工作中逐步提高。

② 到公司做技术人员,收入上会好一些。但通过这几年的行业发展来看,起伏较大,同时由于技术发展较快,需要随时进行知识更新。另外,这一行业压力较大,自己信心又不足,兴趣也不是很大。

③ 去同学的公司。丢掉专业从底层做起,风险较大,与自己求稳的心理性格不符,同时家庭方面也会有阻力。

④ 如愿以偿获得奖学金,可以出国读书,回国后还是可以去做一名企业管理人员。但是不确定因素较多,且可把握性较小,自己始终处于被动状态。

单纯从职业发展上看,这4种选择都有其合理性。如果从个体而言,第一种选择显然更符合案例中这名女生本人的职业取向。从心理学上看,选择第一种能够让她得到最大限度的满足感,在工作中也最容易投入,做出一定的成绩后也会有很大的成就感。从职业前途来看,教师这个职业也日益受到社会的尊重,社会地位呈上升趋势。从性格上看,这种职业也比较符合她的职业取向。但主要困难是非师范生进入教师行业的门槛比较高,如果她确定自己的最终目标后,努力去弥补与师范生在职业技巧方面的差距,那么其实现自己的职业理想将为时不远。

(资料来源:中国人力资源网,http://www.chinahrd.net.)

3.1.3　职业生涯规划设计的自我认知与环境认知

前文已经对自我认知做了详细介绍,这里主要介绍职业生涯规划中环境认知的主要内容和方法。一般来说,对职业生涯规划的环境认知包括对社会环境的认知和对组织环境的认知两部分。

1. 对社会环境的认知

对社会环境的认识与分析包括当前社会政治、经济发展趋势;社会热点职业门类分布与需求状况;自己所选择职业在当前与未来社会中的地位情况等。

1) 社会政治、经济发展趋势

国家政治环境的稳定水平、经济发展状况、就业政策等对个体的择业与就业都有重大的影响,人生发展与社会环境密切相关,要分析哪些事情可以做,哪些事情不能做。不仅要分析现在,而且要预测未来的经济增长率、经济景气度、经济建设的重点转移等。

当经济振兴时,百业待举,新的行业不断出现,新的组织不断产生,机构增加,编制扩容,为就业及晋升创造了有利条件;反之,就带来不利条件,特别是经济模式的变化对人的影响更大。例如,由过去的计划经济转为市场经济,加上当今知识经济社会的到来,给人们的生活方式带来巨大的变化,对人的就业、人的发展、人的素质提出更高的要求。

2) 社会热点职业门类分布与需求状况

社会的变迁与价值观念对于生活在社会中的个体来说,也有重大的影响,要重点分析信息社会对职业生涯发展的影响,分析信息社会对人才成长的要求与挑战。另外,还要注意人的价值观念的变化。随着社会的发展,人的需要层次也在不断提高,对人的职业生涯发展产生了直接影响。同时,科学技术日新月异,知识更新的周期日趋缩短,在职业生涯规划中还要充分考虑知识的补充、理论的更新、观念的转变、思维的变革等。

3) 自己所选择职业在当前与未来社会中的地位情况

首先,要对自己所面对的劳动力市场有一个大致的了解,自己的专业在劳动力市场属于什么样的地位,是处于"卖方市场"还是"买方市场"? 这在很大程度上决定着个体在劳动力市场是处于相对主动的地位还是被动的地位。其次,就业之后考察自己的职业在当前以及未来社会中的地位情况,这一点无疑对于一个人的职业生涯成功来说是非常重要的。

2. 对组织环境的认知

对组织环境的认知,具体包括对所处企业的内部环境分析和企业所面临的外部环境分析两部分。

1) 企业内部环境分析

企业内部环境分析主要包括以下内容。

(1) 组织特色,指组织规模、组织结构、组织文化、人员流动等。

(2) 经营战略,指组织的发展战略与措施、竞争实力、发展态势等。发展态势是指该组织是处于发展期、稳定期,还是处于衰退期。组织的发展态势对人生发展影响极大,须引起重视。

(3) 人力评估,指人才的需求预测、升迁政策、培训方法、招募方式等,应重点了解组织未来需要什么样的人才、需要多少、对人才的具体要求是什么、升迁政策有哪些规定等。

(4) 人力资源管理,指人事管理方案、薪资报酬、福利措施、员工关系等。

2) 企业外部环境分析

企业外部环境分析主要包括企业所面对的市场状况、在本行业中的地位与发展趋势、所从事行业的发展状况及前景。

进行职业生涯规划时,我们必须对组织环境与社会环境的相关信息进行认真分析。

3.1.4 确定职业生涯目标

职业生涯目标是指一个人渴望获得的与职业相关的结果,可以通过很多方式影响个人的行为和表现。

职业生涯目标可以刺激高水平的努力;可以给高水平的努力固定方向;可以提高朝目标努力的坚持性。另外,具体的目标有助于形成实现目标的战略;可以衡量行为结果的有效性,向个体提供积极的反馈。

有关调查结果显示,多数情况下,职业生涯目标的设定对于个体的职业生涯成功是很有帮助的。

1. 确定职业生涯目标的要求

一个人要获得事业的成功,应当按照人生成功的规律来制定行动的目标。也就是说,一个未来的成功者,必定是一个目标意识很强的人。所谓"目标意识",就是头脑中始终有清楚的目的,就像是精确制导的导弹一样,一直"咬"着目标不放,直到击中目标为止。当这个目标实现以后,又会盯住下一个目标,直到事业的成功。

人生要确立的事业目标,需要根据主客观条件和可能性来加以设计。每个人的条件不同,目标也不可能完全相同,但确定目标的方法是相同的。下面将确定职业生涯目标的基本要点简单介绍一下。

1) 目标符合社会与组织需求

职业生涯目标如同一种"产品",有市场需求,才有"生产"的必要。故在确定职业生涯目标时,要考虑到内外环境的需要,特别是要考虑到社会与组织的需要,有需求,才有相应的位置。

2）目标适合自身特点

不同的人有不同的特点，将目标建立在个人优势的基础上，就能游刃有余，处于主动有利的地位。人之才能，各不相同。目标选择不能偏离自身长处，否则便是自己跟自己过不去，自我设置前进道路上的障碍。有的人选择目标时单凭自己的爱好（爱好往往不等于特长），或者盲目追逐世俗的热点，就容易误入歧途。

3）目标高低恰到好处

职业生涯目标是高一些好，还是低一些好？总的来看，还是高一些好。俄国大文豪高尔基说过："我常常重复这一句话，一个人追求的目标越高，他的才能就发展得越快，对社会就越有益；我确信这也是一个真理。这个真理是由我的全部生活经验，即是我观察、阅读、比较和深思熟虑过的一切确定下来的。"

大学生应当勇于追求符合实际的远大职业生涯目标。在与实际相符合的范围内，自我确定的目标越高，其发展前途也越大。就是说要"志存高远"。当前的行动要在立足现实的基础上，心中要有符合实际的崇高而远大的抱负。有了远大的目标，能起到激励作用，能为达到目标而发愤工作。所定目标如果仅限于自己目前的能力范围之内，只求工作轻松省力，回避新的激励，往往会使人陷于畏缩不前、消极保守的状态。

当然，目标也不能过高。如果目标过高，会使人悬在幻想的高空，在现实生活中必然一事无成，目标也就失去了意义。盲目提高目标中的"期望值"，也会因好高骛远而导致失败。

还要引起注意的一点是，目标不是理想，不是希望，而是理想与希望的具体化。理想是对未来事物的想象或希望，是一种崇高的精神境界；而目标是现实的，是具体的。目标与理想之间，目标指向理想，二者虽有联系，但不能相互替代。

4）目标幅度不宜过宽

奋斗目标有高有低，专业面有宽有窄。在目标选择中是宽一点好，还是窄一点好？一般来说，专业面越窄，所需的力量相对较少。也就是说，用相同的力量对不同的工作对象，专业面越窄的，其作用越大，成功的机会越多。所以，职业生涯目标的专业面不要过宽，最好是选一个窄一点的领域，把全部身心力量投放进去，较易取得成功。

例如，某人的奋斗目标是成为一名管理专家。此目标就确定得过宽，因为管理包括许多领域，一个人的精力有限，要想成为各方面的管理专家，有点不太现实。如果只是想成为一名企业战略管理或品牌管理的专家，经过若干年的努力，就有可能实现。

5）目标长短配合恰当

职业生涯目标是长期的好，还是短期的好？我们的回答是应该长短结合。长期目标为人生指明方向，可鼓舞斗志，防止短期行为。短期目标是实现长期目标的保证，没有短期目标，也就不会有长期目标。特别是在职业生涯发展过程中，通过短期目标的不断达成，能体验到达成目标的成就感和乐趣，可以鼓舞自己向更高的目标前进。但是，只有短期目标，看不到远大的理想，也会影响奋斗的激励作用，还会使事业发展摇摆不定，甚至偏离发展方向。

6）同一时期目标不宜多

就事业目标而论，同一时期目标不宜多，而应集中到一个目标身上。目标是追求的对象,你见过同时追逐 5 只兔子的猎手吗?正所谓"一只手抓不起两条鱼",也就是这个道理。有的大学生年轻气盛,自认为高人一筹,同时设下好几个目标。那样的话,可能一个目标也实现不了。

这并不是说不能设立多个目标,而是应该把目标分开设置。具体来说,就是一个时期内设立一个目标,拉开时间距离,实现一个目标后,再去实现另一个目标。

7)目标要明确具体

目标就像射击的靶子一样,要清清楚楚地摆在那里。干什么、干到什么程度,都要有明确具体的要求。例如,从事某一专业,到什么时间;学习哪些知识,达到什么程度,都要明确、具体地确定下来。

目标明确不仅是指业务发展目标,与之相应的其他目标也要明确具体。例如,学习进修目标、思想目标、经济收益目标、身体锻炼目标等。同时,目标之间要做到互相配合、共同作用,促进个人的身心、生活和事业的全面发展。

无论是什么目标都应有"度"的要求。所谓"度",一是时间;二是高度和深度。只有这几个方面完全结合,才能成为明确的目标。

8)职业生涯目标与生活目标结合考虑

人生除了事业目标外,还有财富、婚姻、健康等问题。这些问题都直接影响着人生事业的发展和生活质量。所以,财富、婚姻、健康也是人生的重要组成部分,在制定职业生涯目标时应加以考虑。

人生立志创一番事业,物质基础是必要的,没有一定的物质基础,事业也难以得到发展。所以,在制订人生事业目标时,适当地对个人收入问题加以设计是非常必要的。其设计的方法是根据需求和实际能力,把渴望得到的金钱数量,用数字表达出来。心中如果只有笼统的金钱概念,希望有"很多钱",希望"多多益善",这些抽象的金钱概念,说不定正是造成个人贫穷的一个重要原因。因为人的大脑潜意识,只会按照具体、明确的目标去行事。

婚姻也是人生中一件大事,处理得好,有助于事业的发展,一生幸福;处理不好,不但影响事业的发展,而且带来一系列痛苦。

人人都希望健康、长寿,事业发展也离不开健康。但是,人在年轻时,对健康是不太注意的。年轻人有的是精力和朝气,所以很多人认为健康不必费神;到年老力衰之时,则会哀叹"早知今日,当初加强身体锻炼就好了"。因此,等到发出哀叹之时,失去的东西就太多了,付出的健康代价也太大了。

另外,职业生涯目标一旦确定,就大可不必过多在意别人的闲言碎语,用不着太看重别人的脸色行事。世上大多数伟人与凡夫俗子的最大区别就是,前者懂得事先设计自己的一生,后者则不懂得或不愿意计划自己的人生。作为一名大学生,拥有接受高等教育的机会,在此期间做好职业生涯设计,正是夯实未来事业发展基础的最佳时机。

2. 职业生涯目标的多维度考察

从不同角度对职业生涯目标进行考察有助于我们加深对职业目标的理解与把握。可以从 3 个不同的角度来考虑职业生涯目标:概念上、操作上和时间维度上。

1)概念性目标

概念性的职业目标可以概括为哲学意义上的目标,与具体的工作和职位无关,反映的是一个人的价值观、兴趣、才能和生活方式的偏好。例如,一个人概念性的目标可能是从事市场工作,其包括广义上的研究与分析,有机会承担较多的责任;有广阔和多样的空间,需要和多种多样的客户打交道;家庭的事务不受到过多的影响;公司是一种成长型的、位于温暖气候地带的小公司。这种概念性的目标就明确表达了工作任务的性质、工作的场所和生活方式。

2) 操作性目标

操作性目标就是将概念性目标转换为具体的工作或岗位。例如,操作性目标是获得××公司的市场调研部经理的职位。操作性目标仅仅是达到根本的概念性目标的一个媒介。

3) 时间维度上

在时间维度上,要把短期和长期的职业生涯目标相结合。职业生涯目标有一个时间维度,可以采用惯例来区分短期和长期目标。一般而言,5～7年的目标可以视为长期目标,1～3年的目标则是短期目标。

3. 职业生涯目标设定中的误区

如同职业探索一样,职业目标设置的过程不可能没有障碍。从根本上来说,职业目标的质量取决于一个人要达成的职业目标是否与他所偏好的工作环境相一致,以及他所设定的目标是否切实可行。设置职业目标过程中常见的问题以及克服的方法,这里简单介绍一下。

1) 设立了一个并不属于自己的目标

如果职业生涯目标不能满足一个人的需要,或与其价值观不一致,或者一个人对工作不感兴趣,又或者一个人不具备这项工作所要求的才能,那么他所达成的职业目标对其就没有任何意义。然而,现实中有一些人在做职业决策时,常常是为了取悦他人——父母、导师、配偶或老板。他们让别人来判断什么职业是适合他们的。也有人常常说,我并不重要,我不知道什么适合自己。归根结底,这些人不是根据自己的能力、兴趣来选择自己的工作或职业。

从长远来看,即使实现了一个并不属于自己的职业目标,所带来的常常是挫折而不是成长。要解决这一问题可以从两方面入手。首先,必须认清自己的价值观、兴趣、才能以及自己所偏爱的生活方式。其次,必须意识到职业目标与个人的个性特征相协调的重要性。实际上,所有自我评估的程序都可以提供自我认识的机会,比较困难的任务是按照自我意识去行动,而职业规划能起到这样的推动作用。

2) 职业目标与人生的其他目标不相关联

很多人在追求职业生涯目标时,往往忽略了其对人生其他方面的影响。常常是经过婚姻的磨难和个人的悲剧之后,才意识到工作和生活之间的联系。很多人在职业生涯的中期,才开始有意识地进行工作责任和家庭及休闲活动的角色互换。其实,工作与非工作角色的相互作用贯穿于人生的每一个阶段。有效的职业生涯管理者在这方面先人一步,他们一开始就知道职业和生活之间的联系,所设定的职业目标和自己所渴望的生活方式是一致的。职业生涯规划本身就包含对生活方式、生活风格的考虑。

这些道理说起来很容易,真正做起来时,人们往往只会注意工作的挑战、奖赏、声誉而忽略了家庭、宗教、休闲和社区等角色。这需要人们有意识地去努力,在制定职业目标时一定要把它作为生活的一部分。

3)职业目标和目前从事的工作相分离

具体的工作仅仅是实现职业目标的一个媒介、一种工具。很多时候,人们只是狭隘地寻找另外一种工作,忽略了眼前所从事的工作。其实,一个人目前所做的工作应该成为其职业成长的资源。成功的职业生涯管理者则是基于了解概念性的职业目标之外,还拥有用现在的工作实现目标的能力。

4)太过模糊的目标

一般来说,具体的目标比模糊的目标更为有用。具体的目标可以有效指出奋斗的方向,可以更好地衡量努力的结果。概念性的长期目标则比较宽泛,即使是概念性的职业目标也应该由一系列比较具体的要素构成,以便于转化成可操作性的目标。操作性的目标更要具体,可以衡量。

5)过分关注具体性目标要素

尽管具体的职业目标有许多优势,但过分关注具体目标则会目光短浅,成为"井底之蛙"。如果只注重完成具体的目标,人们就会忘记自己为什么要追求这样的目标,可能就会变成只有行动而不会思考,拒绝接受任何与其职业目标价值不同的新信息。更重要的是,只为一系列的目标奋斗,忽略了此时此刻的乐趣,忽略了人生的终极目标。人生成为没有乐趣的苦旅,就是一种困境。

6)太容易或太难的目标

有人认为,心理成功对个人的发展和满意是绝对必要的。心理成功是指完成有挑战性、有意义的任务后所带来的成就感。所以,太容易或太难的目标都不能带来成就感。目标必须有足够的挑战性,太难的目标会造成挫折感和失败,太容易的目标又没有挑战性。合理的目标应该是既有挑战性,又有实现的可能性。要设置这样的目标,要求一个人具有独特的判断力和深刻的洞察力,了解工作环境中的机会和障碍。如果一个人选择了一个困难的目标,就要有承受风险和失败的心理准备。

7)不灵活的职业生涯目标

我们在设定职业目标时常常强调灵活性,但在实践中却容易忘掉这一点。人们可能常常对自己已经投入的时间和精力产生很高的期望,因此变化对大多数人来说是一个困难的过程,特别是对职业生涯目标和职业方向可能变化的重新检查更容易让人感受到威胁。但是,灵活的目标对于有效职业生涯管理是必不可少的,工作环境和人都会不可避免地随时间变化,过去合适的目标在目前或将来不一定有效。另外,由于几乎所有公司雇用的不确定性,个人会发现在职业生涯目标设定和变化中,采取灵活的方式是更恰当的行动。例如,工作和职业生涯路径可能随着组织结构或公司新战略的制定而消失或改变,不灵活的员工往往会被淘汰。类似的,技术和结构的变化可能产生新的职业生涯路径,需要对个人目标的重新审视。更宽泛地说,人们需要了解自己的工作和生活经历,以使职业生涯目标能够保持相关性和可以实现性。

4. 制订实现职业目标的计划

职业生涯目标设计,应从一生的发展写起,然后分别制订出十年、五年、三年、一年计划,以及一月、一周、一日的计划。计划订好之后,再从一日、一周、一月计划开始进行下去,直至实现一年目标、三年目标、五年目标、十年目标。

1) 未来发展目标

今生今世,你想干什么?想成为什么样的人?想做哪一件或几件大事,想取得什么成就?想发挥自己哪一方面的优势与特长?想成为哪一专业的佼佼者?把这些问题确定后,你的人生目标也就确定了。当然,目标是建立在自我分析与内外环境分析的基础上,否则目标就失去了意义。

2) 今后十年的大计

十年工夫,足够干成一件大事。今后十年,你希望自己成为什么样子?找到一份什么样的工作?有什么样的事业?将有多少收入,过上什么样的生活?你的家庭与健康水平如何?你将获得什么样的社会地位?把这些仔细地想清楚,一条一条地计划好,记录在案。

3) 五年计划

订出五年计划的目的,是将十年大计分阶段实施,并将计划进一步具体化、详细化,将目标进一步分解。

4) 三年计划

大学生求学期间的三年计划,主要应是对大学期间的学习生活做出合理的安排。

5) 明年计划

制订出明年的计划,以及实现计划的步骤、方法与时间表,务必具体、切实可行。如果从现在开始制订目标,还应单独订出今年的计划。

6) 下月计划

下月计划包括下月应完成的任务、在质量和数量方面的要求、计划开展的活动,等等。

7) 下周计划

下周计划的内容与月度计划相同,其重点在于必须具体、详细、数字化,且每周末应提前做好下周的计划。

8) 明日计划

明天计划要做哪几件事?哪几件事是最重要的,非做不可的?把它们挑选出来,取最重要的3～5件事,按事情的轻重缓急、先后顺序排好队,按计划去做。这样可以避免"捡了芝麻、丢了西瓜",对一个人提高办事效率也是大有裨益的。

3.1.5 职业生涯设计的战略模型及决策过程

1. 职业生涯设计的战略模型

"职业生涯规划设计"实际上就是"人生战略设计"。战略就是对未来的发展做出的一种安排。成功的人生需要正确规划。一个人的成功与失败,其差别就在于能不能管理好自己的人生规划;一个人现在站在哪里并不重要,但是下一步迈向哪里却非常关键;一个人不仅要知道应该做什么,还要知道不应该做什么。如果我们把个人的职业生涯规划看作是在分析评价主客观条件基础上的一系列选择的话,这实际上就是一个战略选择问题——个人根据自己不同时期不同的情况变化不断地进行职业方向的选择。个人职业生涯规划战略选择问题,可以从以下模型来分析、评价,并可在此基础上根据不同的选择,采取不同的战略措施。

职业生涯设计的战略模型,如图 3-1 所示。个人职业方向的选择依据有 3 个基本要素:个人愿望、个人条件(包括性格、能力等)和社会环境与机会。理想的职业规划应该是 3 个要素或 3 个条件都能够满足,即图中的 O 区,这一区域是职业规划的最佳区域,可以把个人的理想、兴趣、爱好和个人条件与社会的需要紧密结合起来,有助于发挥人的主观能动性,在实现个人理想的同时为社会做出最大的贡献。

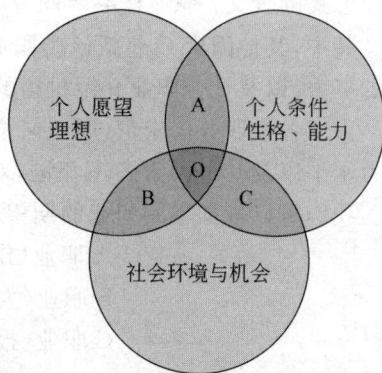

图 3-1 职业生涯设计的战略模型

但是,现实中个人的个人愿望、个人条件(包括性格、能力等)和社会环境与机会三者之间往往是有矛盾的,很难达到理想状态,处于图中 A 区、B 区、C 区的情况比较多。具体来说,A 区是个人愿望和个人条件集合区,但是环境和机会不多;B 区是个人愿望和社会环境与机会集合区,但是个人能力和条件不具备;C 区是个人条件和社会环境与机会集合区,但是个人不喜欢或不愿意干。

谁也不可能天生就能够处于理想的 O 区,对我们每一个人来说,一生中都是在往 O 区努力,而达到 O 区往往有一个艰难地改变自己、改变环境的过程,其战略选择可以有以下要点。

(1) 假如你现在在 A 区,想要往 O 区进发,采取的战略措施应该是改变环境;转换环境,寻找机会;耐心等待机会。

(2) 假如你现在在 B 区,想要往 O 区进发,采取的战略措施应该是改变自我;提高能力。

(3) 假如你现在在 C 区,想要往 O 区进发,采取的战略措施应该是培养兴趣;改变理想;适应并接受现实。

2. 职业生涯选择的决策过程

职业生涯选择是从社会上众多的职业岗位中挑选其一的过程。这种过程既是一种筛选掉其他不适当的职业的过程,也是将自己从无业者转化为某职业从业人员身份的过程。因此,职业生涯选择是一种决策。

在现实生活中,人们常常面临着有诸多职业却感觉找不到符合自己理想的职业;面对一些高等级职业,又不具备必要的能力。因此,人们的职业生涯选择也是个人降低职业意向水平,适应社会实际需求的现实化的决策过程。社会学上把这一现实化过程,称为个人职业理想与社会职业实现的"调和"或"调适"过程。

对于个人而言,可能得到某类职业的概率公式如下。

$$J = Q \cdot C \cdot A \cdot O$$

式中:J——职业概率;

Q——职业需求量;

　　　　C——竞争系数；

　　　　A——职业能力水平；

　　　　O——其他因素。

　　公式的含义：职业概率＝职业需求量×竞争系数×职业能力水平×其他因素

　　其中，其他因素 *O* 包括该类职业机会的时间、地点，家庭对个人的帮助，个人寻求职业的努力，以及社会职业介绍机构的帮助，等等。

　　由于各类职业需求量(职业岗位数量)、各类职业谋求人数、人们所具备的不同职业的能力水平以及其他因素各不相同，对一个人来说，不同的职业可能得到的概率也各不相同。我们可以依据不同职业的期望值(职业概率)大小，将其顺序排列。举例如下。

　　　　　　A 职业(作家)　　　　　　　　　　＝0.01

　　　　　　B 职业(大学教师)　　　　　　　　＝0.05

　　　　　　C 职业(报社记者)　　　　　　　　＝0.05

　　　　　　D 职业(编辑)　　　　　　　　　　＝0.10

　　　　　　E 职业(中小学教师)　　　　　　　＝0.30

　　　　　　F 职业(秘书)　　　　　　　　　　＝0.30

　　　　　　G 职业(银行职员)　　　　　　　　＝0.50

　　　　　　H 职业(技术工人)　　　　　　　　＝0.70

　　　　　　I 职业(一般工人)　　　　　　　　＝1.00

　　　　　　J 职业(服务员)　　　　　　　　　＝1.00

　　一般来说，期望值最小的职业，往往是人们理想中最好的职业；期望值极大的职业，则往往是现实的、较差的职业。因此，人们选择职业时"调和"程度的大小，就体现为在职业期望序列中，所取相应期望值对应的职业。

　　从社会学的角度看，人的职业生涯选择可以分为以下类型。

　　(1) 标准型，即顺利完成职业准备、职业生涯选择、职业适应期，成功地进入职业稳定期。

　　(2) 先确定型，即人们在职业准备期接受方向明确的职业、专业教育，并在准备期确定自己的职业方向，有时教育培训单位还协助介绍对口的职业。

　　(3) 反复型，当一个人选择职业，走上工作岗位后，不能顺利完成职业适应，或者自己的职业期望值提高，有可能导致二次选择，以致三次、四次选择等。

3.1.6　职业生涯路线设计

　　确定了职业生涯目标后，就要对目标的实现路线进行设计。职业生涯路线是指一个人选定职业后选择从什么途径去实现自己的职业目标。例如，是向专业技术方向发展，还是向行政管理方向发展；是下海经商、自己创业，还是做职业经理人。发展方向不同，要求也不同。犹如登山，要到达山顶，就要选择最佳的登山路线与方式。人们常说"条条大路通罗马"，可是到底哪条道路是到"罗马"最近，最好走的？这就是实现目标的路线选择问题，选择了捷径、好路，就易于进入职业发展的快车道；否则，就会耽搁在路上。甚至如果没有一个职业发展的路线蓝图，就会走错路、走弯路、走回头路，这将直接导致个人的努力、动力、能力不能直接作用于目标,同时也产生资源、时间、精力的浪费,在无形中延长个人成功的期限。因此,在职业确定之后,必须对职业生涯路线进行选择,以使今后的学习和工作沿着职业生涯路线和预定的方向发展。

传统的职业生涯路线规划注重纵向流动,其程序是分析过去通往金字塔顶的一系列通路→确定职业生涯路线的进口与出口→规定进口的职位要求→确定达到塔顶的职业经历和每一层阶梯的最低服务年限。

现在的职业生涯路线规划不再局限于纵向流动,要求其能描述各种流动的进步可能性;反映职业内容、组织需要的变化;详细说明职业生涯路线的每一职位的学历、职业经历、技能与知识要求。组织职业生涯路线规划程序为比较分析职业数据,确定职业必备条件,具体说明每项职业的性质、任务或行为及需要的知识、技术与能力等→以职业需要的现实性为依据,把职业划分为"职业群",建立职业分类系统→规定职业生涯路线,确定职业群中逐级上升的可能的逻辑次序,并把各个职业生涯路线构成整体网络,结合成一个职业系统。

典型的职业生涯路线图是一个"V"形图(图 3-2)。假如一个人 24 岁大学毕业参加工作,即"V"形图的起点是 24 岁。以起点向上发展,"V"形图的左侧是行政管理路线,右侧是专业技术路线。将路线分成若干等份,每等份表示一个年龄段,并将专业技术的等级、行政职务的等级分别标在路线图上,作为自己的职业生涯目标。

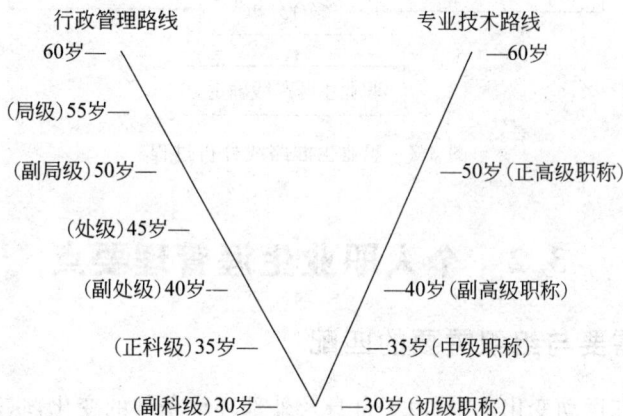

图 3-2 职业生涯路线"V"形图

为了使大学生的职业生涯设计更具针对性,促进大学生更好地认识自我,这里可对自己的职业生涯路线做出规划,设想自己将来是走行政管理路线,还是走专业技术路线;或是先走专业技术路线,再走行政管理路线,这些在设计中必须做出抉择。

在抉择的过程中,大学生要问自己 3 个问题:

我想往哪一条路线发展?

我适合往哪一条路线发展?

我可以往哪一条路线发展?

回答上述 3 个问题,就是对"知己""知彼"有关情况进行综合分析并加以利用的过程。

第一个问题是通过对自己的价值、理想、成就动机和兴趣分析,确定自己的目标取向。

　　第二个问题是通过对自己的性格、特长、经历、学历以及专业的分析,确定自己的能力取向。

　　第三个问题是通过对自己所处的社会、经济、政治、组织环境分析,确定自己的机会取向。

　　3 个取向确定后,进行综合分析,确定自己的职业生涯路线,这对大学生的职业生涯发展是十分重要的。职业生涯路线分析过程如图 3-3 所示。

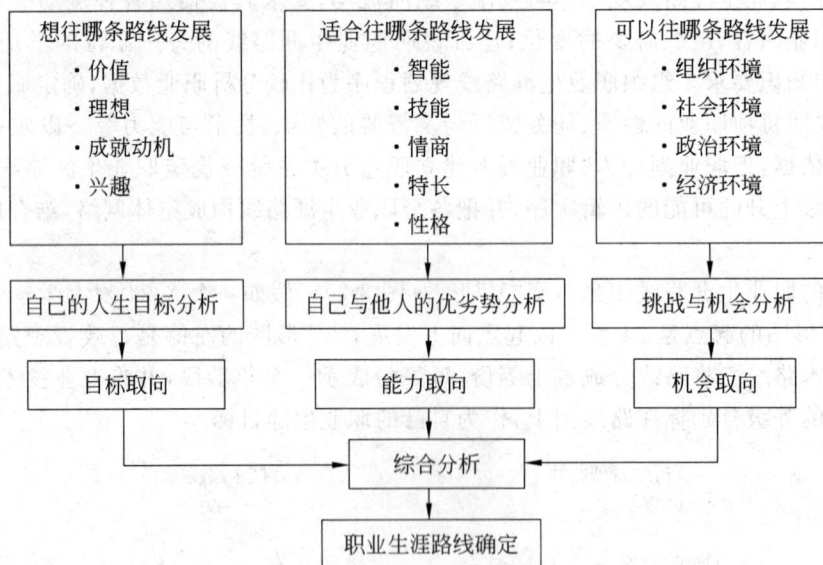

想往哪条路线发展	适合往哪条路线发展	可以往哪条路线发展
·价值 ·理想 ·成就动机 ·兴趣	·智能 ·技能 ·情商 ·特长 ·性格	·组织环境 ·社会环境 ·政治环境 ·经济环境
自己的人生目标分析	自己与他人的优劣势分析	挑战与机会分析
目标取向	能力取向	机会取向

综合分析

职业生涯路线确定

图 3-3　职业生涯路线分析过程

3.2　个人职业生涯管理要点

3.2.1　个人需要与组织需要的匹配

　　事物都是处在运动变化之中,由于自身及外部环境条件的变化,职业生涯规划也要随着时间的推移而变化。在制定职业生涯规划时,最初对自身及外界环境都不十分了解,确定的职业生涯目标往往是比较模糊或抽象的,有时甚至是错误的。经过一段时间的工作以后,有意识地回顾自己的言行得失,可以检查自己的职业定位与职业方向是否合适。在实施职业生涯规划的过程中自觉地总结经验和教训,评估职业生涯规划,个人可以修正对自我的认知,通过反馈与修正,调整最终职业目标与分阶段职业目标的偏差,保证职业生涯规划的行之有效。

　　有效的职业生涯发展,要求个人需要与组织需要之间相互配合。整个职业生涯中,个人和组织双方共处于一个不断变化的环境中,二者的相互匹配过程也是动态的过程,如图 3-4 所示。

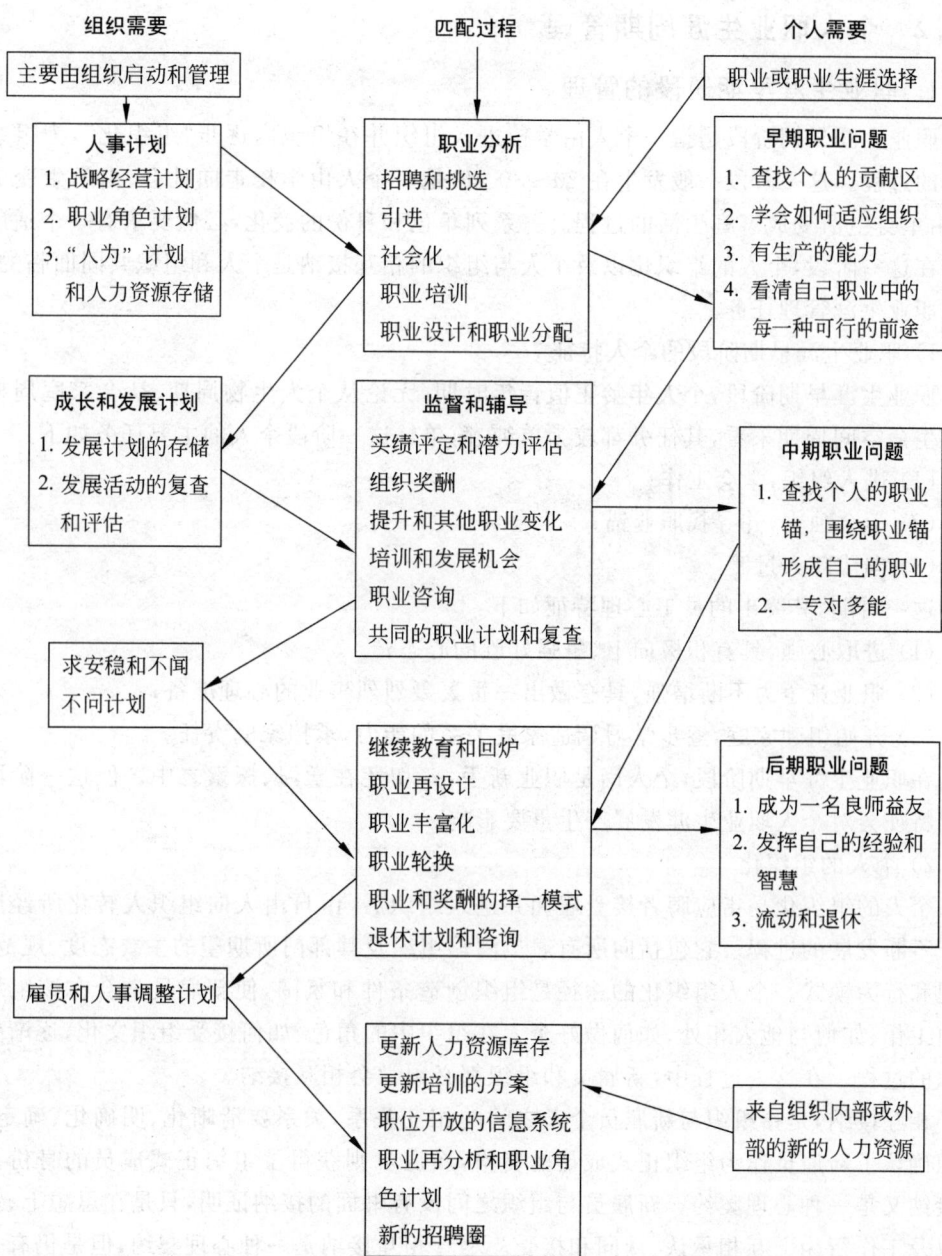

组织需要	匹配过程	个人需要

主要由组织启动和管理

职业或职业生涯选择

人事计划
1. 战略经营计划
2. 职业角色计划
3. "人为"计划
和人力资源存储

职业分析
招聘和挑选
引进
社会化
职业培训
职业设计和职业分配

早期职业问题
1. 查找个人的贡献区
2. 学会如何适应组织
3. 有生产的能力
4. 看清自己职业中的
每一种可行的前途

成长和发展计划
1. 发展计划的存储
2. 发展活动的复查
和评估

监督和辅导
实绩评定和潜力评估
组织奖酬
提升和其他职业变化
培训和发展机会
职业咨询
共同的职业计划和复查

中期职业问题
1. 查找个人的职业
锚，围绕职业锚
形成自己的职业
2. 一专对多能

求安稳和不闻
不问计划

继续教育和回炉
职业再设计
职业丰富化
职业轮换
职业和奖酬的择一模式
退休计划和咨询

后期职业问题
1. 成为一名良师益友
2. 发挥自己的经验和
智慧
3. 流动和退休

雇员和人事调整计划

更新人力资源库存
更新培训的方案
职位开放的信息系统
职业再分析和职业角
色计划
新的招聘圈

来自组织内部或外
部的新的人力资源

图 3-4　职业生涯匹配过程

　　如果匹配过程能够有效地进行，组织与个人都能受益。组织得到的将是合理运用与开发人力资源，绩效的提高和人际关系的改善；个人将能较好地管理自己的职业生涯，职业与家庭的最佳结合，个人才干毫无浪费地发挥，个人理想和价值观得到较好实现，自身也得到最好的发展。

3.2.2 个人职业生涯周期管理

1. 职业生涯早期阶段的管理

职业生涯早期阶段是指一个人由学校进入组织并在组织内逐步"组织化"，为组织所接纳的过程。这一阶段一般发生在20~30岁，是一个人由学校走向社会、由学生变成雇员、由单身生活变成家庭生活的过程。一系列角色和身份的变化，必然要求有一个适应过程。在这一阶段，个人的组织化以及个人与组织的相互接纳是个人和组织共同面临的、重要的职业生涯管理任务。

1）职业生涯早期阶段的个人特征

职业生涯早期阶段，个人年龄正值青年时期，无论从个人生物周期、社会家庭周期还是从生命空间周期来看，其任务都较为单纯、简单。这一阶段个人的主要任务如下：

(1) 进入组织，学会工作；

(2) 学会独立，并寻找职业锚；

(3) 向成年人过渡。

这一时期，其突出的员工心理特征如下：

(1) 进取心强，具有积极向上、争强好胜的心态；

(2) 职业竞争力不断增强，具有做出一番轰轰烈烈事业的心理准备；

(3) 开始组建家庭，逐步学习调适家庭关系的能力，承担家庭责任。

在职业生涯早期阶段，个人尚是职业新手，一切还在学习、探索之中。但这一阶段的心智特征会对个人职业生涯发展产生重要影响。

2）个人的组织化

个人的组织化是指应聘者接受雇佣并进入组织后，由自由人向组织人转化所经历的一个不断发展的进程。它包括向所有雇员灌输组织及其部门所期望的主要态度、规范、价值观和行为模式。个人组织化的途径是组织创造条件和氛围，使新雇员学会在该组织中如何工作、如何与他人相处、如何做好个人在组织中的角色、如何接受组织文化，逐渐融入组织的过程。在这一过程中，新雇员和组织都必须学会相互接纳。

相互接纳，是指组织与新雇员个人之间的相互关系，关系要清晰化、明确化、确定化。组织确认了新雇员作为组织正式成员的资格，新雇员则获得了组织正式成员的身份。相互接纳又是一种心理契约。新雇员与组织之间没有书面的接纳证明，只是在思想上、情感上以及工作行为上互相承认、认同和接受。尽管相互接纳是一种心理契约，但是仍有显著的标志。新雇员努力工作以及安心于组织，便是他向组织发出的认同信号。组织给新雇员增薪、晋升等，则象征组织对新雇员的接受。

2. 职业生涯中期阶段的管理

个人职业生涯在经过了早期阶段，完成了雇员与组织的相互接纳后，必然步入职业生涯中期阶段。

1）职业生涯中期阶段的个人特征

职业生涯中期的开始，有两种表现形态：

（1）得到晋升，进入更高一层的领导或技术职位。

（2）薪资、福利增加，在选定的职业岗位上成为稳定的贡献者。

2）职业生涯中期阶段个人面临的管理任务

职业生涯中期阶段是时间周期长（年龄跨度一般是 25～50 岁，长达 20 多年）、变化大，既有可能获得职业生涯成功，又有可能出现职业生涯危机的一个很宽阔的职业生涯阶段。作为人生最漫长、最重要的时期，职业生涯中期特殊的生理、心理和家庭特征也使其面临着以下特定的问题与管理任务。

（1）现实地估价自己的进步、职业抱负及个人前途。

（2）就接受现状或者争取看得见的前途做出职业角色选择决策。

（3）保持技术竞争力，在自己选择的专业或管理领域内继续学习，力争成为一名专家或职业能手。

（4）成为一名良师，担当起言传身教的责任。

（5）维护职业工作、家庭生活和自我发展三者之间的均衡。

（6）扩大、发展、深化技能，或者提高才干，以担负更大范围、更重大的责任。

3. 职业生涯后期阶段的管理

从年龄上看，职业生涯后期阶段的员工一般处在 50 岁至退休年龄。由于职业性质及个体特征的不同，个人职业生涯后期阶段开始与结束的时间也会有明显的差别。这一阶段，员工面临的个人任务如下：

（1）承认竞争力和进取心的下降，学会接受和发展新角色。

（2）学会和接受权利、责任和中心地位的下降。

（3）回顾自己的整个职业生涯，着手退休准备。

小贴士

设计职业生涯规划几大要素

"凡事预则立，不预则废"，有效的职业生涯规划，可以使我们的发展更有目的性与计划性，也为我们一种全新的生活方式确立了努力方向，实现自我价值创造机会。我们可以按计划行事，及时调整目标，最终走向成功。要做好职业生涯规划，需要考虑以下几大要素。

（1）知己。做好职业生涯规划，首先要了解自己。正确认识自己的外貌形象、兴趣爱好、能力特长、个性特征以及遗传、家庭、学校、社会等对自己的影响等，即生理自我、心理自我、社会自我。

（2）知彼。俗话说，知己知彼才能百战不殆。在了解自己的基础上，还需要了解外在环境。社会需要什么职业、能够从事职业的特点、不同职业需要的能力、就业创业的渠道、行业发展前景、相关职业有哪些机遇和威胁，等等。

（3）抉择。在知己知彼的基础上，对可能的方案进行权衡和比较，分析其中的优势、劣势、阻力和助力等，选择更有助于自身发展的方案。

（4）目标。哈佛大学有一项关于人生目标的跟踪调查研究,那些有发展目标的人比那些没有发展目标的人更成功。我们制订职业生涯规划方案,明确了大方向大目标,就有了起码的发展方向。我们还需要将大目标分解为具有可操作性的小目标,我们再逐个实现小目标,不断接近成功。

（5）行动。行胜于言,如果只有美好的愿望和目标,没有把目标付诸实践,那也只是徒劳。只有按照规划方案,采取积极行动,我们确定的职业生涯发展规划方案才有成功的可能。

（6）评估与调整。有人说,计划赶不上变化,还不如不做计划。其实,我们是需要做好大方向的规划,再进一步调整小目标。正如皮克马利翁效应,人生有合理理想的定位,才会使自己成为期望中的自己。我们设计的职业生涯规划方案就是要成为理想中的自己,方案是否可行,就需要进一步实践、评估,再调整。

（资料来源：百度文库）

3.3　管理者的自我职业生涯管理

我们把管理者定义为在组织中有下属,承担组织、控制、领导、计划等职责的人。管理者面临着更为激烈的职场竞争,组织结构的扁平化使他们在工作过程中垂直的升迁机会大大减少;外部环境的变化又要求他们不得不持续地去学习和发展,否则就会被淘汰出局。在这种情况下,管理者必须学会战略性地思考自己的职业生涯,善于管理自己的职业并且变成一个自我引导型的学习者;必须学会如何开发自己以及如何更新和拓展自己的专长,以确保自己能够为组织的绩效做出相应的贡献,为自己尽早建立起一种"成功的良性循环"。

3.3.1　学习：提高管理技能与领导才能

作为一名管理者,要成功地履行自己的职责,就必须具备特定的技能。美国心理学家罗伯特·卡兹(Robert Katz)提出了 3 种基本的管理技能：技术技能、人际技能、概念技能。技术技能包括应用专门知识或技能的能力;人际技能是指在群体中与人共事、理解别人、激励别人的能力;而概念技能则是指分析、诊断复杂情况、通观全局、做出正确决策的能力。在今天这个快速变化的环境中,要想使管理工作更有效率,管理者还必须优先考虑发展自己的领导才能。一般来说,领导才能主要体现在对变化的处理上。约翰·科特将领导能力及从属能力确定为以下 3 个重要方面。

1. 确立未来的发展方向

领导能力是一种对未来的远见,以及将该远见付诸实践时所必需的战略规划能力。从属能力包括归纳推理能力;战略性思考和多角度思考的能力;将复杂的、模糊的数据转化为一种直接的、简单的可以交流的观点和战略以及承担风险的能力。

2. 协调人们

管理者的领导能力要求管理者能通过一些特定的语言和行为,将已经确立的公司发展方向告诉其他所有的合作者,因为这些人是否能够很好地理解和接受公司的发展前景与发展战略,将会影响到整个团队和联盟的创造性。所要求的从属能力包括建立相互信任的能力;领悟力;与各种各样的人相互沟通的能力;授权给其他人的愿望与能力。

3. 激励和鼓舞人们

管理者的领导能力还表现为通过满足人们一些非常基本的但通常又是难以实现的人类需要,来激励他们去克服一些重要的政治障碍、官僚主义障碍以及资源障碍。所要求的从属能力包括运用权力和影响去改变人们的行为、态度和价值观的能力;管理绩效的能力,尤其是为达到一定的绩效而提供相应的培训、反馈以及奖赏;选择适当的变化策略以适应外界环境的能力。

很多研究表明,上述管理技能和领导才能是可以通过学习获得的。管理者必须善于通过各种途径来进行学习——通过自己的实践、观察其他人的行为、与其他人的互动过程、参加各种培训。为了能够从自己的经验中学习,管理者还必须思考和强化那些从经验中获得的教训。为了改变自己并使自己不断地成长,管理者就必须周期性地进行自我反省——对有关自己行为、态度和价值观的反馈信息进行收集并分析。

一般来说,人们很难客观地认识自己,在实际当中总会存在一些因素,妨碍人们真实、正确地评价自己。通常一个人从各种来源中所获得的信息反馈越是明确,他们对自我的评估也就越是准确。管理者应该花费大量的时间和精力去建立和维持一个发展关系的网络,从这些人那里获得相应的信息反馈、建议和感情支持等,并且能够从自己的这些经验中进行学习。

3.3.2 策略:如何进行职业生涯管理

美国职业指导专家林达·A.希尔在《新经理人的领导力》一书中,对管理者的职业生涯发展策略提出以下5项建议。

1. 选择正确的职位

建设自己职业生涯的第一步,就是在职业生涯之路上选择正确的职位。当管理者决定自己应该去追求哪一个工作机会时,他们必须考虑两个因素:自己与这个职位(或者说这个组织)之间是不是非常匹配;自己与这个职位(或者说这个组织)所需要的人是不是非常一致。从一定意义上来说,所谓"最佳的"匹配,就是指管理者具备从事这项工作所要求的才能和个人特征。在非常匹配的职位上,可以更好地为组织的绩效做出自己的贡献。因此,管理者应该追求在工作环境中将自己的优势能够得到充分的发挥,而自己的一些弱点却不是严重的缺陷,并且自己的核心价值观与组织的价值观是相一致的。

在职业生涯的早期,人们对自己的才能、动机以及价值观可能仅仅只有一个模糊的认识。管理者也是如此。管理者应该通过认真、系统地内省来收集一些有关自我认识的信息,尤其是应该通过自己过去和现在所经历的一些重要事件,来仔细分析自己的一些关键优势、重要的局限性以及核心价值观。例如,当你正在决定是否应该从事一项管理工作时,就应该询问自己以下问题:我发现什么类型的工作是我最感兴趣的,而且也是我最能胜任的?我是否喜欢协调性的工作?我倾向于成为我所在群体的领导吗?我曾经自愿地去教导或者训练别人吗?我对解决一些非常困难的、模糊不清的问题很好奇吗?我能够在有压力的状态下处理问题吗?如果你不能明确地回答这些问题,那么也就说明了你既不具有个人特质,又不具有个人的动机,去成为一个有效的管理者,即使你具有领导别人的能力。

2. 争取重要的工作分配

一些重要的工作任务,可能并不是与你最匹配的,但是却可以为你提供重要的发展机会。这些工作任务往往具有大量的职位权力:相关性、可见度和自主权等。那些最有效率和最成功的人,并不只是简单地等待其他人将这些职位提供给他们。他们会去主动地追求或者创造这些职位,会用自己已有的权力进行"投资"以获取相应的"收益"。那些非常善于管理自己职业的人都会战略性地思考自己的职业——知道自己现在处于什么样的位置,并且知道自己希望将来能够在什么位置上。他们有明确的职业发展目标,并周期性地对这些目标进行重新评估和重新修改。他们不断地审视自己周围的环境,以便能够提前预测组织将会需要什么,并因此而努力地发展相关的知识和技能。

研究发现,成功的管理者都非常关注其职业发展的一些重要指标。他们不仅关注一些非常明确的目标,如职务提升和工资增加等,而且还关注一些非常模糊的指标,如在一定的时间范围内,是否能够不断地被给予一些更具有挑战性的重要工作。在他们做好准备之前,还会拒绝公司努力地让他们快速移动。因为,如果他们移动得太快,那么他们就不会有机会去掌握或者强化自己的经验教训。同时,管理者在战略性地思考自己的职业发展时,可能会选择侧面移动而不是垂直移动,因为他们相信这样做会帮助他们获得更为广泛的技能,并且能够在一个更好的位置上为组织服务。

小 贴 士

管理者职业生涯规划的 5 条原则

从事管理工作的"管理者"在职场里打拼,最要紧的是抓住"管理者"这样的定位,有意识地培育自己的"管理者人格",不但要从管理者的角度出发考虑问题,更重要的是把自己打造成公司需要的未来的组织者和领导者。

1. 利益整合原则

利益整合是指员工利益与组织利益的整合。这种整合不是牺牲员工的利益,而是处理好员工个人发展和组织发展的关系,寻找个人发展与组织发展的结合点。每个个体都是在一定的组织环境与社会环境中学习发展的,因此,个体必须认可组织的目的和价值观,并把他的价值观、知识和努力集中于组织的需要和机会上。

2. 公平、公开原则

在职业生涯规划方面,企业在提供有关职业发展的各种信息、教育培训机会、任职机会时,都应当公开其条件标准,保持高度的透明度。这是组织成员的人格受到尊重的体现,是维护管理人员整体积极性的保证。

3．协作进行原则

协作进行原则，即职业生涯规划的各项活动，都要由组织与员工双方共同制定、共同实施、共同参与完成。职业生涯规划本是好事，应当有利于组织与员工双方。但如果缺乏沟通，就可能造成双方的不理解、不配合以至风险，因此必须在职业生涯开发管理战略开始前和进行中，建立相互信任的上下级关系。建立互信关系的最有效方法就是始终共同参与、共同制定、共同实施职业生涯规划。

4．动态目标原则

一般来说，组织是变动的，组织的职位是动态的，因此组织对于员工的职业生涯规划也应当是动态的。在"未来职位"的供给方面，组织除了要用自身的良好成长加以保证外，还要注重员工在成长中所能开拓和创造的岗位。

5．时间梯度原则

由于人生具有发展阶段和职业生涯周期发展的任务，职业生涯规划与管理的内容就必须分解为若干个阶段，并划分到不同的时间段内完成。每一时间段又有"起点"和"终点"，即"开始执行"和"完成目标"两个时间坐标。如果没有明确的时间规定，会使职业生涯规划陷于空谈和失败。

（资料来源：应届毕业生网）

管理者职业发展规划设计

一、管理者职业发展四阶段

管理人员的职业生涯是一个持续累计持续增长的规划，分为 4 个阶段，每个阶段都着其特定的内容，是一个连续的过程。

1．初涉职场

管理专业毕业的学生，忙于找到与管理有关的工作；有时找到的工作或许不会满意，因为找到了和本人意愿不太吻合的职位，你就接受了而不管喜欢与否，这就为你后期的迷茫埋下了"祸根"。

2．开始了解

在工作岗位上待过一段时间后，你已经大致认识并了解了工作的性质与内容。对每个模块，只是了解。由于当初的胡乱入行导致了你现在必须面对如何选择一个属于自己的职业发展方向，这个阶段属于你的职业调整整合期。

3．发展"瓶颈"

在你有了自己的职业方向发展后，新的问题便又到了你的面前——职业提升。是继续在自己所从事的方向上深造发展成为此方面的能手，还是向着管理者的角色发展？你会开始感到困惑，这个阶段就到了你职业生涯发展的"瓶颈"阶段。好的目标制定与人生追求是突破此阶段"瓶颈"的最好方法。

4．灭亡与再生

到了灭亡与再生阶段，你在目前的职业方向上应该有了一定的成就，那么你应该对它进行保持和再提升，来实现自己更好更大的职业发展。当然，就如同企业生命周期线一样，结果只有两个，一个是被淘汰出局，慢慢地在职业发展道路上灭亡；一个就是获得再生,成为真正让人仰望的管理精英。

二、管理者的职业选择

1. 成为管理总监

2. 做培训师

走这条路的人士逐渐多了起来,但要分析成为培训师的条件,从现在市场上已做得较好的人士来看。第一,最好是某名牌大学的硕士以上毕业生;第二,曾在世界知名的外资企业或国有著名的企业工作过5～8年,且是高管人员;第三,有丰富的培训经历和相关工作业绩;第四,有良好的口才,亲和力较强;第五,在某一方面真正有自己的一套行之有效的实施办法。

3. 进入公司决策层

进入公司决策层成为管理整个公司行政事务的副总、总监、总经理助理等高职,在中国现在这个市场方可有实施你的人力资源战略管理规划的条件,真正体现作为战略伙伴关系的地位和作用。要做到这个职位,要有高超的内外部平衡能力,但真正能达到这种水平的人,真可谓凤毛麟角。可是你若从事销售工作,同时销售业绩较好,反而可以在短时间内上升为高层主管。

4. 成为管理咨询师

自己或同朋友成立一家管理咨询公司,利用自己丰富的管理工作经验这一优势,对一些企业进行管理诊断咨询,及时发现问题,减少人为管理失误带来的损失。同时,对各种管理案例要熟悉,特别是要拥有一套良好的可操作的解决办法。

5. 成为人力资源管理的专家

人力资源管理设计了许多方面,如招聘、绩效管理、薪资管理、人力资源测评、人力资源规划、企业文化建设、高绩效团队管理、沟通管理、时间管理等,这些都可以结合自己的特长、兴趣发展成为自己的专长。要成为某一行的专家就要有十年磨一剑的思想准备,须有达到这个市场前三名的志向,否则成功的概率不高。

6. 成为人才分析师

这是国家近几年就要实施认可的职业资格考试,它的出现将是我国人力资源管理逐步走向规范化一个标志。要成为合格的人才分析师,需要有多年丰富的实践经验,并同各人才市场、猎头公司、著名企业的人力资源经理/总监有良好的合作关系,同时具备较高的学识水平,此职业虽进入门槛较高,但发展前景较好。

7. 成为猎头

利用自己在人力资源界的关系及对企业欲招聘人员的了解,可逐步形成某方面的专业猎头。

8. 劳动争议处理专家和法规咨询专家

由于工作关系经常需要处理一些企业人事劳动纠纷,随着时间的推移,逐渐积累了处理这方面业务的实践经验,若你本人喜好研究这方面的案例,将对从事这方面的工作大有益处。当然,你必须对相关法律不仅有浓厚的兴趣,且有一定的研究,并愿在此方面发展下去。

9. 转换职业

现在许多从事HR(人力资源)的人士因各种原因正考虑转换职业,谋求新的发展。

人力资源管理的发展状况远没有达到人们的期望值，在单位里出成绩较慢，不宜显现，与其他一些行业的发展相比较有一定的滞后性。需要经过一个较长时间的发展，才可能有大起色。这需要大家长期的共同努力，方能产生效果。

三、实现路径

1. 具备管理人员的素质

（1）个性方面：要比较合群、灵活；外向型性格，具有较强亲和力，要善于倾听和富有全局观念，脾气要好；心胸豁达，思维活跃，敏感度高，善于观察和分析。

（2）成就动机方面：积极主动地计划、安排，自己去创造机会，避免问题的发生。有很强的追求成功的愿望，想方设法地把问题做到最好。遇到问题懂得寻求别人的帮助，充分利用资源。为了确保工作的顺利完成，关注细节性的问题。

（3）管理方面：能够因人而异调整自己的说话方式，把自己的想法通过各种途经来影响他人。敢于做决策，果断并强行执行；具有团队合作的意识，善于激励团队的气氛；具有团队领导的能力，知人善任；既有进行战略思考的素质，又有把琐碎小事做好的能力。

（4）人际关系方面：善于倾听、理解别人，理解对方的潜在愿望；有客户服务的意识；有良好的沟通能力、表达能力；一个成功的人力资源工作人员必须能够良好地协调公司和员工之间的联系，使两方都满意，从而实现资源的最优配置。

（5）个人特质方面：自信坚持，不畏强势；随机应变，容易接受别人的意见，应时改变；控制力强，不随意暴露自己的情绪；掌握一定的心理学知识；要有中庸的态度，情绪不能让人看出波动；有一颗能够爱人的心，才会给能者上升的空间，自己进取的时机。

2. 制定相关发展目标

（1）短期目标：用一年的时间掌握人力资源各个模块的理论知识，增强工作的专业性。重点放在绩效考核模块的学习。这个阶段可在理论学习的基础上初步尝试理论知识的运用，并努力克服自己性格的劣势，提高自己的综合素质。

（2）中期目标：用两年的时间进行理论知识的实践与运用，真正做到提出问题、解决问题，达到知识的熟练运用，并有意识地加强职业素养、管理能力和决策能力的培养，为下一个阶段的发展打好基础；初步涉及企业经营和业务知识的学习。

（3）长期目标：这个阶段修订落实确定的职业经理人的职业目标，完善自己的管理能力和分析决策能力，学会从宏观的角度分析企业的人力资源状况，并提高知识面的深度和广度，做一个一专多能的管理者。

3. 目标细则

短期：

（1）阅读人力资源的相关书籍和论坛，丰富自己在人力资源方面的理论知识。

（2）建立自信与培养企图心。女性在职场中容易给人温柔和缓、不想竞争的印象，一定要培养自己的强者姿态。

（3）勇于提出要求。

（4）敢于踊跃发言。一定要坚信自己绝对有发表意见的权利，发言前做好充分的准备，有条理地陈述意见，并且言之有物，自然能表现出权威感。

（5）学会推销自己。定期向上级领导报告工作进度，留下积极、正面的好印象。

(6) 要培养自己雷厉风行的做事风格。工作要主动,并且做到今日事今日结,处理事情一定要迅速准确。

(7) 加强英语的学习。英语已经成为目前职场上必备的一项专业技能,英语水平的高低直接影响到职业发展的空间。

(8) 学习一些心理学的知识。

(9) 培养和提升自己的气质和品位,内外兼修。气质是生活环境、智慧、品德、知识的综合反映,所以要从以上方面综合努力。

中期:

(10) 对自己进行包装,利用两年的时间把MBA(工商管理硕士)读完。

(11) 在理论学习的基础上,对理论知识进行实践,选择几个有代表性的行业对人力资源的系统进行整体规划,并形成文字。

(12) 培养决策能力。

(13) 人脉的积累。寻找、建立自己的价值,并向别人传递,判断选择每个阶段时期的人脉群体,学会善用一切渠道来扩充人脉,为自己所用。

(14) 初步涉及人力资源专业之外有关企业经营的知识,营销和财务等知识。

长期:

(15) 参加职业经理人资格认证培训。

(16) 积极参加行业内的聚会,提高自己的影响力。

(17) 在这个时期应该对自己的职业目标进行一个修正,最终确认自己的行业方向和职业方向。

(资料来源:百度文库)

3. 建立一个关系网络

所谓关系网络是指以互惠原则为基础而建立起来的共同利益联盟或者交易关系,如将自己的一些资源和服务提供给别人,以此来交换自己所需要的资源和服务。科恩(AR Cohen)和布瑞福特(D. LBradford)使用"货币"来比喻这个交易过程。他们指出,就像在世界金融市场中可以交易的各种货币一样,很多东西在组织生活中也是可以进行交易的。

对自己的工作选择进行战略性思考的人,也会倾向于战略性地思考自己的关系网络。当他们投入相应的时间和精力来发展和培植自己的关系网络时,不仅有助于获得一些重要的工作分配,而且还可以帮助管理相关的风险。一般来说,那些最有效地管理自己职业的人,不是去寻找一个优秀的导师,而是去培养一个多样化的关系网络,以此来帮助自己建立一个"个人的智囊团"(包括自己的教练、支持者、保护者、工作榜样、咨询者等)。他们会将自己的时间花费在由自己的工作需要和发展需要所决定的重要关系上,而不会花费在自己最习惯的事情和最喜欢的人身上。他们会尽可能地识别并抓住一些机会,与自己在一起工作的那些人建立起合作伙伴关系。成功的经理不是着急成为一个"好的领导",而是关心自己是否能够成为一个"好的保护者",让其他人都喜欢与自己在一起工作。为了确保自己的持续发展并取得职业成功,经理们所建立的这些网络通常是非常关键的。这些经理的领导者和支持者会逐渐给他们一些更具挑战性的工作任务,通过这些工作任务,可以进行相应的学习,培养一个更为广泛的关系网络,并且能够为组织做出自己的贡献。

4. 发展符合伦理道德规范的判断力

希尔强调,当管理者在职业上取得进展并且开始获得相应的权力时,一定要警惕,不要滥用自己的权力。他们应该清楚地认识到,权力不仅仅带来权利和特权,而且还带来相应的责任和义务。科特认为,对于当代组织中那些处于高层职位的有效领导者的要求,已经不再仅仅是将事情"做好"就可以了,实际的要求远比这复杂得多。它通常要求领导者能够进行正确的道德判断。首先,这意味着领导者能够对受到公司运行和决策影响的所有人有一个深入的了解。其次,它还要求领导者必须具备相应的能力,能够评估那些受到公司运行和决策影响的人。这种判断不仅是一种经济上的狭隘认识,而且应该尽可能地进行全面的认识。在职业发展的过程中,管理者必须不断地提高自己的内在能力,也不可避免地会遇到一些道德问题。如果一个人对自己的成功有很高的需要,而对对和错的标准却几乎没有自己的判断,就很容易跌入不道德行为的陷阱。

5. 经常评估自己的职业生涯

要想建立一个成功的并让自己满意的职业并不容易,管理者还应该定期地检查自己目前处在什么位置以及希望达到的职业位置。希尔建议管理者至少应该一年一次地询问自己以下一些问题。

(1) 我是如何为组织的绩效做出贡献的? 我的个人资历增加了什么?

(2) 如果我的个人资历以及可信度没有得到提高,这是为什么? 人们知道我所做的一切吗?

(3) 我学会了什么?

(4) 我发展或者提高了自己的领导力吗?

(5) 我认识了多少新人? 我加强我的关系了吗? 我疏远了什么人吗?

(6) 我目前与哪些支持者建立了关系? 这些人在我的个人发展中扮演什么样的角色? 如果我没有任何支持者,那是为什么? 我所在的环境机会没有合适的支持者吗? 我选择的工作任务,让我不能看到那些潜在的支持者以及不能与他们保持联系吗?

(7) "适合"就是很好吗? 如果是这样,那么是否意味着我已经掌握了这项工作任务,而且已经可以去选择另一项工作任务了?

(8) "适合"是不好的吗? 我是否应该允许自己进行一项错误的工作选择或者组织选择(如这项工作与我的才干、动机以及价值观并不匹配)? 如果是这样,那么对于我和组织而言,我是否最好选择离开呢?

经常进行职业生涯发展状况的评估,可以开发有效的策略或及时调整自己的目标。

3.3.3　结果:建立职业生涯中"成功的良性循环"

管理者如果按照上述策略对自己的职业生涯进行管理,就必然会进入一个成功的良性循环。如果一个人选择了一个合适的职位,那么他就可以在组织里充分施展个人的才能。一旦他开始为组织的绩效做出自己的贡献,在组织中的资历和信任度就开始不断上升,人们也将开始关注他并且很希望和他一起工作。换句话说,他的关系网也得到了相应的发展。有些人会愿意支持他,甚至愿意帮助他,而且还会愿意与他一起分担风险,以及分配一些重要的工作任务给他。通过这些工作分配,他就可以发展更多的专长和更多的关系,并且因此而能够在一个更好的职位上为组织的一些重要目标做出自己的贡献。

在一个不断强化的成功循环之中,管理者在组织中的资历和信任度将会不断持续地发展。当他获得了更大的权力并且建立了更为广泛的人际关系时,就会发现自己正处在建立的关系网络的核心位置——因此也就赢得了更大的权力。一旦这种关系网络开始发展,他就可以获得更为正式的权力,并且不断地巩固自己的权力。

3.3.4 管理生涯成功要领

如果你选择了管理生涯,就应当了解确保你成功的若干重要事项。管理者曾用来发展他们的事业,经实践检验为有效的一些策略建议,如图3-5所示。

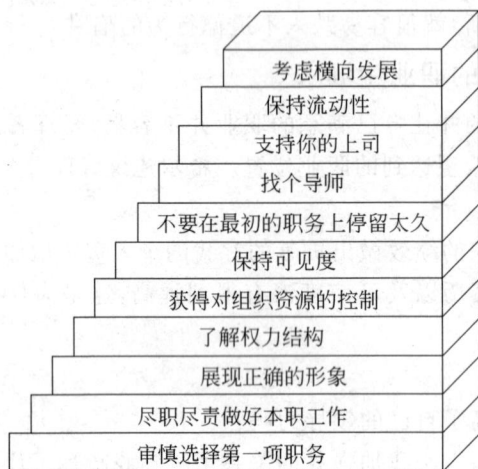

图3-5 管理生涯成功的要点

1. 审慎选择第一项职务

并不是任何第一项职务都有相似的结果。一个管理者在组织中的起点,对于今后的职业发展具有重要的影响。特别是有经验证明,假如你拥有选择,你应当挑选一个有权力的部门作为自己管理职业生涯的起点。一开始就在组织中权力影响很大的部门中就业,这样的管理者更有可能在其职业生涯中得到迅速的提升。

2. 尽职尽责做好本职工作

良好的职业绩效是管理生涯成功的一个必要但不是充分的条件。有效的管理者会在短期内得到奖赏,不过其缺点最终总会暴露出来,从而影响职业生涯上的晋升。因此,职业绩效好并不是成功的担保,但缺少了这一条,管理生涯成功的可能性就会降低。

3. 展现正确的形象

假定一批管理者都是绩效良好者,那么使自己的形象与组织所寻找的目标保持一定的吻合,自然对职业成功有正相当的关系。

管理者应当对组织的文化做出评价,明确组织对管理者的要求和期望。管理者对自己在各个方面如何展现合适的形象要做到心中有数,如应当如何着装,应与谁或不与谁联络感情,应表现出一种敢冒风险还是规避风险的立场,组织喜欢哪种领导风格,对冲突是避免、忍受还是鼓励,与其他人良好相处中重要的是什么,等等。

4. 了解权力机构

组织结构所确定的职权关系,只反映组织中影响类型的一种。同样重要或更为重要的是,要熟悉并理解组织的权力机构。有效的管理者需要知道谁真正控制局面,谁对谁拥有资源,谁又对谁存在重要的依赖和负债,等等。所有这些信息,不会在组织结构图上的齐整方框中表现出来。一旦对这些有了更好的了解,就可以更熟练、自如地在其中行进。

5. 获得对组织资源的控制

对组织中稀缺而又重要的资源加以控制,这是权力的一大来源。知识和技术就是其中一类特别有效的可控制资源,会使你显得对组织更有价值,更有可能得到职业保障和晋升。

6. 保持可见度

由于管理绩效的评估具有相当的主观性,因此让上司和组织中有权力的人意识到自己的贡献是很重要的。如果你侥幸有一份能让自己的才能为他人所注意的职业,那么你可能不必要采取直接的措施增加自己的可见度。但是,如果你的职业是处理一些可见度很低的活动,或者因为只是小组行动的一分子,难以区分你的特定贡献时,你就需要采取一些手段引人注意(但不要给人留下一种爱吹牛的印象)。例如,向上司及其他人汇报职业进展情况、出席社交集会、积极参加有关的职业协会、与正面评价你的人结成有力的同盟,以及采取其他一些相似的策略。

7. 不要在最初的职务上停留太久

经验表明,要么在第一份管理职务中一直干到"真正做出点成绩",要么不久就会接收到一项新的职务轮换指派,你应该选择早期的轮换。很快地转换不同的职业岗位,会给人一种你在"快车"上的信号,而这又经常成为自我成就的预言。这一信息对管理者的启示,就是要尽快在第一份管理职务中寻找早期的职务轮换或者晋升。

8. 找个好导师

导师通常是组织中职位较高的某个人,他接纳一个被保护者作为助手。从导师那里,可以学到职业的技能,并得到鼓励和帮助。经验表明,找到组织中居权力核心的某个人作为导师,对于有志要升到高层管理者来说,是很有意义的。

管理者从何处找到自己的导师?一些组织会提供正式的教导方案,将组织寄予高期望的年轻管理者分派给扮演导师角色的高级经理人员。但更经常的,往往是非正式地由自己的上司或者组织中其他与你共享某些利益的人选中,而成为一个被保护者。假如自己的导师不是上司,而是其他什么人,这时你务必注意不要通过这种教导——保护关系,做出一些威胁到上司的事,或提一些不忠于上司的建议,这是一种极其不明智的做法。

9. 支持你的上司

你的眼前未来掌握在现有上司手中，是他或她评估你的绩效。很少有年轻的管理人员会有足够的力量，在对其上司进行挑战以后，还能继续在组织中工作下去。更聪明的做法是，你应当努力帮助自己的上司取得成功，在他或她处于被动时给予支持，并找到上司用以评估自己职业绩效的主要标准。不要试图挖上司的墙脚，也不要对其他人讲你上司的坏话。假如你的上司有才干，是那种人们看得见的才干，拥有一定的权力基础，那么他或她很可能在组织中步步高升。而你因为被认为是有力的支持者，也会发现自己跟着得到提升，或者最起码的与组织中的高层人物建立起某种关系。假如你的上司职业绩效很差，而且缺乏权力基础，那么你应当求助于你的导师（如果有的话）给你安排职业轮换，因为如果上司被认为是无能之辈，你的才干是难以得到认可的，有关你的职业绩效的正面评价也不会得到认真的对待。

10. 保持流动性

一个管理者如果显示出他乐于转换到组织中的其他地理区域或职能领域职业，可能会更为迅速地得到提升。愿意为组织变化的人，其职业发展进程中也可能得到更好地促进。尤其是受雇于成长缓慢、不景气或衰退之中的组织时，职业流动性对于充满进取心的管理人员来说，具有更为重要的意义。

11. 考虑横向发展

由于管理组织的重组和随层次精简而形成的组织扁平化，使得许多组织中职位提升的阶梯减少了。要在这一环境中求得发展，一个好的建议就是考虑横向的职位变换。20世纪60—70年代，横向变换职务的人常被认为是绩效平庸者。如今，横向变换被视为可取的职业发展考虑，因为可以给人提供更广泛的职业经历，提高其长期的职业流动性。另外，这种变换还有助于激发人的职业积极性，会让职业变得更为有趣，也更富有满足感。因此，假如你在组织中不能向上层发展，那么不妨考虑内部横向的职务变换或者向其他组织流动。

小 贴 士

应对职场 10 种人

1. 遭遇"探人隐私"者

任何人都有隐私。在每个人的内心深处，都有一块不希望被人侵犯的领地。可是有些人或者出于无知，或者出于猎奇，或者出于……每次和你见面，都要问你"年龄几何""收入多少""夫妻感情如何"等让人厌恶或难以回答的话题。这种人虽然伶牙俐齿、巧舌如簧，却不知谈话的忌讳。一般来说，一个尊重他人的人，如果知道某事情是他人隐私，便不会去问。反过来，知道是他人隐私，偏偏去询问者，便是不懂得尊重他人的人。他们可能会传播是非，飞短流长。

应对绝招就是，对探人隐私者要答非所问。遇到探人隐私者，不能有一说一，有二说二。最好的法子是答非所问。如果他问你"谁是你晋级的后台",你可以说"全托你的福"。如果他问你"奖金多少",你就说"不比别人多"。如果他问你"如何追求女友的",你就说"如果你感兴趣,我以后详细告诉你"。总之,对于对方的提问,不是不答,而是答非所问。这样的话,既不会得罪对方,又不会让对方得逞。

2. 遭遇"唉声叹气"者

人处世上,不如意事常十之八九。有些感觉前途悲观、谈话以自我为主的人,往往将他们的不幸、苦恼和忧虑当作谈话的主题,不断地大吐苦水,接连地唉声叹气,让交谈的人听也不是,不听也不是。如果仔细分析一下,他们所说的不如意之事,其实非常普通,并不那么凄惨,只是他们将自己的境遇说得非常严重。

应对绝招就是,对唉声叹气者要注入活力。与这种人进行交流,要给其注入活力。在唉声叹气者的心里,他们并不认为自己的能力差、抱负小,相反他们强烈地希望他人肯定自己有了不起的天赋、有不寻常的水平。与他们进行交流,应该恰当地肯定其特长,赞扬其功绩,给其注入蓬勃发展的活力。这样的话,他们会对你非常亲近,并且会对你感激不尽。

3. 遭遇"道人是非"者

来说是非者,便是是非人。不要以为把他人是非告诉你的人,便是你的朋友。道人是非者,既然在你面前说他人的坏处,自然也会在他人面前说你的坏处。他们乐于道人是非,是妒心过盛的表现,他们心里往往巴不得他人越来越倒霉,越来越困窘。聪明人与这类人交谈,是不会推心置腹的。

应对绝招就是,对道人是非者要"哼、哈"而过。远离这种人的办法,是对他说的任何是非话题都做出冷淡反应,从而让他知"错"而退。对这种人不要得罪,对他说的他人是非也不能赞同。在与其言语交流时,"哼哼哈哈"不失为一种好办法。因为"哼""哈"是一种模糊语言,既会让道人是非者感受到你的成熟,又让他觉得这项话题无法再交流下去,从而中止谈话,或者使谈话朝着健康方向发展。某些情况下,可以说"哼哈"是一种不可蔑视的处世学问。

4. 遭遇"喋喋不休"者

人与人交谈,往往都会讨厌那种长篇大论、说个没完没了的人。有些人说得多,却说得不好。他们会一口气谈论整整一个上午,谈遍古今中外,不但天文地理能谈,男女情事也能谈。他们眉飞色舞,表情丰富,滔滔不绝,也从不感觉到累。

应对绝招就是,对喋喋不休者要巧妙提问。遇到喋喋不休者,既不伤及对方感情,又让对方少说的法子是巧妙提问。可以根据他说的话题有意问一些难题,如"导弹的燃料分子式是什么""《水浒传》里一共提到多少男的、多少女的"等,让他不知怎么回答。这样一来,就可以少说几句。另外,也可以提问一些与当前话题无关的问题,如"打扰一下,现在几点了""你的眼镜挺好看,请问你戴得舒服吗",等等。这样一来,对方会感到有点惊愕,从而停顿下来,你也可以腾出时间来干一些有益的事。

5. 遭遇"啰唆说教"者

有些人喜欢对他人"谆谆教诲",所说的十句话中,很容易找出"你应该""你必须""你不能"之类的词语七八处。这种人往往自以为是,居高临下,唯我独能,盛气凌人。在他的眼里,众人都是无知的幼儿,唯其是博学的教授。啰唆说教者虽然令人生厌,但对你没有坏处,而且有益。一是你可以吸取其中有益的说教;二是认认真真地倾听,会使他觉得异常高兴,对增进情谊有好处。

应对绝招就是,对啰唆说教者要重于聆听。因此,和他们交流,要重于聆听。只要你没有急需办的事项,不妨静下心来,听一听,记一记。适时重复一两句他说的话语,或者就某个问题询问一两句,相信这种做法定会使你得到极大的益处。

6. 遭遇"自我炫耀"者

有些人见到他人,一张嘴便是"我人缘好",一出口便是"我能耐大"。明明自己是"1",偏偏说成是"2"。听者为此觉得脸红,他却不知羞。自我炫耀者既是自卑者,又是自负者。这种人常常外强中干,其"吹牛"的目的只不过是引起大家对他的关注,以满足自己的虚荣心。这种胡乱吹嘘给人一种巧言令色、华而不实之感。

应对绝招就是,对自我炫耀者要幽默风趣。正确的做法是幽默作答,似是而非,模模糊糊,嘻嘻笑笑,哈哈而过。他嘴上说成"2",内心还以为是"1",对他说的大话,你不能加以肯定,肯定了他会以为你是个不可信之人;对他说的大话,你又不能加以驳斥,驳斥了他会以为你是个不可亲之人。

7. 遭遇"灭人志气"者

有些人的话语尖锐辛辣,从嘴里说出的话,好像一盆盆的冷水,不管你是否接受,硬朝你头上泼去。这种人往往是频频失败、万念俱灰者,又是把你瞧得一无是处、绝不如他者,还是认定自己做不到,他人肯定也做不到的自负者,往往也是能言善辩却"茕茕孑立、形影相吊"、周围人敬而远之者。与他交谈,一味顺承,会使他变本加厉。

应对绝招就是,对灭人志气者要攻其痛处。一个合适的法子,是要抓住机会,攻其痛处——他的以往历史上的愚蠢、无能、可笑之处,或者他当前说的话语漏洞、用词不当、逻辑错误,让其心中产生不快,从而推己及人,明白当前的错误举动,管住自己的嘴。

8. 遭遇"叫嚣好斗"者

有的时候,当你谈得兴高采烈时,可能会进来一位杠子头或者别有用心者,对你横挑鼻子竖挑眼,让好好的交谈气氛充满火药味。此种人多认为自己高人一等,高你一筹,无所不通,无事不能,以真理的化身自居,无论问题是西瓜之大,还是芝麻之小,都会以誓死捍卫真理的气概与你针锋相对,气势咄咄逼人。这种人一旦对你怀有成见,就会处处跟你唱对台戏。遇到这种情况,很容易使你陷入顶撞式的辩论旋涡。

应对绝招就是,对叫嚣好斗者要句句真理。要想冲出旋涡,就必须使出强劲。这个强劲就是要让自己的每一句话都成为颠扑不破的真理,并且还是简单的真理,这样对方就无法攻击你。用不了多长时间,"憋得难受"的对方就会主动"告退"。

9. 遭遇"满口假话"者

社会上有些人说起谎来,好像一名出色的演员在舞台上演戏那样轻松自然,丝毫不会感到内疚。他们撒谎,大多没有很大、很明确的目的。之所以满口假话,可能是为了掩饰自己、标榜自己、美化自己,也可能是觉得你的辨别能力很差,从而摇唇鼓舌,胡说乱扯。与这类人交流,对你是有害的。假话说上十遍,可能会使你觉得真的有那么一回事。

应对绝招就是,对满口假话者要纠正其一。与他们交流,应该懂得"攻其一点,崩溃全线"的战略战术,抓住假话中的其中一项,有把握地提出反对意见。这样一来,他就会觉得羞愧,那种神采飞扬的气焰立刻就落下去。这种攻其一点的做法,既不会伤及其自尊心,又会让其对自己的撒谎毛病有所改正。

10. 遭遇"俗不可耐"者

有些人为了给他人一个好的印象,话语里堆满华丽辞藻,乱用一些专业术语,显得矫揉造作,华而不实。有些人日常说话粗鲁不雅,废话连篇,啰里啰唆,一味单调,某句话可以重复 10 遍,某件事可以问 9 次。有些人说话无波澜,无起伏,没有摇曳多姿的神态,没有引人入胜的话题,令人厌倦。这些都是俗不可耐的表现,但是他们多是知识面窄、社交力差者,在自己人生经历中,往往因此经常受到他人的讥笑,心中有了一种自卑感,热切地希望提高自己的知识水平和社交能力。

应对绝招就是,对俗不可耐者要适当指教。和俗不可耐者交流时,说出一两句正确的做法、注意的事项,满足他们的需求,但又不能过多指教,免得伤了他们的自尊心,触及他们的自卑痛处。

(资料来源:百度文库,http://wenku.baidu.com.)

3.4 职业生涯规划要熟悉职业规律

成功往往在于认识和把握规律,职业生涯规划也是如此。我们常常迷茫于自己的职业生涯前景,在一次次疲惫的颠簸之后,不知下一个驿站又在哪里;一次次跌倒又爬起,但没有谁能保证自己永远都那么幸运。只有明白职业规律,才能一步一个脚印,奔向属于自己的职业未来。

3.4.1 另一个视角的职业规律

1. 职业性格

下面举一个生活实例,以此来判断人的性格类型。例如,"我"受朋友邀请欲前往赴约,由于前方的交通事故,乘坐的公交车在途中塞车了,眼看约定时间就要到了,"我"会怎么做呢?以下"我"的不同表现,代表了不同人的性格类型。

1) 监督人

"我"开始抱怨:警察都是干什么的?纳税人的钱都让他们糟蹋了!一个司机违章害得一路人跟着塞车!还有那辆车,这么挤,还在加塞,这不是存心添乱吗?

我们可以把这种人称作"监督人"。他们非常擅长发现问题,对问题有独到的见解。在常人看来简单的塞车行为,他们基本上把警察不作为、司机违章、车辆加塞等造成塞车的原因都罗列出来了。当然,他们的见解或许很客观,也可能很主观。

2) 幕僚人

"我"思考了一下,不如下车从车缝中挤到下一条马路,走另一条路去赴约。但是,如果事故处理得快,一会儿就完事了,先下车反而得不偿失。

我们可以把这种人称作"幕僚人"。他们非常擅长提出解决问题的方案,却总是徘徊在是与否之间,迟迟拿不定主意。他们的方案太多了,以至于每个方案都值得考虑,反令自己难以抉择。

3) 协调人

"我"看了一眼拥堵的车流,掏出手机,告诉朋友:"哥们,实在抱歉,我真没办法,我就怕塞车,提前 1 小时从家里走(其实他刚离家 10 分钟),怕啥来啥,塞上了。唉,真不好意思,你再等我一会儿,估计一会儿就好了。"挂了电话,"我"把衣服领子一竖,挨着座位靠背儿,睡着了。

我们可以把这种人称作"协调人"。他们非常擅长沟通,在其沟通下,总会有意想不到的效果。他们时常撒谎,并且撒得很圆滑,但总能跟亲戚朋友打成一片,把人际关系搞得非常和谐。不得不承认,他们总是那么幸运。

4) 行动人

"我"一看表,还有 30 分钟,再看看拥堵的车流。算了,不等了,立即下了公交车,沿着车流的方向,绕过路口,打了一辆出租车,赶赴约会地。

我们可以把这种人称作"行动人"。他们的行动永远多过语言,总是风风火火,在他们身上总能看到一股用不完的热情。他们用行动解释一切,没有犹豫不决。

5) 信息人

"我"打电话给交通广播电台,问他们这个路段多长时间能畅通,对方说,估计 2 小时。为了验证这个信息,"我"又问一个从出事方向步行过来的路人,那个路人说,来了许多警察,估计要 1 小时。"我"又找了其他信息,把得到的信息不断地告诉旁边的乘客。30 分钟后,车流畅通了。

我们可以把这种人称作"信息人"。他们努力收集各种信息,简直就是"万事通",各种类型的知识、各种类型的情报,他们都非常善于收集与观察。

事实上,我们可能不会是其中单纯的某一种人,而是他们的组合体。例如,"我"既向朋友打了招呼(协调人),又急匆匆地赶赴约会地点(行动人),这并不影响我们的性格分类。

2. 职业方向

不同的性格,适合于不同的职业。如果我们顺应自己的性格,就很容易取得职业成就;相反,就可能丧失职业优势。那么,性格与职业的关系到底是什么?

监督人,是指那些喜欢批评、评论、分析的人。大家都怕他们,怕他们对自己说三道四,更怕掀自己的老底。这种职业一般有警察、法官、审计、律师、医生、评论员等。当然,警察局里工作的人,并不一定都是警察,也有搞政工的人。

幕僚人,是指那些喜欢出谋划策的人。他们的点子很多,精于算计,这些人的"群众基础"可能并不好,因为他们太精明了。这种职业一般有参谋、企划、广告人、研究员、艺术家、工程师等。

协调人,是指那些喜欢与人打交道的人。他们活跃在人群之间,人们非常喜欢与其相处,他们的人缘也极好。一些尴尬的人际关系,在他们手里,总能搞得热火朝天。这种职业一般有销售员、联络官、公关员、办公室主任、秘书等。

行动人,是指那些不喜欢太多思考,只相信行动的人。他们不愿意多废话,喜欢在第一时间以最快的速度解决问题。虽然有时解决方法笨拙了点,但总比白费口舌好得多。有时,他们也愿意搞搞借力打力。这种人适合的职业一般有办事员、管理者、军人、政治家等。

信息人,是指那些总能在第一时间掌握最充足信息的人。他们简直就是"百科全书",他们的欲望就是能知道许多别人不知道的事。其中表现优秀的,简直可以称为"小广播"。这种人适合做情报员、调研员、侦察员、会计、统计等。

很少人只具备一种性格,大部分人都是几种性格的组合体。所以,他们的许多性格都被另一种性格压抑着,不细加观察,很难分辨得出来。例如,"小广播"由于还具有监督人特点,理性压制了"小广播",他们也不怎么散布消息,但的确很注重收集信息,这是表面上较难分辨的。

拥有的性格越多,人格就越健全,适合他的职业就越多,获得的职业成就可能也会越大。如表 3-1 所示,一个"信息人"仅仅只是知识、信息渊博点,如果"信息人+幕僚人"就能依据这些信息,做出优秀的企划案;如果是"信息人+幕僚人+行动人",这个企划案就能迅速实施;如果再加上"协调人",就可以让参与方案执行的人乐此不疲;如果再加上"监督人",就没人敢偷懒了,但这是比较理想化的事。

表 3-1　职业性格与职业方向

性格	信息人	信息人 幕僚人	信息人 幕僚人 行动人	信息人 幕僚人 行动人 协调人	信息人 幕僚人 行动人 协调人 监督人
特点	无所不知	无所不知 千条妙计	无所不知 千条妙计 兵贵神速	无所不知 千条妙计 雷厉风行 圆滑中和	无所不知 千条妙计 雷厉风行 圆滑中和 雷霆万钧
职业	调研、会计、统计等	调研、会计、统计等 参谋、广告、艺术等	调研、会计、统计等 参谋、广告、艺术等 管理者、执行员、军人等	调研、会计、统计等 参谋、广告、艺术等 管理者、执行员、军人等 调解员、公关员、销售员等	调研、会计、统计等 参谋、广告、艺术等 管理者、执行员、军人等 调解员、公关员、销售员等 司法、监察等

3. 职业战略

有人说,从以上 5 种性格中找到自己的职业方向,就一定能成功吗? 这可未必。在人生道路上,不可能事事都称心如意,总会有各种矛盾。例如,当我们遇到吃不上饭的问题时,首先要解决的是吃饭问题,而不是职业生涯。这里有一个关键问题,就是职业战略。某人是一个"信息人+监督人"的性格,适合他的工作是司法、监察、情报类工作,却意外得到了一份月薪 1 万元的广告总监的肥差,他该怎么办? 其实,这就涉及职业战略问题,可以采取以下办法。

1) 逐步过渡

继续担当这个职位,逐渐向既定的职业方向努力。例如,发动下属想办法健全公司的法人治理结构,建立内部监察或监事会之类的机构。

2) 立即休克

辞去该职务,寻找一个与职业性格相符合的低级职位,哪怕是一般职员,从低职位做起,逐步升到高位。休克,是需要勇气的,有时还可能为之付出代价。

职业战略决策并不容易,常常受到现实利益的诱惑,人们很容易丧失职业方向。正值壮年就发现,自己已走到职业尽头时,才感叹自己走错了路,只能亡羊补牢。无论是在企业,还是在政府,或者是行商,各种岗位都不是固定不变的,只要把握住大方向,一切将尽在掌握中。

4. 职业道德

职业道德,就是同人们的职业活动紧密联系的符合职业特点所要求的道德准则、道德情操与道德品质的总和,既是对本职人员在职业活动中行为的要求,同时又是职业对社会所负的道德责任与义务。其是从业人员在一定的职业活动中应遵循的、具有自身职业特征的道德要求和行为规范,主要包括爱岗敬业、诚实守信、办事公道、服务群众、奉献社会等内容。

职业道德的含义包括以下8个方面。

(1) 职业道德是一种职业规范,受到社会普遍认可。

(2) 职业道德是长期以来自然形成的。

(3) 职业道德没有确定形式,通常体现为观念、习惯、信念等。

(4) 职业道德依靠文化、内心信念和习惯,通过员工的自律实现。

(5) 职业道德大多没有实质性的约束力和强制力。

(6) 职业道德的主要内容是对员工义务的要求。

(7) 职业道德标准多元化,不同企业可能具有不同的价值观。

(8) 职业道德承载着企业文化和凝聚力。

5. 职业配合

如果具备了上述5种性格,他应该是很完美的人,但这种人少之又少,绝大部分人都会有一些性格缺欠。既然一个人的性格会有欠缺,那不如建立一个团队来弥补各自的不足。

1) 设计和谐的团队

我们发现监督人总是与幕僚人矛盾重重,当信息人融入他们中间时,3个人的配合就会非常默契。一个团队是否和谐,要求领导者必须明白各种性格人相处的规律,再根据这个规律,去安排人事组织,则会令团队和谐起来。

相同的道理,有些老板为了制衡一些下属,不希望团队和谐,而是希望团队在和谐中保持摩擦不断,从而形成了一种动态的平衡。尽管这有些不那么光明磊落,姑且也算是内部控制的一种。

2) 性格健全的团队

一个团队就像一个人一样,也有性格。我们常说企业文化,可以认为企业文化就是一种性格。当领导者的性格不够健全时,要转而寻求团队的性格健全。

例如,如果领导者缺少幕僚人的足智多谋,他的团队活动就显得非常笨拙,甚至步履蹒跚。那么,领导者应该考虑增加幕僚人,来健全团队性格。一个具有健全性格的团队,也会远离失败。企业招聘也是如此,当发现整个团队中缺少协调人时,就要多招聘协调人。

3)左膀右臂的领导

我们说做领导者的最好是"行动人",因为他的行动力最好。但现实中,不仅是行动人,任何一种性格的人都有可能登上领导的宝座。无论是谁当领导,都必须找到自己的左膀右臂。

与此同时,领导者常犯自我主义的毛病,总感觉自己是最完美的,其实只是孤芳自赏罢了。领导者可能在某方面有特长,但必须明白自己的弱点在哪里,并设法弥补。弥补的方法,就是增加自己缺少的那种性格,找到左膀右臂,从而形成正确的决策观点。

3.4.2 职业生涯规划需要理性的冒险

心理学家马斯洛在"需求层次理论"基础上,又提出"高峰体验论"。一个人的高峰体验应该离不开奋斗的挑战与冒险过程。

例如,当你去爬泰山,经过了漫长艰难的山路,终于到达了山顶。此时,清晨的一轮红日喷薄而出,映入眼帘。这一刻,你一定会全身心地沉浸于高峰体验中,也会暂时忘却走的路、流的汗、吃的苦。那么,在工作中我们同样也需要高峰体验。例如,你是一名记者,肯定不会满足于简单的采访、写稿,你会争取进步,成为知名记者和媒体圈里有影响力的人物。如果有一天,你真的实现了这个目标,如获得了新闻界至高荣誉的普利策大奖,你会去想能得多少奖金,够不够买栋房子?肯定不会,那一刻你的高峰体验是被人认可和欣赏的快乐。然而,一个人要获得职业生涯高峰体验需要巨大的付出,包括可能遇到的挑战和失败。

国外有一种说法,认为职业规划的过程就是生涯冒险(career adventure)的过程。从某种角度来看,的确如此。每个人的职业生涯都是一次冒险的历程,其中会有理想的召唤和奋斗的喜悦,这会给你带来精神的刺激。但同时,这种刺激也可能让你跌入深渊,甚至丧命。所以,这就要求我们在做生涯规划时必须具有想象力和冒险精神,要多做一份承担痛苦和折磨的准备。天底下任何一份职业,回归到本质上看,都避免不了将是一定的简单重复过程。因此,职业生涯发展并不像我们最初憧憬的那样,完全充满着乐趣与新奇。当然,如果能把自己的价值观、兴趣、性格、素质、能力与职业发展进行有效的匹配,那么相应的痛苦就会呈现得少一些。正是在这个意义上,我们需要学会用一种理性的态度来看待分析自己的职业生涯和职场的关系,从而更加理性地去思考和安排自己的职业生涯之路。

有理由相信,带有冒险精神的理性思考,能更好地帮助当代年轻人规避奔向理想道路上的潜在风险,实现更多的高峰体验。

3.5 在职场中建立个人品牌

在信息发达的今天,在自己的职业生涯历程中建立良好的个人信誉和品牌,对个人以后的职业生涯道路是非常重要的。

1. 个人品牌的准确定位

个人品牌可以定义为区别于别人的独特的品质,并被社会认可和接受的品牌。它包括个人技能专长、思想、观念、世界观、价值观、行为准则等一系列内容。个人品牌需要精心打造并向社会传播,更需要时间沉淀。优秀的个人品牌随着时间的推移会不断地增值,不良的个人品牌随着时间的推移逐步被社会淘汰。建立个人品牌的第一件事就是找出自己与他人不同的特质。

影响个人品牌的因素有 5 个能级模型:体能、技能、智能、势能及整合能。体能,是一个人的体力状态。技能,指一个人拥有一技之长和在某个领域的专业知识。智能,指一个人的经营管理才能和创新能力。势能,指一个人在社会层面上所处的位置、人际关系等。整合能,指一个人整合各种社会资源的能力,是一个人各种综合能力的集中体现。

个人品牌的价值,就是自身能力的价值。我们可以从以下不同方面测评一下自己的品牌价值:你的知名度如何? 你以哪几件事闻名一时? 你有几项技能比别人强? 你在过去的一年中学到了什么? 你的履历表与别人有何不同? 别人认为你最大的长处是什么? 最值得人注意的个人特质是什么? 你每一次都能完成既定的工作吗? 你总是预先一步解决问题吗? 好好想一想:你将如何与众不同?

市场讲究产品细分,个人品牌同样如此。一提起篮球就想到姚明、易建联等,一提起导演就想到张艺谋、陈凯歌等,这就是个人品牌的魅力。

2. 建立个性的视觉形象

建立个人品牌的首要条件就是让人们清楚地记得你。在这个极度商业化的社会,人们每天直接和间接接触到的各类信息数不胜数,要让人们记得你的重要方法之一就是建立自己独特的个性视觉形象。每提到姚明、Bill Gates 等人,相信很多人在脑海中就会有一定的刻板印象,因为那是长期对你的视觉冲击产生的个人品牌印象。

无论你从事的是哪个行业,都要记住,一定要在业界经常保持你的声音,要抓住一切有可能的机会,在行业的论坛、会议、媒体上发表你的观点和构想。树立你鲜明的观点、旗帜,并且不遗余力地捍卫它,并寻找影响扩散面宽、快的媒体和场合发布,这样你就能获得知名度。另外,适度的包装和策划也是必不可少的,但一定要围绕某专业领域的形象来设计个性的视觉形象。例如,如果经济学家吴敬琏以拿篮球穿运动衣的形象去传播自己的观点,想想都很有意思。

3. 专精于目前的工作并获得成绩

个人品牌是由一个接一个的工作来表现的。你应该将 90% 的时间用在拼命完成工作上,你的工作日程表就是你的个人品牌建立的蓝图。争取在自己的行业内成为专家高手,并且要有令人叫绝的思想。当然,重要的是取得举世瞩目的成就,成功的人士一般媒体乐于报道和传播。例如,姚明—篮球;王石—房地产;马云—电子商务,等等。提到某人,必然联想到某个行业,这就是个人品牌的影响力。如果姚明、王石、马云等人没有在自己的行业内取得卓越成绩,也就很容易被淡忘。

4. 扮演自己的公关经理,整合传播个人品牌

建立个人品牌,目的是提高知名度,需要利用每个机会,向别人推销自己。要有很好

的口语表达技巧，虽然不需要做演讲家，但一定能够清楚、从容地表达自己，要充满热情地说服别人。建立个人品牌的重要技巧就是设法用心经营自己的人际网络，扩大自己的社交圈子，坚持每天都结识不同的人，增加能见度。广结善缘很重要，大家知道你想要什么、能力如何，有合适的机会自然就会想到你。

信息时代中传播的速度和覆盖面是决定你是否能够得到超速发展的重要因素之一。个人视觉形象、观点论调、事件扩散，都需要通过各种媒体渠道去传播，使更多的人记得你、认知你、关注你。和媒体保持密切和友好的关系，有助于加速地传播你的个人品牌，特别是互联网。因此，你需要利用每个机会，向别人讲述自己的故事。例如，在博客（Blog）上写自己的独特观点和视角，需要掌握专业知识并巧妙运用一些基本的语言技巧，要琢磨如何简单明了地向别人传播你的品牌。同时，你需要分析目标客户经常出入的场合、接触的媒体等，对"个人品牌"进行整合传播，让目标客户主动找你，你的品牌价值就会增加。例如，网络红人"芙蓉姐姐"就是先在大学生云集的北大、清华的 BBS 张扬自己的个性，在称赞和批判中提升了知名度。

5. 个人品质是品牌的保障

建立个人品牌需要有足够承载品牌传播的平台，也就是你的个人素质。社会只相信有能力的人，并为他们预留发展的空间，机会总是垂青有充分准备的人，个人素质就像企业之产品，最基本特征是质量保障，只有产品质量过硬，才能声名鹊起。引申到个人品牌上，最重要的就是品质保障。这体现在两方面，一方面是个人业务技能上的高质量；另一方面是人品质量，也就是既要有才更要有德。一个人仅仅工作能力强，而道德水平不高是不会建立个人品牌的。此外，品牌最重要的就是讲信誉。要成功建立个人品牌，你必须绝对诚信。

6. 管理好个人品牌

个人品牌一旦建立，并不能因此安枕无忧，有必要通过特定的手段对于个人品牌（不同对象对于个人的认知）进行有效的管理，可以根据自身的特色，精心地设计对外的所有信息：性格、爱好、经历、特长、业绩等。

美国前总统克林顿是否拥有个人品牌？答案是肯定的。这一至关重要的个人品牌当然需要有效的管理。实际上，他的一言一行、一举一动、着装方式、演讲内容都要经过其专业班子的精密策划和执行后，方能走向前台。企业家和明星，参与社会活动的形象和言语都是需要进行策划的，给不同受众传达不同风格和理念，从而维护其个人品牌形象。

在树立个人品牌的过程中，可以通过亲身调查或者委派管理机构出面，与行业人士和媒体、消费者随时互动，以了解当前他们对于个人的认知情况是怎么看待本人，是喜欢还是排斥？是信任还是怀疑？是了解还是误解？内外部的认知永远不可能完全统一于个人品牌的识别，但是通过不懈的努力，两者之间可以达到较高程度的一致。

7. 维护个人品牌技巧

个人品牌一定是在互动的过程中得到升华，所以想了解在市场中运作得怎么样，一定要首先和目标客户沟通，了解他们的想法。例如，想获得更好的职业发展和收入待遇，就要在猎头和行业内形成良好的口碑，提升个人形象，争取更好的职业前景。其次，需要在行业内或者圈内经常露脸，成为各种社交场所的熟面孔，让更多的人为你的品牌传播。再次,推出自己的品牌宣言,如独特的价值主张、生活方式和个性,个人品牌宣言对个人定位的简洁陈述,也是你个人理念的有效传播形式之一。最后,建立个人品牌一定要注意自己的言行,言行一致,才会形成良好的品牌。网络发达的年代,一些个人品质上的任何闪失就会造成终身污点,对建立个人品牌非常不利,数不胜数的引咎辞职的先例,是对个人品牌的最大伤害。

8. 强大的个人品牌收益

强大的个人品牌会带来巨大的收益。个人形象的进一步提升,会得到更多认可。快速增长的收入,你的博学和智慧能给别人带来收益,同时也给自己带来价值提升。更多的客户和生意量,会让你的专业品质广为传播,生意源源不断。知名度和美誉度的提升,可占领目标受众的心智资源,增加感知价值。品牌身价也会提高。例如,张艺谋是电影界的知名品牌,姚明是中国身价较高的运动员。

总之,信息化时代也是自我营销的时代,个人品牌层出不穷。树立个人品牌仅靠埋头苦干还不行,一定要走出去,让更多人熟知你,了解你的品质,但也不能因此成为随意跳槽和加薪的理由,重要的是展现自己的价值,得到客户的认可,其实老板也是你的客户。树立个人品牌无疑是职场获胜的关键,如果你能建立一个可持续经营的个人品牌,运用好这个无形资产,你的收益将不同凡响。

复习思考题

1. 职业成功、财富增长、心理健康、快乐生活视角下的生涯规划与管理包括哪些内涵? 如何认识和理解职业本身不是目的?

2. 在职业生涯目标设定过程中主要存在哪些问题? 你认为怎样才能有效地解决这些问题?

3. 在不同的职业生涯发展阶段,个人面临哪些不同的任务? 如何才能有效地完成这些任务?

4. 怎样才能在自己的职业生涯发展过程中建立起一种"良性循环"的发展路径?

5. 试着用职业生涯规划设计的战略模型对自己的职业目标进行选择。

案例探讨

是去是留如何抉择

小胡今年28岁,女性,刚获得企管硕士学位,并与陈震东先生一起工作,然而目前的职位并不是小胡所期望的,因此她正在犹豫是否应该留在光明投资银行。

光明投资银行具备清晰的管理结构,但并没有刻板的等级制度。其风格相对不拘形式,具有较大的灵活性,工作积极主动的人能迅速脱颖而出,具有创新意识的思路能够迅速传递到银行上层。光明投资银行不是一个只就备忘录所记载的事务而忙碌的公司,大量的工作是通过电话和面谈而得以完成的。这种环境并不适合所有的人。加入光明投资银行的人不要指望随波逐流，员工必须发挥主观能动性，努力寻找脱颖而出的新途径。光明投资银行引以为傲的是推崇唯才是举，在这里公司看重的是成果。

光明投资银行历来注意拓展员工的经验范围，重视各项业务之间技能的互通性，承诺为公司内的优秀人才提供最佳发展机会。当需要专业化技能时，公司鼓励个人朝这个方向发展，但并不强求。客户交给公司的问题越来越复杂，公司认为，广博的经验和对公司运作的理解是满足他们需求的最有效方法。

可以看出光明投资银行是一个充满活力、有大好发展前景的公司，那么为什么小胡要离开光明投资银行呢？

当小胡刚从大学取得数学学士之后，她进入了在上海市的大上海国际银行，担任计算机程式设计师。她晋升得很快！从程式设计师到系统分析师，她希望有机会从事具有挑战性及重要性的工作，而且小胡感觉到她还需要追求一些别的。

由于小胡对银行方面的知识十分了解，所以大上海国际银行派她到光明投资银行接一个计划。当然，小胡是设计规划小组的组长，她的职责就是帮光明投资银行发展一套在自动交换机上的软件程式，而计划的委托人就是陈震东先生。

在小胡尚未与陈震东先生谋面时，她就耳闻陈震东先生在光明投资银行是一颗闪亮之星，他45岁，似乎无所不通，而且他知道该如何去激励及激发他的下属。因此她立即和陈震东谈得十分融洽，她也花了不少次的午餐时间与陈震东先生谈到她目前的需求，她希望能拥有一个更广阔的前景，而非目前在大上海国际银行被指定的工作。陈震东先生鼓励她，并告诉她应该再去进修一些企管方面的课程，如获得企管硕士；如果她对行销有兴趣的话，陈震东先生向她保证在光明投资银行留个职位给她。

因此，在小胡完成了这个自动交换机软件程式的计划案以后，她就辞职去攻读企管硕士课程，该课程是令她兴奋的，但也是十分吃力的，不过，她仍然维持着上进的努力。

当小胡毕业后，陈震东先生也兑现了他的诺言，给她一个十分好的职位——行销经理，负责自动交换机网络并建立新ATM制度的行销活动，该行销活动是希望能将产品推展到郊区各角落。因此，小胡第一次真正尝试到她的经理经验。

小胡通过企管硕士课程，获得有关企管方面的知识，并且使她在思考上更有信心。因此，没过多久小胡就不再需要在办事之前先去找陈震东先生讨论，也不再需要陈震东先生的忠告。她要监视并检查所有她负责的工作，而且变得十分易怒，以往的她是那么懂得感激和鼓舞他人，可是现在变得很容易干扰他人，与他人起冲突并且缺乏自制。对于如何行销ATM的产品，她也开始与陈震东先生意见相左，处处显示出她不是一位好的工作伙伴。

（资料来源：应届毕业生网）

讨论题

1. 小胡目前正处于职业生涯的何种阶段？
2. 在本案例所叙述的情景下，若您是小胡，是辞职，还是继续留任？为什么？
3. 如果小胡要在公司继续留任，她应该学习些什么知识来帮助自己更适应目前的职位？
4. 作为陈震东先生，你认为他应该采取一些什么措施来帮助小胡？

第 4 章

组织职业生涯管理：留住人才

4.1 组织职业生涯管理的意义

4.1.1 组织职业生涯管理的产生背景与内涵

企业组织的基本资源是人力、物力和财力三大类。随着科学技术的发展，企业组织资源先后出现过五分说和六分说，即加上技术、信息和时间。根据资源的根本性质，可以分为人与物两类。"物"的因素虽然是衡量企业实力的重要尺度，但毕竟是有限资源。真正可持续的核心竞争力只能来源于高品质、善于学习与创新，得到充分开发的人力资源，因为人力资源是一种可以不断开发并增值的增量资源。通过人力资源的开发，不断更新员工的知识技能，提高创造力，可以使"物"的资源尽其所用。

组织的职业生涯管理在 20 世纪 70 年代开始流行于欧美等国。一些企业开始有意识地帮助员工建立起在本企业内部的发展目标，设计在企业内部的发展通道，并为员工提供实现目标过程中所需要的培训、轮岗和晋升。实际上，组织的职业生涯管理是在实践的基础上，对某些管理措施进行总结和制度化并加以适当的创新之后形成的。在过去的管理实践中，有些管理人员意识到不同的员工应有不同的职业选择、不同的发展目标、不同的发展道路，因此会提醒员工根据自己的情况和企业组织的需要正确地进行职业选择、人生目标的确立和发展道路的确定。随着时代的发展，人们意识到这种管理方式的必要性，对其加以系统化才逐步形成职业生涯的组织管理模式。

组织职业生涯管理，是一种专门化的管理，即从组织角度对员工从事的职业和职业发展过程所进行的一系列计划、组织、领导和控制活动，以实现组织目标和个人发展的有效结合。在员工制定和实施其个人职业生涯发展规划的过程中，需要组织的参与和帮助。员工个人的职业发展是不可能脱离组织而存在的，因此组织在员工个人的职业发展中起着重要的作用。

4.1.2 组织职业生涯管理的功能

组织的职业生涯管理旨在将组织目标与个人目标联系起来，组织对员工实施职业生涯管理本身应该是一个双赢的过程。职业生涯管理中个体管理与组织管理的主体利益是一元化的，任何一个组织都要依靠员工的努力工作创造新的价值，而员工则依靠组织提供的工作和就业机会，二者是相互依存、彼此需要的。在这里，员工不是个人英雄主义者，不是脱离社会环境需求的个体的人，只有进入一定人群关系的组织，个人方能从事某项职业工作，也可使个人的职业才能得以发挥。组织也不再把员工看作角色单一的"工作人"，只是谋取满足于生存的经济利益，而是从多种角度看待员工，理解员工的"角色丛"。员工不仅是组织的成员，还担当着各种家庭角色和其他社会角色。开展工作除了获取经济报酬外,还具有参与社会交往、增强自我才干、体现社会地位的附加功能。组织的职业管理不仅仅是给员工晋升和加薪,还包括组织形象提供的工作声望、工作职业带来的才能成长。因此,组织的职业生涯管理工作与员工个人职业生涯规划利益是趋同的,组织做好职业生涯的管理是既有益于组织,又有利于个人的双赢之路。

组织职业生涯管理既强调个体对组织目标的识别和忠诚,又重视组织对个人职业计划的重视和引导。借助于上下级讨论、组织信息发布、绩效评价制度等具体措施,将个人的职业计划与组织环境相匹配,讨论员工的特长、缺点、不足以及发展方向。无论从短期还是长期来看,只要一个人加入某一组织,就把个人的利益与该组织的利益联系在一起,双方在互动中满足各自的需要。例如,组织得到员工高水平的工作绩效,获得最大的经济效益,实现组织目标;员工得到薪金福利和他人的尊重,取得工作与休闲、工作与家庭之间的平衡。

组织职业生涯管理在西方国家企业的人力资源管理活动中已经逐步成为非常有效的人性化技术手段和战略思想,非常突出地体现了企业"以人为本"的企业哲学和价值导向。我国加入世贸组织后,人才的吸收、培养和发展的竞争越来越激烈,越来越多的企业更加明确地树立了现代人本主义理念,即企业不仅要为客户生产高质量的产品,更重要的是需要为企业和社会培育高质量的人才,帮助人才实现职业抱负和职业价值,在员工和企业之间建立起真正的合作关系,保持一支敬业、才华横溢、工作效率高、不断进取和创新的员工队伍,以此为基础实现企业和员工个人的共同可持续发展。

1. 组织职业生涯管理的作用

组织职业生涯管理的作用主要可以从组织和员工两个角度来考虑。

1) 组织职业生涯管理对组织的作用

(1) 使员工与组织同步发展,以适应组织发展和变革的需要。任何成功的企业,其成功的根本原因都是拥有高质量的人才。而这些人才除了依靠外部招聘,更主要的是要靠组织内部培养。实施职业生涯管理可以有效地实现员工和组织的共同发展,不断更新员工的知识、技能,提高人的创造力。因此,有效的组织职业生涯管理是确保企业在激烈的竞争中立于不败之地的关键所在。

(2) 优化组织人力资源配置结构,提高组织人力资源配置效率。经过组织职业生涯管理,一旦组织中出现了空缺,可以很容易在组织内部寻求到替代者,既减少了填补职位空缺的时间,又为员工提供了更加适合他们发展的舞台,解决了"人事合理配置"这一传统人力资源管理问题。

(3) 提高员工满意度,降低员工流失率。组织职业生涯管理的目的就是帮助员工提高在各个需要层次的满足程度,尤其是马斯洛的需求层次理论中提到的归属、尊重和自我实现等高层次的需要。它通过各种测评技术真正了解员工在个人发展上想要什么和应该得到什么,协调并制订规划,帮助其实现职业生涯目标。这样可以有效地提高员工对组织的认同度和归属感,降低员工流失率,进而形成企业发展的强大推动力,更高效地实现企业组织目标。

2) 组织职业生涯管理对个人的作用

(1) 让员工更好地认识自己,为发挥潜力奠定基础。每个人都有自己的目标,以此来指导自己的行为,但是人们尤其是年轻人在规划自己的发展目标时,往往会过高估计自己。另外,由于从众心理的影响,人们经常会不顾自身的特点及环境提供的条件,盲目追随社会热门的职业。事实上,个人目标应该是建立在对自己的客观评价和认识的基础之上的。有很多人在目标实现过程中并非不努力,而是由于缺乏对自身和环境的正确认知,导致对工作的期望值过高。通过职业生涯管理,组织可以帮助员工了解自己的特点及所在组织的目标、要求,为自己制定切实可行的发展目标,并不断从工作中获得成就感。

(2) 提高员工的专业技能和综合能力,增加自身竞争力。组织适当地对员工进行职业生涯指导,提高他们进行职业生涯自我管理的能力,可以增强其对工作环境的把握能力和对工作困难的控制能力,帮助他们养成对环境和工作目标进行分析的习惯,同时又可以使员工合理计划、分配时间和精力,提高其外部竞争力。

(3) 能满足个人的归属需要、尊重需要和自我实现的需要。随着时代的发展,工作对于个人的意义可能远远超过一份养家糊口的差事,已成为人们生活的一部分。人们越来越热衷于追求高质量的工作生活。组织职业生涯管理可以通过对职业目标的多次提炼,使工作目的超越财富和地位之上,让人们享受到追求更高层次自我价值实现所带来的成功。

(4) 有利于员工处理好职业生活和其他生活的关系。良好的组织职业生涯管理可以帮助个人从更高的角度看待工作中的各种问题,将各自分离的事件结合起来,服务于职业目标,使职业生活更加充实和富有成效。员工也可以实现职业生活同个人追求、家庭目标等其他生活目标的平衡,避免顾此失彼、两面为难的困境。

2. 组织职业生涯管理可以采取的策略

组织职业生涯管理可以采取的策略有如下方面。

(1) 组织职业生涯管理在早期阶段的主要任务是帮助新员工准确认识自己,制定初步的职业生涯发展规划。例如,草原兴发集团在公司创业十周年时,推出面向全体员工的职业生涯规划项目。他们通过研究,把员工的职业生涯发展分为 4 个时期,即起步期、成长期、成熟期和衰老期。集团规定,起步期的年轻人通过一段时间的感受、摸索后,对现有工作环境不满意,或觉得现有岗位不能发挥个人才能,可以向集团人事部提出相关要求。人事部负责在 1 个月内给予满意答复。

(2) 为新入职的员工提供职业咨询和帮助。新员工如果能得到老员工的建议和帮助,将会更快地融入组织。有些组织专门为新员工配备了一个工作导师,这些人或是组织中资历经验比较丰富的老员工,或是新员工的直接上司。目前很多管理理念进步的企业都在实施"顾问计划",其实质就是为员工安排一个工作中的导师。

顾问,是指一个能向个体提供指导、训练、忠告和友谊的人。在成功的职业生涯中,顾问处在一个很重要的位置上,能在工作与心理两方面为个体提供帮助。顾问所提供的工作上的帮助包括教导、引荐、训练和保护。教导是指有效地帮助个体取得工作经验;引荐是指为其提供与组织中关键人物建立友谊计划的机会,从而取得职业上的进步;训练是对其工作进行指导;而保护则是指帮助个体避免卷入那些能毁坏个体的事件中。工作上的帮助对个体今后的成功与发展尤为重要。研究表明,个体在工作上得到帮助的数量与 4 年后能否取得成功是息息相关的。

顾问也能在心理上为个体提供帮助。角色榜样的作用会在顾问表现出让个体效仿的行为时产生,有利于个体的社会学习。当个体认为他被顾问接纳的时候,就会产生一种自豪感;同样,年轻同事的积极评价与欣赏也能使顾问感到高兴,接受顾问的指导也使个体得到了在私人方面问题的帮助。产生友谊是顾问的另一个心理功效,这会对双方产生积极的影响。

(3) 帮助员工寻找早期职业困境产生的原因及解决办法。刚刚入职的新员工之所以选择某个职位,往往是建立在这样一种期望的基础上,即组织会对他们有什么样的需要。如果他们满足了这些需要,那么他们就能够从组织中获得什么。新员工尤其是那些受过大学教育的人,他们所期望获得的工作方式是既能够充分利用自己在大学所受过的训练,同时又能够得到组织的认可,并获得发展的机会。然而在很多情况下,这些新入职的员工很快就对他们最初的职业选择感到失望。他们面临着严重的"现实的震荡",陷入了早期职业困境。组织职业生涯管理可以有效地寻找到产生困境的原因,并提出解决方法。

3. 新员工陷入早期职业困境的主要原因

导致人们在早期职业阶段产生失望的具体原因是因人而异的,但还是能够找到一些一般性的原因。以年轻管理人员的早期职业问题为主题所进行的研究发现,使新员工陷入早期职业困境的主要原因有以下方面。

1) 最初的工作缺乏挑战性

年轻的管理者所承担的第一份工作对他们能力的要求远远低于他们的实际能力水平。这种状况导致他们认为自己不能够充分展示自己的能力,被"大材小用"了,由此对工作产生厌倦。有一些年轻的管理人员即使是被安排去从事一些相当平常的工作,也有能力使自己的工作变得有挑战性。他们会尝试运用不同的方法来更好地完成这些日常性的工作,还有可能会说服自己的上司给自己留出更多的空间,以及交给自己更多的事情去做。然而,大多数新员工都没有能力去创造这种挑战,以往在学校时通常是由老师提供挑战。他们的挑战是别人为他们创造的,而不是由他们自己创造出来的。

2) 过高的期望和最初日常事务性工作安排碰撞所导致的不满情绪

一些接受过大学教育的从事管理工作的新员工往往认为,自己接受过最新的管理理论和管理技术的熏陶,至少已具备管理一个公司的基本能力。但事实上他们所要做的却是一些没有挑战性的事务性工作。当他们发现自我评价并不被组织中的其他人所认同时,失望和不满就是一种必然的结果。总之,较低的工作满意度,尤其是在成长以及一般意义上的自我实现需要方面的较低满意度,是陷入早期职业困境一种较为普遍的现象。

3) 不恰当的工作绩效评价

绩效反馈是一项很重要的管理职责。但是,很多管理人员在如何承担这一职责方面所接受的培训却显得不足,他们甚至不知道如何对下属的工作绩效进行评价。这种管理上的不到位,对新入职的管理人员伤害最大。新员工到组织中来的时间很短,还没有完成组织的社会化过程,没有被组织和他人所认同。他们自己也不确定,组织到底希望他们相信什么,信奉什么样的价值观,或者期望他们有什么样的行为表现。因此,新员工很自然地会指望自己的上司来指导他们度过最初的这一阶段。如果他们的上司并不能准确地评价他们的工作绩效,不能对他们的工作绩效有恰当的反馈,那么他们就不清楚自己到底是否达到了组织的期望,他们的自我感觉也因此总是找不到合适的位置。

4. 新员工走出早期职业困境的方法

针对上述 3 种情况,专家学者们提出了以下几种方法,帮助新员工走出早期职业困境。

1) 运用实际工作预览

消除新员工不现实期望的一种方法是,在招募的过程中尽量提供所聘职位和组织的完整、准确的信息,即一位被招募的人应当知道自己可能从工作和组织中获得的好的东西,同时也要了解可能会得到的不好的东西,这种方法被称为实际工作预览。应聘者获得全面的信息后,他们可以做出自己的选择。一旦做出加盟组织的选择后,就会按照实际工作的要求调整自己的职业期望。研究显示,接受实际工作预览的人的实际雇用率和那些没有经历这一过程的人的雇用率是相同的。更为重要的是,那些接受过实际工作预览的员工比那些没有经历过这一过程而被雇用的员工,更有可能留在工作岗位上,并且满意度也较高。

2) 尽可能地安排一份挑战性的工作

组织应当鼓励新员工的上级管理人员在可能的工作范围内,尽可能地给他们安排工作技能水平要求较高的工作。然而要成功地实施这一政策,却需要上级管理人员冒一定的风险,因为管理人员要对其下属员工的工作绩效负责。如果所安排的工作任务的难度远远超过了下属的能力范围,那么上级管理者和下属员工都要分担失败的成本。研究表明,那些经历过最初工作挑战的员工在今后的工作中会表现得更加有效率。

3) 丰富最初的工作任务

工作丰富化是为了激励那些对成长和成就感有较高需要的员工而采取的一些既定措施。如果对新员工安排的第一份工作在本质上不具有挑战性,那么他们的上级可以让这项工作任务更为丰富。通常做法包括给新员工以更多的权力和责任,允许他们直接与客户进行沟通,允许新员工去实践自己的想法(而不仅仅是向自己的老板推荐自己的想法)。

4) 安排要求严格的上司指导新员工

在新员工就职的最初阶段,把他们安排给那些对下属要求较为严格的上司,这对新员工的职业发展是极为有利的。这样的上级会向新员工灌输这样一种思想,即组织期望他们能够达到良好的工作绩效,并且这种绩效会得到组织的回报。此外,同样重要的是,这些上级会随时做好通过指导和咨询对他们给予帮助的准备。

富有挑战性的、丰富的早期工作经验所带来的收益还不仅仅局限于一个人职业生涯的早期阶段。那些能够成功地迎接这些早期职业挑战的人,毫无疑问也能够在他们的职业中期阶段乃至其后阶段更好地为组织做出贡献。此外,为成功地管理职业而设定这样一个时期,也有助于避免许多职业停滞和不满问题的出现。

5) 开展以职业发展为导向的工作绩效评价,提供阶段性工作轮换和畅通职业通道

主管人员需要弄清楚自己正在依据何种未来工作性质对下属的工作绩效进行评价,同时通过尝试不同领域的工作,下属获得了一个评价自己的资质和偏好的良好机会,有利于明确自己的职业锚类型。工作轮换的一种扩展情形被称为"职业生涯通道",它是指认真地针对每一位员工制订他们的后续工作安排计划,以促进员工的职业生涯发展。

4.1.3　知识经济时代组织职业生涯管理的对策

在知识经济时代,组织环境的急剧变化对企业的职业生涯管理活动提出了全新挑战,国外很多企业为了吸引人才、激励人才和留住人才,对以往的职业生涯开发活动进行了较大的改进。黄后川、兰邦华在《国外员工职业生涯开发实践的新发展》一文中对此做了较为详细的介绍,这些措施具体表现如下。

1. 工作重新设计

在传统的工业社会生产方式下,工作的设计提倡劳动分工的细化,许多员工在生产流水线上年复一年地从事简单的重复劳动,这种工作方式不但容易使人厌烦、降低生产效率,而且还是对员工个人发展的一种忽视甚至摧残。新型的职业生涯管理要求组织对工作进行重新设计,让员工的能力得到更快的发展,员工的人性得到更多的尊重。工作重新设计的具体做法有工作轮换制,工作内容扩大化、多样化和丰富化等方式。

工作轮换可以消除员工对长时间固定一个岗位或工种所产生的厌烦情绪。当然,这种工作轮换也不能过于频繁,不能在员工对其工作产生浓厚兴趣时进行轮换。只有员工主动申请,或经考察不能胜任工作或已对其工作不胜其烦时,才能进行工作轮换。

如果员工对一项工作已经驾轻就熟,希望有更多的机会展示其才能或愿意承担更多的挑战时,企业组织应该及时扩大员工的工作内容,使员工不只干一道工序而可以干多种工序。工作扩大化必然会提高员工的工作热情和兴趣,员工也能从更多的新的工作中获得满足感。工作丰富化不仅指增加员工的工作内容,还包括扩大员工的责任范围,让员工参与他们所从事工作的目标制定、规划、组织和控制。

工作轮换或者工作扩大化、多样化、丰富化是从扩展人的知识和技能、挖掘人的潜能、激励员工承担更大的责任,提供更多的进步和发展机会出发而设计的措施。这里也包含让企业员工自行规划自己的工作、自行控制生产的产量和质量的自我管理的含义。

无论是工作轮换、工作扩大化或多样化或丰富化,企业组织都必须从改善工作环境出发,着眼于组织的人员配置和工作团队的建设来进行。教育培训是取得预期成效的关键性环节,集体意识和团队精神的培育与文化技能的培训也同等重要。

2. 弹性工作时间安排

弹性工作时间安排是一种以核心工作时间(如上午 6 点到下午 2 点)为中心而设计的弹性日工作时间计划。之所以被称为弹性日工作时间计划,是因为在完成规定的工作任务或固定的工作时间的前提下,员工可以先行选择每天开始工作的时间以及结束工作的时间。例如,员工可以选择从上午 7 点到下午 3 点工作,也可以选择从上午 11 点到晚上7 点工作。在美国,除了本来就是确定工作时间的专业人员、管理人员和自雇用人员以外,大约有 15% 以上的员工是按照弹性工作时间计划来自行安排工作的。

弹性工作计划在实践中还产生了许多具体多样化的形式,如工作分担计划、临时工作分担计划、弹性工作地点计划、弹性年工作制计划等。

工作分担计划指允许由两人或更多的人来分担一项完整的全日制工作。例如,两个人可以分担一项每周 40 小时的工作,其中一个人上午工作,另一个人则在下午工作。临时工作分担计划则是一种常在经济困难时期使用的工作安排方式。在这种情况下,企业用临时削减某一员工群体的工作时间(将这些工作时间分给面临失业的员工)的办法来对付临时解雇的风险。如今,弹性工作制被越来越普遍地运用,有的企业允许甚至鼓励员工在家里或在离家很近的附属办公室中完成自己的工作。办公自动化技术的发展为弹性工作计划提供了技术上的支持。还有一些企业,尤其是欧洲的企业,正在向弹性年工作制计划转变。在这种计划下,员工可以选择自己在下一年度每个月愿意工作的时间。例如,一位希望每个月工作 110 小时的员工,可以选择在 1 月份(工作高峰期)工作 150 小时,而在 2 月份(旅游季节)只工作 70 小时。

3. 针对双职业家庭的职业生涯开发

以往的职业计划一般是在某个时段针对某位员工的,但是现在越来越多的员工及其配偶也从事工作,他们的职业及雇用前景也必须在职业决策时考虑到。一些学者开始把双职业家庭与双收入家庭分开。双职业家庭夫妇都把工作视为自我认同的需要和职业道路的一部分而投入很多精力。这条职业道路包括逐渐增加的责任、权力和报酬。至于双收入夫妇,他们中的一方或双方认为工作是与报酬相联系的,如用于支付账单的收入。对双收入家庭而言,配偶中只有一方需要进行明确的职业定位,制定职业规划相对容易些;对双职业家庭来讲,配偶中的每一方都强烈要求建立连续且富有挑战性的职业,双方的需要在职业计划中必须进行平衡。

由于考虑到配偶工作前景的需要,许多员工不太愿意接受雇主调动工作的安排。在这种情况下,组织调度人力资源的方式必须变化。现在越来越多的组织在进行必要的地区间人事调动时,更加注意员工配偶的职业需要,也更乐意同时雇用职业夫妇两人。例如,在美国杜邦公司的 10 万名员工中就有 3 500 名双职业生涯夫妇,在中国这样的情况更是非常普遍。所以,应该尽可能让配偶双方在同一地区工作,关心员工配偶的职业问题已成为企业挽留有价值专业人才的好办法。

双职业家庭的需要与传统的丈夫上班、妻子做家务的家庭有很大的区别。这些家庭通常欢迎"家庭援助"的组织政策,包括照顾小孩、弹性工作时间、工作共享、部分的时间选择权等形式的帮助。根据双职业家庭的职业计划,当家庭责任达到顶峰时,夫妻双方中的一方或双方会停止工作或进入较慢的、工作压力较低的职业轨道。

4. 变换的职业发展模式

自 20 世纪 80 年代中期以来,美国出现了一股企业重组、组织再造的强烈趋势。企业通过缩小长期全职员工的规模来降低劳动力成本,既涉及蓝领工人,也涉及中层管理人员。企业减少管理层次,使组织更为扁平化、反应更迅速、更贴近顾客。为了适应变动中的劳动力需要,重组后的企业会雇用短期的工人或把工作转包给更小的机构与兼职顾问。此外,企业还大量增加兼职工人的雇用。兼职工人成本较低,有更高的边际利润,而且在劳动力市场发生变化时可以更灵活地安排人事。

单个员工的职业发展模式也正在发生变化。进行机构改革的中国政府和国有企业,这几年一直在压缩规模、减员增效,组织成员可以获得提拔的管理职位机会正在不断减少,同时新增潜在竞争者的人数却还在不断增加。在美国,不少企业重组后也曾经被这个问题所困扰。当时一部分自认为怀才不遇的员工离开大企业去独立创业或作为顾问自由工作,另一些人则采用一种新的职业模式,更频繁地在组织的不同部门间流动。组织正试图通过开发传统职业道路的替代物来维持组织的动力和创造力;还采用专业等级升迁制的做法,鼓励员工在某一专门技术领域内增长专业知识,而不必转到管理部门。组织的报酬与工作结构正在发生变化以适应新的职业活动形式。扩宽等级面是普遍采用的做法,它把许多以前严格的工作称号、等级、报酬级别将以联合、拓宽,通过降低工作资历的重要性、奖励成绩优异者、加强同级间的工作变动等办法来鼓励员工。螺旋形或交叉形的组织职业化道路会使员工待在一个地区的可能性延长了。随着双职业夫妇数量的增加,员工倾向于在同一个社区住更长一段时间,或在同一机构不同类型工作间转移或在不同的当地雇主间做同一项工作,新的职业流动模式满足了他们的这种稳定性的需要。

5. 多元经历发展

多元经历发展,是指员工不仅有企业需要的专业工作经验,还具有与该工作相关的其他工作经验。例如,一个人力资源经理除了有很丰富的专业管理经验外,还可以有财务管理经验,能进行人力资本的分析和控制;还可以有法律知识,能代表公司出庭和应诉。

一个企业或组织如果有意要发展某些员工的多元经历,最重要的是制订相应的计划和找到相应的发展环境。摩托罗拉公司人力资源发展部门的经理可以在公司任何角落发展员工的多元经历、多元文化、多元技术以及多元经济,员工在这种环境下得到的发展远远超过在其他公司的发展。因此,摩托罗拉公司在保留员工的同时,也从员工素质不断提高中获得了可观的经济效益。

多元经历发展需要更大的投资和空间,需要运用社会及外部的资源,其平衡和组织也是跨学科、跨专业,这对企业的人力资源组织者提出了更高的要求,必须从现有的条件出发,找到最容易成功的多元经历发展的"捷径"。

4.2 组织的职业生涯管理操作实务

职业生涯管理有比较规范的操作程序、步骤和具体内容。无论是个人、组织以及作为第三者的咨询机构,都可以按照以下介绍的 4 个步骤的规范要求,进行具体的职业生涯管理。

4.2.1 职业生涯诊断

职业生涯的目标与实际必须相结合,职业生涯诊断能够帮助个人真正了解自己,进一步评估内外环境的优势、限制,在"衡外情,量己力"的情形下,设计出合理且可行的职业生涯发展方向。

1. 诊断的内容

职业生涯诊断的内容包括自我分析、环境分析、关键成就因素分析,以及存在的关键问题分析 4 个方面。

1) 自我分析

(1) 个人部分。

① 健康情形：身体是否有病痛？是否有不良的生活习惯？是否有影响健康的活动方式？生活是否规律？有没有学习过养生之道？

② 自我充实：是否有专长？是否经常阅读和收集资料？是否正在培养其他技能？

③ 休闲管理：是否有固定的休闲活动？如果有,这种活动是否有助于身心健康和工作？是否有休闲计划？

(2) 事业部分。

① 财富所得：薪资多少？是否有储蓄、动产、有价证券、不动产？其价值各是多少？

② 社会阶层：现在的职位是什么？还有升迁的机会吗？是否有升迁的准备？人际关系如何？

③ 自我实现：喜欢现在的工作吗？其理由是什么？有完成人生理想的准备吗？

(3) 家庭部分。

① 生活品质：居家环境如何？有没有计划换房子？家庭的布置和设备如何？有丰富的精神文化生活吗？小孩、夫妻、父母有学习计划吗？

② 家庭关系：夫妻关系是否和睦？是否拥有共同的发展目标？是否有共同或个别的创业计划？与子女、父母、公婆、姑叔、岳家的关系如何？是否常与家人相处、沟通、活动、旅游？

③ 家人健康：家里有小孩吗？小孩有多大、是否健康、是否需要托人照顾？配偶的健康状况如何？家里有老人吗？有需要照顾的家人吗？

2) 环境分析

(1) 友伴条件：有多少有能力、有实力的朋友能够帮助你？

(2) 行业条件：关注社会当前及未来需要的行业。

(3) 企业条件：公司有改革计划吗？公司需要什么人才？

(4) 地区条件：视行业和企业而定。

(5) 社会：注意政治、法律、经济、社会与文化、教育等因素,现实社会的特性及潜在的市场条件。

3) 关键成就因素分析

(1) 人脉：家族关系、亲戚关系、同事(同学)关系、社会关系、沟通与自我推销。

(2) 金脉：薪资所得、有价证券、基金、外币、定期存款、财产(动产、不动产)、信用(与为人和职位有关)、储蓄、理财有方、夫妻合作、努力工作提高自己的能力条件及职位。

(3) 知脉：知识力、技术力、咨询力、企划力、预测(洞察)力、敏锐力,做好时间管理、安排学习计划、上课、听讲座、进修,组织内轮换,经常做笔记、做模拟计划。

4) 存在的关键问题分析

(1) 问题发生的领域：是家庭问题、自我问题,还是工作问题或是其中两者或三者的共同问题？

(2) 问题的难度：是否要学习新技能？是否需要投入全部精力,是否需要个人改变态度与价值观？

（3）自己与组织的相互配合情况：自己是否为组织做出贡献？是否在组织内部找到适合自己的职业领域并发挥专长，和其他组织人员的团结协作怎样？组织对自己的职业生涯设计和自己制定的职业生涯规划是否有冲突？等等。

2. 诊断的方法

职业生涯诊断的具体方法包括如下方面。

1）诊断方法体系

（1）自我评价：自己的才能是否能充分施展？对自己在企业发展、社会进步中所做出的贡献是否满意？对自己的职称、职务、工资待遇等方面的变化是否满意？对处理职业生涯发展与其他人生活动的关系的结果是否满意？

（2）家庭评价：父母、配偶、子女等家庭成员对自己是否能够理解和肯定，是否能够给予支持和帮助？

（3）企业评价：是否有下级、平级同事的赞赏？是否有上级的肯定和表彰？是否有职称、职务的晋升或相同职务的权力范围扩大？是否有工资待遇的提高？

（4）社会评价：是否有社会舆论的支持和好评？是否有社会组织的承认和奖励？

2）常用的 6 种诊断工具

常用的 6 种诊断工具的关键之处就在于所用的方法是归纳式的而非演绎式的，诊断过程是从具体到一般，而不是从一般到具体。

（1）自我访谈记录。给每人发一份提纲，其中有 11 道涉及个人情况的问题，要提供有关个人生活（有关的人、地、事件）、经历过的转折以及未来的设想，让其在小组中互相讨论。这篇自传摘要性质的文件将成为随后自我分析所依据的主要材料。

（2）斯特朗—坎贝尔个人兴趣调查问卷。这份调查问卷包含 325 项问题，能据此确定个人对职业、专业领域、交往的人物类型等的喜恶倾向，能为个人跟各种不同职业中成功人物的兴趣进行比较提供依据。

（3）奥尔波特—弗农—林赛价值观问卷。这份有关价值观的问卷中列有多种相互矛盾的价值观，每人需对其做出 45 种选择，从而测定这些参加者对多种不同的关于伦理、经济、美学、社会、政治及宗教价值观接受和同意的相对强度。

（4）24 小时活动日记。参加者要把一个工作日及一个非工作日全天的活动如实而无遗漏地记下来，用来对照其他来源所获同类信息是否一致或相反。

（5）"重要人物"访谈记录。每位参加者要对自己的配偶、朋友、亲戚、同事或其他重要人物中的两个人，就自己的情况提出一些问题，看看这些旁观者对自己的看法。这两次访谈过程需要录音。

（6）生活方式描述。每位参加者都要用文字、照片、图表或其他手段，把自己的生活方式描绘出来。

4.2.2 确定职业生涯发展目标和成功标准

1. 确定职业发展周期

每个人的职业发展都需要经过几个阶段，需要依据职业发展周期调整个人的知识水平和职业爱好。个人的职业发展周期一般分为 5 个阶段:成长阶段、探索阶段、确立阶段、维持阶段和下降阶段。但是,并不是每个人的职业发展周期都是一样的,每个人都会有自己的特点。

1) 成长阶段

成长阶段大体上可以界定在从一个人从出生到 14 岁这一年龄段上。在这一阶段,个人通过对家庭成员、朋友和老师的认同以及与他们之间的相互作用,逐渐建立起了自我的概念。在这一阶段的一开始,角色扮演是极为重要的。在这一时期,儿童会尝试各种不同的行为方式,形成如何对不同的行为做出反应的印象,帮助建立起一个独特的自我概念或个性。

2) 探索阶段

探索阶段发生于一个人 15~24 岁这一年龄段上。在这一时期中,个人认真探索各种可能的职业选择,试图将自己的职业选择与对职业的了解以及通过学校教育、休闲活动和工作等途径中所获得的个人兴趣和能力匹配起来。

3) 确立阶段

确立阶段发生在一个人 24~44 岁这一年龄段上,是大多数人工作生命周期中的核心部分。个人在这期间通常是希望在这一阶段的早期能够找到合适的职业,随之全力以赴地投入有助于自己在此职业中获得永久发展的各种活动之中。但是在大多数情况下,这一阶段的人仍然在不断地尝试与自己最初的职业选择所不同的各种能力和理想。

4) 维持阶段

到 45~65 岁这一年龄段上,许多人很简单地就进入了维持阶段。在这一职业的后期阶段,人们一般在自己的工作领域中为自己建立了一席之地,他们的大多数精力主要是放在保有这一位置上。

5) 下降阶段

当退休临近的时候,人们不得不面临职业生涯中的下降阶段。在这一阶段,许多人都不得不面临权力和责任减少的现实,学会接受一种新角色,学会成为年轻人的良师益友。随后,几乎每个人都不可避免地要面对退休。这时的人所面临的选择就是如何去打发以前用在工作上的时间。

2. 确定职业生涯发展目标——职业性向

决定个人选择何种职业有 6 种基本的"人格性向"。实际上,每个人不是只包含一种职业性向,而是几种职业性向的混合。个人的这几种性向越相似,在选择职业时面临的内在冲突和犹豫就越少。

1) 实际性向

具有实际性向的人会被吸引从事一些包含体力活动并且需要一定技巧、力量和协调的职业,如森林工人、运动员。

2) 调研性向

具有调研性向的人会被吸引从事一些包含较多认知活动的职业,而不是主要以感知活动为主的职业,如生物学家和大学教授。

3) 社会性向

具有社会性向的人会被吸引从事一些包含大量人际交往活动的职业,而不是那些有大量智力活动或体力活动的职业,如心理医生和外交人员。

4) 常规性向

具有常规性向的人会被吸引从事一些包含大量结构性和规则性的职业,如会计和银行职员。

5) 企业性向

具有企业性向的人会被吸引从事一些包含大量以影响他人为目的的语言活动的职业,如管理人员、律师。

6) 艺术性向

具有艺术性向的人会被吸引从事一些包含大量自我表现、艺术创造、情感表达和个性化的职业,如艺术家、广告创意人员。

3. 确定职业生涯的成功标准——职业锚

从职业锚可以判断雇员要达到职业成功的标准。

1) 职业锚类型判断

职业锚类型判断,可以参照第 1 章"职业锚理论"一节进行分析。

2) 职业锚评价

可以根据以下 10 个问题,进行具体的职业锚评价。

(1) 你在高中时期主要对哪些领域比较感兴趣? 如果有的话,为什么对这些领域感兴趣? 你对这些领域的感受是怎样的?

(2) 你在大学时期主要对哪些领域比较感兴趣? 为什么会对这些领域感兴趣? 你对这些领域的感受是怎样的?

(3) 你毕业之后所从事的第一种工作是什么? 你期望从这种工作中得到些什么?

(4) 当你开始职业生涯的时候,你的抱负或长期目标是什么? 这种抱负或长期目标是否曾经出现过变化? 如果有,是在什么时候? 为什么会出现变化?

(5) 你第一次换工作或换公司的情况是怎样的? 你期望下一个工作能给你带来什么?

(6) 你后来换工作、换公司或换职业的情况是怎样的? 你怎么会做出变动决定? 你所追求的是什么? 请根据你每一次更换工作、公司或职业的情况来回答这几个问题。

(7) 当你回首自己的职业经历时,觉得最令自己感到愉快的是什么时候? 你认为这些时候的哪些东西最令你感到愉快?

(8) 当你回首自己的职业经历时,觉得最让自己感到不愉快的是什么时候? 你认为这些时候的哪些东西最令你感到不愉快?

(9) 你是否曾经拒绝过从事某种工作的机会或晋升机会? 为什么?

(10) 现在请你仔细检查自己的所有答案,并认真阅读关于 5 种职业锚,即管理型、技术或功能型、安全型、创造型、自治与独立型的描述。根据你对这些问题的回答,分别将每一种职业锚赋予 1~5 的某一分数。

分数为 1~5,1 代表重要性最低;5 代表重要性最高。

4.2.3 确定职业生涯发展策略

确定职业生涯发展策略应把握 4 条原则:择己所爱,择己所能,择世所需和择己所利。

1. 组织内部发展

组织内部发展基本上有以下 3 个方向。

(1) 纵向发展,即员工职务等级由低级到高级的提升。

(2) 横向发展,是指在同一层次不同职务之间的调动,如由部门经理调到办公室任主任。这种横向发展可以发现员工的最佳发挥点,又可以使员工积累各个方面的经验,为以后的发展创造有利的条件。

(3) 向核心方向发展。虽然职务没有晋升,却担负了更多的责任,有更多的机会参加单位的各种决策活动。

以上不同方向的内容发展都意味着个人发展的机会,也会不同程度地满足员工的发展需求。

2. 组织外部发展

组织外部发展的时机,有以下方面。

(1) 如果你在一家公司太早就晋升至高层,欲更上一层楼,则需等待很久。

(2) 由于你最近的成功表现,使你的身价大幅提高时。

(3) 如果你觉得你在现职位上并未获得充分的重视时。

(4) 如果你的公司在竞争中落后,而你又无力促使公司迎头赶上时。

(5) 如果公司的改组或变动使你的前程计划受到阻碍时。

(6) 如果你有更高的眼界与新的理想时。

资料链接

外部发展需要的判定工具——职业满意问卷

(1) 你工作时看表吗?(　　)

　　A. 不断地看(1分)　　　B. 不忙的时候看(3分)　　　C. 不看(5分)

(2) 到了星期一早晨,(　　)。

　　A. 你愿意回到单位去(5分)

　　B. 你渴望摔伤腿而住进医院(1分)

　　C. 开始觉得勉强,过一会儿就想回到单位去上班(3分)

(3) 一天快结束时,你感觉如何?(　　)

　　A. 疲惫不堪,全身不舒服(3分)

　　B. 为能维持生活而感到高兴(1分)

　　C. 有时感到累,但通常很满足(5分)

(4) 对自己的工作感到忧虑吗?(　　)

　　A. 偶尔(5分)　　　　B. 从来没有(3分)　　　C. 经常(1分)

(5) 你认为,你的工作(　　)。

A. 对你来说是大材小用(1分)

B. 使你很难胜任(3分)

C. 从没想过要做这份工作(5分)

(6) 你对自己的工作,(　　)。

A. 不讨厌(5分)

B. 感兴趣,但有困难(3分)

C. 厌烦(1分)

(7) 你用多少时间打电话或做些与工作无关的事?(　　)

A. 很少一点时间(5分)

B. 在个人生活遇到麻烦时用一些(3分)

C. 很多时间(1分)

(8) 你想换个职业吗?(　　)

A. 不太想(5分)

B. 不想,但想在本职业中找个好位置(3分)

C. 想(1分)

(9) 你觉得,(　　)。

A. 自己总是很有能力(5分)

B. 自己有时很有才能(3分)

C. 自己总是没有能力(1分)

(10) 你认为,你自己(　　)。

A. 喜欢并尊重同事(5分)

B. 不喜欢同事(3分)

C. 和你的同事比差不多(1分)

(11) 哪种情况同你最相符?(　　)

A. 不想再钻研有关工作的知识(1分)

B. 开始工作时很喜欢学习(3分)

C. 愿再学点有关工作的知识(5分)

(12) 你具有哪些个性特点?你认为工作需要什么?(　　)(两问每重叠一项计5分,不重叠计2分)

A. 专心　　　　　　B. 幽默　　　　　　C. 体力好

D. 思维敏捷　　　　E. 好创新　　　　　F. 镇定

G. 记忆力好　　　　H. 有魅力

(13) 你最赞成以下哪种说法?(　　)

A. 工作即赚钱谋生(1分)

B. 主要为赚钱,若有条件希望能做令人满意的工作(3分)

C. 工作即生活(5分)

(14) 工作加班吗?(　　)

A. 如果付加班费,就加班(3分)

    B. 从不加班(1分)

    C. 经常加班,没有加班费也如此(5分)

(15) 除假日或病假,你是否缺勤?(　　)

    A. 一点也没有(5分)　　B. 仅仅几天(3分)　　　　C. 经常缺勤(1分)

(16) 你对自己的工作(　　)。

    A. 劲头十足(5分)　　　B. 没有劲头(1分)　　　　C. 一般化(3分)

(17) 你认为你的同事们(　　)。

    A. 喜欢你(5分)　　　　B. 不喜欢你(1分)　　　　C. 一般化(3分)

(18) 关于工作上的事,你(　　)。

    A. 只与同事谈论(3分)

    B. 同家里人和朋友谈(5分)

    C. 尽量少谈或不谈(1分)

(19) 你经常患小病或说不清的病吗?(　　)

    A. 难得患一次病(5分)

    B. 不经常患病(3分)

    C. 经常患病(1分)

(20) 目前的工作你是怎样选择的?(　　)

    A. 父母或老师帮忙决定的(3分)

    B. 你唯一能找到的(1分)

    C. 当时觉得很合适(5分)

(21) 当家庭与工作矛盾时,哪方取胜?(　　)

    A. 家庭一方(1分)

    B. 工作一方(5分)

    C. 根据具体情况而定(3分)

(22) 如果少付三分之一工资,你还愿意做这份工作吗?(　　)

    A. 愿意(5分)

    B. 内心愿意,但负担不了家庭,只好作罢(3分)

    C. 不愿意(1分)

(23) 如果你被迫离开工作,你最想念什么?(　　)

    A. 钱(1分)　　　　　　B. 工作本身(5分)　　　　C. 工作单位(3分)

(24) 你会为了消遣一天而请一天事假吗?(　　)

    A. 会(1分)

    B. 不会(5分)

    C. 如果工作不忙,可能会(3分)

(25) 你觉得自己在工作中不受赏识吗?(　　)

    A. 偶尔觉得(3分)　　　B. 经常觉得(1分)　　　　C. 很少觉得(5分)

(26) 你最不喜欢你职业的哪方面?(　　)

    A. 时间太死板(3分)

B. 乏味（1分）

C. 不能按自己的想法做（5分）

(27) 你爱人认为你把个人生活与工作分开了吗？（　　）

A. 严格分开（1分）

B. 时常分开，但也有不分开之处（3分）

C. 完全没分开（5分）

(28) 你建议自己的孩子将来从事你的职业吗？（　　）

A. 是的，如果他有能力并且合适（5分）

B. 警告他不要做（1分）

C. 随孩子的便（3分）

(29) 如果你有了一大笔钱，你会怎样？（　　）

A. 辞职，再也不干工作了（1分）

B. 找一个你一直想做的职业（3分）

C. 继续做现在的工作（5分）

测试结果倾向

30～40分：极不满意自己的职业。毫无疑问，没有必要再干下去。如果你还年轻，应立即鼓足勇气去寻找令你满意的工作。

41～56分：不满意自己的职业。有可能你选错了职业，也有可能自己估计太高，因此产生失落感，工作的热情总是调动不起来。

57～99分：比较满意自己的职业。觉得工作环境挺好，同事也不错，有被提拔的机会，但你不一定喜欢艰苦的领导职务。

100～124分：非常满意自己的职业。工作对你十分重要，对工作有高度的责任感。你是工作中的成功者和愉快者。

125分以上：你的职业已使你产生了变态心理。工作成为一切生活的需要，除此之外，你认为世界上任何事物都不复存在了。要警惕！

4.2.4　职业生涯实施管理

1. 职业生涯发展方案

确定了职业生涯发展策略之后，行动成为关键。职业生涯发展方案通过准备一套周密的行动计划，并辅以考核措施以确保预期目标的实现。考虑到影响职业生涯规划的因素很多，对职业生涯设计的评估与修订也很有必要。

1) 分析基准

(1) 我的人生价值是什么？

(2) 环境是否有利于我的成长？

(3) 成长最大的障碍在哪里？

(4) 我现有的技能和条件有哪些？

2) 目标与标准

(1) 我处于职业生涯哪一阶段？这一阶段的特点有哪些？

(2) 可行的职业生涯方向是什么？为什么这个目标对自己而言是最可能的目标？

(3) 如何判断自己是否成功？

3) 职业生涯策略

(1) 自己职业生涯发展的内部路线与外部路线如何？

(2) 如何进行相应的角色转换？

(3) 如何进行相应的能力转换？

(4) 对自己而言,还有哪些不能解决的问题呢？

4) 职业生涯行动计划

(1) 执行计划是否做到从长期计划→年度计划→月计划→周计划→日计划的分解？

(2) 自己将分别在何时进行上述每一行动计划？

(3) 有哪些人将会/应当加入此行动计划？

5) 职业生涯考核

(1) 哪些方面你做得好？哪些方面你做得不好？

(2) 你还需要什么？是需要学习,需要扩大权力,还是需要增加经验？

(3) 怎样运用你的培训成果？你拥有什么资源？

(4) 你现在应该停止做什么,开始干什么？培训和准备的时间是如何安排的？

6) 职业生涯修正

(1) 职业是否应该重新选择？

(2) 职业生涯路线是否应该重新选择？

(3) 人生目标是否需要修正？

(4) 实施措施与计划是否需要变更？

2. 职业生涯发展文件

PPDF(personal performance development file),就是个人职业发展档案,是一种极为有效的职业生涯匹配人力资源开发的方法。

1) PPDF 的使用指南

PPDF 的主要目的以及具体使用如下所示。

(1) PPDF 的主要目的。PPDF 是对员工工作经历的一种连续性参考。其设计使员工和他的主管领导,对该员工所取得的成就,以及员工将来想做些什么有一个系统的了解。PPDF 既指出员工现时的目标,也指出员工将来的目标及可能达到的目标。它标示出,个人如果要达到这些目标,在某一阶段应具有什么样的能力、技术及其他条件等。同时,还帮助个人在实施行动时进行认真思考,看自己是否非常明确这些目标,以及应具备的能力和条件。

(2) 使用 PPDF。PPDF 是两本完整的手册。当个人希望达到某一目标时,PPDF 会为个人提供一个非常灵活的档案。将 PPDF 的所有项目都填好后,交给自己的直接领导一本,个人留下一本。个人需要告诉领导,自己想在什么时间内、以什么样的方式来达到自己的目标。领导会同你一起研究,分析其中的每一项,指出哪一项目标设计得太远;哪一项目标设计得太近;甚至可能会亲自为你设计一个更适合你的方案。总之,不管怎样,你将单独地和你相信的领导一同探讨你该如何发展、奋斗。

2）PPDF 的主要内容

PPDF 的主要内容包括个人情况、现在的行为、未来的发展。

（1）个人情况。个人简历,包括个人的生日、出生地、部门、职务、现住址等。

文化教育,包括初中以上的校名、地点、入学时间、主修专题、课题等,还包括所修课程是否拿到学历、在学校负责过何种社会活动等。

学历情况,要求填入所有的学习经历、取得学历的时间、考试时间、课题以及分数等。

曾接受过的培训,要求填入曾受过何种与工作有关的培训,如在校、业余还是在职培训以及课题、形式、开始时间等。

工作经历,按顺序填写以前工作过的单位名称、工种、工作地点等。

有成果的工作经历,填写个人认为以前有成绩的工作,不用填写现在的工作。

以前的行为管理论述,填写个人工作进行的评价,以及关于行为管理的事情。

评估小结,对档案里所列的情况进行自我评估。

（2）现在的行为。现在的工作情况,应填写个人现在的工作岗位、岗位职责等。

现在的行为管理文档,填写个人现在的行为管理文档记录,可以加入一些注释。

现在目标行为计划,个人设计一个目标,同时列出和此目标有关的专业、经历等。此目标是有时限的,要考虑到成本、时间、质量和数量的记录。如果有什么问题,可以同自己的上司探讨解决。

（3）未来的发展。职业目标,在今后的 3～5 年里,个人准备在单位里做到什么位置?

所需要的能力、知识,为了达到目标,个人认为应该拥有哪些新的技术、技巧、能力和经验等?

发展行动计划,为了获得这些能力、知识等,个人准备采用哪些方法和实际行动?其中,哪一种是最好、最有效的?谁对执行这些行动负责?什么时间能完成?

发展行动日志,此处填写发展行动计划的具体活动安排、所选用的培训方法,如听课、自学、所需日期、开始时间、取得的成果等。

资料链接

职业生涯发展的 20 则建议

（1）在职业生涯发展的道路上,重要的不是你现在所处的位置,而是迈出下一步的方向。

（2）职业生涯开发与管理,只要开始,永远不晚;只要进步,总有空间。

（3）职业生涯的每一次质的飞跃发展都是以学习新知识、建立新观念为前提条件的。

（4）在职业生涯早期,对自己锻炼最大的工作是最好的工作;在职业生涯中期,挣钱最多的工作是最好的工作;在职业生涯后期,实现人生价值最大的工作是最好的工作。

（5）在职业生涯发展的进程中,什么时候你的工作热情、努力程度,不为工资待遇不高、不为上级评价不公而减少,从那时起你就开始为自己打工了。

(6) 千万不要把你的主要精力放在帮助你的上级改正缺点错误上,用同样的时间和精力,你能从他身上学到的优点,一定多于能帮他改正的缺点。

(7) 确定你的职业锚之日,就是你的职业转变为你的事业之时。

(8) 在职业生涯发展的道路上没有空白点。每一种环境、每一项工作都是一种锻炼;每一个困难、每一次失败都是一次机会。

(9) 在职业生涯发展的道路上,只要不放弃目标,每一次挫折、每一次失败都是有价值的。

(10) 在职业生涯初期,我们可能做的是自己不喜欢而且不想从事一生的工作。此时我们要分清,喜欢不喜欢这份工作是一件事,应该不应该做好这份工作、是否有能力做好这份工作是另一件事。切记,职业生涯发展是从做好本职工作开始的。当你还没有能力做好一件工作时,就没有资格说不喜欢。

(11) 成功的人和不成功的人就差一点:成功的人可以无数次修改方法,但绝不轻易放弃目标;不成功的人经常改变目标,就是不改方法。职业生涯没有目标不行,目标太多不行,目标总变也不行。对目标的处理方法是选择、明确、分解、组合,加上时间坐标。

(12) 目标分解是在现实处境与美好愿望的实现之间建立可拾级而上的阶梯。目标组合是找出不同目标之间互为因果、相互促进的内在联系。

(13) 求知是自我实现的前提,求美是自我实现的过程。

(14) 只有暂时没有找到解决方法的困难,没有解决不了的困难。

(15) 自我实现让人兴奋,天人合一使人平静。

(16) 企业不仅是挣钱谋生的场所,更是学习进步、实现人生价值的舞台。

(17) 内职业生涯发展是外职业生涯发展的前提,内职业生涯带动外职业生涯的发展。

(18) 外职业生涯的因素通常由别人决定、给予,也容易被别人否定、剥夺;内职业生涯的因素主要靠自己探索、获得,并且不随外职业生涯的因素改变而丧失。

(19) 外职业生涯略超前时有动力,超前较多时有压力,超前太大时有毁灭力;内职业生涯略超前时很舒心,超前较多时很烦心,超前太大时要变心。

(20) 正确的角色定位需要理智,及时的角色转换需要智慧。

(资料来源:中国人力资源网,http://www.chinahrd.net.)

职业生涯发展的 10 条建议

1. 主动要求一点假期并毫无负罪感地接受它

如果你一直没找到一个好的时机给自己放个假,你可以趁着新年向老板要求几天假期。如果永远没有休假的好时机,那你永远都不会有休息的机会,这对你的身心健康甚至对你的雇主都是不利的,因为及时充电并保持精力充沛的雇员才能更好地完成工作。

2. 停止抱怨你的工作

你会很容易就开始抱怨你的工作、你的老板或者你的同事,但是不停抱怨只会加剧你的不满。你还不如直接去跟他们交流,也许有机会让情况好转。如果你的工作真的让你非常不愉快,比起让自己一直陷在消极情绪中,还不如赶紧去寻找新的工作机会。

3. 向人们表达感谢

是否有一些人让你的工作变得更容易了,帮助你建立了一些有益的人际关系,或仅仅是在过去一年的合作中让你感到非常愉快?告诉他们,并承诺你会在新的一年里继续感谢。更好的方式是,用小卡片或者邮件表达你的感谢,你的这份心意也许会被收到的人珍视很久。永远不要低估人们多重视他人的欣赏。

4. 停止在会议上玩手机

你也许会认为没人注意到你,或者其他的人也在做同样的事情,但是如果你一直在会议上看手机或者发短信,你就是在减少自己的投入程度。如果这是一个小型会议,对于那些一同参会的人来说,你的行为也是相当无礼的。要解决这个问题,你应该从给你的同事最大的关注开始,即使你需要把手机丢在一旁才能做到。

5. 要求升职/加薪

如果你过去一两年里在工作上一直表现出色,却没有得到提升,主动向你的老板提出要求吧。人们总是不敢在糟糕的经济状况中要求加薪或者升职,但是如果你对于公司的价值贡献已经提升了,要求这一点在工资上有所反映也是合理的。

6. 与专业人士交往

寻找一个与你同领域的专业人士圈子,并努力地融入它。通过参加协会或者会议的方式,你可以扩展你的人脉,提升你的见识,也许还能为你的简历增加一些技能或成就。

7. 打破一个坏习惯

对于某个坏习惯,不管它是否影响到其他人,或者你是否抗拒改变,发誓战胜它吧。一开始坏习惯也许让你觉得它就是你的一部分,但我们确实可以做出改变。并且如果你能做到戒掉坏习惯,你的生涯和生活都会得到积极反馈。

8. 聚焦一份新简历

丢掉你原来的简历,开始写一个新的,这份简历应该聚焦在你的成就而不仅仅是你能承担的工作职责上。大部分人的简历都平淡乏味且毫无启发性,所以赶快去写一份能够真正打动面试官的聚焦在你的成就上的简历吧。即使你无须寻找新工作也可以这么做,这样当一个意料之外的好机会出现或者你需要的时候,你已经准备好了。

9. 寻求反馈

如果你正在等待你的老板给你反馈,关于你什么工作做得很好,或者还有什么工作需要改进,你也许需要等待很长时间。大部分的经理人并不擅长给出笼统的反馈,他们擅长的是回答具体的问题,例如:"你认为我什么地方做得最好或者我需要在什么地方做一些改进?"即使你不是很喜欢你的老板,问他这些问题也许能给你一些有趣的启发。

10. 掌控你的生涯

现在这份工作你做得并不开心?那么开始寻找一份新的工作吧。想要转换工作领域?想想这个转换需要你付出什么,然后开始往这条路上努力吧。不确定你到底想要做什么?列出一个计划来解决这个问题吧。

(资料来源:人才网)

复习思考题

1. 试述组织人力资源开发与组织职业生涯管理的关系。组织职业生涯管理的现实意义和作用有哪些方面?

2. 随着信息技术的发展、知识经济以及经济全球化的进一步发展,组织的变迁和发展出现了哪些新特点和趋势?组织的职业生涯管理如何适应这些发展和变化?

3. 职业生涯管理实务操作有几个具体步骤?如何进行实际操作和应用?

案例探讨

阿莫科制造公司:组织建设

1. 背景

阿莫科制造公司(APC)是阿莫科公司下属一家独资公司,在世界范围内勘探和生产石油与天然气,员工总数约为 14 000 人。阿莫科制造公司建立员工职业生涯规划开发体系的基本原因有两个:提高利润率和竞争力,帮助员工确定和追求自己的职业生涯成功远景。公司认为,只有个人的能力、兴趣和志向与公司的业务目标相一致时,公司的整体能力才能得到加强。阿莫科制造公司的员工职业生涯开发体系似乎是实现这种一致的主要手段。

2. 实施

阿莫科制造公司在 4 个相关阶段实施自己的这一体系:

阶段 1:①调研;②组建筹划指导委员会;③组建顾问小组。

阶段 2:①评估当前及未来的形势;②外部调研。

阶段 3:①设计;②开发。

阶段 4:①根据具体情况量身定制;②实施。

阶段 1:

1988 年,一项对全体员工展开的调查发现,有几个方面的因素影响着员工的能力和公司的能力:员工的参与、表彰与奖励、个人职业生涯的发展。于是,一系列全公司性的专项工作组分别就上述问题开展工作。其中的第三个组织,即公司效率(OE)筹划指导委员会,于 1990 年 11 月召开了它的第一次会议。它的任务是设计、开发和实施一个后来成为"阿莫科员工职业生涯管理"(ACM)的体系。

该公司的效率筹划指导委员会由中级和高级管理人员组成(15 人),他们来自公司的各个部门。这一委员会的主席由执行副总裁担任,他有两个来自人力资源部的专项事务助手。委员会的每一位成员负责组建一个顾问小组。通过这种方式,300 多名员工积极地参与了该委员会的工作。

在整个计划的实施过程中,该委员会每月举行一次会议,每次会议为期两天。各顾问小组平均每月碰头一两次。第一阶段于 1990 年 1 月结束。

阶段 2：

效率筹划指导委员会从第二阶段开始，发动了一次自我教育活动，以了解阿莫科制造公司当时职业生涯开发的状态、本行业中最成功的做法以及相关的人力资源实践。该委员会还对阿莫科制造公司所处的竞争环境进行了详细的研究。最后，委员会向员工征求意见、想法和建议。

此阶段征集的所有意见，在观念上均与公司上下所持的对职业生涯开发的未来展望相一致。阶段 2 于 1991 年 8 月结束。

阶段 3：

根据阶段 2 的工作及所明确的未来理想，公司的效率筹划指导委员会于 1991 年 8 月开始了"阿莫科员工职业生涯管理"计划的设计阶段。委员会分成 4 个小型的设计小组：

（1）自我评估与培训；

（2）总体过程和责任制；

（3）个人职业生涯对话与具体发展规划；

（4）信息。

最后还成立了第五个小组（补充活动小组），对其他人力资源活动进行评估并改进建议。这一小组专门关注晋升原则、岗位分级与评定以及双重或无监督事业阶梯。为保证所需要的专业人才和充足的员工及部门参与，每个小组增加了一些筹划指导委员会以外的人士。

阶段 4：

设计阶段接近尾声时，筹划指导委员会聘请了一位外部顾问来协助包装和推广"阿莫科员工职业生涯管理"计划（在此之前，无任何顾问参与）。这一顾问的聘请象征着最后阶段于 1992 年 2 月正式开始。

为支持这一行动，效率筹划指导委员会指派了一个四人实施小组。该小组由一位效率筹划指导委员会委员挂帅，成员包括一位人力资源专职人员、一位培训和公司发展专职人员以及一位已经转入技术培训领域的工程师。这 4 位成员在本实施小组全职工作，在每月例会上向效率筹划指导委员会汇报自己的进展情况。

从根本上讲，此实施小组将效率筹划指导委员会下属各设计小组的设计建议付诸实施。他们还集中力量针对各国情况和工作现场情况，专项设计"阿莫科员工职业生涯管理"计划。

3. 需求分析

效率筹划指导委员会利用两种方法来确定需求：①通过员工核心组和各顾问小组的讨论来明确员工所面临的问题；②通过公司战略与业务规划来明确公司的需求。他们发现了以下的员工需求。

（1）对职业生涯开发方向提出更多的意见，在影响个人职业生涯的决策中有更大的发言权。

（2）更充分的业务贡献能力以及对业务贡献更多的承认。

（3）更多的专业及个人发展机会。

（4）公司方面的需求包括实现战略目标和行业目标，网络战略性人才，于合适的时机安排合适的人选从事合适的工作。

　　效率筹划指导委员会从一开始就决定,经改进的员工职业生涯开发运作程序应该适用于世界各地的阿莫科公司员工(虽然这一认识并无任何改变,但尚未就是否使用某一示范过程做出最后的决定)。实施前的宣传工作包括一系列单页传单,大约每个月出版一期。其目的在于有计划地阐明新体系的目标、内容和预期的结果。

4. 系统的组成部分

　　"阿莫科员工职业生涯管理"计划的主要功能是员工与其领导之间关于职业生涯开发问题的对话。之后,这一对话以个人发展计划的形式书面化。其他辅助性功能包括员工及其主管的培训、岗位需求信息发布或竞争(在公司内部叫作自我推荐)、来自管理层的反馈与评审。"阿莫科员工职业生涯管理"的上述特征与过程如下图所示。之所以选择这

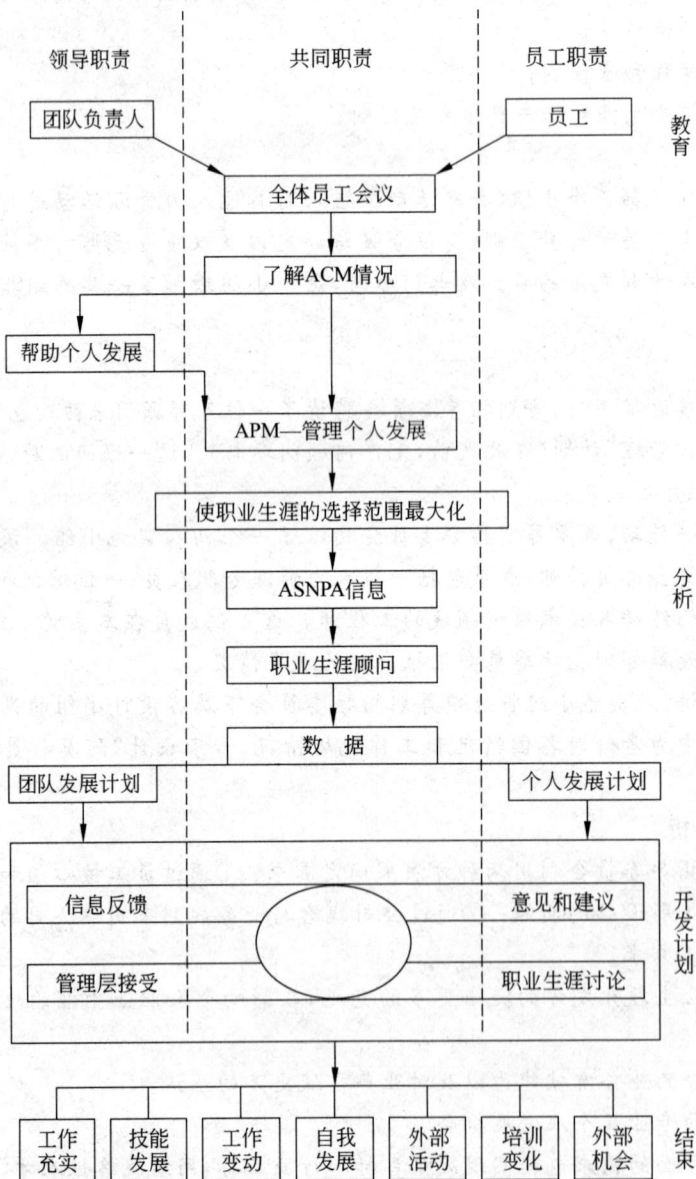

些功能,主要是因为他们符合效率筹划指导委员会对员工、领导者和公司在卓有成效的职业生涯开发系统中的作用。

(1) 员工负责对自己和公司进行评估、设定个人目标、制订行动计划。

(2) 领导者负责提供观念、建议和支持。

(3) 公司负责提供一种有助于切实开展员工职业生涯的环境,确定战略发展方向并扶持专业技术的发展。

5. 职业生涯管理的成果

如果按计划开展"阿莫科员工职业生涯管理"项目,员工将获得自己职业生涯开发远景的信息和支持,制订一个实现这一远景的行动计划,而且将获得或争取所需的机会。个人发展计划的形式设计面向公司员工,通过一个过程帮助他们明确自己的事业远景、认识这一憧憬如何与公司的需要和期待保持一致、制订一个发展计划,同时从自己的直接主管及其他相应管理层收集反馈。这一过程既对公司有益,也对员工个人有益,以便更加充分地将员工的能力与业务目标结合在一起,提高职工的工作热情。时至今日,主要问题之一是上述过程要求投入大量的时间,特别是主管方面。

"阿莫科员工职业生涯管理"过程被认为是一个体系,因为它的各个组成部分相互关联,同时也与阿莫科公司的战略、人力资源创意及实践相关联,特别是在绩效管理和持续改进方面。除此之外,公司正不断努力,将"阿莫科员工职业生涯管理"计划更紧密地与人员接替规划、多样化、晋升及奖励等系统结合在一起。

上述工作的重点不在于晋升调动,而在于发展、贡献和影响。这一领域的工作仍在进行之中,关键问题是观念的转变。个人职业生涯与绩效管理系统、持续改进及若干其他相关过程,旨在提高竞争优势,而不单纯是个人的升迁。老式的人力资源体系针对的是老式的观念,在这些老式观念中,员工职业生涯的成功以晋升的频率和速度来衡量。在某些情况下,新体系仍旧奖励和支持这样的思维。阿莫科制造公司正在做的一项工作就是对这些体系重新评估,使它们与当前的战略目标相一致。

(资料来源:职业规划中国网,http://www.ienjoyjob.com.)

讨论题

1. "阿莫科员工职业生涯管理"给了你哪些启示?

2. 为什么说"阿莫科员工职业生涯管理"过程被认为是一个体系?

第 5 章

大学生的职业生涯规划

5.1 职业生涯规划从大一开始

5.1.1 学生时代的职业生涯阶段定位

从职业生涯阶段模型中可以知道,大学时代正处在职业生涯的探索阶段。萨帕对职业发展的研究认为探索阶段又可以分为 3 个时期:尝试期(15～17 岁);过渡期(18～21 岁);初步试验承诺期(22～24 岁)。依据这一结论,大学时代应该横跨过渡期和初步试验承诺期两个时期。在这两个时期,大学生的个体能力迅速提高,职业兴趣趋于稳定,逐步形成对未来职业生涯的预期。事实上,在初步试验承诺期许多学生往往需要就自己的未来职业生涯做出关键性的决策。因此,大学生就业指导的主要工作在于培养学生职业兴趣,并给予职业生涯教育,引导学生了解和尝试现实社会中的各种职业,积累一定的社会工作经验,帮助学生在未来较短时间内实现个体人力资本、兴趣和职业的匹配。

职业生涯规划的意义在于寻找适合自身发展需要的职业,实现个体与职业的匹配,体现个体价值的最大化。我们应该承认,并正确地对待我国在职业兴趣培养和职业生涯教育方面的不足和差距。为了弥补这一差距,做好大学生就业的指导工作,可以从个体和社会两个方面入手。

1. 个体的自我定位

每个大学生对自身都要有一个客观、全面的了解,摆正自己的位置,相信自己的实力。清楚自己的优势与特长、劣势与不足,知道自己适合做什么,只有这样才能赢得竞争优势。为此,我们首先要准确地评估自己掌握的知识和技能。另外,要善于剖析自己的个性特征,这是职业生涯规划的基础。我们可以借鉴美国职业指导专家霍兰德所创的职业性向测验,他把个性分为现实型、研究型、艺术型、社会型、企业型和常规型 6 种类型,而任何一种职业环境也大体上都可以归属于一种或几种类型的组合。通过类似的职业性向测验,我们可以更好地实现个性与职业之间的匹配。

2. 职业目标的确定

许多人在大学时代就已经形成了对未来职业的一种预期,然而他们往往忽视了对个体年龄和发展的考虑,就业目标定位过高,过于理想化。近几年来,不少毕业生在职业选择中一直强调大单位、大城市和高收入,甚至为了这些不惜放弃个人的专业特长,不顾个人的性格和职业兴趣。同样,"这山望着那山高"的心理,也是职业目标不确定的一种表现。盲目的攀高追求与选择,不仅影响个人目前的就业,而且会对个体以后的职业发展造成不利的影响。对于职业目标的确定,需要根据不同时期的特点,根据自身的专业特点、工作能力、兴趣、爱好等分阶段制定。

3. 建立和发展职业咨询机构，开设有关职业生涯规划的课程

职业生涯规划和发展是一个复杂的、持续的过程，单凭个人的经验是很难实现目标的。职业生涯发展是一个不可逆转的过程，对于每一个人来说，生命都是有限的，职业选择的每一个步骤都与个人的年龄联系在一起。因此，在这一过程中，借助职业咨询的智力和经验优势，为个体职业生涯规划提供建设性的建议，可以起到事半功倍的作用，可以少走弯路。

高校在建立职业咨询机构时，应该注意这类机构必须是由一批具有广博的人力资源开发和管理理论、精通各种科学测评手段的专家和实际工作者组成。另外，学校应该在大学生涯开始之际就开设有关职业生涯规划和发展的课程，从理论上让每一个大学生都懂得自己适合做什么，并且懂得如何去规划和发展自身的职业生涯。

总之，科学合理的职业生涯规划是每一个大学生就业的必要工作，也是每一个大学生职业生涯发展过程中的客观要求。我们每一个人都应该知道自己适合做什么，应该做什么，以及怎样实现自己的职业生涯目标。

4. 做好实习组织安排，引导职业技能习得

实习作为很多大学生从学校迈向社会的第一步，是自身职业生涯的一个重要起点，大学生真正需要的实习经历是一份对自己的职业生涯发展更有帮助的实习，能够为以后的职业发展打下基础，保持职业生涯的连续性和可持续性。在实习过程中，大学生可以大概知道自己需要什么，以及公司的实际运作情况。由于职业生涯还没有正式开始，一些调整可以无成本地开始。在实习中，大学生必须取得的收获是了解行业，认清自我，找到个人和职业的匹配点，制定合理的目标，在实习的过程中有效调整职业生涯规划。

有些大学生虽然清楚地认识到了实习的重要性，但是，由于缺乏职业生涯规划设计，大学生却容易忽略自己的特长、兴趣和能力，对于实习本身的技术含量缺乏关注，盲目参加多个实习，只顾积累实习次数，忽略了实习本身对个人能力的锻炼和培养。正确的实习安排组织要求大学生需要学习职业技能，只有在实习中才能顺理成章地学习到工作中必需的工作技能。

高校也需要高度重视实习教学工作，根据人才培养目标和教学计划安排，有实习计划的专业须制定教学大纲，根据实习教学大纲，与实习接受单位共同制订年度教学实习计划。

5.1.2　大学生的职业生涯设计

为了让大学生更好地进行自我分析、规划人生，这里介绍一下在职业咨询中常用的一种分析方法——个人 SWOT 分析。

SWOT 分析是一种功能强大的分析工具，是检查个人技能、能力、职业、喜好和职业机会的有用工具。通过 SWOT 分析，个人会很容易知道自己的个人优点和弱点在哪里，并且会仔细地评估出自己所感兴趣的不同职业道路的机会和威胁所在。其中，S 代表 strength（优势），W 代表 weakness（弱势），O 代表 opportunity（机会），T 代表 threat（威

胁），S、W 是内部因素，O、T 是外部因素（图 5-1）。一般来说，对自身的职业、职业发展问题进行 SWOT 分析时，应遵循以下 5 个步骤。

SWOT矩阵	strength 优势	weakness弱势
opportunity机会	SO 发挥优势、利用机会	WO 弥补弱点、利用机会
threat威胁	ST 发挥优势、降低威胁	WT 克服弱点、降低威胁

图 5-1　SWOT 分析

1. 评估自己的长处和短处

我们每个人都有自己独特的技能、天赋和能力。在当今分工越来越细的市场经济社会里，每个人大多只擅长某一领域，而不是样样精通。请做一个表，列出自己喜欢做的事情和长处所在（如果自己觉得界定个人的长处比较困难，可以请专业的职业咨询师帮助分析）。同样，通过列表，个人可以找出自己不是很喜欢做的事情和弱势。在表中列出个人认为自己所具备的强项和对自己的职业选择产生影响的弱势，然后再标出那些个人认为对自己很重要的强、弱势。

2. 找出职业机会和威胁

不同的行业（包括这些行业里不同的公司）都面临不同的外部机会和威胁，找出这些外界因素将有助于个人成功地找到一份适合自己的工作。如果公司处于一个常受到外界不利因素影响的行业，很自然能提供的职业机会将是很少的，而且没有职业升迁的机会。相反，充满了许多积极外界因素的行业将为求职者提供广阔的职业前景。请在表中列出个人感兴趣的一两个行业，然后认真地评估这些行业所面临的机会和威胁。

3. 提纲式地列出今后 3～5 年内的职业目标

个人认真对自己做一个 SWOT 分析评估，列出从学校毕业后 5 年内最想实现的 4～5 个职业目标。这些目标可以包括想从事哪一种职业、管理多少人，或者个人希望自己拿到的薪水属于哪一级别。

4. 提纲式地列出一份今后 3～5 年的职业行动计划

请在表中拟出一份实现上述第三步列出的每一目标的行动计划，并且详细地说明为了实现每一目标，个人要做的每一件事，何时完成这些事。如果个人觉得需要一些外界帮助，请说明需要何种帮助和如何获取这种帮助。例如，为了实现理想中的职业目标，需要进修更多的管理课程，那么在职业行动计划中应说明要参加哪些课程、什么水平的课程以及何时进修这些课程，等等。

5. 寻求专业帮助

能分析出自己职业发展及行为习惯中的缺点并不难，但要以合适的方法改变它们却很难。要相信自己的父母、老师、朋友、上级主管、职业咨询专家都可以给自己一定的帮助,特别是很多时候借助专业的咨询力量会让自己走上捷径。

5.1.3 大学生职业生涯设计五大前提

1. 树立正确的职业理想和明确的职业目标

职业理想在人们职业生涯设计过程中起着调节和指南作用。一个人选择什么样的职业,以及为什么选择某种职业,通常都是以其职业理想为出发点的。任何人的职业理想必然要受到社会环境、社会现实的制约。社会发展的需要是职业理想的客观依据,凡是符合社会发展需要和人民利益的职业理想都是高尚的、正确的,并具有现实的可行性。大学生的职业理想更应把个人志向与国家利益和社会需要有机结合起来。

2. 正确进行自我分析和职业分析

要通过科学认知的方法和手段,对自己的职业兴趣、气质、性格、能力等进行全面认识,清楚自己的优势与特长、劣势与不足。避免设计中的盲目性,达到设计高度适宜。同时,现代职业具有自身的区域性、行业性、岗位性等特点。要对该职业所在的行业现状和发展前景有比较深入的了解,如人才供给情况、平均工资状况、行业的非正式团体规范等;另外,还要了解职业所需要的特殊能力。

3. 构建合理的知识结构

知识的积累是成才的基础和必要条件,但单纯的知识数量并不足以表明一个人真正的知识水平。人不仅要具有相当数量的知识,还必须形成合理的知识结构,没有合理的知识结构,就不能发挥其创造的功能。

合理的知识结构有宝塔形和网络形两种。

宝塔形知识结构形如宝塔,由基本理论基础知识、专业基础知识、专业知识、学科知识、学科前沿知识构成。基本理论、基本知识为宝塔形底部,学科前沿知识为高峰塔顶。这种知识结构的特点是强调基本理论、基础知识的宽厚扎实、专业知识的精深,容易把所具备的知识集中于主攻目标上,有利于迅速接通学科前沿。现今中国学校大多是培养这类知识结构的人才。

网络形知识结构是以所学的专业知识为中心,与其他专业相近的、有较大相互作用的知识作为网状连接,形如蜘蛛网。这种知识结构能够形成一个适应性较广的、较大范围内左右驰骋的知识网,其特点是知识广度与深度的统一,这种人才知识结构呈复合型状态。

4. 培养职业需要的实践能力

综合能力和知识面是用人单位选择人才的依据。一般来说,进入岗位的新人,应重点培养满足社会需要的决策能力、创造能力、社交能力、实际操作能力、组织管理能力和自我发展的终身学习能力、心理调适能力、随机应变能力等。

5. 参加有益的职业训练

职业训练包括职业技能的培训,对自我职业的适应性考核、职业意向的科学测定等。大学生可以通过"三下乡"活动、"青年志愿者"活动、毕业实习、校园创业及从事社会兼职、模拟性职业实践、职业意向测评等进行有益的职业训练。

5.1.4　大学 4 年的职业规划

1. 职业规划应从大一做起

大一时期在大学 4 年中的作用有两个,一个是确定度过大学时期的观念,另一个是确定自己喜欢的专业。

初入大学后,我们就需要在一个新环境中确立下一步成长的计划,此时个人对大学生活的第一印象会在相当程度上影响你对大学的期望和安排。例如,你得意于大家的随意玩闹而乐不思蜀,那大学给你的第一印象很可能就是"睡觉的摇篮"。第一印象带来的影响至少是在一段相当长的时间内影响你的生活方式和思维方式,甚而影响你整个大学阶段的生活方式,我们要多问上届的师兄师姐,多和学校的老师,多与已经毕业的人交流,从他们的经历与经验中更进一步地了解大学。

大一时期的另外一个重要作用就是要在这一年内尽可能地找到适合自己且自己喜欢的专业,这与毕业后的就业息息相关。我们一个解决就业的思路就是充分地有针对性地学习一个自己喜欢的细分领域,力争在此领域持续发展,那么当毕业后就可以顺利步入职业发展快车道。

2. 大学生职业生涯规划步骤

大学生职业生涯规划应包括自我评估、确定短期与长期目标、制订行动计划内容、选择需要采取的方式和途径 4 个步骤。

首先,要进行自我评估。大学生可以根据家长、老师和同学们的评价,借助职业兴趣测试和性格测试,分析自己是一个较为外向开朗的人还是内向稳重的人;对哪些问题较为感兴趣,如经济问题还是管理问题;或擅长哪些技能,如分析、对数字敏感、语言表达能力等;也可分析出自己的一些弱点,如一般的大学生抗压力能力、合作能力。

其次,要确定短期和长期目标。长期目标一般是指职业规划的顶点或较高点,要细化至具体工作,如毕业后进入国际知名管理顾问公司从事研究分析、咨询工作。短期目标一般是指素质能力的提高,可用有关证书或考试的获取和通过来实现。

大学 4 年制订行动计划时,采取的方式和途径不尽相同。个人不同的长期目标因人而异,但一般来讲,分为以下 4 个阶段。

1) 一年级为试探期

初步了解职业,特别是自己未来想从事的职业或与自己所学专业对口的职业,提高人际沟通能力。

2) 二年级为定向期

要考虑清楚未来是否深造或就业,了解相关活动,以提高自身的基本素质为主,通过参加学生会或社团等组织,锻炼自己的各种能力,同时检验自己的知识技能;可以尝试兼职、社会实践活动;通过英语和计算机的相关证书考试,有选择地辅修其他专业以充实自己。

3）三年级为冲刺期

目标应锁定在提高求职技能、收集公司信息，并确定自己是否要考研。在撰写专业学术文章时，可大胆提出自己的见解，锻炼自己独立解决问题的能力和创造性；参加和专业有关的暑期工作，和同学交流求职工作心得体会，学习写简历、求职信，了解收集工作信息的渠道并积极尝试；加入校友网络，和已经毕业的校友谈话了解往年的求职情况；希望出国留学的学生，可多接触留学顾问，参与留学系列活动。

4）四年级为收获期

在求学的最后一年中，毕业生既要完成学业，更要经历新鲜而紧张的求职"历险"。唯有合理规划、稳扎稳打，才能步步为营，使学业、工作双丰收。

每年的 9 月、10 月是企业宣讲高潮期。企业为了在人才战中抢得先机，早早开始了校园招聘的宣传。一场场宣讲会紧锣密鼓地在学校的报告厅、礼堂召开，主要是宣传企业文化及招聘流程，开通网上申请。11 月、12 月及 1 月是企业招聘高峰期。高校校园招聘大幕拉开，普遍举办大规模校园招聘会，为毕业生提供与用人单位双向交流的平台。国家公务员考试历年都安排在 11 月进行，报考公务员的毕业生需要提前报名，有针对性地复习。2 月末，研究生考试结束，对于前期准备考研的同学来说，应该马不停蹄地投入到找工作中去。2 月、3 月虽然是假期，但是求职工作也应该有序展开。寒假期间，毕业生也应把握回乡求职的机会。4 月、5 月及 6 月是毕业求职收尾期，毕业生要珍惜离校前的签约机会，因为离校前就业属于常规就业，手续办理相对简单，毕业之后马上工作，也不会造成时间浪费。

5.2　大学生职业理想与充分就业的现实选择

5.2.1　大学生就业形势分析

随着各大高校连年扩招，每年毕业生人数也连年增长，国家虽然在不断增加就业机会，但面对不断增加的就业人群，大学生就业问题仍然不容乐观。

1. 就业岗位与毕业生人数差距过大

从经济学的角度来看，大学生就业问题是供过于求。每年毕业的大学生数量比社会上所需要的就业岗位数量多很多，而且这个差距还在逐年增大。有关资料表明，2001 年至 2016 年，全国高校毕业生从 114 万人增加到 765 余万人，是扩招前的 7 倍，用人岗位增加的比例却远远小于此（图 5-2）。

2. 热门专业人才过剩

前些年出现了几个热门专业，如计算机、土木工程等（表 5-1）。不可否认，这些专业至今仍然是热门专业，仍然是社会的焦点问题。虽然这些热门专业需求量仍然大，但学习这些方面的人才更多。这就是人们通常所说的扎堆现象，也就是热门专业的毕业生找不到工作的一个重要原因。

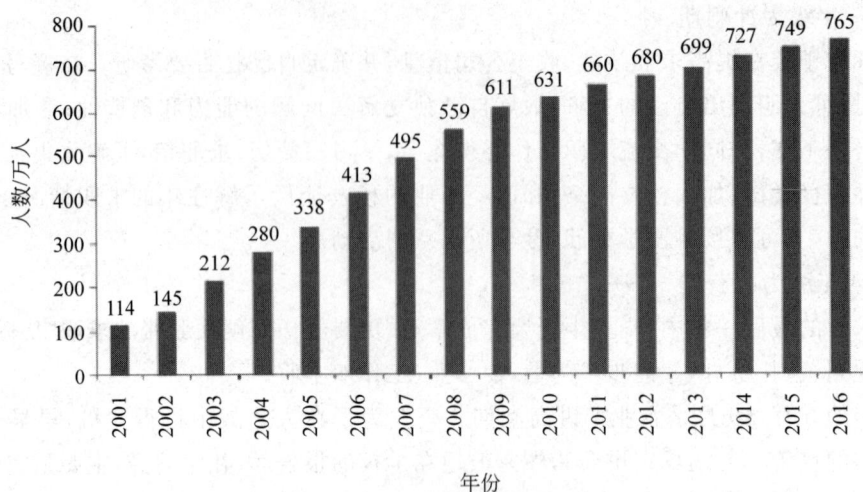

图 5-2　2001—2016 年高校毕业生人数

表 5-1　连续两届成为绿牌的专业

本　科	高职高专
软件工程	铁道工程技术
网络工程	
通信工程	电力系统自动化技术
车辆工程	

3. 薪水与期望值不符

很多大学毕业生,尤其是名校的毕业生,刚刚踏入社会,希望自己的薪水高出社会现实水准,对一些企业相对较低的薪水不屑一顾。虽然现在大学生的薪酬期望值普遍下降,仍有大部分毕业生的期望值高出社会现实水准,这就是人们常说的"高不成,低不就"中的"低不就"。

4. 用人单位选人挑剔

在大学毕业生"就业难"的同时,用人单位也普遍存在"选材难"问题。每年企业对大学生的需求量不大,一个主要原因是大学生的职业忠诚度和动手能力下降,这也是一个令许多企业头痛的问题。

5. 经济下行压力

目前,经济下行的压力正在向就业端传导,虽然就业与失业率都在可控范围内,但是依然对大学生就业产生了一定压力。我国的劳动力在总体上存在短缺情况,但从文化程度和技能方面分析,不同文化程度和技能劳动力短缺程度不尽相同。劳动力市场对硕士以上高技能、高能力的劳动者和职高、中专学历的劳动者的需求最旺盛,而大专、大学学历的劳动者比初中学历的劳动者找到工作的可能性还要低。高校本科毕业生就业难还可以从求职人员占比分布情况中看出。根据 2015 年度数据,我国劳动力市场上的大部分求职人员都是失业人口再找工作,其中最大一部分失业人员是新成长失业青年,即刚从学校毕业即失业的人员。

5.2.2　当代大学生的职业理想特征

职业理想是指人们在一定的世界观、人生观和价值观的指导下,对自己未来所从事的职业和发展目标做出的想象和设计。作为青年中的一个特殊群体,大学生是人才的后备军,是具有专业知识和技能的未来劳动者,他们的职业理想反映了青年群体价值观、人生观、世界观的趋势。当代大学生职业理想具有以下特征。

1. 强调职业的经济收益

随着社会的开放、市场经济的发展,人的观念发生了变化,社会职业的经济结构也发生了变化,工资收入在不同职业、单位之间的差距被越拉越大,这就促使大学生在职业选择时,将职业的经济收益作为一个重要的考虑因素。

另外,许多大学毕业生将大公司、大企业作为首选单位,尤其是沿海地区的一些"三资"企业和公司,一方面能满足大学生创业、甘冒风险的愿望;另一方面又能给就职者带来可观的经济收入。

2. 职业选择集中于沿海地区与大中城市

调查表明,大学生对大中城市的选择比例,远远高于对小城镇与农村的选择比例,特别是大学生对经济特区或沿海地区的选择比例更高。沿海地区对大学生的诱惑力来源于改革开放后与内地之间逐渐拉开的经济差距,这种地区间的差距促成人才流动的单向性。当然,这种单纯的经济动机绝不是促成大学生热衷于沿海地区的唯一原因。创业的心理、对竞争环境的需求,也在相当程度上影响着大学生职业理想的确立。从总体状况来看,沿海地区实行的种种优越政策、风险机制以及较为富裕的生活环境,都对当今的大学生具有很强的诱惑力。

此外,大学生所处地区不同,对未来工作岗位的地区选择也不尽相同。西部、中部、沿海地区的大学生选择经济特区与沿海地区的百分数呈递增状态。

3. 不在乎单位所有制形式

越来越多的大学毕业生在择业时不在乎就业单位的所有制形式,甚至并不想一定要为自己找一个有编制或户口指标的工作单位。他们认为,只要能够通过工作获取劳动报酬,有没有干部身份或编制并不重要。还有一些外地毕业生为了留在大城市,而放弃了户口和档案。

4. 追求职业的稳定性和安全感

有关部门在对大学生择业的行业分布的调查中发现,想去科研、综合技术服务、文教、传播、金融等脑力劳动部门工作的人数,共占 45.4%;想去国家机关、党政团体工作的人数占 20.7%。由此可见,大学生对行业的选择主要集中于政府部门、商务、生产部门和科教、金融等风险小、稳定性高的单位和部门。

5. 创新创业热情高涨

2015 年 5 月,国务院办公厅印发《关于深化高等学校创新创业教育改革的实施意见》,大力支持高校学生创新创业,从此弹性学制、学分制改革等关键词频频出现在公众视野。在国家政策的激励下,大学生创新创业热情高涨,根据国家统计局《2015 年国民经济和社会发展统计公报》发布的普通本专科毕业生人数 680.9 万元估算,2015 届大学生中约有 20.4 万人选择了创业,自主创业比例是 3.0%,比 2014 届(2.9%)高出 0.1 个百分点,比文件发布之前的 2009 届(1.2%)高出 1.8 个百分点。2015 届高职高专毕业生自主创业的比例(3.9%)高于本科毕业生(2.1%)。

5.2.3　当代大学生职业理想存在的误区

当代大学毕业生怀着对未来的憧憬、设想和追求而谋职求业时,由于心理价值取向的固有特点和社会环境方面等多种原因,时时感受到来自各方面的困惑和重压,若不能准确把握自我与社会的和谐,容易步入择业的误区。当代大学生职业理想的误区主要体现在以下几个方面。

1. 观念陈旧

一些大学毕业生看不到市场竞争的激烈与残酷,仍然抱着"皇帝的女儿不愁嫁"的思想,不在人才市场上主动出击,而是"稳坐钓鱼台",等待用人单位的敲门声。这一现象在某些所谓的"热门"专业颇为典型。

另外,一些大学生"非公不去"的陈旧观念也影响就业。有些毕业生和家长无视市场经济的现实,仍将就业对象放在机关事业单位或国有企业单位,把到非公有制经济单位工作视为给别人打工,不算是正式工作。在我国经济体制转轨的今天,这种陈旧观念不破,便不可能拓宽就业门路。

2. 好高骛远,贪图享受

优越的待遇和条件往往对毕业生最具诱惑力,这也是最容易导致大学生择业失败的误区之一。虽然昔日的户口观念在逐渐淡化,但大学生中存在的盲目就业观念仍是十分危险的。另有一些毕业生则过分地追求"经济",将"经济部门""经商"作为自己求职的第一目标,其实对该行业并没有太多的了解,更谈不上是否有兴趣。他们忽略了在竞争激烈的大环境下,成功者只是少数,更多的是在盲目从众后独尝苦果。更有甚者,一味向"钱"看,宁可"高能低就"。

3. 迷恋大型企业、大单位

有相当一部分大学生认为,只有到大型企业去工作,才能发挥出自己的聪明才智。他们往往认为大型企业具备了实现人生价值的物质条件和精神条件,机遇好、福利好、工作稳定,而小企业只有几十或几百号人,资金不雄厚,更谈不上什么发展前途。其实,有些大型企业人才济济,竞争更为激烈。相比之下,一般中小企业对人才的需求如饥似渴。近年来,大企业里的大学生大材小用,而小企业却小材大用。所以,不管在大企业还是在小企业,只要有真才实学,脚踏实地,同样能干出一番事业。

4. 追求热门职业

行政、人事、财会是大学生追求的热门职业,但毕竟"僧多粥少",用人单位只能百里挑一,落选者非常多。一些冷门职业尽管急需大批人才,但问津者却寥寥无几。人才市场便出现了热门难进、冷门更冷的怪现象。

5. 害怕艰苦

害怕艰苦,不愿到艰苦的地方工作已成为高校毕业生中的"传染病",一定程度上局限了大学毕业生的就业之路。许多毕业生虽然有远大的理想,但缺乏脚踏实地的工作精神,宁可在大城市东奔西走寻求落脚点,也不愿到农村,哪怕是在郊县找一份相对合适的工作。

6. 自我认知和期望值过高

不少自身条件好、素质较全面、工作能力强的学生易自傲,表现为择业中的狂妄自大或自视过高。他们在择业时极容易出现"高不成、低不就"的现象,造成择业困难。

7. 缺乏主见,依赖他人

有的毕业生在求职择业中缺乏主见,反复无常;有的毕业生则把寻找接收单位的重任推给家长和学校,存在较强的依赖性;一些大学生在择业中不想凭自身的实力去竞争,而是把希望寄托在亲朋好友的关系网上。放弃选择权或选择意识不强,是不少大学生走向市场的一个致命伤。

8. 自卑胆怯

有的毕业生缺乏自信心和竞争意识,对进入人才市场感到胆怯;有的大学生成绩一般,择业时不敢大胆自荐;有的大学生相貌平平,怕用人单位看轻自己。这种自信心不强、自卑胆怯的择业心态,是无法适应市场经济客观要求的。

9. 证书依赖

每当开学之际总会掀起一阵考证热,英语四六级证书、计算机等级证书、会计师从业资格证、人力资源师证、注册会计师……这些证书有些可有可无,可是有些却似乎已经成为大学生的必备证书。但是,对于许多用人单位来说,应聘者的工作经历和经验,以及在该行业的口碑是最为重要的。应聘者的实际能力并非是一张证书就能说明的,如果在笔试、面试的过程中应聘者并没有展示出他们的真才实学,那么,再高级的证书也不能打动面试官的心。即便有的应聘者能顺利进入公司,如果工作能力达不到,早晚还是会被质疑,引起用人单位的不满。

10. 缺乏感恩

目前有部分毕业生在求职过程中缺乏感恩之心,不懂得珍惜就业机会,珍惜学校、导师、单位提供的帮助和指导,也给大学生就业带来了负面影响。企业需要懂得感恩的员工,是因为会做事不如会做人,会做人不如会感恩,懂得感恩是一个员工优良品质的重要体现。这样的人方能成为优秀的员工,因为他知道感恩,知道如何去感谢一个组织,知道如何去感谢帮助过他的人,这是其做好工作一个起码的基础。

5.2.4 大学生职业选择的原则

人的一生或许要面对无数次的选择,许多关键性的选择大都集中在青年时代。对于大学毕业生而言,职业的选择是人生一个重要的转折点,虽然不一定决定一个人一生事业的成败,却影响着个人事业的方向和前进的步伐。

在职业选择中,不同人的职业价值观不同,所要达到的目标也不同,但是也有一些一般性原则和规律需要遵循。具体来说,在择业的过程中应该遵循以下基本原则。

1. 选择社会所需要的

符合社会需要,是指一个人在选择职业岗位时,要把社会需要作为出发点和归宿,以社会对自己的要求为准绳,去观察问题和认识问题,进而决定自己的职业岗位。职业岗位的产生,是随着社会历史的发展而产生的,社会上每一个职业岗位的出现也都是社会发展的需要。没有社会的需要,就没有职业和职业分工,也就没有职业岗位的选择。因此,在选择职业时,大学生要把社会需要作为出发点,把个人意愿和社会需要结合起来,统一起来,使自己所选择的职业岗位符合社会的需要。不能不顾社会需要,一味追求"自我设计",当个人利益与国家利益、集体利益发生矛盾时,要自觉地服从社会需要,到祖国最需要的地方去建功立业。

2. 选择专业对口的

专业对口是指求职者具有的专业知识、技能、经验与所要从事的工作、职业有直接的联系。经过几年的大学生活,毕业生都掌握了某一专业的知识和技能,在选择职业时,要考虑选择能发挥自己专业所长的职业。一般来说,在选择专业之初,就已经基本限定了一个人今后的发展方向和前进道路。为了珍惜自己已获得的专业知识,学以致用,并在此基础上充分施展才能,更多的人选择专业对口的职业。对用人单位而言,也希望能选择专业对口的人才,不用花费太多的时间和经费进行培训,可尽快上岗。当然,我们这里所说的专业对口,是指基本对口,因为在实际工作中,完全的专业对口是较少的。这也要求人们在职业岗位上发挥自己专业特长的同时,还要主动适应职业岗位的需要。

3. 选择自己所喜欢的

无数事实证明,兴趣和职业的良好结合,可以铸就一个人一生辉煌的职业生涯。从事一项自己喜欢的工作,工作本身就能获得一种满足感,其职业生涯也会从此变得妙趣横生。从心理学的角度来看,一个人只有对某项职业有兴趣,才会从内心激发起对该事物强烈的求知欲和探索欲,才能积极地总结经验,摸索规律有所突破,有所创造。因此,选择职业时,应尽可能考虑自己的特点,珍惜自己的兴趣,选择自己喜欢的职业。

4. 选择最有发展前景的

人在基本生存要求得到满足之后,有所发展则是最高层次的需要,而人们所从事的职业恰好可以提供发展的契机。所以,在选择职业时也应该考虑职业的适合性、对口性;考虑部门领导的管理风格和人事制度;考虑单位的实力和风气;考虑单位所提供的机会、前途等条件,这都是促进或阻碍人们职业发展的因素。部分大学毕业生认为条件好的大单位、大学校才有利于今后事业的发展,其实这是一种误解。我们知道,人才的成长受很多因素的制约,工作、生活条件只是其中一个方面。

5. 选择自己所擅长的

所谓特长是一个人区别于其他人的特殊才能。一个人的特长是实现自身价值的资本,也是为社会做贡献的基本条件。人和人之间的个性特点,特别是工作的能力倾向等,是存在很大差别的。每个人都各有所长,又各有所短。在选择职业时,对自己究竟想干什么,能干什么,要有清楚了解,才能扬其长而避其短,最大限度地发挥潜力,有所成就。

6. 选择自己所需要的

职业目前对绝大部分大学毕业生而言,依然是一种谋生手段,是谋取人生幸福的途径。谋职的首要目标在于个人生活的幸福。谁都期望职业生涯能带给自己幸福,利益倾向支配着一个人的职业选择。将个人需要按先后次序可排列成 5 个层次:生理需求、安全需求、爱的需求、自尊以及自我实现的需求。个人预期收益在于使这些由低到高的基本需求得到最大的满足,而衡量其满足程度的指标表现为收入、社会地位、职业生涯的稳定感与挑战性等。不同的人有不同的偏好,每个人都会尽可能满足其所有的需求。

7. 选择较稳定的

"求稳拒变"是中国人的传统性格之一。虽然职业中的"安全港"和"铁饭碗"已绝无再有,但"安居乐业"仍不失为一些人所追求的生活模式。特别是在大学生就业形势严峻的今天,寻求职业的稳定性仍然成为一些人择业的策略。有关专家归纳指出,在我国择业时所要追求的职业生活稳定性主要表现在以下 3 个方面。

(1) 工作所能给予的地位、待遇等较为稳定。不求一时热,过后冷,大起大落、大喜大悲,只希望平平稳稳地安身处世。

(2) 工作性质的稳定。流动性强的职业需要经常东奔西走,工作性质稳定的职业可以免受奔波之苦,也可避免自身生活由此而产生的矛盾冲突。

(3) 工作内容相对稳定。由于科学技术突飞猛进,有些职业领域的知识要求和素质水平也在相应地进行不断的调整,这些都给人们带来强烈的危机感和知识更新的紧迫感。为了避免这些冲击,有部分人乐意在相对稳定的传统型职业中寻求相对的轻松。

总之,大学毕业生在选择职业时,不可能所有条件都得到满足,必须分析哪些是主要因素,哪些是次要因素;哪些是现实因素,哪些是幻想因素;哪些是合理要求,哪些是不合理要求。要抓住主要的、现实的、合理的要求,抛弃次要的、幻想的、过分的要求。事实上,择业也是一种竞争。在这个人才济济的社会,大学毕业生必须做好充分的准备,强化竞争意识,抛弃就业依赖性,发扬自强、自主、自立的精神,发挥内在的潜能,充分利用各方面的优势,选择好求职的突破点,勇于竞争,抢先推销,力争选择到适合的职业。

5.2.5 与大学生职业生涯规划相关的热点问题

职业生涯规划是一件关乎大学生终身发展的大事。在不断变化的社会环境中,如何根据自身条件和理想,准确定位,重塑自我,让自己的人生得到最大化的发挥,值得大家探讨。这里就大学生常常困惑的几个问题,简单讨论一下。

1. 专业与职业

大多数学生在选择报考大学时,往往是选择时下热门的专业,或者为了能够上大学而报读一些偏门的专业。但在大学学习或者参加社会工作时,却发现自己对所学的专业并不感兴趣,是培养兴趣还是另寻专业呢?其实,除了技术类学科和基础知识外,大学阶段学习到的知识真正能用到实际工作中的非常之少。大学教育主要是锻炼我们的思维能力,拓展知识的深度。因此,如果你对所学专业没有兴趣,建议你在步入社会时可以选择新的职业从头开始。

2. 择业与就业

俗话说:"男怕入错行,女怕嫁错郎。"很多大学生在选择第一份工作时非常谨慎,心想一定要选个跟自己的未来职业发展相同的企业才肯就业。毕竟,大学毕业生大多只拥有理论知识,要去与那些已经拥有理论知识和实践经验甚至层次比自己还要高的求职者站在同一起跑线上竞争,无疑具有相当的劣势。加之大部分企业都偏重于实用而不愿投入时间栽培,一些大学生自我感觉良好、面试的印象也不错,结果却没有被录用,大部分原因也在于此。所以,这里建议大部分学生选择先就业再择业。

3. 就业与适业

由于社会阅历和生活磨炼少,大多数学生的情绪控制能力都欠佳,往往经不起失败和挫折,不能笑对生活。另外,还表现为急功近利,进入一家公司才工作三四个月,就以为自己学到了该学的东西,马上想着换新工作,去实现自己的职业理想。有的学生以为十年寒窗都在花钱,踏入社会就是赚钱的好时机,甚至用频繁转换工作作为加薪的跳板。这里建议大学生步入社会时先沉淀下来,深入实践学习和积累,即使想要去进修深造,也要等三四年后再考虑,或者不脱产学习。既然就业了,就要学会适业、守业,适应现在的职业,锻炼自己处理问题的综合能力,为将来的发展奠定基础。要完全学习到一个中层岗位的知识技能(达到独立操作能力),没有两年以上的沉淀是不可能的。

4. 就业与考研

一边是日益严峻的就业形势,一边是日趋激烈的考研竞争,是直接就业好,还是考研好呢? 对于这个问题,相当一部分大四学生面临着两难选择。

1) 考研能否规避就业风险

一份初步意向统计表明:在即将毕业的大学生中,有86%的人表示曾经考虑过考研。虽然从2000年起,我国研究生招生规模不断扩大,数量也不断增加,但是如此快速的增长不可能满足更快增长速度的考研队伍。我国现有的研究生教育毕竟是高级别的精英教育,不可能成为一种大众化的高等教育。这就意味着必定会有一部分想考研的大学生最终无法考上,也错过了就业的机会。

即使有一部分人通过自己的努力考取研究生,两三年以后就业形势与现在又不一样。事物总在千变万化,这种变化谁也不可能很准确地预料。另外,研究生毕业后即使起点高了,但社会经验和实践经验也同样存在欠缺和单薄,从某种意义上来说,也不利于就业。

2) 考研需要具备的条件

考研前,一定要从实际出发,综合自己的优势,认识自己的劣势,充分评估自己勤奋、吃苦等各方面的情况。如果自己确实没有与别人竞争的优势和实力,那就不要错过现有的就业机会。

考研是一个艰难的过程,需要付出充沛的精力。如果没有良好的身体做保障,就等于在起跑线上输了别人一程。考研是一场旷日持久的战争,需要吃苦耐劳的精神和超出常人的毅力意志。如果不具备一定的精神素质，"三天打鱼，两天晒网"，那就很难在竞争异常激烈的考研队伍中胜出。考研过程中，涉及的各种复习资料名目繁多，是一笔不能小视的数目。即使考上了研究生，其学费也可能比较高。这就要求必须以强大的经济实力做后盾。这一点对于那些经济尚有困难的学子来说，也是一个必须正视的问题。

3）先就业再考研

"先就业再考研"不失为一种两全其美的方法。在有较好就业机会的条件下就先就业，经过几年的职场历练后，了解了目前的市场所需，考研就有了明确的方向。此时个人已经有了一定的经济基础，不用太担心考研而带来的经济压力。

究竟是选择考研还是就业，这一点因人而异。不过有一点需要注意的是，不管是选择就业还是选择考研，都必须摆正自己的心态，认清自己的位置，只有这样才能得到有利于自身的结果。

5. 就业与创业

在职业生涯规划过程中，大学生面临着就业和创业选择。其中，就业主要是在某个已经存在的、相对稳定的组织内从事常规性工作，获取稳定收入，表现为常规性、稳定性。就业又可分为两种类型，一种是完全就业，长期保持就业的常规性、稳定性；另一种是不完全就业，即先就业，再创业，通过就业积累各种资源，培养企业家精神，就业的根本目的是为了更好地实现创业。创业主要是通过整合各种资源、自主开展一项事业，获得风险收入，表现为挑战性和创新性。

相比较于就业，创业有以下价值和优点。

(1) 有利于大学生缓解就业压力。大学生的创业能力有利于解决大学生就业难的问题。创业能力是一个人在创业实践活动中自我生存、自我发展的能力。一个创业能力很强的大学毕业生不但不会成为社会的就业压力，相反还能通过自主创业增加就业岗位，以缓解社会的就业压力。为此，国家各级党政部门，纷纷把"鼓励和支持高校毕业生自主创业"作为化解当前社会就业难的主要政策之一。

(2) 有利于大学生实现自我价值。大学毕业生通过自主创业，可以把自己的兴趣与职业紧密结合，做自己最感兴趣、最愿意做和自己认为最值得做的事情。在五彩缤纷的社会舞台中大显身手，最大限度地发挥自己的才能，并获得合理的报酬。当前社会鼓励大学生创业，虽然是从化解就业难的角度，但从大学生自身来说，其创业的主要原动力则在于谋求自我价值的实现。只有增加大学生创业的比例，整个社会才能形成创业的风气，才能建立"价值回报"的社会新秩序。

(3) 有利于大学生提高自身素质。我国高校扩招以后，伴随着就业压力，大学生素质与我国高等教育的水平一直为人所诟病。在提高大学教育管理水平与大学生素质的各类探索实践中，大学生创业无疑是最经济、最有效的办法之一。通过创业与创业实践，大学生可以充分调动自己的主观能动性，改变自身就业心态，自主学习，独立思考，并学会自我调节与控制。只有这样，大学生创业才能成功。对于一个能自我学习，懂得如何管理自己的时间与事务，善于拓展人脉，并能够主动调适工作心态，积极适应社会的大学生，其就业将不存在任何问题。

(4) 有利于大学生培养创新精神。创新是一个民族的灵魂，也是一个国家兴旺发达的不竭动力。青年大学生作为中国最具活力的群体,如果失去了创造的冲动和欲望,那么中华民族最终将失去发展的不竭动力。大学生的创业活动,有利于培养勇于开拓创新的精神,把就业压力转化为创业动力,培养出越来越多的各行各业的创业者。美国作为世界最发达的国家,大学生的创业比率一直在20%以上。美国前总统里根曾说过:一个国家最珍贵的精神遗产就是创新,这是国家强大与繁荣的根源。中国的未来在于大学生,中华民族的精神永恒则在于大学生旺盛的创造力与创新追求。

然而,大学生创业也有一些劣势。

(1) 由于大学生社会经验不足,常常盲目乐观,没有充足的心理准备。对于创业中的挫折和失败,许多创业者感到十分痛苦茫然,甚至沮丧消沉。大家以前创业,看到的都是成功的例子,心态自然都是理想主义的。其实,成功的背后还有更多的失败。看到成功,也看到失败,才是真正的市场,也只有这样,才能使年轻的创业者们变得更加理智。

(2) 急于求成、市场意识及商业管理经验的缺乏,是影响大学生成功创业的重要因素。学生们虽然掌握了一定的书本知识,但终究缺乏必要的实践能力和经营管理经验。此外,由于大学生对市场营销等缺乏足够的认识,很难一下子胜任企业经理人的角色。

(3) 大学生对创业的理解还停留在仅有一个美妙想法与概念上。在大学生提交的相当一部分创业计划书中,许多人还试图用一个自认为很新奇的创意来吸引投资。这样的事以前在国外确实有过,但在今天几乎是不可能的了。现在的投资人看重的是你的创业计划真正的技术含量有多高,在多大程度上是不可复制的,以及市场盈利的潜力有多大。而对于这些,你必须有一整套细致周密的可行性论证与实施计划,绝不是仅凭三言两语的一个主意就能让人家掏钱的。

(4) 大学生的市场观念较为淡薄,不少大学生很乐于向投资人大谈自己的技术如何领先与独特,却很少涉及这些技术或产品究竟会有多大的市场空间。就算谈到市场的话题,他们也只会计划花钱做做广告而已,对于诸如目标市场定位与营销手段组合这些重要方面,则全然没有概念。其实,真正能引起投资人兴趣的并不一定是那些先进得不得了的东西,相反,那些技术含量一般却能切中市场需求的产品或服务,常常会得到投资人的青睐。同时,创业者应该有非常明确的市场营销计划,能强有力地证明盈利的可能性。

5.3　大学生求职择业需要提高自身素质

5.3.1　思想与道德素质

用人单位十分看重择业者的思想道德素质,有的甚至提出了"以德优先",因为一个人才能的发挥跟他的品德有很大关系。因此,大学生应该注重自己思想道德素质的提高。要确立科学、求实的职业思想观,切忌"眼高手低";要拓宽社会视野,增强竞争意识;一定要培养良好的敬业精神。

敬业精神是一个人对所从事职业的投入与热爱,包括工作态度、工作作风、工作方法等。其中,对社会负责、对人民负责、保证工作质量、技术精益求精、能团结协作、能公平竞争,是非常重要的内容。目前用人单位除重视能力外,越来越看重一个人的敬业精神。如果没有良好的敬业精神,即使有一定的才华,也谈不上有竞争力,也会因落后而被淘汰。

要树立面向基层、艰苦创业的思想。人的一生是艰苦奋斗的过程。准备求职的大学生,必须有面向基层、艰苦创业的思想准备。基层工作尽管比较艰苦,工作、生活条件和环境相对较差,但由于缺乏人才,急需大学毕业生去开拓、去创业,因而大有用武之地。没有艰苦的锻炼,没有工作经验和能力的逐渐累积,又怎能做出前所未有的成就和担当重要的责任? 大学生只要真正深入基层当中,扎扎实实地工作,肯定会大有收获。

5.3.2　知识与能力素质

随着时代和社会的进步,人们对人力资源的开发越来越重视,用人单位在挑选人才时,对应聘者的科学文化水平和知识结构要求越来越高。一个人科学文化水平的高低,知识结构是否合理,是否具备相应的实践能力,决定其在求职择业时的成功率和相应的职位层次。要想有所作为,大学生应该尽早确立就业目标,自觉地把大学学习同今后的就业紧密地联系起来,建立起合理的知识结构,培养科学的思维方式,提高实践能力,以适应职业岗位的要求。

要拓展自己的知识视野,完善知识结构;要锻炼培养适应择业需要的实践能力,提高人际交往能力、表达能力、开拓创新能力、动力能力、组织管理能力;要积极参与社会公认的能力训练实践。

5.3.3　健康的心理素质

心理素质对大学生就业成才有着重大影响。对于一名毕业生来说,需要调整好择业心态,做好充分的心理准备,勇敢地迎接挑战。

1. 克服择业中的心理障碍

择业是大学生人生中的一次重大选择,因此给大学生带来很大的思想、心理压力,也使很多人背上沉重的精神负担,部分学生产生了这样或那样的心理障碍。这些既不利于就业,也影响了大学生的学习和生活。

心理障碍是由心理压力与心理承受力相互作用而使人失去应有心理平衡的结果。大学生在择业中出现的心理障碍多属于适应过程中的轻度心理障碍。其需要调整的心理表现主要有以下几种。

1) 焦虑心理

焦虑是一种以发作性或持续性情绪焦虑、紧张、恐惧为基本特征的一种病态心理。许多大学生在毕业前夕,都会产生各种焦虑心理。例如,担心自己的理想能否实现,能否找到适合发挥特长、利于自己成长的单位和工作环境;是否会被用人单位拒之门外,无颜见江东父老;自己的选择是否正确等。特别是一些长线专业、性格内向或有生理缺陷、成绩不佳、能力一般而又不善于"包装"自己、就业单位迟迟无着落的大学生,表现得更为焦虑。大学生择业中焦虑心理的一种表现就是急躁,尤其在职业未最终确定之前,这种心理特征就表现得尤为明显。有时恨时间过得太慢,感觉度日如年;有时又恨时间过得太快,最后期限将至,单位仍无着落;有时埋怨用人单位优柔寡断;有时怨父母、亲朋办事不力。特别是那些在规定期限内尚未落实单位的学生,心里更是急躁。这种急躁心理,往往使他们缺乏自我控制,心理紧张、烦躁不安、无所适从,有时会导致事倍功半,甚至事与愿违。

2) 虚幻型期盼心理

虚幻型期盼心理更多表现为幻想心理,是由心理冲突或害怕挫折引起的。在择业时,有些大学生渴望竞争,希望能找到理想的单位和职业,但由于害怕面对屡受挫折后严酷的结果,采取一种逃避态度。他们往往幻想不参与竞争,就能如愿以偿找到理想工作单位;更有甚者,陷入自我欣赏、自我陶醉的深渊,幻想用人单位能主动找上门来、单位录用自己是"慧眼识金"等。有这种心理的大学生,很容易脱离现实,以幻想代替现实,择业目标与现实有很大的反差,很难找到理想职业。

3) 自卑抱怨心理

自卑抱怨心理是指由于受到暂时性挫折而产生的一种心理障碍。大学生在择业前,往往跃跃欲试,很想一显身手,大展宏图。一旦受到挫折,容易产生自卑心理,自信心大大减弱,自尊心受损伤,从而对自己全盘否定,感到一种空前的失败和愧疚。在择业时,他们往往缺乏自信心和勇气,不敢面对竞争,这在性格内向或有生理缺陷的大学生身上表现得较为明显。自卑不仅使其悲观失望、不思进取、错失良机,而且也有碍自身才能的正常发挥。

4) 怯懦胆怯心理

怯懦胆怯心理在毕业生面试中表现得特别明显。面试前,一些人如临大敌、紧张不安、手忙脚乱;面试时,面红耳赤、语无伦次、支支吾吾、答非所问、手足无措。还有的谨小慎微,生怕说错一句话或因一个问题答不好,影响对自己的"第一印象",以致缩手缩脚,影响了正常水平的发挥。因此,大学毕业生必须平时积极参加集体和社团活动,培养自己的应变能力和语言表达能力。

2. 树立正确的择业和就业心态

大学毕业生在积极进行心理调适,排除种种心理障碍的同时,还应进行心理锻炼,努力提高自身素质,树立正确的择业心态。

1) 正视现实

正视现实是大学生保持健康的择业心态的重要标志。正视现实,就是要正确认识现实社会存在的地区差异、供需矛盾以及就业现实与自身期望之间的差距,从实际出发,处理好现实与理想之间的关系。

2) 正视自身

"知人为聪,知己为明;知人不易,知己更难。"正视自身,要对自身的现状有充分的认识,即自己的主要特长、学习成绩、各种能力、性格特点等;要根据自身特点和社会要求对自己的未来发展方向做出清醒判断。

复习思考题

1. 为什么说职业规划应从大一做起?

2. 大学生职业生涯规划包括哪些内容?如何进行职业生涯规划?

3. 为什么说拥有一个良好的择业观和职业素质是成功的一半？请举例说明职业素质包括哪些内容。

4. 为什么说拥有健康的心理素质是成功的必要条件？请举例说明求职择业过程中的不良心理问题有哪些。

案例探讨

缺乏规划导致职业发展混乱

张小帅(化名)，男，安徽某学院英语专业大专毕业 4 年，在 4 个不同的城市换了 5 份工作，从事过医药销售、保险、教师等职业。目前对自己的职业发展处于迷茫状态。

CCDM 职业规划师江朝东分析，这是一则大学生在职业初期缺乏规划导致职业发展混乱的典型案例。在一个人的职业生涯中也一定要有一个中长期的发展目标和计划。在职业发展上，没有计划其实就是正在计划失败！

职业规划师首先分析了张小帅过往的职业经历。由于在职业初期缺乏规划，跳槽过于随意和频繁，导致了他的内职业生涯缺乏积累。内职业生涯是指从事一项职业时所具备的知识、观念、心理素质、能力、内心感受等内在因素的组合及其变化过程；而相对应的外职业生涯则是指从事职业时的工作单位、工作地点、工作内容、工作职务、工作环境、工资待遇等外在因素的组合及其变化过程。内职业生涯的发展直接决定和制约了外职业生涯的发展。对于像张小帅这样刚毕业的大学生来说，最重要的不是片面追求高薪、好职位、好环境等外职业生涯，而是在做好职业定位和规划的前提下去可持续地积累自己的经验、能力等内职业生涯要素。脱离了内职业生涯，去发展外职业生涯就像水中捞月一样不切实际。

从性格类型分析结果上看，张小帅的性格类型是内向、感觉、情感、判断型，这种性格类型的特点是比较细心、感情丰富，同时有管理方面的潜力。其较适合从事且能有满足感的工作，即掌握一项技能去帮助和服务别人，如教师、客户、销售、外贸等。

张小帅从事过的教师这个职业，从职业性格类型分析上看是比较符合要求的，但是职业规划不仅要考虑当事人的性格因素，还要综合考虑职业价值观、职业兴趣等因素。从测评结果和自述的情况上看，张小帅是一个企图心很强的人，希望自己能拥有很多的财富从而让社会认可自己的价值；从职业兴趣测试的结果上看，他的职业兴趣类型是事业型，适合从事的典型职业有推销员、销售经理、企业家、政治家等。这样看来教师这个职业可能无法长久地引发张小帅内心的激情和驱动力。

从个人优、劣势分析和职业竞争力上来讲，张小帅目前比较明显的优势是所学的英语专业和能说一口流利的英语，但在当今竞争激烈的社会，仅有的大专学历又成为劣势。另外，过往频繁跳槽的经历也会成为他在面试时不得不面对的一个硬伤。所有的跳槽从经济学上讲都是有机会成本的，跳槽后损失的可能是经验的积累、企业已有的信任度和职业发展的可持续性。

最终，在综合分析了张小帅的自身情况、行业职业信息，以及各地区职场的比较优势之后,在职业规划师的一步步引导下,张小帅得出了结论:到江浙等沿海地区外贸活动频繁的二、三线城市从事外贸工作。这些地方对外贸人才的需求较大,以他的英语专业和口语优势比较容易切入。具体的发展策略是先考取外贸单证资格,从外贸的跟单做起,熟悉流程和产品后再转成外贸业务。工作 5~8 年积累了一定的外贸客户、人脉、经验,自身条件比较成熟的时候可以考虑自我创业。但是,在这之前一旦选定行业和企业就不要随意变动,要沉下心来、排除干扰,一心一意地在外贸领域积累自己的内职业生涯。

职业生涯发展是一件非常严肃的事情,很多大学生"毕业即失业",或者频繁地跳槽一直找不到方向,除了自身的职业心态和职业心理素质需要调整以外,更重要的是在职业初期就要有一个明确的发展策略。

讨论题

张小帅的经历给你哪些启示?从中可以得到哪些教训?结合案例谈谈大学生毕业前应该怎么做职业规划设计。

第 6 章

求职择业的渠道与方法

求职择业是大学生人生道路上的一次重大选择,也是人生职业道路上必经的一个关口。在具有良好的思想品德素质、科学文化素质、身体素质、心理素质等综合素质的前提下,大学生求职择业还要掌握一些必要的方法与技巧,积极面对现实迎接挑战,努力实现自己的求职愿望。

6.1 选好第一份职业:职业生涯第一站

6.1.1 选择好第一份职业

选择确定第一份工作,对即将步入社会的毕业生而言,无疑是人生中的一次重大决策。在这种关键时刻,毕业生自然要征求亲朋好友的意见,有的干脆把决定权交给父母。实际上,别人的意见要听,但最终的决定还是得由自己做出。在了解个人的梦想、个性、能力和兴趣之后,要结合不同职业对从业人员的工作要求和生活习惯的影响,确定自己的职业发展方向。

1. 发现自己的内在需求

在选择第一份工作时,这里给大家一点建议。沉下心来,认真回顾自己过去的生活、学习经历,了解和分析自己的个性、兴趣和能力,然后思考一下自己的未来,聆听自己的心声,发现自己内在的需求。这样的沉思可以通过向自己提一些简单问题来达成,如下所述。

——我的梦想是什么?

——我对什么感兴趣?(将所有能够激发自己热情的东西列出来)

——我做人和做事的价值观是什么?

——我具有什么样的天赋?

对于那些缺乏自省能力的人,可以找学校就业指导中心的辅导老师咨询或借助职业规划、性向测评等科学的方法来获得相应的指导意见。

2. 了解社会及企业的用人要求

预先了解社会及企业的用人要求,可以使大学生在择业时不盲目,做到心中有数。

1) 预先了解想应聘的单位

多方面预先了解想应聘的单位,可以让你从众多求职者中脱颖而出,你可以知道它们是否需要拥有你这种天赋、性格、技能和知识的人。另外,要看看你是否喜欢在那里工作。事先一无所知地从事一份工作,然后又马上辞职,这种做法是不可取的。

2) 预先了解的内容

在从事新工作之前你可能希望知道想应聘单位的一些信息,大致说来,有以下内容。

——这家公司的真正目标是什么？是不是像它在年度报告上写的资料那样？

——这家公司的公司文化是什么？是冷漠无情，还是热情友善？

——这家公司的工作时间如何，灵活还是不灵活？

——这份工作实际要做什么？

——你最喜欢的技能是否能够施展？或者你有充足的人事技能，却不得不做一些浪费时间的简单工作。

——更多的是关于老板的事情，他喜欢为什么而工作？平时是怎样管理公司的？

——你未来的顶头上司是谁？性格如何？领导风格如何？优势是什么？

——这家公司或组织怎样解雇人？预算紧不紧？怎样要求你所在部门的运营？

所有这些都是进入一个新地方工作之前（如果你能够的话）应该研究的内容。当然，你不可能在面试之前了解全部信息。上面的问题是你的研究议程，同样也是你的面试议程——如果你能成功地进入面试阶段。

3）预先了解的渠道

（1）朋友和邻居。

（2）互联网。

（3）公司印刷宣传材料。

公司本身可能会有关于其业务、目标等的书面材料、公司的总裁或领导发表的谈话、介绍公司的小册子或年度报表，等等。如何得到这些材料？在小公司里，接电话的人就是发放材料的人；在大一点的公司里，公关宣传部门或行政人事部门也会发放这些材料。

公共图书馆也可能会有关于该公司的材料——剪报、文章等，还有一些书和目录，可以提供一些关于该公司的信息。

（4）从组织中的人员那里获得信息。你也可以直接去找感兴趣的公司，咨询一些问题，也就是信息面试。但是，要注意几个问题。

第一，要注意自己的角色。这时的你只是一个寻找者，尽力了解收集信息，看你和公司双方是否同时适合。

第二，必须确定你要接近的人是公司负责发布消息的人——接待员、公关人员、人事行政人员等，而且要在接近其他更高级人员以前接近他们。收集他们可以提供的所有印刷资料，然后离开。下次回来的时候，确保你已经消化了这些资料。

第三，必须仔细阅读关于公司的所有印刷资料。不要向公司中的任何人问那些在某处的书面材料中（或者网站）已有答案的问题。在你打扰他们之前，读完所有的资料。

第四，如果下属人员能够回答你保留的问题，就要与下属人员接近，而不是去接近他们的上级，除非老板是唯一知道答案的人。

如果来到一个你最感兴趣却难以进入的公司，可以首先走访一下类似的公司，通过这些公司了解这个领域的"行规"，有助于你进入这个你最感兴趣的公司。

（5）寻找临时性工作了解信息。

（6）通过志愿工作了解信息。

如果你不愿意广泛了解各个地方，一个直接有效的办法就是在那里无偿志愿服务2～3周，而且对方有权随时中断你的志愿服务。特别是你难以找到新工作以前，如果你极力想去一个新的领域,志愿工作最后能为你赢得一封很好的推荐信。

6.1.2　给第一次求职择业者的一些建议

对于即将步入职场的大学生来说,可以把找寻第一份工作当作一次考试。要想得到优秀成绩,必须立足现实,积极思考,根据自己的特点,找到一份对未来发展有积极作用的"优质股"工作。

为最大限度地避免"入错行"悲剧的发生,应该先分析清楚自己的优势、劣势,了解透彻自己的行为风格、工作方式,在此基础上确定自己将为之奋斗的行业。这也是你职业人生最关键的一步。行业确定后,再在这个行业寻找落脚点。具体来说,有如下建议。

——选择企业的大小,不如选择适才适所。

——选择气派的办公室,不如选择良好的企业文化。

——选择钱多钱少,不如选择一技之长。

——选择职业、选择公司,更要选择一位值得追随的老板。

除此之外,还需要明白以下几个道理。

(1)你找到每份职业的乐趣和满足感都必须在于工作本身。如果你只能从收入或职位找到满足感,那你的美梦将逐渐变成噩梦。

(2)把找到的每份工作都看作一次冒险。一次冒险意味着一系列不可预测的神秘事件,无人能事先预知的变故可能会展现在你的眼前。

(3)把得到的每份工作看作临时性的。你的工作持续多长时间由老板决定。只要老板愿意,你的工作随时可能终止,而且事先可能没有任何预兆。因此,必须告诫自己:"这份工作只是临时的,能持续多长时间我并不知道。我得随时做好重新求职的思想准备。"

(4)珍惜得到的工作机会。如果你现在的工作恰好是你梦想的工作,要带着感激的态度去珍惜它。也许不能持久,但拥有它的时候,必须好好品味它、享受它。

(5)把找到的每份工作都看作一次学习机会。现在的社会、市场、技术变化很快,如果不学习新的知识、技能,迟早会被淘汰。

6.1.3　求职择业要注意的原则

求职指导时,重要的不是方法和技巧的灌输,而是要启发毕业生用不同以往的思维方式,在求职择业的过程中拥有辨别是非的能力,最终成功就业、顺利择业。这里介绍一下规范运用求职方法和技巧的 5 项原则。

1. 有所为,有所不为

职位万千,但并不是所有的职位都适合你。空有满腔热情,认为自己有能力胜任一切职位的想法是不切实际的。自认为"无所不能"也意味着你"一无所长"。"尺有所短,寸有所长",用人单位看重的正是你的"专长"。如果求职没有重点,或是试图证明自己是一个适合于所有职位的"万金油",就会输在求职竞争的起跑线上。

2. 意在笔先

求职的每一个步骤都应该包含明确的意图,在深刻领会用人单位职位要求的基础上结合自身特点,运用专业规范的求职行为有的放矢地求职。求职者较难把握的是用人单位真实的职位要求,只有尽量减少这种信息不对称的情况,才有可能求职成功。同时,还要多做换位思考,多方实践,从用人单位的角度出发深入揣摩招聘人员的心理,有针对性地展开求职行为。

3. 用事实说话

要时刻牢记你需要做的是努力用事实证明自己的能力,而不是一厢情愿地把自己的主观评价强加给别人。只有结合自己的优势,组织典型事例,运用流畅、精练的语言加以证明,才能收到良好的效果。

4. "屡败屡战"的精神

目前就业压力不断增大,求职周期不断延长,没有"屡败屡战"的精神,很容易自怨自艾、无所事事,最终浪费大好时机,与成功就业失之交臂。"天下没有免费的午餐",大学生也早已不再是社会的精英阶层,有些毕业生经历过一两次求职失败,就一蹶不振、无所作为。一味抱怨就业形势紧张是毫无益处的,不如做一些实质性的准备,提高自身的素质。求职过程本身就是不断学习、融入社会的过程,学会从失败中吸取经验教训,不断调整自己的求职行为,只有这样才能达到成功就业的目的。

5. 细节决定成败

在日益激烈的求职竞争中,任何一个细微的错误都有可能导致求职失败,所以在求职过程中一定要有严肃认真的态度。把握好求职过程中的每一个细节,处处体现出自己较高的综合素质和良好的职业能力,必会为你的求职加分不少。

6.2 有效利用人才市场

6.2.1 人才市场的基本知识

人才市场是指人才进行流动和交流的场所,也是人才流动和就业的中介机构,是劳动力市场的一个有机组成部分。它是人才开发、配置、利用、流动及其所有者、使用者经济利益实现的客观机制与环境的结合。人才市场是调节人才供求平衡的基础机制,同时又是实现人才与生产资料按比例结合的重要机制,是实现人才所有者、使用者经济利益要求的媒体,也是人才流动、人才储存和开发的场所。人才市场是社会与生产中主观生产要素市场,是市场组成中不可或缺的有机组成部分。

1. 人才市场的构成

人才市场的基本要素主要有人才需求、人才供销、人才供求信息、人才素质开发及评价、认证人才流动、人才价格、职业选择竞争、人才的开发和利用、保护人才的相关法律及人才服务机构等。

2. 人才市场的划分

根据我国高校的实际状况和发展趋势,高校人才市场系统宜划分为 3 级：中国高校人才市场、省级高校人才市场和校级高校人才市场。

根据人才市场的形式,人才市场可以划分为狭义的人才市场和广义的人才市场。我们通常所说的人才市场是指狭义的人才市场,是指学校和地方政府部门举办的有固定场所、具体的时间和地点、特定的参加对象的有形人才市场。具体来说,就是各种招聘会。广义的人才市场,也可以理解为无形的人才市场,主要是指毕业生联系工作不受特定的时间和空间限制,依据个人的意愿,自行选择,其外在表现是没有具体的时间、地点、没有固定场所的人才市场。只要符合人才市场构成基本要素都可称其为人才市场,也就是广义的人才市场,如网络人才市场。

6.2.2　参加人才市场的方法与技巧

要根据自己的爱好和特长、专业特点等实际情况,确定所要选择单位的性质、规模、地域等,参加人才市场的时候就可以有选择性地参加,不必"场场必到"。

1 分钟的自我介绍,犹如商品广告,在短短 60 秒内,针对"客户"的需要,要将自己最美好的一面,毫无保留地表现出来,不但要给对方留下深刻的印象,还要即时引起"购买欲"。

要认真制作一份真实全面的个人简历。求职者应详细介绍自己学过什么、做过什么和能做什么、愿意干什么,在实事求是的基础上,把自己的学历文凭、专业特长、取得业绩和获得荣誉一一展现出来。

找工作不可蜻蜓点水,没有耐心。许多时候坚持一下,用最诚恳的态度再介绍一下自己,既向用人单位表明了诚意,又多了自我推荐的机会。这种方式在冷门专业的优秀毕业生中更为适用,在众多的求职者中,只有自己的耐心和诚心才能引起用人单位的注意和兴趣所在。

注意收集招聘人员住宿地点,选择自己中意的职位,在合适时间可以登门拜访。参加招聘会的现场,求职者众多,用人单位只能将你的简历和推荐材料拿回到单位或住宿地点详细比较筛选。登门拜访这种方式能让招聘人员更多地了解你,也能让你更多地把握机会。

提前准备应聘时需要的英文资料。有时招聘单位的应聘表是需要用英文填写的,用准备好的英文自我介绍,与主考官交流一番,人气值会大大提升。尤其对瞄准外资企业的毕业生来说,这是必备的资料。

在招聘会上一定选择早场,在人流量少的情况下可以有机会到多家单位的招聘点了解情况,自我推荐。

另外,千万不要忘记网上求职。很多大公司、大企业只在网上求贤,制作一张精美的求职网页是十分必要的。

6.3　简历的写作方法与技巧

6.3.1　写好简历

应聘简历是求职过程中的敲门砖,是应聘者的个人广告。内容充实而又富有个性的简历,将会脱颖而出,更早地吸引人事经理的眼球。一般说来,人事经理对应聘简历的重视程度,绝不会超过应聘者对自己简历的重视程度。所以,即将毕业而走向求职道路的应届毕业生们要珍惜自己的第一份求职简历。

为帮助应届毕业生写好简历,有关专家通过访问资深人事经理、阅读有关资料以及总结以往工作实践中所发现的应聘简历相关问题,编写了以下10个写好应聘简历的要领。

1. 个人基本信息

个人基本信息要简短而完整。姓名可以使用较大号文字(对难读的字最好注释汉语拼音)。性别是必要的。照片最好是标准证件照(除非与应聘职位有关,尽可能不要贴艺术照或生活照)。年龄要写明出生年月(日),并用括号写明"××岁"。户口与籍贯,最好写到省、(市)县。学历与专业,要列出所学专业名称。联系方式中电话座机要注明区号,如北京(010)。若有手机,最好写上手机号码,并注明是否为本市号码。E-mail地址最好用较大的文字标注。若写通信地址,一定要写邮编。

2. 求职意向

求职意向是应聘简历的核心内容。求职意向应当尽可能明确和集中,并与自己的专长、兴趣等相一致。例如,计算机软件开发工程师、网络系统工程师;销售工程师或市场调研员;行政主管或办公室文员等。填写求职意向切忌空泛(例如,本人希望从事富有挑战性并能够发挥自己潜能和专长的工作,以实现自己的人生价值)和太多太杂。对自己意向中的求职目标,应事先多向几个有工作经验的人(最好是行家、就业指导老师或HR经理)咨询一下,并反思如何让求职意向和所学的专长结合起来。

整个简历的内容重点与经历素材的取舍,应以求职意向为中心展开书写。与求职意向无关的素材(知识技能、兴趣、爱好、培训内容等)尽量省略。

3. 经历叙述

经历叙述要做到顺序合理、衔接严谨,必要时可增加适当的备注。保持时间的一致性和连贯性是填写经历的基本要领。日期一般应当填写到月份。

实习经历应与工作经历区别开来。可能的话,对实习单位做一个简短背景资料介绍。例如,该分公司为××集团公司的下属单位,投资规模×××万元,职工××人,主要经销移动通信终端产品。

4. 技能、实习经验和社会活动的表述

要以可确认、衡量或公认的标准定义技能;以具体过程行动和结果说明经验;以收获和意义介绍社会活动。

对于技能,不要仅用"很好""一般""熟练""精通"表述,最好在这些词语后面解释或定义一下其含义。当然,最好用公认的证书、资格等级表述。没有证书和公认资格时,最好以做过的结果、事实描述。例如,精通韩语,在××届世界大学生运动会上为韩国网球队担任随队翻译;熟练的计算机能力,200×年暑期曾为××公司设计并铺设了公司内部网络(该公司有60名职工、40台计算机),等等。

表述实习经历切忌定位不准或夸大其词。例如,"出席了××论坛会",阅读简历者很难从中获得准确信息,不清楚应聘者是作为一般听众、论坛服务人员还是论坛发言人出席的。又如"参与××小区中水处理系统的设计",究竟是总体设计还是局部设计?是计算、

绘图还是组织协调？设计的结果如何、用户是如何评估的？这些都给人留下了很多疑问。

介绍社会活动时,很多人在简历中仅说明"担任学生会副主席",其他内容皆无。不知其为学生组织做了哪些有益的活动,取得了哪些成果。重要的不是你是否担任学生会干部,而是你曾经为学生组织做过哪些有益的活动,承担了什么角色以及从中得到了什么收获,学会了什么本领,领悟了什么道理。

5. 兴趣、爱好、专长

介绍兴趣、爱好只需列出主要兴趣、爱好即可。爱好广泛,就等于什么都不专、不精。从兴趣、爱好中也可发现应聘者的价值观、志向和个性特征等很多信息,有时可以从中发现该应聘者的职务适应性。例如,好运动者,性格外向且单纯;爱下棋者,思维周密而好强;经常旅游者,见识广博而豪爽;喜欢读书者,志向专注且宏大。

泛泛地罗列很多兴趣、爱好,不如把一两项最擅长的爱好或兴趣表述得准确一些。例如,围棋业余2段;喜欢阅读经济管理类图书;爱好篮球,是校篮球队主力后卫之一等。

6. 自我评价

一般地讲,如果简历中的其他内容写得比较充实,"自我评价"可以省略,完全可以请阅读者去评价。若一定要写,建议把这部分写成对简历其他部分所陈述的事实做一个抽象性的概括,并且紧密结合求职意向(应聘职位),做一个最终的匹配和呼应。要注意的是,这里的每个概括(结论),最好可在简历中找到依据(必要时可增加简历内容项目),而不是干巴巴地使用概括词、形容词。

没有必要说什么"给我一个机会,我会还你一个惊喜;给我一缕阳光,我会还你一个灿烂",重要的是,你是否曾经创造过"惊喜"和"灿烂";也没有必要说什么"也许有人会在乎我所读的学校,但⋯⋯",因为如果你自信,还怕别人不相信?另外,应届毕业生不要总强调自己没有工作经验。要知道,用人单位只要招收应届生,就已经考虑到了这一点。事实上,招聘单位需要的是应聘者解决基本问题的能力、潜能和经验。因此,没有工作经验不等于没有解决问题的经验。

7. 自荐信

自荐信最好是专门针对特定的应聘单位、应聘职位而写。通用的自荐信有时还不如不写。认真地用手写方式书写一封自荐信,往往能给人很深的印象。写自荐信之前,应对应聘单位以及应聘职位有一定的了解。要了解应聘单位的基本信息,如注册资本、事业领域及方向、主要产品、企业文化、近来发生的大事等。关于应聘职位,最好仔细阅读招聘广告,可能的话,向行家(也可以向应聘单位的人事经理)咨询一下该职位的具体工作内容、任职条件等。

自荐信有话则长,无话则短,更没有必要把简历的内容重复一遍。

8. 简历的篇幅、字体、字号和"包装"

简历的正文篇幅尽量控制在2～3页。必要证书复印件等附在后面,也可以在简历中注明在需要时或面试时提供。另外,为减少篇幅,简历没必要单制作封面。

简历所用字体不宜过多,字体多,则显得凌乱;字号不宜过小,字号小则40岁以上的人不戴眼镜阅读起来比较困难。

简历就是简历,重要的是在具体内容上下功夫。除此之外的任何过分的包装和修饰,在人事经理眼中都是一文不值的。

这里有一个小建议。用一张彩色鲜艳的小卡片——如小商品店出售的彩色报事贴或留言卡——打个回折拢住简历,用订书器钉好,写上自己的姓名和联系方式。这样可以使简历有别其他,又可为日后应聘单位与你联系提供方便。

简历用订书器装订一下很有必要。因为简历在投递之后,一旦被看重,将经过很多人手,传来传去很容易散落、丢失。

9. 用电子邮件发送简历的注意事项

邮件名称应单刀直入地点明主题"×××应聘××××职位"。邮件容量应控制在1.5MB以内。过大的邮件有可能给应聘单位带来麻烦。

尽量不要以附件的形式发送应聘简历。非要添加附件时,也应在邮件正文中简要地介绍一下自己的情况——写一封自荐信。切忌正文没有任何寒暄,强迫阅读者直接看附件。

对外发送应聘邮件时,注意也给自己"密送"一份,以确认邮件没有乱码。

为了谨慎起见,发送邮件后,给应聘单位的招聘主管打个电话,确认是否收到。当然,也可以在发送邮件时事先设定"请求阅读回执"。

10. 其他

薪酬要求中最好写一个范围,而不是一个数目。事先最好调查一下该职位的市场价位,不要提得太离谱。也可以写上"面谈"或不写。

所学专业及培训科目,仅列举应聘职位相关的主要科目,其余可省略。招聘单位一般要求提供学习成绩单。

开始工作时间,最好注明正式出勤工作的时间。学习之余打工的,不妨也写清楚可以工作的时间。因为有些单位有可能希望内定的应届生在可能的时间里打工,尽快熟悉工作环境。

如果不是应聘司机或者招聘单位的职位有特别要求,有无驾照无关紧要。

通常(外资企业)不要求填写父母、亲属等信息。

简历完成后,要仔细阅读几遍,也可以让别人帮助把把关。简历中一定要避免错字、别字。常见的问题是电脑打字时的词汇变换错误。不要因为自己检查上的疏忽,给应聘单位留下马虎、草率的印象。

6.3.2　一般性简历的写作基本要求

不同于大学生求职简历,工作以后求职的简历写法没必要千篇一律,都采用一样的格式。但不管如何布局安排,都要层次分明、简捷明了,突出重点。通常情况下,求职者多采用的是包括开始部分、中间部分和结尾部分的三段式写作方式。

1. 开始部分

开始部分包括标题、姓名、年龄、学历、婚姻状况、健康情况、联系地址、求职目标等。求职目标要结合自己的实际情况去选择职业目标,应该考虑的因素有专业所长、兴趣、待遇、能力、学历、年龄、性别、性格、爱好、社会习俗(其中兴趣与待遇最为重要)。例如,你一心想学好外语,并且打算在一两年内出国深造,那么就可以把旅行社、国际观光宾馆、贸易公司、外事机构、航空公司、进修学院作为优先考虑。对于特别热门、应聘人特别多的职业,要谨慎行事。简历中工作目标书写的字数讲究简练清楚,最好不要超过 40个字。

2. 中间部分

中间部分主要陈述个人的求职资格和所具备的能力。

(1) 专业,包括自己所学的专业和业余所学的专业及特长;具体所学的课程等;自己所受教育的阶段;具体的证明材料、证书等。教育背景的陈述,要突出与招聘工作密切相关的论文、证书与培训课程等。

(2) 工作经历和能力。要说明工作经历,尤其是与求职目标相关的工作经历,一定要说明最主要、最有说服力的资力、能力和工作经历。说明的语气要坚定、积极、有力,要有具体的工作、能力、关系等证明材料。写工作经验时,一般是先写近期的,然后按照年代的顺序依次写出。最近的工作经验是很重要的。在每一项工作经历中先写工作日期,接着是工作单位和职务。在这个部分需要注意的一点是,陈述了个人的资格和能力经历之后,不要太提及个人的需求、理想等。

3. 结尾部分

结尾部分多是提供证明自己资力、能力以及工作经历的证明材料,其中也包括自己的一些补充说明。例如,学历证明、学术论文、获奖证明证书、专业技术职业证书、专家教授推荐信等。这些材料可以列在另外的附页上,若有必要,可以附加证明人一项。但需要说明的是,在证明人栏目中要说明证明人的姓名、职务、工作单位与联系方式。当你同时对许多单位写个人简历时,而难以提供许多对方熟悉且有说服力的证明人时,也可以在简历结尾处注明"一经需要,即提供证明人"等。

6.3.3 写好简历要注意的问题

对于求职者来说,除了要具备和所应聘职位相当的实力,一份能充分展现求职者能力的简历也是非常重要的,因为对于招聘者来说,这是他们进行初选工作的依据。那么,如何才算是一份好简历呢? 这里有一些建议,可供大家参考。

1. 简短

专家认为简历应尽量简短,如果你所应聘的是一个部门经理职位或专业技术职位,写上几页纸的简历也是正常的,因为应聘高级职位的人往往有过从事相关工作的经验,多写一些可以充分表现自己的经验。然而多数情况是,招聘人员根本无暇顾及那些超过两页纸的简历,简短的简历往往比冗长的简历难写。

简历是用来传递个人信息的,应该像公司的文稿一样非常简洁。不要有主语,最好是用电报式语言。简历中不要出现大段文字,每个段落不要超过 3 行。字体不必太大,小 4号即可。不要用带有名头的纸。

雇主可能会扫视你的简历,然后花 30 秒来决定是否召见你,所以一张纸效果最好。

如果你有很长的职业经历,一张纸写不下,试着写出最近5~7年的经历或组织出一张最有说服力的简历,删除那些无用的内容。

2. 内容突出

内容就是一切,简历一定要突出你的能力、成就以及经验。仅有漂亮的外表而无内容的简历是不会吸引人的。

简历内容要仔细分析你的能力并阐明你能够胜任这份工作。在强调以前的事件时,一定要写上结果。例如,组织了公司人员调整,削减了无用的员工,每年节约人民币55万元。

3. 消灭错误

很多求职者忽视了简历中的错误,如印刷错误、语法错误及标点符号错误。要记住简历是求职者的第二张面孔,雇主是从简历上了解求职者的性格、做事的认真程度和个人文化素养等,所以不要低估雇主的眼力。

4. 强调成就

在简历中,千万不要简单列举你所担任的职务,应使用有分量的词,一定要强调你能干某项工作的技能以及你所取得的成就和证书。

5. 别过分谦虚

就和面试一样,你的简历不能太谦虚。你都说不清楚你能干什么,那谁又能说得清?

6. 自己动手

尽管有很多现成的简历样本,但最好还是自己动手写简历,因为你的简历代表你自己,而不是别人。

7. 为你的简历定位

雇主们都想知道你可以为他们做什么。含糊的、笼统的并毫无针对性的简历会使你失去很多机会,所以必须为你的简历定位。如果你有多个目标,最好写上多份不同的简历,在每一份上突出重点,这将使你的简历更有机会脱颖而出。

8. 强调成功经验

雇主们想要你的证据证明你的实力。记住要证明你以前的成就以及你的前雇主得到了什么益处,包括你为他节约了多少钱、多少时间等。

9. 力求精确

阐述技巧、能力、经验时要尽可能准确,不夸大也不误导。确信你所写的与你的实际能力及工作水平相当,还要写上你以前工作的时间和公司。

10. 写上简短小结

"小结"可以写上你最突出的几个优点。没有多少应聘者愿意写这几句话,但雇主们却认为这是引起注意的好办法。

11. 花哨是祸

简历做得有创意,其用心良苦,可惜容易适得其反。例如,给简历设置封面,既浪费人事经理的时间,又浪费纸张。有的创意过于离谱和夸张,如有一份简历的第一页上赫然写着4个大字:通缉伯乐!还有的人在简历里面配上各种卡通图案;有的把简历搞得过于诗化,将长短诗句写进简历,让人不知所云。

12. 个人信息不是必需

现在在简历上写上个人信息如婚姻状况、血型、身高等已不再是必需。许多公司都乐意接受没有个人信息的简历。

13. 最后检查

记住,你的简历应该回答以下问题:它是否清楚并能够让雇主尽快知道你的能力?是否写清了你的能力?是否写清了你要求这份工作的基础?有东西可删除吗?

小贴士

应聘败在简历上

虽然小张学的是阿拉伯语,但大四前他并不为工作的事着急。大学前3年小张都在一家贸易公司做兼职翻译,担任国际贸易的总经理曾对小张许诺:毕业后直接来上班就行! 大四求职到顶峰时,小张与他联络,可他却含蓄地通知小张,由于和埃及那儿的合作取消,公司现已不需要阿拉伯语专业的人了。

看着手足无措的小张,宿舍的同学要他当即制作个人简历。好朋友小陈还千万叮嘱,一定要把简历做得华丽漂亮,哪怕数量少点也没关系,见到适合的公司一定要递上去,千万不能失去任何机遇。没有求职经验的小张点头称是,拿出1 000元做了10套包装华丽的简历,仅一套便是厚厚一叠。

招聘会如火如荼,要人的单位多,等着人要的大学生更多。小张把简历一份份递上,可得到的答复不是专业不对口,就是需要有两年以上工作经验。虽然小张竭力辩解自己有3年贸易公司兼职翻译经历,却因招聘会上过分喧嚷淹没在翻涌的人声里。小张总算看中了一家企业大集团的海外贸易部。负责招聘的大姐快速翻着小张的简历,皱着眉头说:"你什么专业的,到底要应聘什么部门,有什么特长啊,写这么多干吗! 等电话吧!"说完"啪"的一声把简历扔进一大摞简历堆里,高声叫道:"下一个!"

来回走了一圈,工作的事仍没着落,可简历却一份也不剩。就在小张懊恼地准备离开时,却意外看到会场角落里的环亚旅行公司。这家从事境外旅行的公司招聘栏上清楚地写着阿拉伯语。小张兴奋地走过去,担任招聘的中年男子笑着问小张:"同学,你的简历呢?"小张才知道他手里连一份简历都没了。匆忙之下,小张把姓名、学校、专业、特长填在一张空白纸上递给负责招聘的中年男子,他皱着眉头收下,挤出笑脸说:"好的,那你等通知吧。"

一个星期过去了,小张没接到任何面试的电话。打电话到环亚旅行公司,耐心报了自己的学校、专业和姓名,电话那头却冷着喉咙说:"我们从来没收到你的简历!"而此时和小张一个专业的某男生却成功应聘到他心仪的那家大集团的海外贸易部。他告诉小张,他的简历只做了两页,一页介绍自己的基本情况(包括各科成绩),一页是大学 4 年的社会活动简介。他一说完小张顿时傻眼。

点评:①简历制作应简略明晰,突出重点和优势。②投简历时应留心专业对口。③递简历后若对方清晰表示专业不对口不提供面试机会或自己对对方公司不感兴趣,可以把简历要回。

(资料来源:百度文库)

6.3.4　网上简历要突出自身优势

网上简历太长,审阅者未必有耐心看,所以必须简明扼要。简历中有几栏是用来给对方留下深刻印象的,也是决定对方是否给你面试机会的关键。如何写好这几部分的内容很重要,可以从以下几个方面着手。

1. 成绩

要以你的骄人业绩去打动未来的雇主,要注重对行动和结果的描述。尽量让雇主感到,你的工作能力和个人魅力将会给他带来莫大的收益。要突出你的技能和成绩,强化支持标题,集中对能力进行细节描写,运用数字、百分比或时间等量化手段加以强化。要强调动作,避免使用人称代词如"我""我们"等。

2. 能力

要对各方面能力加以归纳和汇总,扬长避短,以无可争议的工作能力和个人魅力征服未来的雇主。用词应简单明确,观点鲜明,引人入胜。

3. 工作经历

工作经历应当包括你所有的工作历史,无论是有偿的还是无偿的,全职的还是兼职的。在保证真实性的前提下,尽量扩充与丰富你的工作经历,但用词必须简练。从最近的工作记录开始,逐渐往前写,并保持每份记录的独立性。不要只针对工作本身,业绩和成果更为重要。要注意细节,用数字、百分比和时间等对描述加以量化,要避免使用人称代词。

4. 技能

要列出所有与求职有关的技能。可以回顾以往取得的成绩,对自己从中获得的体会与经验加以总结、归纳。可以附加一些成绩与经历的叙述,但必须牢记,经历本身不具说服力,关键是经历中体现出的能力。

5. 嘉奖

简历中的大部分内容是经历和成绩的主观记录,而荣誉和嘉奖将赋予它们实实在在的客观性。可用一些细节说明加以强调,避免使用意义不明的缩写,突出此嘉奖与你所求职务的相关性。

6. 职业生涯

职业生涯应着重强调你在相关行业中所获得的特殊专业技能和取得的成就。在提及技能与成就时越具体越好。可以按对所求职位的重要性,依次列出标题。对支持标题的能力和成就加以突出。用词应精练,宜少不宜多。

6.4　面试的方法与技巧

面试是通过当面交谈、问答对应试者进行考核的一种方式,不仅能考核一个人的专业水平,还可以面对面地观察应试者的体态、仪表、气质、口才和应变能力。与笔试相比,面试具有更大的灵活性与综合性,是用人单位常用的一种招聘方法。

如何顺利地通过面试,是大学毕业生在求职择业过程中非常关心的问题,也是大学生能否成功就业的重要环节。以下就大学生关心的面试前的准备、面试的内容和技巧、面试的策略和面试礼仪等问题进行较为详细的阐述。

6.4.1　面试的种类

1. 结构化面试

结构化面试即根据特定职位的胜任特征要求,遵循固定的程序,采用专门的题库、评价标准和评价方法,通过考官小组与应试者面对面的言语交流等方式,评价应试者是否符合招聘岗位要求的人才测评方法。结构化面试是指面试的内容、形式、程序、评分标准及结果的合成与分析等构成要素,按统一制定的标准和要求进行的面试。

2. 无领导小组讨论

无领导小组讨论指由一组应试者组成一个临时工作小组,讨论给定的问题,并做出决策。由于这个小组是临时拼凑的,并不指定谁是负责人,目的就在于考察应试者的表现,尤其是看谁会从中脱颖而出,但并不是一定要成为领导者,因为那需要真正的能力与信心,还需有十足的把握。

3. 半结构化面试

半结构化面试是指面试构成要素中有的内容做统一的要求,有的内容则不做统一的规定,也就是在预先设计好的试题(结构化面试)的基础上,面试中主考官向应试者提出一些随机性的试题;半结构化面试是介于非结构化面试和结构化面试之间的一种形式。

4. 情境面试

情境面试又叫情境模拟面试或情境性面试等,是面试的一种类型也是目前最流行的面试方法之一。在情境性面试中,面试题目主要是一些情境性的问题,即给定一个情境,看应试者在特定的情境中是如何反应的。在经验性面试中,主要是问一些与应试者过去的工作经验有关的问题。情境模拟面试的理论依据是动机理论中的目标设置理论。

5. 问卷面试

问卷面试就是运用问卷形式,将所要考查的问题列举出来,由主考官根据应试者面试时的行为表现对其特征进行评定,并使其量化。它是面试中常用的一种方法,它的优点在于把定性考评与定量考评相结合,具有可操作性和准确性,避免了凭感觉的主观评价的缺陷与不足。

6.4.2　面试的内容

面试中,招聘者通过观察、提问、交谈、测试了解、判断求职者的修养、形象、气质、知识水平、表达能力、应变能力、心理素质、敬业精神等。其目的是加深对应聘者的考察,看是否适合他们的需要。常见的面试内容包括以下几个方面。

1．背景

背景主要考察毕业生的个人情况,如民族、性别、身高、视力等自然状况;家庭主要成员及社会关系;文化程度、毕业学校、所学专业、接受过哪些培训、从事过哪些工作、参加过哪些社会活动;等等。

2．智商

智商主要考察毕业生的知识层次、所学专业课程、学习成绩、外语和计算机水平,等等。业务能力包括毕业论文、毕业设计、科研成果、专著以及实践能力、操作能力、组织领导能力、口才、文笔,等等。

3．情商

情商是考察毕业生的人生观、价值观、敬业精神、人际关系、适应能力、处理压力的能力和自我激励的能力等。

4．形象

形象是考察毕业生的相貌、言谈和仪表等。

6.4.3　面试前的准备

"机遇只垂青于有准备的人",作为一名求职者,求职面试时应做好以下准备工作。

1．资料准备

毕业生在面试时大多与用人单位是初次接触,彼此了解较少,况且在求职前尚未拿到毕业证书,这就需要毕业生通过具体的材料推荐自己,并向用人单位展示自己在校内外学习阶段的情况及其他情况。因此,在面试前要做好自荐材料的准备工作。自荐材料一般包括以下几个方面的内容。

(1)学习成绩材料,包括学习成绩单、英语和计算机等级证书等。

(2)荣誉证书。例如,三好学生、优秀学生干部、优秀团干部、优秀毕业生等,以及各种社会实践活动、各种竞赛活动的证书等。

(3)成果证明材料。例如,获得的发明专利证书和正在申请的专利材料,在报纸、杂志上发表的文章、论文,出版的专著和有一定价值的科研成果报告等。

(4)证明自己具备某方面素质或能力的其他材料。例如,汽车驾照、技能鉴定证书、大赛获奖证书等。

(5)个人简历、求职信、推荐书等。求职信是最重要的自荐材料,概括了求职者的全面情况,在一定程度上直接表现了求职者的个人素质,如文字的表达能力、书写水平等。

在做好自荐材料之后,必须将个人的有关情况,如个人简历、性格、能力、爱好、特长等反复阅读,以使自己在面对主试者时胸有成竹、信心十足。

在准备好个人资料的同时,还要掌握用人单位的有关资料。例如,单位性质、主要职能、人员结构、知识层次、规模和效益;用人单位对应聘人员的专业、能力、个性等专门要求。根据掌握的这些资料,结合自身的条件,有的放矢地采取策略,做好准备,面试的成功率就会提高。

2. 对面试可能谈论问题的准备

面试问题的准备,主要是对面试中可能提出的问题如何回答进行准备。不少大学生在面试前怯场、紧张,主要原因就是不知道面试中会提什么问题、怎样回答,心中无数难免恐惧。因此,要在面试中轻松回答,就必须在面试前做适当的准备。尽管不同的用人单位和主试者所提的问题不同,但是大体上提出的问题是有一定规律可循的。

(1)教育培训类的问题。例如,你从哪所学校毕业?什么系?简单介绍一下你的专业,你最喜欢的功课是什么?为什么?简要谈一下你的毕业论文或毕业设计,你的学习成绩怎样?在班上是第几名?等等。

(2)求职动机类问题。例如,为什么来本单位应聘?你对应聘职位有哪些期望?你在工作中追求什么?等等。

(3)相关经历类问题。例如,你参加过哪些社会活动?你在哪个单位实习?时间多长?承担什么工作?你在工作中曾经遇到过什么困难?等等。

(4)计划和目标类问题。例如,如果你被录用,准备怎样开展工作?有什么想法?有其他的工作机会,你怎样看待?你打算沿着这条职业道路走下去吗?进入我们单位你准备干几年?你是否确定在我们单位的奋斗目标?等等。

(5)面试时要提出的问题。在准备时一定要注意,把问题限制在询问应聘单位职位的范围内;回避敏感性的问题,如工资、福利等个人要求;不要问简单或复杂的问题。简单的问题会显得你无知,复杂的提问又有故意为难主试者之嫌。

(6)准备的方式。对可能提及的问题要先进行认真思考,考虑怎样回答和什么时机提出,然后将其要点写下来,反复说几遍,并模拟正式面试的情景,自问自答进行演练,甚至可与同学、朋友、家庭成员试谈一下。

3. 形象准备

在准备面谈时,要事先整理思路,多花一些时间去思考如何"包装"自己,努力在面谈中从穿着打扮和精神面貌两方面入手,给对方留下良好的第一印象。

作为大学毕业生,千万不可在面试时大大咧咧、疏于准备、自以为是、不修边幅。文雅、得体的行为和谈吐,同样会给人们留下良好的第一印象。面试中个人的举手投足、一颦一笑,都可能影响面试的结果。

6.4.4 面试的技巧

1. 倾听的技巧

听是一种重要的交流信息的技巧。面试的实质就是主试者与应试者进行信息交流从而获得全面评价的过程,形式上充分体现在"说"和"听"上。应试者注意听,不仅显示对主试者的尊重,而且要回答主试者的问题就必须注意听,这样才能抓住问题的实质,否则就可能不得要领、答非所问。

因此,在面试中目光要专注,要有礼貌地注视主试者,并且要不时地与主试者进行眼神交流,视线范围大致在鼻以下胸口以上,不要东张西望。要尽量微笑,适时爽朗的笑声可令气氛活跃,但绝不可开怀大笑。可以用点头对主试者的谈话做出反应,并适时说些简短而肯定对方的话语,如对、可以、是的、不错等。身体要稍稍向前倾斜,手脚不要有太多的姿势,如果漫不经心、表情木然则必然伤害主试者的自尊心。

面试时,应试者除了注意倾听主试者的提问,同时要注意察言观色,做到有针对性地应付。要细心、敏锐,能捕捉到有价值的信息,能解读和"破译"这些体态语的真实含义。

2. 察言观色

要密切注意主试者的面部表情。例如,对方听了你的介绍,双眉上扬,双目上张,则是惊奇、惊讶的表情,可能表明你就是他们理想的人选,有相识恨晚的感觉。如果对方听了你的介绍后皱眉,则表示不高兴或遇到麻烦无能为力,等等;也可能表明你不是他们的"意中人",你则可以采取其他途径进一步努力。

要密切注意观察主试者的目光。对方听你自我介绍时,双目直视前方,旁若无人,则他的眼睛无声地告诉你,他是一个高傲的人、"了不起"的人。那么,你讲话时就要力争满足他的自尊心理。如果对方的眼睛眨个不停,则在表示怀疑,你就力争把问题解释清楚。如果对方眯着眼看你,则表示他比较高兴,你的介绍可能打动对方,再继续下去,就可能成功。如果对方白了你一眼,则表示他对你或你的某句话反感,这时你就要特别注意。总之,只要认真观察,就会通过心灵的窗户——眼睛,把握对方的内心世界,力争主动权。

3. 语言表达技巧

准确、灵活、恰当的口语表达,是面试的关键环节。语言表达技巧有两个方面的要求,一是要做到表达清楚准确、通俗易懂;二是要做到动听,富有美感和吸引力。

面试中的交谈,受时间和内容的限制,不同于平时闲聊,绝不可漫无边际地"侃"。说话简明扼要,不完全是一个话语量多少的问题,即不能用说话的时间长短来判断。它包含了数量和质量的关系,就是用最少量的话语传递尽可能多的信息,通常要注意紧扣提问回答、克服啰唆重复的语病、戒掉口头禅。

通俗朴实是对应试者语言风格的要求,即指应试者的语言要通俗易懂、朴实无华。因此,应试者说话一定要注意突出口语的特点,努力做到上口入耳。在语言表达时,要通俗化、口语化,多用通俗词语,避免使用些文绉绉、酸溜溜或过于书面化的语言,既不亲切,又很难懂,往往事与愿违。要质朴无华,如果片面追求语言的新奇华丽、过分雕琢,就会给人以炫耀之嫌,必定会产生反感。

用形象和幽默风趣的语言有助于增强语言的吸引力,融洽和活跃谈话气氛。在面试交谈中,应试者要注意避免使用枯燥、干瘪呆板的语言,尽量使语言生动、形象,富有情趣,给主试者以感染力,增强对你的好感和信任。

面试时谈话的节奏快慢,会影响语言表达的质量和效果。在面试中,语速最好是不快不慢。一般来说,面试中的问答是平铺直叙的,如介绍自己的一些基本情况,谈谈对公司前景的看法等。所以,在语速上不必像朗诵诗歌般抑扬顿挫,按照你平时回答教师提问时的语速说话即可。口齿要清楚,说话时注意句与句之间的间隔,使人感到你思路清晰、沉着冷静。

另外,在面谈时还应注意语气要平和、语调要恰当、音量要适中。语气是指说话的口气。语调则是指一句话的腔调,也就是语音的高低轻重配合。打招呼、问候时宜用上升语调,加重语气并带拖音,以引起对方注意,声音过小难以听清。音量的大小要根据面试现场情况而定。两人面谈且距离较近时声音不宜过大,集体面试而且场地开阔时声音不宜过小,以每个主试者都能听清你的讲话为原则。

4. 问答技巧

问答技巧包括应答技巧和提问技巧两个方面。面试中应试者主要是以回答主试者的提问来接受测评的,同时也应主动提出一些问题,来显示应试者的整体素质。

1) 应答技巧

(1) 先说论点后说论据。应试者在回答问题时,要考虑自己所说内容的结构,用尽可能短的时间组织好说话的顺序。一般来说,回答一个问题,首先提出你对问题的基本观点,然后再逐一用资料等论证、解释。既有利于应试者组织材料,又可以给主试者一个思路清晰的好印象。

(2) 扬长避短,显示潜力。如何在有限的时间内使你的优势充分体现,扬长避短,显示潜力,是一种艺术。既不是瞒天过海,更不是弄虚作假,而是一种灵活性与掩饰性技巧的体现。例如,性格内向的人容易给人留下深沉有余、积极开放不足的印象。因此,性格内向的人在面试时衣着宜穿得明快些,发言时主动、大胆、热情,以弥补自己性格的不足。

(3) 遇到不便回答的问题可以拒绝回答。一般情况下,主试者在面试时不应提出有关应试者隐私或其他不便回答的问题。但是,有的主试者出于对某些工作的要求,或是出于其他原因,可能会对应试者提出一些棘手的问题。对于这样的问题,有过这种经历的应试者都不愿回答。即使回答,往往也是支支吾吾、含糊其词,给主试者留下不良印象。与其这样,不如直截了当地说:"对不起,我不愿回答这个问题。"

如果已经使用犹豫不决的态度说话,把气氛弄得很尴尬,就要及时警觉起来。此时,你也没有必要特别用心来缓和谈话的气氛,只要你对以后的问题,用明朗的态度表明就行了。主试者知道你能坚持自己的意见,一般就不会再问了,坦然处之,反而会留下好的印象。

2) 提问技巧

(1) 提出的问题要视主试者的身份而定。不要不管主试者是什么人,什么问题都问,让主试者无法回答,引起主试者的反感。如果你想了解求职单位共有多少人、职称结构、主要业务方面的问题,就不要向一般工作人员提问,而要向单位负责人提问。

(2) 一般情况下,应试者可向主试者提出以下几个方面的问题。一是单位性质、上级部门、组织结构、人员结构、成立时间、产品和经营状况等;二是单位在同行业中的地位、发展前景、所需人员的专业及文化层次和素质要求;三是单位的用工方式、内部分配制度、管理状况、经济效益和社会效益等。

(3) 要注意提问的时间。要把不同的问题安排在谈话进程的不同阶段提出。有的问题可以在谈话一开始提出,有的可以在谈话进程中提出,有的则要放在快结束时再提。不要毫无目的地乱提,更不可颠三倒四、反反复复提同样的问题。因此,在谈话之前,要将所要提的问题一一列出,按照谈话进程编出序号,以便在谈话时头脑清醒,知道提问的顺序。

(4) 要注意提问的方式、语气。有些问题,可以直截了当地提出来,如贵单位人员结构、岗位设置等。有些问题,要婉转、含蓄一点。例如,了解求职单位职工收入情况和自己去了以后每天、每月有多少收入等问题,不可直接问,应该婉转地问:"贵单位有什么奖惩条例、规定""贵单位实行什么样的分配制度"等。另外,在询问时,一定要注意语气,要给人一种诚挚谦逊的感觉。千万不可用质问的语气向对方提问,这样会引起反感。

(5) 不提模棱两可、似是而非的问题。特别是提与职业、专业有关的问题,一定要确切,不要不懂装懂,提出幼稚可笑的问题,因为从提问中可以看出提问者的知识水平、思维方式、个人价值观等。

由于谈话的对象、时间、地点、目的不同,提问题应注意的事项不可能一一列举。总之,应试者要重视提问技巧的学习和运用,这对选择职业有很大影响。

3) 摆脱面试困境的技巧

应试者在面试时,由于过度的紧张、长时间的沉默或一时讲错话会使自己陷入困境。遇到这种情况,若不能镇静应付,会影响自己整个面试的表现。因此,面试时应掌握以下几个方面技巧。

(1) 克服紧张的技巧。求职者产生紧张情绪是正常的,适度紧张可以帮助求职者集中注意力,但若过分紧张,不仅会给主试者留下不良印象,还会使你无法正常地回答问题,使面试陷入困境。面试时要克服紧张的情绪,应以平静的心态参加面试,否则压力越大越紧张;面试前进行充分准备,不把一次面试的得失看得过重;深呼吸是缓解紧张的有效办法;不要急于回答提问者的问题,且回答问题时注意讲话的速度;如果的确非常紧张,最好的办法是坦白告诉主试者:"对不起,刚才有点紧张,让我冷静一下,再回答您的问题。"通常主试者会同情你,而你也因为讲了出来,觉得舒服多了,紧张程度也大为减轻。

(2) 打破沉默的技巧。有时主试者长时间保持沉默,故意来考验应聘者的反应。遇到这种情况,许多应聘者因没有思想准备,会不知所措,陷入困境。应付这种局面最好的办法是预先准备一些合适的话题或问题,乘机提出来,或是顺着先前谈话的内容,继续谈下去,来打破僵局,走出困境。

(3) 讲错话的应对技巧。人在紧张的场合最容易说错话,如在称呼时把别人的职务甚至姓名张冠李戴。经验不足的应试者碰到这种情形,往往会懊悔万分、心慌意乱,越发紧张。最好的应付办法是保持冷静。若说错的话无关紧要,也没有得罪人,可以若无其事,专心继续面试交谈,切勿懊悔不已。通常主试者不会因为求职者一次小的失误,而放过合适的人才。若说错的话比较严重,为防止误会,在合适的时间更正道歉。例如,对不起,刚才我紧张了点,好像讲错了,我的意思是……请原谅。出错之后,坦诚地纠正自己的错误,还有希望被录取。

(4) 遇到不会回答问题时的应对技巧。在面试中,往往会出现紧张或是预料不到的情况,如有些问题不会回答等,这时请不要掩盖,应当坦诚说"这个问题我不会",千万不要支支吾吾、不懂装懂。不会就是不会,坦然地予以回答,反能给人留下诚实、坦率的好印象,进而反败为胜。

当遇到一时不易回答的问题,可设法延缓时间,边想边回答。或者直截了当地提出:"我想想,再回答您",然后在几分钟内,很快考虑怎么说、说什么,说不定会获得构思敏捷、思路清晰,能抓住要害的好评。

(5) 做好碰壁的心理准备。对于涉世之初的大学毕业生,在面试时出现这样那样的失误是不足为奇的。关键是在你处于尴尬境地时,如何摆脱。其实,对于自己在面试中出现的小过失,不必太在意,结果不一定会那么糟。主试者不会因为一些小过失而不录用你,特别是女孩子,绝不能因自己说错话,就伸伸舌头、低头不语。最好的办法是不要把它放在心上,集中精力回答好后面的问题。假如为一开始出现的一点错误患得患失,把你的整个思路打乱,面试就很难成功。尤其是当主试者的提问触及你的弱点时,不要因此影响应试情绪,更不要出现愤怒和气馁的情况。只要保持良好心态,树立坚定的信心,就能顺利通过面试。

5. 应对主试者的技巧

面试是一项专业性很强的工作,主试者同样受这种职业的限制,他必须评价应试者,而且要做到含而不露。主试者在面试内容上大同小异,目的性也十分明确,但由于每个主试者的性格各异、兴趣不同,处世方式大相径庭,对问题的看法也不尽一致,就会使我们面对的问题格外复杂。因此,在面试时要根据不同类型的主试者采用相应的策略。

1) 文明礼貌,不卑不亢

在面试时,应懂得起码的社交礼仪,无论面对何种类型的主试者,都应注意礼貌,但也不能过分殷勤。任何单位都愿意挑选一些有作为,能为单位发展做出贡献的人,谁也不愿接收只会溜须拍马、卑躬屈膝、阿谀奉承的人。

有些毕业生尽管毕业于名牌大学,成绩优秀,自身条件优越,笔试成绩良好,但在面试中却屡遭失败。究其主要原因是自恃条件优越,趾高气扬,盛气凌人,或者是自命清高,表情冷漠,缺乏热情。这一切都会引起用人单位的反感。虚荣心太强,也会导致你的面试失败。当自己被主试者发现了短处,自知找不到理由来解释,却强词夺理、牵强附会、拼命狡辩,会给人一种不虚心、不诚实之感。

2) 因人而异,区别对待

主试者的身份不同,用人观念和价值标准也不同。因此,面对不同的主试者,要采用不同方法。如果主试者是技术干部,就可能注重专业知识和技能;如果主试者是人事干部,就会注重应试者的社会意识和处世能力;如果主试者是领导干部,则注重应试者的合作精神、办事能力和应变能力。为取得面试成功,求职者可事先了解主试者的身份,再采取相应措施。若在面试前未能了解到他们的情况,可向面试完的同学咨询。

小贴士

求职面试 5 类典型试题点评

大学生应聘时,面试是一个非常重要的环节,在这一环节,很多人感到不知所措,或者做得不好,遭遇求职失败。一些就业指导老师总结了一些知名企业的经典面试题,并做出面试技巧点评。

1. 你为什么觉得自己能够在这个职位上取得成就?

这是一个相当宽泛的问题,给求职者提供了一个机会,可以让求职者表明自己的热情和挑战欲。对这个问题的回答,将为面试人在判断求职者是否对这个职位有足够的动力和自信心方面提供关键信息。

常见错误回答,如我不知道;我擅长做很多事情;如果我能得到并且决定接受这份工作,我确信自己可以把它做得相当好,因为我过去一直都很成功。

尽管表面听起来这种回答可以接受,但是它在几个方面都有欠缺。首先,这种语言很无力。像"擅长做很多事情"以及"相当好"之类的话,都无法反映你的进取心,如果不能表现出足够的进取心,你就很难进入最好的企业。另外,将过去做过的所有事情同这个职位联系起来,意味着求职者对这一特定职位没有足够的成就欲望和真正的热情。

正确回答可以是,从我的经历来看,这是我的职业生涯中最适合我的一份工作;几年来,我一直在研究这个领域并且关注贵公司,一直希望能有这样的面试机会;我拥有必备的技能(简单讲述一个故事来加以说明),我非常适合这一职位,也确实能做好这份工作。

这是一个很有说服力的回答,因为它可以告诉面试人,这个求职者拥有足够的技能和知识来完成这项工作。他所讲的故事表明了求职者的技能,也验证了他最初的陈述。最后,求职者表达了"做好这份工作"的愿望,这证明了他具备对这份工作的热情和进取心。

2. 你最大的长处和弱点分别是什么? 这些长处和弱点对你在企业的业绩会有什么样的影响?

这个问题的最大陷阱在于,第一个问题实际上是两个问题,而且还要加上一个后续问题。这两个问题的陷阱并不在于你是否能认真地看待自己的长处,也不在于你是否能正确认识自己的弱点。记住,你的回答不仅是向面试人说明你的优势和劣势,也能在总体上表现你的价值观和对自身价值的看法。

常见错误回答,如从长处来说,我实在找不出什么突出的方面,我认为我的技能是非常广泛的;至于弱点,我想,如果某个项目时间拖得太久,我可能会感到厌倦。

这种回答的最大问题在于,求职者实际上是拒绝回答问题的第一部分。对第二部分的回答,暗示了求职者可能缺乏热情。另外,基于对这一问题前两个部分的回答,求职者对后面的问题很难再做出令人满意的回答。

正确回答应该是,从长处来说,我相信我最大的优点是拥有一个高度理性的头脑,能够从混乱中整理出头绪来;我最大的弱点是对那些没有秩序感的人,可能缺乏足够的耐心。我相信我的组织才能可以帮助企业更快地实现目标,而且有时候,我处理复杂问题的能力也能影响我的同事。

这个回答就做到了"一箭三雕"。首先,它确实表明了求职者的最大长处。其次,它所表达的弱点实际上很容易被理解为长处。最后,它指出了这个求职者的长处和弱点对企业和其他员工的好处。

3. 你曾经参加过哪些竞争活动? 这些活动值得吗?

通过调查你经历过的实际竞争场景,可以反映你对竞争环境的适应程度,也可以反映你的自信心。当竞争成为关键因素时，正是讨论小组活动或企业业务的一个绝好机会。

常见错误回答，如从本质上说，我是一个竞争性很强的人。我认为，在所有做过的事情中，我实际上都采取了一种竞争性的态度。毕竟，只有这样才能在竞争激烈的企业界生存，对吧？

这样的求职者阅读了太多关于鲨鱼和汉斯之类的故事，让人感觉在企业界不是你死就是我活。尽管企业界是高度竞争的，但是企业中的人憎恨别人把自己看成凶猛的梭子鱼。

正确回答应该是，我喜欢小组运动，我一直都尽我所能参加这些活动。我过去经常打篮球，现在有时候也打。同小组一起工作、为实现共同目标而努力、在竞争中争取胜利……这些事情确实非常令人兴奋。

这种回答表明，求职者能够正确看待竞争。这意味着他能够利用竞争力量在竞争中取胜，而不会毁掉同事的工作成果。

4. 是否有教授或者咨询师曾经让你处于尴尬境地，还让你感到不自信？在这种情况下，你是怎样回应的？

这个问题考察的是求职者在陌生领域工作的能力。通过这个问题，面试人可以了解到，当所给的任务超过自己目前的能力水平时，求职者解决问题的意愿和能力。

常见错误回答，如我相信质疑权威是很重要的，但我不可能在学校里学到一切知识。很多人以为自己知道所有问题的答案，可实际上他们并不了解真实世界里发生的一切。你要明白，那些都是象牙塔里的东西。

这种回答的最大问题在于，求职者把问题的焦点从自己身上转移了。严肃的面试人并不关心你对高等教育的观点，他们想知道的是，当出现问题中给出的情况时，你将怎样处理。这种回答的另一个弊端是，会使面试人对你是否愿意服从领导产生怀疑。

正确回答应该是，在我当学生的这几年中，我尽自己所能多学习知识，经常选择一些不熟悉的课程，因此往往会受到教授的质疑。不管什么时候，当我觉得自己对这个科目知之甚少时，就尝试预见一些问题，为回答问题做些准备。当我被难住时，我会尽可能做出科学合理的猜测，承认我不知道的东西，并且从不懂的地方开始学习（如果可能，你可以举出一个例子）。

这种回答的最大好处在于，它清楚地表明了求职者会积极面对艰难处境，也显示了求职者有雄心和明确的态度，知道怎样处理离奇和模糊的问题。

5. 你怎样影响其他人接受你的看法？

你的回答将告诉面试人，首先你对影响别人有什么看法；其次你影响别人的能力究竟有多大。

常见错误回答，如一般情况下，这取决于这种想法的价值。如果这是一个好想法，而且我所交往的人是通情达理的，那么一般情况下，让别人接受我的想法不会太难。

这种回答的问题在于，它并没有解决实际问题。这个问题实质上问的是，你怎样对待那些不赞同你看法的人。这个回答表明，你愿意在一种和谐的工作环境中工作，不喜欢不和谐的工作氛围。

正确回答应该是，这是多年来我一直非常努力探索的一个领域。对于好的想法，甚至是伟大的想法,人们有时并不接受。我现在认识到这样一个事实,那就是你表达想法的方式同想法本身一样重要。当我试图影响别人时,我一般会假设自己处在他们的位置上,让自己从他们的角度来看待问题,然后我就能够以一种更可能成功的方式向他们陈述我的想法。

这个回答表明,你理解人际沟通的复杂性,知道使别人改变看法具有一定的难度。还表明,你知道影响别人时运用策略很重要,而且也能够采用合理的方式说服别人;你知道在沟通困难的情况下,沟通方式和沟通内容一样重要。

(资料来源:中国新闻网,http://www.chinanews.com.)

小贴士

经典面试题目解析

基本问题

1. "请先自我介绍。"

这是面试的必考题目,首先要注意的一点是在介绍内容上要与个人简历相一致,如果之前做了不同形式的简历,则要注意不与所投的简历相出入,不能自相矛盾。最好求职前先以文字的形式写出简介,并熟读熟背。特别注意突出自己的能力和素质,要与所应聘的职位相关,不谈无关、无用的内容。

2. "谈谈家庭情况。"

面试官是希望从你的家庭教育背景中判断你的素质。注意不要简单罗列家庭人口,宜强调温馨和睦的氛围,宜强调父母对自己教育的重视,宜强调家庭成员对自己工作的支持、自己对家庭的责任感,等等。

3. "有什么业余爱好?"

业余爱好也反映一个人的性格特点。最好不要说自己没有业余爱好,更不要说自己有那些庸俗的、令人感觉不好的业余爱好,如打麻将之类。最好不要说自己仅限于读书、听音乐、上网等业余爱好,否则可能会令招聘公司怀疑应聘者性格孤僻。最好能有一些户外的业余爱好来"点缀"你的形象。

4. "你最崇拜谁?"

面试官想从你崇拜的人物看出你的价值取向。一般不宜说自己谁也不崇拜,不宜说崇拜自己,不宜说崇拜一个明显具有负面形象的人,也不宜说崇拜一个虚幻的或是不知名的人。最好所崇拜的人与自己所应聘的工作能"搭"上关系,比如应聘销售时说自己崇拜"推销之神"吉拉德。

让人尴尬的问题

1. "谈谈你的缺点。"

不宜说自己没有缺点,不宜把那些明显的优点说成缺点(比如我最大的缺点是干活拼命之类),那会让面试官觉得你虚伪。但又不宜说出会严重影响所应聘工作的缺点,比如应聘财会说自己"丢三落四"。可以说出一些对于所应聘工作"无关紧要"的缺点,甚至一些表面上看是缺点、从工作的角度看却是优点的缺点，比如应聘销售，说自己"有时候喜欢胡思乱想，出一些怪主意"。

2. "谈谈你第一次失败的经历。"

不宜说自己没有失败的经历，也不宜说出严重影响所应聘工作的失败经历。而且所谈经历的结果应是失败的，否则让人感觉虚假。一般的失败故事表述形式是：之前自己曾信心百倍、尽心尽力，但由于外在的客观原因导致失败。失败之后自己很快又振作起来，以更加饱满的热情面对以后的工作。

3. "为什么选择我们公司？"

如果自己对该公司有足够了解，可以把它真正吸引你的地方说出来，但如果不了解，那可用以下参考答案："我十分看好贵公司所在的行业，我也认为贵公司十分重视人才，而且这项工作很适合我，相信我能做好。"

4. "与上级意见不一致怎么办？"

一般情况下可以这样回答："我会给上级以必要的解释和提醒，在这种情况下，我会服从上级的意见。"如果面试你的人是总经理，而你所应聘的职位另有一位经理，且这位经理当时不在场，可以考虑这样回答："对于非原则性问题，我会服从上级的意见，对于涉及公司利益的重要问题，我希望能向更高层领导反映。"

5. "你缺乏经验，怎能胜任工作？"

参考答案可以是："我作为应届毕业生，在工作经验方面或许会有所欠缺，但读书这几年我一直利用各种机会在这个行业里做兼职。我也发现，实际工作所呈现的远比书本知识丰富得多。由于我有较强的责任心、适应能力和学习能力，而且一贯比较勤奋，所以兼职过程中均能圆满完成各项工作任务。请贵公司放心，学校所学及兼职的工作经验使我一定能胜任这个职位。"

6. "这项工作有何困难？"

一般不宜直接说出具体的困难，否则可能令招聘公司认为应聘者"不行"。可以尝试采用"虚晃一枪"的迂回战术，比如先说出应聘者对困难所持有的态度："工作中出现一些困难既是正常的，也是难免的，但是只要有坚韧不拔的毅力、良好的合作精神以及事前的周密准备，任何困难都是可以克服的。"

敏感的薪资问题

1. "你目前的工资是多少？"

收入不仅包括你的工资，还包括奖金、津贴及其他福利，将各项福利换算成现金，并计算在你的收入中。

求职者：我的基本工资是年薪3.2万元，加上奖金及其他福利，年薪收入大约4.1万元。

2. "在我们这儿工作，你希望有什么样的薪资待遇？"

了解该公司所在地区、所属行业、公司规模等信息，你的薪水要求应该在该公司所在地区、行业、公司规模相应的薪水范围之内。尽可能提供你期望的薪水范围。

求职者：其实工资并不是我选择工作机会的唯一因素，如果您一定要我回答这个问题，只能说以我所受的教育背景及工作经验，我希望我的年薪不低于5万元。

3."你认为我们该付给你多少薪水？为什么？"

面试人可能早已在心里确定好了你的薪金范围！尽量了解此行业现行的工资水平，最好是该公司的工资水平。避免说出具体的数额，除非对方有这样的要求。

求职者：我当然希望我的收入符合我的学历水平及工作经验。我想你肯定会理解，我不希望自己的薪水太高于或太低于一起工作的同事。

4."你认为每年加薪的幅度是多少？"

比较可靠的回答是希望收入的增长和生活水平的提高保持一致。还应该提到，你的业绩将是加薪的主要因素。

求职者：总体来说，取决于我个人的业绩和公司的业绩。但一般而言，至少和生活水平的提高保持一致。

5."你会考虑不要报酬吗？在什么情况下，你会考虑？"

应聘实习职位。面试人员更愿考虑不要报酬的人。在面试之前，尽量了解到这个职位是付酬的还是不付酬的。

求职者：我愿意。有报酬当然更好。不过，通过实习获得经验、增长见识是我考虑的主要原因。

6."能否告诉我，你的工资调整记录？"

面试人只想知道是否你一直原职不变，或是否你不断得到晋升机会。尽量避免提供薪资具体数，除非面试人明确要求。

求职者：3年来，我一直在ABC公司工作，曾得到两次职务提升。ABC公司每年薪资调整的幅度不是太大，但由于我的工作总是十分优秀，每年的薪资调整都接近调整的最高水平。我目前的工资已比我开始工作的第一年提高近40%。

7."你上一份工作的收入是多少？"

有时候面试人员希望得到一个比较明确的答案。在陈述你的收入时，要把你的整个福利收入也加在上面。有的公司福利收入可以使你的年收入增加30%或更多。

求职者：我过去的3年内一直在ABC公司工作，我大学一毕业就在这个公司工作，当时并没有管理经验。这3年中，我积累了很多管理和财务方面的技巧。现在ABC公司给我的薪水是非常富有竞争性的。

8."你愿意降低你的标准吗？"

如果这确实是你非常希望得到的工作，应该考虑在开始时工资有所降低。应强调你可以把工作做得很好，并设法了解公司调整你薪水的时间。对你能够接受的最低数额应心里有数，但千万不要把这个数字告诉面试人员。

求职者：由于我对该职位非常感兴趣，可以考虑接受低一些的薪水，你也需要时间让我证明我的能力。我相信我可以干得十分出色，如果我能证明我的能力，你是否会考虑对我的薪水做一些调整呢？比如说，在3个月后。

9."我想我们不能接受你要求的薪水数额。"

面试人员可能在等你充分的理由说明你的要求。

求职者：我认为你希望聘用的员工可以促进公司的业务。我会在新工作中付出加倍的努力，我会证明给您看，您对我的投资将会得到最高的回报。

10."我们对这个职位不能支付更高的报酬。"

很多企业的每个职位都有明确的薪资范围,他们所能提供的最高薪水不会超出这个范围的上限。这样规定有一定的原因:如果两个人做的几乎是同样的工作,可能会发现其中一个的薪水比另一个高了很多。薪资范围的规定有助于维持办公室的和谐。

求职者:我知道这个职位有一个薪水范畴。您是否能够告诉我它的上限,也许可以找到双方都能接受的薪资数额?

11."对不起,在薪资问题上,我们不能够讨价还价。"

多数公司在薪资问题上都有商量余地。若你发觉面试人真的不会再就这个问题讨价还价,你应该转而讨论其他福利待遇。

求职者:我理解,对于薪资数额是有一些限制的。那么我们能不能谈一谈其他福利方面的事情?

12."从现在开始的 3 年内,你的薪资目标是什么?"

最好能够了解同行业的薪资递增幅度,或是该公司内部的薪资增长幅度。可说出百分比或一个浮动范围。

求职者:我很自信自己在这个职位中将是佼佼者,我希望收入符合我的能力,同时也希望我的职务和责任都有所提高。我期望的年薪是 8 万元到 10 万元。

13."你认为我们提供给你的薪水如何?"

在回答这个问题之前,首先确定这是否是正式聘用的工资数额,也许面试人只是想了解你的工资要求。如果是正式聘用的工资数额,你要确定自己是否能够接受这个数额。在西方国家,多数雇主希望面试者能跟他们进一步商量;而在亚洲国家则相反。如果这个数目大大低于你的期望,可以有技巧性地询问其他的福利项目是怎样的。

求职者:这个数字跟我期望的非常接近,不过我的期望值要稍高些。您是否可以提供一个大致的薪资范围?

(资料来源:应届生招聘网)

6.4.5 面试后的跟踪

1. 总结经验,以利"再战"

面试结束,应试者不能认为万事大吉。要积极采取行动,设法让用人单位记住你,抓住时机,趁热打铁,真正把握成功的机会。面试结束后,适时总结面试表现。或向同去的同学询问,或向有经验的师长求教,你在面试中给对方留下的印象如何?回答提问时存在什么问题?有些重要的情况是否遗漏或未说清楚?回忆一下有哪些失误,找出弥补的办法,尽快争取主动。

2. 保持联系,建立感情

面试结束后,求职者不能坐享其成,静候佳音,一定要积极主动地与用人单位保持联系,建立感情。即使这次不录取,下次也可以给你机会。联系的方法很多,可写信、打电话或登门造访,表示感谢、询问情况、加深印象。

3. 加深印象，强化优势

设法让自己"引人注目"，让对方在难以取舍时能关注你，重视你，记住你，把面试时准备的信息、资料、个人情况加以补充说明。向对方反复强调你的敬业精神，你对单位所具有价值的认识，要明确向对方表示，若你得到这份工作，会怎样加倍珍惜，努力干好。

4. 实地考察，争取试用

要利用多种渠道，想办法参观现场，调查研究，参加岗位实习。在实习中展示自我，不仅是了解用人单位，熟悉工作岗位的有利机会，而且有利于用人单位进一步了解你。

总之，在你参加完第一次面试后，不管成败，都可能有第二次面试的机会，一试定乾坤的用人单位很少。请记住，你的求职，下次有面试在等你。经过自我评估并不断改进，下次面试你一定会胸有成竹，令人刮目相看。

6.5　签约与报到

6.5.1　签约

学生与用人单位达成就业意向，就要签约，确定双方的权利与义务。实际上，学校发放协议书时，学校已加盖完公章，只要用人单位签字，盖章后即生效，具有法律效应。用人单位要求学院意见的必须由学院签署意见。

通过双向选择，毕业生确定了用人单位，对方也明确表示同意录用后，毕业生就可以和用人单位签订由学校统一印制的协议书。该协议书明确规定了学校、用人单位及毕业生本人三方的责任、权利与义务。

1. 签约的原则

1）主体合法原则

签订就业协议的当事人必须具备合法的主体资格。

对毕业生而言，就是必须取得毕业资格，如果学生在报到时未取得毕业资格，用人单位可以不予接收而无须承担违约责任。

对用人单位而言，用人单位必须具有从事各项经营或管理活动的能力，单位应有录用指标和录用自主权，否则毕业生可解除协议而无须承担违约责任。

对高校而言，各学院应根据用人单位的要求如实介绍毕业生的在校表现，也应如实将所掌握的用人单位的信息发布给毕业生。高等学校在毕业生签订就业协议书过程中应进行监督和指导。

2）平等协商原则

就业协议的当事人在签订就业协议时的法律地位是平等的，一方不得将自己的意志强加给另一方。学校也不得采用行政手段要求毕业生到指定单位就业（不包括有特殊情况的毕业生），用人单位亦不应在签订协议时要求学生缴纳高数额的风险金、保证金。当事人的权利与义务应是一致的。除协议书规定内容外，当事人如有其他约定事项可在协议书"备注"内容中加以补充确定。

2. 签约时应注意的问题

毕业生就业协议明确三方的权利和义务,具有法律约束力,也涉及毕业生的切身利益,因而毕业生在就业签约时应注意以下几个问题,以切实维护自身在就业过程中的合法利益。

1) 查明用人单位的主体资格

签订就业协议的当事人必须具备合法的主体资格,一般而言用人单位必须具有从事各项经营或管理活动的能力,单位应有录用指标和录用自主权。由于就业市场招聘单位类型多样,不乏鱼目混珠的情况,因此毕业生在与用人单位签约时应慎重,要仔细了解用人单位的基本情况,才能做出正确的判断,以避免浪费其他的就业机会。

2) 按规定的程序签约

毕业生就业协议的签订应按照规定程序进行,毕业生领取的协议书是由学校统一印制的并加盖学校和学院公章的,毕业生与用人单位一经签约即生效。

3) 有关条款的内容必须明确

毕业生就业协议一般由主管部门事先拟定,对毕业生与用人单位起示范作用。毕业生与用人单位经协商对有关条款可拟协商,还可以增加相关条款。因此,毕业生与用人单位在签约时,应尽量采用示范条款。如确有必要进行变更或增加,亦应在内容上明确,不要产生歧义;尤其是涉及福利待遇、工作期限、违约责任等应明确,否则一旦发生争议,由于事先约定不明确,不利于自身合法权益的保护。如无附加条款,应当将协议书中的空白部分划去,注明"以下空白"。

4) 注意与劳动合同的衔接

由于毕业生就业协议签订在先,为避免在日后订立劳动合同时产生纠纷,应尽可能将劳动合同的主要内容体现在就业协议的约定条款中,并明确表示在今后订立劳动合同时应予确认。否则,双方日后就劳动合同有关内容达不成一致意见,且事先无约定时,若毕业生表示不愿在该单位工作,用人单位反过来要毕业生承担违反就业协议的责任。另外,毕业生在就业过程中应就劳动报酬、试用期、住房、服务期限等劳动合同的主要条款与用人单位事先协商,体现在就业协议中,并将协议结果书面化,而不应只作口头约定。

5) 对合同的解除条件做事先约定

毕业生就业协议一经订立,就对当事人具有约束力;一方不得随意解除,否则应承担违约责任。毕业生如对用人单位情况不是很了解或感到不完全如意,但又担心就业市场的变化,一旦放弃后落实就业单位可能更困难;或本人又在考研、准备出国。在这种情况下,毕业生可与用人单位在就业协议中就解除条件作约定。若约定条件一旦成立,毕业生可依约解除协议,而无须承担违约责任,避免产生经济损失或其他争议。

6.5.2 派遣与报到

派遣内容、学校就业部门工作流程每个学校都应在其网站上公布。下面介绍一下毕业生到单位报到时应注意的常见问题。

准备好报到所需的材料,包括报到证、户口关系、身份证、党(团)关系、照片。报到证是毕业生到单位报到的唯一凭证,一定要妥善保管。

按规定时间报到。过早，单位可能在某些方面没安排好，如办公用品、住宿等；过晚，则影响培训。

报到受阻，要冷静，弄清原因。如果是个人言行引起单位不满，应主动承认错误，以求谅解。如果是单位出现问题，应向单位上级主管部门取得联系，解决问题，不要轻易返回学校。必要时与学校联系。

报到后不要挑剔工作，不要在生活方面提出过分要求。

要树立主人翁意识，不要有做客思想。从学生持报到证到工作单位报到的时刻起，角色转换也就正式发生了。大学生初到单位，对新的工作岗位还比较陌生，还存在着不能完全遵守新单位规范的可能，还未形成称职工作人员的行为模式。所以，毕业生要尽快熟悉单位工作制度，了解本职工作的业务程序，建立新的和谐的人际关系，积极主动地开展工作，不要有做客思想，让人感觉你是个"门外汉"。

6.6　迅速适应职业角色

离开校园，走向工作岗位的大学毕业生，最需要的莫过于尽快完成从学生角色到职业角色的转换，树立良好的职业形象。

6.6.1　学生角色与职业角色的差异

1. 学生角色

大学生大多处在18～24岁这一年龄阶段，是人生中增长知识、发展智力、求学成才的关键阶段。大学生的中心任务是努力学习以专业知识为主的多方面知识，培养以专业能力为主的各种能力。因此，这是一个接受教育、储备知识、培养能力的重要阶段。另外，由于大学生以学习为主，经济上主要依靠家庭，所以可以这样界定学生角色：在社会教育环境的保证下和家庭经济的资助下，学习知识，培养能力，全面提高自身素质，努力使自己成长为社会的合格人才。

2. 职业角色

职业角色的个性表现得非常具体，但是千差万别的职业角色却有其共性的抽象。职业角色扮演者具有自己的社会职位和一定职权；相应的职业规范；一定的基础知识和业务能力；履行一定的义务；经济独立。因此，可以这样定义职业角色：在某一职位上，以特定的身份，依靠自身知识和能力并按照一定的规范具体地开展工作，在行使职权、履行义务为社会做出贡献的同时取得相应的报酬。

综上所述，学生角色与职业角色的不同在于，一个是受教育，掌握本领，接受经济供给和资助，逐步完善自己；一个是用自己掌握的本领，通过具体的工作为社会付出，以自己的行为承担责任，并取得相应的报酬。

6.6.2　学生角色向职业角色的转换

根据社会心理学的角色理论，大学毕业生从学生角色到职业角色的转换，必须伴随着角色冲突、角色学习和角色协调等一系列过程。因此,大学生充分把握好毕业前后的两个阶段进行角色调整,尤其必要。

1. 毕业前夕的角色转换

毕业前夕是择业的黄金季节。毕业生通过与用人单位"双向选择"的过程,可以加强对用人单位的了解,合理地考虑自己的职业定位,进而通过签订就业协议书来确定自己的职业角色。

毕业生在与用人单位接触的过程中,能够比较全面地了解到用人单位的基本情况,切身体会到社会对自己的认可程度,并依据自身感受调整职业期望值,实事求是地定位自己的职业。这是从学生角色向职业角色转换的第一步,这为大学生的职业角色确定了一个基调,对角色的转换将产生深远的影响。

一般来说,在校学习期间的学习环境、学习条件、时间和精力、技能的训练都是最为理想的。因此,从就业协议书签订到毕业离校这段时间,是有针对性地学习知识、培养能力进而转换角色的最佳时期。在这段时间内,除了按照学校正常教学计划完成课程的学习、实习实践和毕业论文外,还应该进行以下学习和训练。

1) 学习与未来工作岗位有密切联系的专业知识和专业技能

大学的课程设置总体上偏重于基础知识的学习和基本技能的培养,而不一定涉及特定岗位上所需要的专业知识和技能。同时,通过学习和训练,还可以加深对未来职业岗位的认同,培养职业兴趣。

2) 进行非智力因素技能的训练

非智力方面的技能是影响毕业生择业、就业和创业的重要因素。毕业生要敢于表现自己,克服在公众面前"害羞"和"胆怯"等人格心理方面的不良现象;还要善于表现自己,主要是书面表达能力和口头表达能力的提高。

3) 进行必要的心理准备

在校期间要充分做好心理上的"受挫准备"。在事业顺利的时候不沾沾自喜,以平常心对待工作上的平淡、无为和不被重用;在屡试屡挫的境地中屡挫屡试,不懈追求;在似乎"一文不名"的地位上奋发向上,一鸣惊人。

2. 见习期内的角色转换

大学生参加工作后的一年或半年为见习期,之后转为正式人员。一般来说,大学生要在较短的时间内获得同事的认同和领导的肯定,应当从以下 3 个方面提高和锻炼自己。

1) 要善于展现自己的知识

大学生在同事面前一定要表现得谦虚、随和,在尊重同事丰富经验的同时,适时适度地展现自己的知识。例如,可以利用工作机会,特别是当同事在工作中遇到麻烦时,以谦虚诚恳的态度从理论上提出自己的见解,共同商讨,共同解决问题。也可以利用业余娱乐机会,发挥自己的知识优势。在交流中让同事了解你的为人和性格,表明自己的世界观、人生观和价值观,缩短与同事间的距离,成为大家的朋友。要切忌以文凭自居自傲,那样只能使得同事对你产生反感,使得自己越来越脱离群众,变得孤立无援。

2) 要树立工作的责任意识

大学生对未来都有美好的期望,都想在事业上大干一场,建功立业。但是多数人在走上工作岗位之初,一般不会被委以重任,而是先从最简单的辅助性工作做起,这也符合人才成长的基本规律。但是,有不少人凭着对工作的新鲜感和学识上的优越感,认为自己被大材小用了,对一些工作不愿意干,甚至开始闹情绪。其实,这是缺乏责任意识的表现。干任何一项工作,都要有足够的热情,更要有丰富的经验和随机应变的能力。这种经验和能力的获得并非一朝一夕之功,需要在平时的工作中积累和训练。显然,凭借热情和情绪只能是对工作的不负责任。因此,不管工作的大小,分工的高低,大学生都要以满腔的热情、高度的事业心和责任感认真对待,圆满完成。

3) 要培养实事求是的工作作风

很多时候,工作中还是难免出现失误。工作失误并不可怕,可怕的是不能正确地认识失误,不能实事求是地承认失误。如果工作中一旦出现了失误,就要认真地分析原因,总结经验教训,找准失误点;同时要敢于向领导和同事承认,开展批评和自我批评,并勇于承担责任,以获得领导和同事的理解。另外,要虚心学习、请教,总结经验教训,防止类似失误再次发生。

另外,大学生还要重视岗前培训这样的重要环节,因为岗前培训不仅仅是让新员工了解单位的基本情况,熟悉规章制度和工作程序,更重要的是通过岗前培训来树立集体主义观念,培养人际协调能力和奉献精神。从某种意义上讲,岗前培训可以直接反映新员工的素质高低,因此单位都非常重视,并依此择优录用,分配岗位。毕业生一定要以认真的态度把握好这样一次充实自己、表现自己和提升自己的良机。事实证明,很多毕业生就是因为在岗前培训期间显露才华,表现出色而被委以重任。

6.6.3　角色转换过程中的不适应

从业之初,从相对简单的学生角色转变为较为复杂的社会职业角色,会产生一些矛盾和不适应,这是在情理之中的,也是正常的。由于自身的阅历、素质、知识水平和适应能力的限制,加上社会对大学生的期望要高于一般的人。因此,难免会产生一些矛盾和不适应的因素,使得许多毕业生在工作上遇到种种困难和挑战。

1) 美好的愿望难以实现

所有的大学毕业生都希望在自己第一份职业岗位上有所作为,立志以满腔的热情换取优异的工作成绩。但对毕业生的跟踪调查表明,大学生工作后大多对现实不满意,有的毕业生表示“特别失望”。面对一些工作单位的实际情况,如生活环境艰苦、人际关系复杂、经济收入微薄、工作程序单调、管理方式落后和生产试验设备陈旧等因素产生的消极负面影响,不少的毕业生由满腔热血转为大失所望,工作的积极性踪影皆无,原本美好的愿望也化为泡影。

2) 自身素质难以应对社会职业的需要

一些大学生毕业面对社会职业的实际需要,深感自己的综合素质远远不能胜任从事的工作,现有的知识智能结构不够充分和合理;书本知识和实际问题相差太远,而且很难有机地结合起来。

3）理想与现实的冲突

大学生在学校所接受的几乎全是正面的、健康的教育,其世界观、人生观和价值观的形成和发展都是比较顺利的。由于他们的社会阅历比较浅,对社会、对人生价值的认识往往表现为较理想化倾向。因此,在现实社会中,尤其是面对社会不良现象,他们既看不惯,又无能为力,经常感到困惑和迷茫,很难使自己理想化的观念与现实社会达成一致,表现出理想与现实的冲突,以及理想化的行为习惯与职业角色要求之间的矛盾。

小贴士

试用期后,该走的是谁

小王和小琼是一同收到 W 公司的试用通知书的。令人惊喜的是,她俩被分配到行政部,而部门经理恰是两年前毕业、早年睡过小王上铺的学姐! 第一天上班,学姐笑盈盈地接待了她们,小王和小琼也喜出望外,搂住她有说有笑的。学姐也非常高兴,但是她很快就控制住心境,介绍公司状况,并且分派任务。她说:"你们两个要加油! 我这边只有一个名额,到时候免不了有人要卷铺盖哦。"

接下来几天,在学姐的引领下,小王和小琼逐步了解了业务运作流程。头一个月,两个人都很卖力,即便最单调的工作也做得津津有味。新鲜感很快就过去,小琼对手头的工作产生了不满心理。她变得非常热衷于"串门",每个部门乱窜,到处拉关系。没过多久,那些身处高层的学长、学姐,小琼都与之格外近乎,连他们在学生年代的外号都知道。她哪里有那么多时间呀? 学姐安排给小王和小琼的工作,虽然简略,却也排得很满。原来,小琼使唤上了有些社会实践的两个实习生。凡是打字、复印的活儿,她就交给他们来做。只有给各部门的经理送交文件时,她才亲自出马。

试用期即将结束,学姐叫小王整理报销表,小王发现她把一张不符合报销标准的私人发票夹在里面,就拣了出来。小琼不满地说:"大家交情这么好。你就不能睁一只眼,闭一只眼?"那天下午,她围着学姐嘀嘀咕咕了好一阵,小王感到学姐的脸色渐渐阴沉下去,心想:我肯定没有留下来的希望了。

决定命运的时刻终于来临。出乎意料的是,留下来的人竟然是小王。

点评:公司需要的是脚踏实地的人,事无巨细,都要尽力而为。单凭关系,是无法在激烈竞争中立足的。

(资料来源:应届生招聘网)

6.6.4 积极适应职业角色

角色转换是一个艰苦而长期的过程,需要坚持不懈的努力,以积极的姿态来应对这种不适应。事实证明,不同的态度会有不同的结果,积极的态度就会取得良好的效果。

刚刚毕业的大学生在走上工作岗位之前往往对角色转换的认识模糊,对即将从事的职业缺乏全面准确的了解。因此,应当树立以下几方面的意识,形成职业观念。

1. 独立意识

学生角色的经济不独立性及社会责任的不完全性，决定了大学生的依恋性。走上工作岗位后，大学生已经成为社会认可的具有独立资格的真正的社会人，在生活上要自理，尤其是在工作上要独当一面，承担一定的社会责任。

2. 主人翁意识

大学毕业生多数要参与生产、管理和决策等实践活动，对所在的单位和部门承担更多的社会责任和义务。一个人工作成绩的好坏，不仅和自己的前途有着密切的关系，而且与单位和部门的兴衰荣辱休戚相关。因此，大学生要牢固树立主人翁意识，以国家兴旺、民族强盛和单位发展为己任，立足本职，做好工作。

3. 学习意识

社会角色的适应过程是一个自我不断学习、不断完善的循序渐进的过程。初到工作岗位，自身的知识量不一定足够大，知识结构并不一定合理，工作起来难免有些左支右绌。因此，大学生要根据职业的特点、性质、工作程序及其相互关系，虚心向有经验的技术人员、领导、师傅和同事学习，学习他们观察问题、分析问题和解决问题的方法，不断丰富自己的专业知识，提高自己的专业技能，最终达到自我完善。研究数据显示，大学期间所掌握的知识，30%左右是在工作中能用得上的，70%左右属于备用的知识。因此，大学生在工作岗位上所用的知识大部分需要随时学习和充实。知识经济时代，知识更新和产生的步伐加快，毕业生必须不断地更新知识，开阔视野，以适应新的形势。

4. 责任意识

具有工作责任心是一个人愿意做事和做好事情的根本，其核心是忠于职守，爱岗敬业。要想事业成功，遵守职业道德，强调自己的责任永远是第一步的。一些企业家就认为，一个人的技能差、水平低并不严重，可以通过加强培训来提高；社会如果形成一种浮躁氛围，对任何企业和工作都缺少必要的忠诚，这种情况就值得忧虑了。

一个人的学历、资质是可以一眼就看出来的，一个人的知识和技能也可以在很短的时间内看出。这些就像浮在水上的冰山，是显性素质。而职业道德和责任意识则是隐性的，需要在工作中不断修炼。

管理上有一个很经典的观点，那就是，你可以不忠于某一个企业，但是你必须忠于你所做的工作。要么选择不干，既然选择了这份工作就要把它做好。

复习思考题

1. 选择确定第一份工作应注意些什么？
2. 检查简历的"十不要"原则包括什么内容？
3. 面试过程中应注意哪些细节？
4. 大学毕业生如何顺利实现从学生角色到职业角色的转换？

案例探讨

两个大学生择业的困惑

案例一：小 Z,女,22 岁,学历本科

基本情况：上海某财经类大学毕业,国际会计系,应届生

同学评价：刻苦,有上进心,性格坚强,学习能力强

个人职业目标：高级财务经理

面临问题：

收到英国某大学的 offer,学行政管理专业;同时收到四大会计师事务所之一的普华永道的 offer,做审计师。小 Z 必须做出选择,先留学或先就业?

设计意见：

先就业,去普华做审计师,然后再选择合适的机会出国深造。

设计理由：

小 Z 原本希望出国进修工商管理类课程,但国外大学对申请工商管理类专业的学生都有工作经验要求,所以最后只收到了行政管理专业的 offer。小 Z 学会计,喜欢商务,对行政组织兴趣不大,若为出国而放弃原有兴趣并不明智。有关专家认为,先工作或先出国其目的都应该是为了将来有更好的职业发展前景,违背个人兴趣和职业理想而求得一时出国,为出国而出国,从个人职业发展看并不可取。

普华是专业的国际性会计师事务所,审计工作与小 Z 大学所学专业基本对口,且小 Z 勤奋刻苦、事业心强、意志坚定,加上名牌大学毕业生的综合素质,保证了小 Z 在工作中必会有所表现。

从小 Z 职业目标定位于高级财务经理一点来看,小 Z 具备会计专业学历资质和专业技能,但缺乏作为高级财务经理所必须具备的专业管理知识。小 Z 希望学工商管理类课程的想法是正确的,为一时出国而放弃原本计划并不合乎长远的职业发展。

专家评点：

小 Z 在先就业与先出国之间面临选择,无论是先就业,还是先出国,最终的目的都应该是更好的职业发展前景,到底是先出国更有利于将来职场发展,还是先就业更有利于职场发展,应该是每一个面临类似情况的毕业生都应该仔细考虑的问题。

案例总结：

应届毕业生表面上看是就业的问题,而实际上是择业的问题,择业就是要做选择,选择适合自己的职业发展方向,集中目标,强化发展,通过若干年的工作,实现从无工作经历者到行业人才的提升。同理,应届毕业生选择出国深造,也要以职业发展为指标,选择合适的深造途径,在学历资质上提高自己的含金量,为"职场前途"做好准备!

案例二：小 S,女,23 岁,本科

基本情况：师范类中文专业

朋友评价：性格文静,善于文字不善于口头表达,不善于与人沟通

希望职业方向：能够发挥自己文字特长的工作

工作经历：中学语文教师,两年工作经验

面临问题：

在两年的教学过程中发现自己并不适合做教师,虽具备相应的学历,但不具备教师应有的管理学生能力,课堂上调动学生积极性的能力亦不够,所带班级成绩并不理想,学校对其工作表现不是很满意,小 S 自己也很苦恼。但学校工作环境稳定,福利优厚。再者,转其他行业的可行性有多大? 应该转其他什么行业比较合适?

设计意见：

重新择业,建议尝试广告公司文案、多媒体行业文字编辑、传统媒体行业文字工作者

设计理由：

从小 S 的性格特点分析,小 S 的确不适合教师行业,教师不仅需要所教学科相应的学科知识,更需要懂得如何管理学生,调动学生的积极性。文静、不善表达的小 S 虽具备专业的学历资质,但显然不具备教师应有的教学技巧。

从小 S 的职业兴趣分析,小 S 希望能够发挥自己的文字特长,而中学语文教师一职缺少创意性,显然不是小 S 兴趣所在。作为教师的不成功更导致小 S 心中苦恼,沮丧。教师一职不仅没有满足小 S 的兴趣,反而由于工作不顺利严重打击了小 S 的自信心。

通过分析,专家认为,小 S 虽然不善管理学生,口头表达能力差,但小 S 文笔优美,文字能力强,其内心职业倾向也是希望发挥自身的文字能力。故推荐小 S 从事广告行业文案职务或媒体文字编辑类工作,这些岗位对工作人员管理能力、口头表达能力要求不高,相对重视个人的文字创作能力,无须过多与人打交道,对于小 S 正好扬长避短,发挥优势,转行的成功概率也较大。

专家评点：

实践中有太多例子表明,一个师范类毕业生并不一定就是一个称职的教师。据某咨询公司研究成果,职业成功必须全面具备专业技能、学历资质、良好综合素质 3 方面因素。根据这个标准,小 S 在教师岗位上可以说很难成功。所以,小 S 必须果断做出选择,重新择业,找一份真正适合自己发展的工作。

案例总结：

工作经验在 2～3 年的职业者,往往会发现自己当初刚刚走出校门时懵懵懂懂选的工作并不适合自己,于是就面临一个重新择业的问题。专家认为,这一问题表面上看是“择业”的问题,实质是“发展”的问题。正是因为当初选的工作不适合自己,不能提供职业生涯的发展点,所以才须重新择业,重新找寻适合自己的发展点。所以,职业者必须果断转行,不能犹豫。重新择业也不再是简单的再找一份工作,必须按照自身性个能力特点、个人价值倾向,结合职场情况,准确定位适合自己长远发展的出发点。

(资料来源：58 同城网,http://zhichang.58.com.)

讨论题

这两个案例的共性问题是什么? 职业专家的意见给我们哪些启示? 如果你面临类似的职业选择困境,该如何处理?

第 7 章

研究生的职业生涯规划

7.1　研究生就业情况分析

　　研究生是高层次创新人才,是国家建立创新体系和占据知识经济时代制高点的重要人力资源。相对于本科生而言,研究生具有数量少、层次高、供需比高的特点。但是,2003年各学校研究生扩招后毕业人数急剧增加,而外企特别是跨国公司对人才的需求却缩水,整个就业市场呈现供大于求的状况,这对于研究生就业也带来很大冲击。此外,扩招后一些研究生的个人素质有所下滑,但就业期望值却居高不下,在一定程度上也加大了就业难度。

7.1.1　研究生就业大环境分析

1. 研究生进入供大于求时期

　　2016 年全国硕士生考试报考人数再创历史新高,招考人数达到 177 万人,较上年增加 7％,招生计划 57.2 万人,录取比例大约为 29％。根据中国教育在线统计数字显示,从 1997 年到 2016 年 20 年间,中国研究生人数已经超过 600 万人。随着连年扩招,在校研究生的人数迅速扩大,从整体上讲,社会已经无法提供同等数量的符合研究生就业期望值的岗位了。严峻的就业形势已经给研究生毕业生带来了巨大的压力,同时也改变了其在招聘会上的地位,许多以前研究生根本不考虑的单位,也要求应聘人员的最低学历为硕士。而在不限制学历的单位面前,本科生更是趋之若鹜,研究生的优势也发挥不出来。"研究生"已经失去了曾经的光环和优势,和大学本科生站在了同一起跑线上,开始同等条件下的竞争。

2. 研究生身价进入"调整期"

　　在严峻的市场竞争中,研究生们对薪水的期望值已经逐步趋于理性。据陕西师范大学研究生院主管就业的老师统计,该校 2015 年大多数研究生把薪水底线放在 2 000~4 000 元。在一些应用型学科,如法学、经济学薪水则相对较高,硕士研究生能拿到 6 000 元左右。可见,随着就业压力的增大,研究生在求职过程中的心态也在不断地发生变化,正进行自我调整,以适应社会的变化。

3. 社会对人才的认识趋于理性

　　"唯学历"时代逐渐远去,研究生突然成了"行走在尴尬地带的群体"。媒体时有报道说,因为眼高手低和"高不成、低不就",用人单位普遍对研究生信心不足。

4. 硕士研究生在就业中存在学科与性别差异

　　在就业过程中,由于劳动力市场对不同专业人才的需求量是不同的,所以一些热门专业(工商管理、企业管理、通信、管理科学与工程、建筑学、计算机科学与技术、土木工程等)与传统文科专业(历史、中文、哲学、教育学等)在就业形势上存在显著差异,即理科毕业生的市场需求量高于文科毕业生,他们较容易找到合适的工作单位。研究表明,研究生就业除了存在学科差异外还存在性别差异,即女硕士研究生在就业上处在弱势地位。

7.1.2 研究生的就业方向

从就业领域来看,相对本科毕业生而言,由于种种原因,研究生的就业面比较窄,一般来说主要集中在以下三个方向。

1. 机关、事业单位

机关、事业单位往往是毕业研究生的首选。一方面由于这些单位对高学历毕业生的需求量相对较大;另一方面则跟研究生们求安稳的心态有关。机关事业单位虽然薪水不算太高,但有较完善的福利待遇,且工作稳定。很多单位(特别是外省市)都有评定职称、住房补贴等方面的优厚待遇。

2. 高校和科研院所

近两年来,高校成为很多研究生的就业首选。其中,博士研究生进高校可直接任教,硕士研究生则主要担任行政工作或辅导员等。科研院所同样也是研究生毕业时比较心仪的去向,主要原因是科研岗位与研究生们的专业对口度较高,工作也比较有挑战性,且常有经费资助。

3. 外企或大型国有企业等单位

理科研究生到企业工作的相对较多,一般主要在一些大型国企或知名外企的研发、高级分析研究性等岗位,这些岗位能发挥研究生的专业特长,同时也有较好的福利待遇。相对于理科毕业生来说,文科毕业生到媒体、出版社等文化单位工作的则相对较多。

7.1.3 研究生就业的困惑

1. 就业之路越走越窄

在就业市场,适合硕士、博士毕业生的职位寥寥无几;在学历要求的信息栏,满眼望去多是要求"学历本科";根据每年的就业去向统计,研究生,特别是学历更高的博士,无非集中在高校、研究所、政府机关,远不如本科生有更多选择,遍地开花。人们不禁要问,学历越往上,难道就业之路真的越窄?

2. 文科生就业不如理科生

长期以来的"重理轻文"思想,让大多数人认为,搞研究、做学问是理科的专长,因此,读理科的硕士、博士,给就业找个高起点,而文科生恐怕会"越读越僵",难找工作。同济大学的相关就业信息表明,建筑、土木工程、环境科学、电子信息、机械、交通运输、汽车工程等专业的毕业生"抢手";华东师范大学计算机专业2010年毕业的研究生不到3月就已经是一抢而空。这些现象似乎都证明了理科研究生就业上的优势。

3. 博士薪水不如硕士

根据一些机构的薪酬调查数据显示,硕士学历者的年薪中位数要高出博士的年薪中位数 8 000 元之多,博士生薪酬竟比不上硕士,这岂不让二十几年寒窗苦读,期待"高飞"的博士们心寒?

4. 研究生眼高手低,心理落差大

研究生本来是就业优势群体,可随着人才高消费的降温,加上自身择业观、心态、就业信息不畅通等原因,导致如今的就业道路不再一帆风顺,甚至还会屡屡碰壁。

7.1.4 研究生就业的优势与劣势

从市场表现来看,研究生在毕业求职过程中,表现出独特的"就业特征"。归纳起来,优势有两条,劣势也是两条。

1. 两大优势

1)专业知识和技能较强

与大专生、本科生相比,硕士和博士研究生在知识的深度、广度和技能的熟练程度等方面优势明显,特别是博士毕业生。大多数研究生都有跟导师一起做课题的经验,理科研究生还有参与实际项目的经验,这些经验对求职有很大的帮助。很多大公司的技术研发岗位之所以青睐研究生,就是看中这份经验。

2)求职目标更为明确,心态更成熟

与本科毕业时相比,在研究生阶段有了更多时间来考虑未来发展,思考自己的人生定位,对职业发展有了一个相对更加长远的计划。

2. 两大劣势

1)年龄较大,受家庭等牵绊的压力较大

按正常的入学年龄,本科毕业后直接考研的硕士研究生毕业时年龄差不多在 25～26 岁,而博士研究生则至少在 30 岁左右,一些在职考研的研究生毕业时年龄更大。绝大多数研究生在就业问题上比本科生更需要考虑家庭、婚姻等生活上的现实问题,这也限制了他们在就业去向上的一些选择。

2)就业期望值较高

研究生在毕业时的就业期望值肯定比较高,主要表现在对单位性质比较挑剔、薪水待遇要求较高、对工作岗位层次的追求、专业的对口度、工作的稳定性,等等。期望值高了,要求自然就多,可供选择的岗位便少了。同时,对于那些从本科一路读上来的研究生和非应用型专业的学生来说,学历虽然高,但工作经验可能是零,这一劣势也使得这些人与中高层技术岗位和管理岗位无缘。

7.1.5 研究生职业生涯规划的现状

1. 研究生就业信心不足

一项上海某高校的调查结果显示,55.6％的硕士研究生对就业抱有信心,但是43.2％对就业没有信心。为什么就业信心不足?最为关键的原因,就是学生们在校学习期间没有对自己的将来作一个系统完整的规划。据调查,在就读的研究生中,只有 24％的硕士研究生认为自己有非常明确的规划;76％没有进行规划,其中 48.5％想过但是没有具体规划,13.7%认为自己是跟着感觉走,依然抱着等机会、看形势的想法。由此可见,现阶段在校的研究生对于职业生涯规划的意识还是十分模糊的。

2. 半数以上的研究生没有明确的职业规划

调查显示,一部分研究生在大学期间接受过不同形式的职业辅导,如与职业相关的讲座(占 12.4%)、企事业单位的实习机会(占 9.2%)、公开发布的职业信息(占 7.8%)、个别辅导(占 4.6%)和活动训练(占 4.4%)等,但是在接受调查的对象中,仅有 38.0%的研究生了解职业生涯辅导,53.7%的研究生认为职业生涯规划对人生和事业的发展非常有作用或比较有作用,33.7%的研究生不清楚职业生涯规划的作用,11.9%的研究生认为不太有作用或完全没作用。调查结果还显示,女生比男生更加认可职业生涯规划的作用。

由此可见,现阶段在校的研究生对于职业生涯规划的意识还是十分模糊的,面对急剧变化的社会,研究生目前最苦恼的问题依次是就业压力大、学习压力大、经济压力大、所学专业没前途、干扰因素太多,使得很多同学静不下心来,无所适从。另外,很多同学没有进行规划,仍然跟着感觉走。读本科时,面对就业压力,选择考研,但是,考上之后怎么读,自己的兴趣在什么地方,目标在哪里,对这些问题部分硕士研究生并不是非常清楚,由此导致定位不准确。第一年上课,第二年做课题,第三年找工作,这一简单而又普遍的硕士生三年生活模式,并不能使研究生们从容地面对三年后的就业压力。虽然现在回避了本科时的就业高峰,可是在不久的将来,将会面临更为严峻的就业压力。

7.2　学术型研究生的职业生涯规划

我国研究生教育培养方向大体有两类。一类是普通硕士(学术型),另一类是专业硕士。专业学位(professional degree)是相对于学术型学位(academic degree)而言的学位类型,其目的是培养具有扎实理论基础,并适应特定行业或职业实际工作需要的应用型高层次专门人才。专业学位与学术型学位处于同一层次,培养方向各有侧重,在培养目标上有明显差异。学术型学位按学科设立,以学术研究为导向,偏重理论和研究,培养大学教师和科研机构的研究人员。专业学位以专业实践为导向,重视实践和应用,培养在专业和专门技术上受到正规的、高水平训练的高层次人才,授予学位的标准要反映该专业领域的特点和对高层次人才在专门技术工作能力和学术能力上的要求。专业学位教育的突出特点是学术性与职业性紧密结合,获得专业学位的人,主要不是从事学术研究,而是从事具有明显的职业背景的工作,如工程师、医师、教师、律师、会计师等。专业学位与学术性学位在培养目标上各自有明确的定位,因此在教学方法、教学内容、授予学位的标准和要求等方面均有所不同。因此,不同类型的研究生在做职业规划时应有所不同。

作为一名学术型研究生,当然可以制订终身学习研究的职业规划,如继续进修、访问学者、考博、博士后、出国考察或访问等。把学术当作自己生命的一部分,成为自己生命的内在构成,积极以学术为依托进行社会服务,如培训、咨询等。另外,也可以毕业进入企业,跟其他类型的研究生一样进行社会工作,创造自身的价值,回报社会。

1. 充分认识自己发展状况

了解自己可以说是研究生学术生涯规划的首要步骤,也是未来事业成功的保证。要通过自我反思和评估及环境分析,充分认识自己的发展状况。这是研究生进行学术生涯规划的基础。

1）自我反思和评估

自我反思和评估是研究生对自己的各方面情况所进行的一种回顾、分析、总结和评价。自我反思和评估是生涯设计的基础,是自我主动成长发展的基础。研究生必须对自己做全面分析,主要包括自己的兴趣、特长、性格、学识、技能、智商、情商、思维方式、思维方法、道德水准以及学术组织管理、协调、活动能力等方面的内容。通过自我分析,认识自己、了解自己,选定适合自己发展的学术生涯路线,从而对自己的学术生涯目标做出最佳抉择。

2）环境分析

研究生在制定个人的学术生涯规划时,要分析环境条件的特点、环境的发展变化情况、自己与环境的关系、自己在这个环境中的地位、环境对自己提出的要求以及环境对自己有利与不利的条件等。只有对这些环境因素充分了解了,才能在复杂的环境中避害趋利,使学术生涯规划具有实际意义。环境分析的内容主要包括组织环境、政治环境、社会环境和经济环境。

2. 确定学术生涯路线

在选定从事学术这一职业后,为实现职业目标和职业理想还须考虑向哪一路线发展。虽然同为学术这一职业,但也有不同的岗位、不同的发展方向。是走纯学术路线向业务方面发展,还是也向学术行政方面发展,两条路线同时进行?学术研究方向如何确定?是与导师一致,还是选择其他导师,还是自己开创空白?

希望往哪条路线发展?主要根据个人的价值观、理想、成就动机和兴趣等主观因素,分析自己的人生目标,以便确定自己的目标取向。适合往哪条路线发展?则主要考虑自己的智能、技能、情商、性格、特长等客观因素,分析自己与他人的优劣势,确定自己的能力取向。可以往哪条路线发展?主要考虑自身所处的内外环境等,分析挑战与机会,确定自己的机会取向。3个问题有确定答案后,进行综合分析,确定自己的学术生涯路线。

3. 设定学术生涯目标

学术生涯目标的设定,是学术生涯规划的核心。按时间划分目标,通常目标按时间可分为短期目标、中期目标、长期目标和人生目标。短期目标一般为1～2年,又可分日目标、周目标、月目标、年目标。中期目标一般为3～5年。长期目标一般为5～10年。

研究生应以自己的最佳才能、最优性格、最大兴趣、最有利的环境等信息为依据,制订出切实可行、明确具体、与自己未来所在大学或研究所协调一致的个人学术生涯目标。职业生涯目标要制定得高低恰到好处,长短配合恰当,并且与生活目标结合考虑。

4. 制订行动计划和措施

在确定了职业生涯目标后,要使职业生涯设计变为现实,必须按照计划去行动。这里的行动,是指落实目标的具体措施,如采取什么措施开发自己的潜能、如何提高教学水平、科研能力等,都要有具体的计划与明确的措施,并且这些计划要特别具体,以便于定时检查和落实。学术生涯设计能否实现,很大程度上取决于能否立即行动。

5. 评估与反馈

影响学术生涯设计的因素很多,有的可以预测,有的难以预测。要使学术生涯设计行之有效,还需要时时审视内外环境的变化,不断地对职业生涯设计进行评估与修订。修订的内容包括生涯路线的选择;目标的修正;实施措施与计划的变更等。

7.3　MBA 学生的职业生涯规划

从以往 MBA 毕业生的状况来看,容易找到高薪、如意职位的是那些在某个行业中有 5~10 年工作经验,在不同的部门工作过、职位在不断提升、职业目标明确的学员。除了一些硬性的条件之外,领导能力、沟通能力、团队凝聚力、诚信度等软性的因素也起到重要作用。

一份来自上海市某高校的调查显示,职业规划和定位是企业招聘 MBA 时的评价标准之一,尤其是金融、咨询、加工制造行业的企业,将职业规划和定位视为最重要的标准。但是 MBA 学员中有职业规划和定位者少之又少,目前一项最新的调查显示,国内 70%左右的 MBA 在入学时,都对自己未来的职业定位和职业发展感到困惑,不知道将来到底应该从事什么职业,对企业更看重 MBA 的什么素质也不清晰。

7.3.1　企业更看重 MBA 学生的素质

企业在招聘 MBA 时看中他们哪些方面的素质? 上海某高校曾对 50 家企业进行了此问题调查,得出来的结论是,总体来看,无论哪个行业的公司,都不是很看重 MBA 学生的学习成绩、学生工作(班干部等)、参加与公司业务有关的社团或俱乐部。此次调查再次印证,受访公司对于 MBA 学生的全职工作年限都很看重。

1. 一定年限工作经历是必需

米其林轮胎的招聘负责人表示,现在的 MBA 含金量应该说,与以往不能相比。很多企业都希望那些已有 3~5 年工作经验的 MBA 能再多些,进入企业后能直接上手管理工作,减少培训成本。而目前的状况是,不少读完本科的大学生直接去攻读 MBA,不能充分理解企业对人才的需求,与一般硕士生没多大区别。

西门子移动通信招聘的商务经理要求便是有 EMBA 或 MBA,但需有 6 年以上工作经验。招聘负责人表示,工作经验和实践能力仍然是企业关注的重点。他们不会也不放心将一个管理要职交给一个毫无经历的人,哪怕他的学历再高,也往往只是纸上谈兵,碰到实际问题仍然会束手无策。

2. 借 MBA 转行、转岗有局限

很多人读 MBA 是为了改变现状,有的是对目前的工作不满,有的则是对本科所学的专业不感兴趣,希望通过读 MBA,转到管理者岗位,甚至转到另外一个行业。但是,实际上本科所学专业也是企业对应聘者很重要的一个衡量标准。上海一家大型企业集团主要招聘具有医学背景的 MBA。“管理人员本身必须懂技术,这样才能在下属遇到专业问题

时及时给予帮助。没有专业背景的管理者永远只是一个'门外汉',无法从根本上管理好自己的团队。"招聘负责人如是说。

大量的案例表明,企业通常希望录用的 MBA 具有同行业、同职能领域的工作经验,如果是转行的 MBA,最好有同一职能领域的经验,很少企业会接受彻底的转行、转岗者。

3. 职业忠诚度

针对一些 MBA 为了高薪而频繁跳槽,许多企业把衡量 MBA 的职业稳定性和职业忠诚度作为一个重要考量指标,希望 MBA 学生能够爱岗敬业,持续在某一专业领域有所作为。很少企业会接受一年之内甚至是几年之内多次跳槽者,或者频繁转行、转岗者。

7.3.2 企业对 MBA 学生最不满意的方面

2015 年 7 月,《职场》杂志发布了《中国 MBA 现状调研报告》,该报告显示目前在就业市场上,由于 MBA 毕业生自身对就业薪酬、就业职位、就业企业规模、企业性质等期望值与社会需要存在不小的差异,反映出来 MBA 有相对的优势,但没有绝对的优势。同时被调查的企业表示,在使用和正在使用的具有 MBA 学历的员工中,工作绩效优秀的凤毛麟角。

1. MBA 管理能力急需磨炼

企业最看重 MBA 的能力素质分为两个层面。最高层面,也就是高级管理人才,企业主要看重的是国际化视野、分析判断能力、职业素养、战略思维、执行力 5 项,超过一半以上的企业把 MBA 定位在高级管理人员的角色上。第二层次是中层管理人才,要求主要是工作经验、业务技能、沟通协调能力等,有 30%～40% 的企业在 MBA 的使用上更倾向于部门负责人的角色。

而 MBA 的能力素质除战略思维外,还应有沟通协调能力、创新意识、团队协作、学习能力和分析判断能力等,这也是 MBA 人才处于成长阶段正在进行发展潜质提升和转化时最关注的能力素质。

另外,MBA 毕业生不成熟还表现在管理艺术的缺乏,有些甚至根本就不懂得究竟要如何管理一个团队。同时,很多的 MBA 毕业生在实际工作中暴露出不能很好地了解老板的意图、不能冲锋陷阵更不能受委屈的特点。而这些又是一个成熟管理人才所需要的。

2. 执行力差制约 MBA 发展

务实精神和执行力已经成为制约 MBA 发展的瓶颈,业务技能、压力承受能力、团队协作等因素也是企业对 MBA 不满意的焦点。总体而言,MBA 对企业的需求把握不准的现象普遍存在,更关注宏观的把握能力而不是微观的实际操作能力。因此,如何将先进的管理理念融入企业的实际需求,提升自身的实践操作能力成为摆在 MBA 面前最大的难题。

一些企业录用的 MBA 毕业生中,国际国内名校的人也不少,但总体感觉是目前市场上 MBA 毕业生的执行力太差,有些人甚至连一些基本的现金流量表、财务报表、管理工具都不懂。

3. MBA 年薪期望过高

企业给 MBA 提供的年薪酬与 MBA 期望的年起薪点相比,仍然存在不小的差距。尤其是在薪酬的两端,四成企业在 8 万元以下的年薪酬范围和四成 MBA 期望 15 万元以上的年薪酬范围形成了较大的落差。

中欧商学院的一位毕业生表示:"在最终确定自己的工作意向前已经拿到了 7 个 offer,但不是企业规模太小就是岗位不太合适,再不然就是薪酬太低,总之与去年学院毕业的师哥师姐相比有不小的落差。"除了理想企业和岗位比往年少外,还有 38%的受访者认为"薪酬福利职位达不到往年标准",32%的人认为"同一岗年薪 10 万~20 万元位竞争对手太多"。

企业对 MBA 的薪酬分化越来越明显,说明 MBA 毕业生质量两极化现象比较严重。某集团人力资源负责人表示,很多名校的 MBA 感觉自己是北大、清华毕业的或是国外回来的,只要谈薪酬,开口就是年薪 50 万~80 万元。对于任何一个企业来说,你能给企业创造 100 万元的价值,那给你 50 万元的年薪应该没有问题。如果说你给企业创造了 20 万元的价值还要老板给你 20 万元的年薪,你的要求自然就达不到了。

7.3.3 MBA 学生职业规划应注意的问题

1. MBA 专业化的发展趋势

近十几年来,管理、战略规划类的高级管理人员一直是 MBA 招聘和求职的热点,所占比例均为七成左右。市场策划、推广、调研类招聘企业的比例大约在五成。

另外一个有发展空间的职位类别是采购、物流类等供应链的管理领域也成为 MBA 发挥的另一个舞台。应聘行政类职位的 MBA 面临着非常严峻的局面,企业需求的比例连续下降多年,相比于其他职位竞争相当激烈。

另外,需要指出的是,MBA 毕业生去财务/投融资类企业要冷静。现在市场上投资融资类的咨询公司生意也不好做,很多企业做了咨询业务后费用都收不回来。

MBA 学生在学习过程中要在专业上有所侧重,使自己的知识结构和职业素养更加专业,同时注意在毕业应聘时把自己进行专业化的包装,在大众化的 MBA 群体中更加具有自己专业化的鲜明特色和专业化的职业素养,才可以使自己在职场中更具竞争优势。

2. MBA 学习的 4 个境界

很多人对 MBA 学习存在误区,认为基本按照学校的课程安排走下来就行了,其实不然,MBA 的学习要有 4 个境界。

1) 听懂

在学校课堂上能听懂是 MBA 学习的第一步,是掌握基本概念的基础。有些 MBA 同学原来学习时偏课,如有人原来数学学得不好,就很怕财务课,这对以后工作非常不利。作为一个经理人员,如果不精通财务,就很难深入把握企业经营规律,在管理工作中难免碰壁。

2) 吃透

光听懂不行,还得吃透,这又是一个不同的境界。谈到任何一门课程,能不能用三五句话简要地概括出来,是衡量是否吃透的标准。如果这门课让你来讲,讲 3 天怎么讲? 讲 3 小时怎么讲? 讲 30 分钟怎么讲? 讲 3 分钟怎么讲? 如果是 30 秒呢? 不但能讲,还得让人听得明白。所以,真正吃透的人,不是在课堂上给 MBA 讲明白,而是在工作中给从来没有学过管理的人讲明白,这才叫吃透。

3) 打乱

吃透了还要能够打乱,因为 MBA 学习的是结构化的知识,单个概念明白,堆在一起可能又糊涂了。一个课程中的概念放到另一个课程中又是什么意思,需要很好地串在一起,这就像小孩子的拼图游戏,几百张零散的图片堆在一起,看能不能拼成一张完整的图画,就需要先将局部的图画拆散。

4) 重组

MBA 学习时所有的专业课程都是理论研究的思路,都是基于管理实践的总结和提炼,基本出发点是"管理理论",但企业应用时一切出发点是"管理问题"。例如,企业现金流短缺、销售进度问题、销售政策问题、应收账款管理问题、产品质量问题、成本控制问题、采购付款问题、人员能力问题、人员态度问题等,不能按照财务单一的角度去分析和解决。

小 贴 士

MBA 教育工作者的精彩语录

出去之后努力的方向,最直接要落到两个方面,一个是目标行业,再一个就是目标职能……还要明确达成目标所需的行动计划和策略。

——王瑾,清华大学经济管理学院职业发展中心主任

对本科学生可以提供保姆式的服务,但是给 MBA 学生仍然提供保姆式的服务的话,有可能就害了学生。

——杨坤,南开大学商学院教授

他们学校(斯坦福商学院)的学生比较自信,就是先自己和同学几个做一个公司,如果成了三年就起来,如果不成三年后再去打工,还可以找到差不多的工作。

——苏文平,北京航空航天大学经管学院职业发展中心主任

在尝试一件新产品的时候,你第一次试的时候觉得这个东西不好,你以后也不会有兴趣试它了。

——潘聪,上海大学 MBA 项目职业发展中心总监

期望每个人有质的提升是不太现实的。因为实际上两年到三年的学习,对一个人的一生是非常短暂的,而且他的变化也将是潜移默化的。

——赵贞,对外经济贸易大学 MBA 中心执行主任

3. 学会"忘记"自己是 MBA

在大多数人的眼里,MBA 被誉为天之骄子,管理精英,在优秀的工商管理学院学习两年后,可以直接进入企业从事管理工作,收入至少上升一倍,因此很多人把 MBA 证书

当作走向职业经理人的通行证,拥有 MBA 也成为一条通往成功的捷径。然而事实并非如此,MBA 们并没有成为中国企业的救命稻草,恰恰相反,败走麦城的消息却不绝于耳。同时,很多 MBA 也觉得在国内企业无用武之地。问题到底出在哪里?

众所周知,我国目前的 MBA 教育还存在一些弊病。首先是课程与市场需求脱节,在课程设置上更多考虑的是管理学的专业研究,偏重理论性;其次是教材缺乏,目前大多数 MBA 的教材都来自国外,与中国实际的商战有距离;最后是案例缺乏,特别是反映中国市场、中国企业的案例较少。因此,MBA 走出学校,走进企业,距离成为一名合格的职业经理人还存在着很大的差距。

管理理论是从过去无数的实践经验中提炼、总结出来的共性形成的学科。MBA 掌握了这些理论再去指导企业现在或者未来的经营,仅仅是利用了一些规律、法则,但每个企业又都是充满个性的。即使将管理理论吃透、学懂了,也只不过是了解过去,并不意味在现实中就能一帆风顺。MBA 本身是一种职业选择,完成了 MBA 的学习仅仅是专业达到了标准,专业并不等于职业。对于 MBA 的学生来说,在书本上学到的曾经发生过的经济事件,而面对的却是新形势下的新问题,书本上学到的解决方法并不一定适用。

MBA 不等于职业经理人,但 MBA 是孕育职业经理人的摇篮。MBA 学生只有在企业实践中锻炼处理各种问题的能力,才能成为合格的职业经理人——专业理论与实践管理能力兼具的人才。我国有 600 万家企业,如果每 1 家企业有 1 位 MBA,就需要 600 万,同时这样的现状也制约着 MBA 能量的发挥。管理者之间的交流需要共同的语言、共同的文化。MBA 是一种语言,一种语言只有一个人说是无用的,几十人在一个企业里说这种语言就好多了,就可以大大提高效率。因此,MBA 数量越多,价值就越大。目前 MBA 作为职业经理人队伍的后备力量的趋势表明,等中国的 MBA 队伍壮大到一定程度,孕育出真正中国职业经理人的土壤也就形成了。

由于当前社会上的期望值过高、关注性过重等问题往往使 MBA 在校学习期间无法保持平和的心态,但 MBA 必须正确认识自己。MBA 的学习仅仅是在理论上武装了自己,能不能真正将所学的知识运用到企业实际运作中还是个未知数。只有忘掉自己身上的光环,拒绝五光十色的诱惑,摆脱高人一等的心理,甚至需要"忘记"自己是 MBA,才能有良好的心态,正确对待自己,正确对待工作,正确对待同事,珍惜每一次机会,把握好自己的职业发展方向。否则,会很容易陷入怀才不遇的状态,找不准自己的位置。

4. MBA 职业规划

MBA 职业规划具体的内容包括如下方面。

1) 领袖测评

职业方向选择首先是一个认知自己的过程,而对自己的了解可能比对应聘岗位的了解难得多。要想做好自我认知,一种科学性、系统化的自我认知测评工具对 MBA 来说,是非常必要的。

MBA 的职业兴趣、价值观、优势、劣势以及自己的经历,都会对职位选择产生影响,这是一个很复杂的过程。哈佛商学院职业发展测评工具——职业领袖测评项目(career leader)正式推出中文版后,清华大学经济管理学院和复旦大学管理学院等开始向学生提供职业领袖测评项目。整个系统通过"职业兴趣""工作回报价值观""职业能力"三个部分的测试提供了 33 种不同的职业发展道路，帮助学生更好地了解和分析自己，整合和使用关于自身的信息。它还可以为学生提供个性化的分析报告，使学生了解哪些职业适合自己，什么样的企业文化适合自己，同时明白这些职业发展道路所需的能力、各行业的信息及面试需要注意的事项等。管理学院结合测试的结果，为学生提供更为完善、更有针对性的个人职业发展指导。长江商学院采用了"career leader"（职业领袖）测评体系，让 MBA 在求职前对自己有一个正确的认识。有了清晰的自我认知以后，MBA 才可以通过选择，聚焦自己的求职目标。

职业领袖测评项目借助心理学的相关专业分析，指引被测评者了解自己的职业能力及优势，评估其本身所适合的企业文化。同时，向被测评者提供 27 种不同的职业发展道路以及相应的职业影响、收益和才干要求，指导被测评者确定职业方向，并借助测评结果对其提供相应的职业信息与职业咨询指导。

在美国，如何帮助学生做好职业生涯规划已经成为各商学院竞争的热点。因为就业压力非常大，职业生涯规划对学生非常有用，用人单位也希望他们招到的人才知道自己想要做什么，知道什么工作可以让自己发挥得更出色，让自己更有活力。当用人单位的规划设计与个人职业规划达到统一时，对二者来说都更有效率。哈佛商学院 MBA 职业发展部主任巴特勒博士表示，很多人把商学院教育作为一种投资回报率很高的项目，但实际上更应该把它当作一个人一生的投资。

2）了解市场

如果说"领袖测评"是"知己"，了解市场就是"知彼"。一位用人单位的代表在参加完 MBA 专场招聘会后说，企业的很多需求基本上都可以满足。

对 MBA 就业的期望，有的学生仍然存在眼光高、期望值过高的现象，有的学生很理想化，眼睛总盯着学院的平均年薪。虽然都拿着 MBA 学位，但毕业生在工作经历和能力上是有区别的，公司所提供的职位也有所不同，薪水自然会有差距。以长江商学院首届毕业生的薪金调查来看，最高年薪为 61 万元，最低年薪只有 47 400 元。

3）校友网络

在美国通过校友找工作，是很多 MBA 就业的重要途径。美国的商学院很看重校友网络，同一个学院毕业的学生很乐意为校友介绍工作，或为本校的毕业生提供实习的机会，或向本公司推荐自己的校友，或为校友提供就业信息。

在中国很多商学院都开始重视建立自己的校友网络，各商学院的校友会成了 MBA 职业发展、寻找职位时的重要渠道。有的学校还开辟了网上平台，对所有 MBA 开放，让学生在网上搜索已经毕业的校友，向他们寻求帮助。

4）猎头公司

对猎头公司来说，各类专业人才的储备和推荐是其饭碗，有从业经验和 MBA 学历的人才正是猎头公司经营的"产品"。因此，MBA 要与一些猎头公司搞好关系，把自己的档案和个人职业意向在猎头公司备案，即使是自己近期没有跳槽意向，也应和一些猎头公司长期保持联系，以备紧急转岗时使用。

小贴士

想被猎头关注须具备3点

不少人询问，要想获得事业更大发展，成为猎头人才名单上的一员，该如何规划自己的职场生涯？浩竹猎头中心总经理王常江，作为中国猎头行业首屈一指的掌门人，从猎头的角度对人才有自己的独到看法。

……

一般而言，猎头对中高端人才更有价值，浩竹猎头中心运作的最低年薪在50万元以上，层次低的人才用不上，浩竹猎头关注那些在企业中做到一定层次和级别的人才，王常江如此说。当然现在也有很多猎头公司从事中低端人才的猎头服务。

对于猎头关注的人才，王常江概括为3个要素：你是什么样的人；你选择怎样的平台；你做了哪些事。

1) 你是什么样的人

对于怎样的人才更容易成功没有定论，不过通用的人才标准有以下几点。第一是个人品德，包括是否正直、诚信、忠诚、为人坦率、愿意为别人考虑等基本的人品特征。第二是素质。例如，胸怀、眼光、魄力、耐力、毅力、意志力。第三是要有好的职业操守，对企业负责。第四是能力，如表达沟通、时间管理、计划、执行、领导力等。第五是优秀的技能和丰富的经验。除此，能够自信、敬业、重视团队、适当的忠诚、敢于承担责任、积极主动、不断学习，几乎是全部高薪阶层的共性，有了这些就很容易成功。

有的人不成功，是因为目标太大或功利心太强。急功近利、频繁跳槽，太想成功，反而成功不了。

2) 你选择了怎样的平台

企业不同的发展阶段、企业实力、领导者的领导能力、产品特征，决定了这个平台更适合什么样的人才。有的企业人际复杂，要求人的适应能力更强一些；有的企业高效率，要求人更直接、坦诚；有的企业适合海归或者有跨国经验的人；而有的企业只需要本地人才。

一个好企业对个人的成长是至关重要的，"搭错车"的后果很严重。好企业的共性特征是给员工提供的培训机会比较多；比较严格(人都有惰性)、坦诚(能共享和分享)；有好的带头人(人品好、眼光独到、有胸怀)；企业有一个好的环境(成长性比较好、发展速度比较快、锻炼机会比较多)。

大公司不见得是最好的公司，最好的公司是那些成长很快的公司，因为企业的快速成长，你的事业也会因此突飞猛进。

3) 你做了哪些事

归根结底，猎头择才重要的标准还是业绩。你帮自己服务的每家公司都创造了多少价值，将直接决定你个人的价值。因此，在快速成长的企业，你将可能给自己赚到升值的资本。猎头公司关注的目标是企业中工作能力强、业绩突出的人才，因此具有潜力的人可能要让位于那些具有实力的人。猎头公司不是为那些找不到工作的人找工作，而是为企业猎取那些从不愁找工作的人,这句话道出了猎头的实质。

(资料来源:中国经济网,http://www.ce.cn.)

5. MBA 需要问自己的问题

在 MBA 的就业话题上,能否找到工作并非重点,重要的是如何找到适合 MBA 的职业发展道路。想做职业经理人,想有自己的企业,这是大多数 MBA 对自身职业规划的回答。但是,这并不是一个完美的回答,在进入商学院之前,MBA 还有很多问题需要问自己。

当你决心花掉很多积蓄跨进一所著名商学院的时候,你应该问自己以下问题。

——你的职业目标是什么?

——你的人生目标是什么?

——你知道你目前的组织和将要去的组织或者你要创办的组织,其目标是什么?

——你为什么要跳槽?是单纯的提高收入水平还是追求职业发展?

你的职业目标是什么? 很多人是迷惘的。你的人生目标是什么? 或许是个人的事情,但很多人无法清楚地描绘出来。你在企业里每天工作,花掉了人生几乎一半的时间,却全然不知这个组织要干什么,你为什么要在这个组织。回答不了这 3 个问题,职业发展计划就无从谈起。

MBA 的职业规划与本科生、大专生并没有区别,根本在于两个问题:你想做什么? 你最擅长做什么? 确立这样的目标之后,才有可能确定进一步的人生目标。同时,MBA 需要将自己的职业目标与企业的组织目标结合起来。连组织的目标都不清楚的人,不可能是一个优秀的管理者。

最想做和最擅长做偶然会有矛盾。最擅长做什么跟思维结构、知识结构、能力结构都有关,但是最想做的未必就是最擅长做的。如果最想做的和最擅长做的不一致,那就要看你是不是一如既往地追求最想做的事情。如果有这个激情和勇气,就应该一直走下去。

有的人频繁跳槽,目的只有一个,就是为了提高收入水平而不考虑个人专业是否对口、是否符合自己的兴趣、爱好,似乎频繁跳槽能够提高一个人的收入。这样的想法是非常片面的。个人收入乃至名和利,只是个人人格、知识、能力、贡献、绩效等的结果,如图 7-1 所示,只有把图中的柱子积累高一些,影子才会长一些。一些人往往忽略提升自己柱子的高度,而盲目地追求影子的长度,到头来只能是"竹篮打水一场空",在频繁跳槽中失去自我、失去职场需要的良好职业经历和个人品牌。

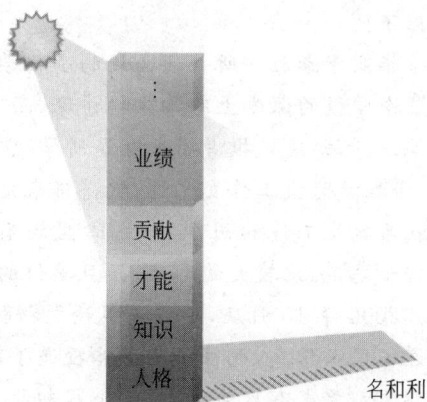

图 7-1　职业成绩与名利关系图

6. MBA 是消费品而非投资品

现在很多人仍然把 MBA 当作高投资、高回报率的职业发展"敲门砖",如果 MBA 的回报时间变成了 10 年甚至更长,MBA 是否接受? 因此,可以把 MBA 形象地比喻为一个消费品不是一个奢侈品,而且是一个高档消费品。

如果把 MBA 当作投资品,用数字评估 MBA 的投资回报率,比较读 MBA 前后的工资收入,都不是对待 MBA 职业发展的正确态度,会使自己在职业生涯道路上心理失衡,斤斤计较,高不成、低不就。例如,大批在英国和澳大利亚读一年多回来的 MBA,出国前收入是 8 000 元,回来后可能只有 4 000 元或 6 000 元,但实际上他们是有收获的,如语言能力提高了、出国梦想已经实现了、已经留过学了等。MBA 在自己的职业道路上,应该看到更远的地方,要有自己清楚的视野。

复习思考题

1. 研究生就业的优劣势和就业方向有哪些?
2. 研究生为什么要进行职业生涯规划?
3. 学术型和专业学位型研究生的职业规划有什么区别?
4. 企业真正需要什么类型的 MBA?

案例探讨

四位不同类型研究生的职业生涯规划分析

面对就业压力,研究生们是如何应对的? 他们的生活状态又是怎样的? 四位研究生不同的出路,续写着他们以后不同的人生道路。

硕士小程对单位很挑剔　降低身价期待职场发展

小程是西部某重点大学 2006 届传播学硕士研究生,正在北京边实习边找工作。谈起自己几个月来的求职经历,小程就发愁。她唉声叹气地说:"现在找个合适的工作实在是太难了!"

毕业于湖北一所普通高校的小程学的是物理专业。"如果不读研的话,我现在应该站在某个学校的课堂上给学生们讲课,而不是至今还为工作犯愁。大学毕业后我觉得自己文笔还行,就决定报考了现在这所学校新闻学院的研究生。"小程这样说道。读研的头两年,小程没为找工作发愁过,觉得将来无论怎样也总比本科生好找工作,和那些大学本科毕业后就找工作的同学相比,心里还有一定的优越感。她还给自己定下了目标:月薪三四千元,去比较大的城市,而且单位的发展前景也一定要好。

2006 年 10 月底,小程完成论文初稿后来到北京求职。起初,小程在网上搜索了大量的媒体用人信息,也往一些媒体投递了简历,却发现没有一家通知自己去应聘,因为大多数媒体都要求有从业经历,但小程却没有这样的经验。后来,小程又搜索一些高校的用人信息,发现"中心城市的高校大都要求博士学位",有的学校甚至要求本科出身必须是名校。

她在一家全国性报纸实习做编辑,每月的收入也仅为 1 000 元左右。她表示,只要是发展前景比较好的单位,降低就业期望值在所难免,毕竟找工作不是干事业,关键的是要与用人单位两情相悦，能够共同发展。

专家点评：降低标准海阔天空

对于小程的求职经历，职业发展咨询专家马思宇表示，毕竟多读了那么多年书，花去的成本也更大，所以像小程这样的研究生毕业时的就业期望值肯定比较高。大部分人都对工作表现出必须选择在大城市工作，对单位性质比较挑剔，薪水待遇要求较高，对工作岗位层次的追求、专业的对口度、工作的稳定性等期望值也比较高。期望值高了，要求自然就多，可供选择的岗位便少了。对于那些从本科一路读上来的研究生和非应用型专业的学生来说，学历虽然高，但工作经验可能是零，这一劣势也使得这些人与中高层技术、管理岗位无缘。事实上很多跨国公司宁愿招本科生也不招研究生，在他们看来，研究生对待遇期望过高，工作不稳定；而本科生工作踏实肯干，经过公司的培训后完全可以挑大梁。

在严峻的市场竞争中，一个人的核心竞争力是工作经验和能力，而非学历，而经验恰恰是不少研究生就业的"软肋"。加上研究生毕业人数近年不断上涨，相对本科生就业面又窄，因此研究生在刚踏上职场时，有必要自降身价。这里建议研究生在求职时摆正心态，不要短视，也不要轻易放弃自己的专业，可以暂时降低期望值。

考博是镀金还是就业避风港　博士小邵毕业想开公司

正在读博士一年级的小邵是硕士研究生毕业后继续考博的典型例子。当初毕业后没有急着找工作，就是因为小邵有自己的职业规划。"我这个学科的博士一般在国外还是比较热门的，所以我想将来博士读完后争取出国继续读个博士后，或者自己开家公司，自己创业辛苦一点儿，收入应该说还是有保障的。"小邵这样说。他学的专业是材料加工工程。如果自己不开公司将来也能进入大学或者研究所之类的地方工作。

"也没有特别想过怎么样，反正现在读这个博士，就是不想太早工作，毕竟学生比较自由，时间也比较好安排。以后如果可能的话找个比较有前景的工作任职吧。"小邵憧憬着未来。不过他也表示自己目前的确也有不小的压力，一方面是博士学业的难度加大；另一方面是年龄渐大在家庭上也要担负一定的责任。对于25岁的他来说，每个月的补助都加起来也仅有1500元左右，但是小邵说："我对自己的这个专业非常有信心，我的职业梦想在不远的将来一定会成真。"

专家点评：拿到高学历也有可能被淘汰

职业顾问李宏飞表示，也许有些硕士研究生考博真的是像小邵一样有自己的人生目标和职业定位，更重要的是有一个前景可观的好专业，但是更多人考博则是出于一个无奈的原因——就业难。以前想留校当老师，研究生学历还是很吃香的，而现在某高校招聘一名助教就有两三百名博士提交简历。可见社会对高学历的盲目追求，是导致目前出现考研、考博热的主要原因之一。无论是求职就业，还是评职称、晋级，甚至包括解决家属户口，都是学历越高越好，社会的这种重学历不重能力的取向，逼得人们考了硕士又考博士，这种功利氛围中培养出来的博士，真正抱着毕生从事研究心态的人，恐怕少之又少。

专家认为，不能忽视的是，相当一部分人期望通过提高学历来建立自己进入社会的信心，但也不能一味地追求高学历，而不注重质量。否则，即使拿到了高学历，也随时会有被淘汰的危险。

实习经验工作中派上用场　硕士小路上学期间注重实习

小路硕士研究生毕业后留在了北京,户口也落下了。如今他有一家自己的公司,月薪五六千。和现在为找工作忙得焦头烂额的研究生们不一样,小路的工作可谓一路顺风。

说起小路的工作经历还真是让人羡慕。读研究生一年级下半学期的时候,他本着接触社会、赚点零花钱的目的,进入了一家网络科技公司实习。正值手机铃声刚刚兴起,而学计算机出身的他对这个新事物的接受能力和上手速度都比其他人快,一个月 1 000 多元的收入总让周围同学眼红。在那里小路一干就是一年多,各方面素养都得到大幅度提高。随后,手机彩铃业务也随之迅速火爆,小路由于对手机铃声制作驾轻就熟,自然彩铃制作也是不在话下,每天 20 条彩铃完成起来根本不成问题。而一条 2 元的下载费也让他赚得比以前更多了。"有人说,你一个研究生出来就做这个啊,是不是有点儿大材小用,其实我并不这么认为,不管我学的是什么,能从工作中找到快乐才是最重要的。"小路这样说。

现在他和几个同学开了自己的公司,也是经营彩铃业务,每天的下载量都能过万,收入自然也是少不了。他表示,在现在这个竞争激烈的环境下,能找到适合自己的工作确实不易。他特别庆幸自己在读研期间的实习经历,这无疑是他现在工作的一种积淀。

专家点评:就业还是创业要细思量

人力资源专家王保光认为,目前研究生在就业时表现的"求稳求好"心态比较明显,严峻的就业形势下,他们更愿意找个安定的、挑战性小的工作,机关事业单位、高校研究所、大型企业,是心仪的首选。像小路这样自己创业的成功案例并不多见,其实成功创业不仅要有好项目,还要有资金支持、管理能力、商业人际关系等。虽然重理论、轻实践的教学环境有所改善,但大部分研究生依旧是在一个专攻书本知识的环境下学习,实践、实习等接触社会的机会不多,了解公司运作的机会更少。

研究生更倾向于专业对口的工作,即使创业,也希望能学以致用,这使得他们的创业门槛相对较高。小路创业成功的关键就是对所在行业的熟悉,有了实习期间的深入了解,再加上一些客观条件的成熟运作,这样创业成功并非难事。

博士生 Peter 性格偏内向　调整心态乐观处理人际关系

Peter,男,1979 年出生,本科毕业于浙江杭州某大学通信专业。大四那年,Peter 希望通过升学来提高自身的价值,但对自己一直不够自信。他考入的是浙江另一所商业学校的计算机系,就学校而言,新学校还不如大学时的学校知名度高。读研期间,虽然 Peter 表现一般,但在学院当领导的导师对 Peter 寄予很高的期望,当时正好学校的计算机系要招一名教师,通过导师的推荐,Peter 留在学校当老师。两年过去了,Peter 也认识到,作为教师无论是在学术还是在资历方面都需要不断提升。两年后,Peter 考取了北京某研究所的博士,专业为计算机。

读博是 Peter 自读研以来的理想,得知被录取的消息,心里既激动又困惑。Peter 原本的计划是想先在学校留两年,利用在这两年准备考博提升价值,然后离开学校去外面闯一番事业。当初是通过导师的关系留校的,本想感激导师好好工作,开展项目为导师争光,岂料 Peter 一心把精力放在考博上,学校的工作和人际关系都被忽略了。因此,考博成功后,Peter 和导师的关系反而变差。学校也给 Peter 发出了"通缉令",要么通过学校培养的方式读博士学位,学校在 Peter 读博士期间给他发工资以及支付学费,但毕业后必须回到学校,并要求签订几年的工作合同;要么 Peter 和学校终止合同关系。

丽夫职业顾问专家与 Peter 进行了首次面谈,又给 Peter 做了专业的职业评估和测试等,运用多种方式对 Peter 进行全面的了解。结合 Peter 对自身的介绍,对 Peter 做出以下关键几点的分析。

(1) Peter 性格偏内向,平日沉默寡言,在人际交往上非常敏感,这种性格导致他在学校里面人际关系较差。结合对 Peter 个性方面的评估了解,他还是适合有一定的技术含量,不需要处理复杂人际关系,相对比较独立的工作。

(2) 自我价值感不足,内心极度不自信。据 Peter 介绍说一直不敢有很高的目标,所以每次想通过升学来提高自身价值时,都因不自信的缘故,填的学校也很一般。在他内心一直认为自己其实并不喜欢钻研,也不是聪明的学生。

(3) 理论多,实践少。虽然是从电子专业考取计算机硕士,并从事计算机教育工作。但 Peter 在专业实践上的经历很少,而且项目经历和企业实践几乎没有。拥有一堆的理论知识,但没有实践的基础,技术能力不足。

(4) 抗压能力弱,稳中求妥。从职业兴趣上看,Peter 喜欢科研或技术开发性的工作,追求稳定和安逸,不追求获得权力,希望生活和工作有一个很好的平衡。在工作之余能经常有时间出去旅游,兼顾个人生活,获得身心的自由。

专家点评:Peter 需要清晰的职业规划

针对以上问题,丽夫职业顾问专家结合 Peter 的实现情况,以及外部的就业现状,给 Peter 做了一对一的咨询辅导。通过专家的引导,Peter 对自己进行分析并明确了自己的职业目标,有了清晰的职业规划。临走前,他说要做好以下几件事情。

(1) 找回导师的信任。通过邮件和面谈等方式和导师沟通,承认自己在过去一段时间的失误,并表示会努力工作,为导师争光。

(2) 继续和学校签约。Peter 觉得自己还是很适合做教师这一行的,自己会好好珍惜这个机会,并希望运用自身的知识多开展些项目,为学校和自己多尽一份力。

(3) 调整心态,乐观处理人际关系。在工作和生活上,Peter 觉得自己都需要成长,在工作中应主动承担责任,人际交往方面也会积极努力地去面对。

讨论题

四位不同类型硕士研究生的职业困惑有哪些共同之处?专家的建议可以给我们哪些启示和借鉴?

第 8 章

职业生涯心理健康

8.1　心理健康与职业生涯规划

随着社会的快速发展变化和职业竞争日趋激烈,职业生涯规划的实现与心理健康之间的关系越来越紧密。中国人民大学的俞国良教授比较早地研究了心理健康视野下的生涯规划,提出心理健康视野下的职业生涯规划研究的根本任务是建构完整的人格,有效地适应社会,有效地进行自我管理,终极目标是自我实现。因此,心理健康视野下的职业生涯规划,对于个体的发展具有深远的意义。

8.1.1　心理健康视角下的职业生涯规划

职业生涯规划作为一种体现人之主动性、创造性的动态的过程,已成为实现心理健康的计划、蓝图和行动方针。心理健康作为一种相对稳定的心理状态,是个体进行适宜的职业生涯规划的基础和保证。个体在规划的过程中实现心理健康,心理健康继而影响生涯规划的整个过程,两者在个体身上构成一种循环和整合,相互依存、相互促进。

1. 生涯规划与生涯角色的心路历程

个体的发展要经历不同的人生阶段,而个体在每个阶段都会面临一些来自社会环境的要求或任务,如入学问题、就业问题、婚恋问题等。这些要求或任务与个体身心特征的交互作用推动着个体的发展。美国职业心理学家舒伯(E. Super)基于发展心理学的基本理论,提出了生涯发展论。他认为,生涯就是终其一生,不同时期不同角色的组合;个体生涯的发展是由生命广度和生活空间交织而成的一个复杂过程;生涯规划就是在这个纵横交织的生涯发展框架中展开的,目的在于帮助个体成功地应对各阶段的发展任务;在应对过程中形成必备的身体、情感和认知特征,为下一阶段更高一级的生涯规划做好准备,推动生涯的发展。

所谓生命广度,就是指跨越一生的发展历程。个体从一个人生阶段过渡到另一个人生阶段,也会经历成长、探索、建立、维持和衰退 5 个周期。换句话说,个体的一生要经历从成长到衰退这一大的周期,同时个体在不同的人生时段,尤其是面临过渡和转型的时候,也会经历从成长到衰退这一小周期。因此,一个 18 岁的少年和一个 80 岁的老年人都有可能经历成长、探索、建立、维持和衰退这样的过程。这说明个体生涯的发展是一个存在诸多反复的非线性过程。另外,随着社会变迁的加快、工作稳定性的降低、选择机会的增多,个体在进行生涯规划时可能经常需要经历这样的生涯小周期,以适应环境,追求成长。因此,生涯规划作为一个积极能动的过程,是在"适应—不适应—适应、平衡—不平衡—平衡"的循环中不断进行内外的调整,以实现与环境动态的协调,进而追求成长与发展的过程。这一特点与心理健康观的要义是不谋而合的。

所谓生活空间,是指发展历程中各个阶段个人所扮演的各种角色,如儿女、学生、公民、休闲者、工作者、配偶、父母和退休者等。个体在不同的生涯阶段需承担不同的社会角色。成长阶段和探索阶段的主要角色是儿女和学生;建立阶段和维持阶段的主要角色是工作者、家长和公民;衰退阶段的主要角色是家长、公民和休闲者。当然,角色也会随着社会环境和个体需求的变化而变化,一个处于维持阶段的个体为了追求更高的工作成就和自我实现,可能会中断当前的工作角色,回到学校"充电",这样学生角色就会再次出现。

尽管个体在其生活空间中要扮演多样化的角色,但是这些角色并不是彼此分离、毫无关系的。个体在生涯规划过程中会根据内在的自我概念系统,对承载着不同要求和期望的角色进行协调与整合,使各个层面的生涯角色成为一个有机的整体,从而避免因角色冲突和角色过度负荷影响心理健康。同时,生涯规划要力图保持生涯角色系统与自我概念系统的一致性。个体所接纳和追求的角色往往有利于发展自己所期望的品质,有利于实现自己的目标。当个体认为自己所要追求的角色无法获得时,会主动地进行自我调节,以解决自我概念与环境中现有的机会之间的冲突,使两者重获和谐的关系。个体在生涯规划过程中能否成功调整自我概念与生涯角色之间的关系,也就是能否有效地适应生活、适应社会,这是生涯满意度和心理健康水平的重要预测指标。

2. 生涯规划与完整人格的建构

受系统理论和混沌理论的影响,个体的心理被视为一个完整而开放的系统,而生涯就是个体在毕生发展过程中心理系统与环境中其他系统之间的相互作用。在个体毕生生涯发展过程中,个体的心理系统与外部环境系统不断进行物质、能量、信息和知识的交流,并在这个交流过程中重组内部的心理结构,这个过程是平衡与波动、有序与无序的对立统一,是适应与障碍、成长与危机的交替。在这个过程中的关键机制是心理系统的重组。

所谓系统重组,显然不是单独几个成分的改变,而是力求系统的整体优化和内部各成分之间的均衡与协调。这种系统重组的观点在生涯规划中,表现为人们对人格的完整和均衡发展的重视。可以说,生涯规划的根本任务即建构完整的人格。因此,教育者在进行生涯规划指导时,教育目标是使个体充分而完整地发展自身的潜能,不仅要实现个体在智力和职业能力方面的发展,而且要实现个体在生理、社会、道德、精神、伦理、创造性各方面的发展。在教育原则方面,必须充分尊重受教育者对健康人格的追求;在教育内容方面,个体的学习内容必须加以整合,兼顾认知与情意、人文与科技、专业与基础;在教育方法方面,教育者必须提供学生充分探究身心潜能的机会,兼重思考与操作、观念与实践、分工与合作、欣赏与创作。

这种生涯规划的系统观,完全符合当今人们对心理健康者人格特征的理解。心理健康也强调完整的人格,认为个体的心理是统一的整体,整体并不等于部分的机械之和,某个部分有所欠缺并不意味着整体功能的失调,一些心智方面存在一定缺憾的个体,如果得到成熟平稳的情感意志过程的控制,也是可以保持心理健康状态的。

3. 生涯规划与自我实现

生涯规划所追求的最高目标是人本主义心理学家马斯洛所说的自我实现,也就是充分利用和开发天资、能力、潜能等,让个体都能走到自己力所能及的高度,最大限度地发掘人性所蕴含的潜能,展现出人性的美好与丰富色彩。尽管个体由于天赋、兴趣、能力以及成长经历、家庭环境的不同,其接受能力、探索能力等也会有所不同,但只要教育者认识到每一位学习者的独特性,给予宽容、尊重和欣赏,并以正确的方法引导其充分发挥自我的潜能,即使学习者某方面所取得的成就不如他人,但对其自身而言,也是成功的经历。自我实现不可能是尽善尽美的,它强调个体竭尽所能,最大限度地实现自我价值,并全面展现自己的才能。因此,自我实现是不完善的个体努力追求完善的动态过程。

自我实现是心理健康所追求的理想状态。尽管通常把平衡和适应作为心理健康者的特征,但心理健康本质上绝不推崇满足现状、没有追求、不思进取,不推崇无挫折、无冲突的"平衡",以及逢人说人话、逢鬼说鬼话、上下讨好、左右逢源的"适应"。消除过度的紧张不安而达到内部平衡状态,以及对环境的顺从是"消极的"或"低层次的"心理健康,"积极的"或"高层次的"心理健康,意味着不仅追求内部的平衡,更重要的是追求不断成长与自我实现,即追求崇高的目标,学会有效学习,发展建设性的人际关系,从事具有社会价值的创造,渴望生活的挑战,提升生活质量和人生的价值。

4. 生涯规划与体验学习

生涯规划中的体验学习是指个体身体力行地参与到真实或模拟的情境中去亲身体验,在体验中领悟,进而重新建构自己的知识经验,获得"生涯智慧",形成健康的人生态度的过程。生涯智慧是近年来颇受关注的一个概念,是指个体能够认识到生涯的复杂性和动态性,理解生涯是平衡与波动、有序与无序、稳定与变化、可预测与不可预测的对立统一过程,并能接受和把握生涯发展的这种矛盾性,在生活、学习和工作中既能意识到自身所受的限制,又能充分利用内外资源,发挥潜能,建构有价值、有意义的人生。

生涯智慧是形成健康人格的基础,是个体自我调节机制的核心,是心理健康的重要保证。一般而言,个人的生涯智慧无法通过灌输式的传统教育获得,必须通过身体力行的亲身体验和不断的反思、领悟才能获得。因此,心理健康教育也把活动探索和体验学习,作为维护和促进学生心理健康的主要途径,强调通过形式多样的活动探索、各种可利用的方式开展体验学习。例如,通过引导学生参与课堂活动、学生工作、课外活动和实地实习进行体验学习,在活动、体验、反思和领悟的过程中获得真正属于自己的生涯智慧,进而发展出自我生长的调节机制。

8.1.2　生涯智慧与生涯规划

1. 注重心理健康的生涯规划有助于个体身心健康的全面发展

生涯规划是在个体毕生生涯发展的框架中展开的,是个体一生中不间断追求健康人格和自我实现的过程,对于个体的终身发展与全面发展具有重要意义。在我国,生涯规划的理念和实践模式,对于儿童青少年的成长和教育而言体现出更加特殊的价值。我国广大家长和教育者非常重视生涯规划,父母甚至在孩子还未出生时就开始"规划"他们将来的生活。然而,这种"生涯规划"的实质与这里所探讨的生涯规划是背道而驰的。这种"生涯规划"本质上是围绕升学活动而展开的"升学规划"。用升学规划代替生涯规划会直接导致长期以来注重智力和知识的考核,忽视价值观、情感意志品质以及人文素养的考核。

因此,家庭、学校以及学生自己自然在提高智力和增长知识方面投入过多的资源,致使其他方面未能获得正常的发展。长此以往,这种在潜能开发上存在的严重偏差会导致其人格逐渐失衡、分裂,变得残缺不全,从而变成一个"单面人",而不是"健康人"。

由此可见,被短期利益所束缚的"升学规划"是无益于个体的终身发展和全面发展的,只有着眼于完整人生的生涯规划,才能使个体在成长历程中逐渐发展为"健康人",并获得自我实现。

2. 注重心理健康的生涯规划有助于健全个体发展自我成长的调节机制

注重心理健康的生涯规划所强调的活动和体验学习,是个体对未来生活的一种主动的准备过程,其根本目的是在活动、体验、思考和领悟中获得生涯智慧,进而发展出自我成长的调节机制。这种机制为个体获得终身学习和自我成长的能力奠定了基础,使个体能够有预见地应对未来的发展任务,以及来自环境的挑战和危机,并在现实的应对过程中合理地发挥主观能动性,在有限的条件下挖掘、利用自身的潜能以实现个人的目标,同时保持自身与环境的协调,逐渐趋近"随心所欲不逾矩"的心理健康状态。

3. 自我成长调节机制的核心是生涯智慧

生涯智慧的关键是对生涯矛盾本质的认识和把握。具有生涯智慧的个体对整个生涯的认识与生涯复杂而动态的真实面貌保持一致,体现出辩证性和开放性。例如,他们能清醒地认识到生涯规划既包含个人控制的成分,如计划、策略和积极的行动等;也包含不确定性的成分,如不完善的知识、非线性的变化和无法预测的结果等。然而,我们应该看到,生涯决策不是完全的控制或完全的不确定,生涯乃至所有的人类经验都是有序和无序、稳定与波动、成长与危机的辩证统一。生涯智慧使个体在面临生涯中的种种不确定性时,可以避免产生自我经验与现实世界的强烈冲突,以及由此引发的消极应对和各种心理行为问题,同时使个体有可能运用辩证、开放的思维将现实生涯中的不确定性转化为"积极的不确定",也是利用不确定性所伴随的自由度的提高和选择空间的扩大,充分发挥自身的潜能和创造力,追求富有创意的、自我实现的生涯。

在当今时代背景下,生涯智慧和自我成长的调节机制对于个体的成长和发展具有极其重要的意义。随着经济全球化的发展,社会的迅速变迁,环境中的不确定性因素增多,生活和职场中往往充满了变化,工作稳定性降低。例如,人们的工作变动性越来越大,生涯发展路径更加难以界定和预测;工作环境更复杂,影响因素更加多样化,意外事件的作用越来越明显,等等。

在全球化和信息化的时代背景下,生涯智慧自我成长的调节机制对于学生身心健康发展也是必不可少的。如何通过教育帮助下一代从生命的早期开始就进行有效、有序、有力的生涯规划,逐渐通过体验学习获得生涯智慧,发展自我成长的调节机制,学会在充满机遇、挑战、选择和变化的社会中把握方向、发挥潜能并实现自我,是教育理论工作者、教育实践工作者的共同使命和历史责任。

8.1.3 心理健康与工作需要

1. 心理健康工作才快乐

弗洛伊德说人的两大功能,一个是工作,一个是快乐和幸福。如果我们能够把快乐和生活结合在一起,那么我们就有快乐的生活,也有快乐的工作。

具体来说,心理健康有以下 5 条标准。

1) 心理社会的和谐统一

人生来都是要享受的,比如吃、喝、性的要求。但它们同时要跟社会现实相一致,因为有很多制约我们的条件,比如道德、法律。如果我们这些享乐需求和现实原则相符合,我们就是正常的。比如,人刚出生时是赤裸的,赤裸着身体很舒服,3 岁以下的孩子裸着身体上街,大家会觉得很可爱,但成人裸着身体上街,就不正常了。

2) 稳定的心理素质

一个人必须有良好的心理素质,这种素质的典型表现就是情绪素质。喜怒哀乐是人的基本表现,但喜怒哀乐在可控范围内我们就是正常的,在失控范围内就是不正常的。

3) 健全的人格

人格包括性格和气质两部分,性格是可以变动的,气质则是天生的。气质不分好坏,就像林黛玉是抑郁质,那肯定不适合八面玲珑的工作。如果我们没有办法去做适合的事情,我们就要随环境改变性格。以此来维持一个健全的人格状态。

4) 具有良好的挫折耐受力

不要遇到挫折就一蹶不振、不能自拔。我们达不到预期的目标,不能气馁,要有坚强的意志,不断努力。同时还要有柔韧性,当有些事情超过我们的能力范围,要学会放弃。

5) 良好的社会交往能力

以前说"科学是第一生产力",现在说"公共关系是第一生产力"。现在的社会,情商比智商更重要,情商里面包括人际关系和社会适应能力。如果社会适应能力很强,人际关系处理得好,就算是一个本科生,也会比博士生、研究生创造的价值要高。

"应当有工作"是一句大实话,没有人会怀疑其真实性。工作在社会上、在经济上、在道德行为上的意义是十分明显的,除此之外,在心理方面也是保持及增进心理健康的重要因素,有人称之为心理方面的"维生素"。健康的人都有工作,而没有工作的人,颇难维持其身心健康。塞尔尼(Hans Selye)医师毕生致力于心理紧张和压力的研究,指出工作是达到长寿而健康的必经之路。

2. 工作可以增进心理健康

工作对于增进心理健康的作用主要表现在以下 6 个方面。

1) 工作可以增进个体的发展

工作和运动,从运用身体器官的观点来看,并没有区别。我们工作的时候,也是在运用身体的器官;运用的部分则依工作性质而异。在某些工作中感觉器官负担较重,有些工作中运动器官较为辛苦。事实说明,身体各部分需要经常运用,才能充分发展;工作正是给身体器官获得被运用的机会。自然生长的进度和年龄有关系。不过有一个与此关系密切的现象是经常存在的,就是缺少适当的运用时,身体器官将呈现萎缩的现象。

2) 工作可以获得满足感

研究行为动机的人都知道,"追求成就"是人类行为极重要的动机。每个人都有过很多这样的经验,上课时计算出一道难题、旅行时爬到了山顶、在家里修好电灯开关、帮助一个小孩或老年人走过一座小桥……大家也一定能记得,在做完那些事以后的愉快和满足之感。

为了满足这方面的需要,人们去做各样的工作。完成所做的工作时,最大的报酬就是他们内心满足的感受,工作中所经历的辛苦,也完全消失了。随之而来的,乃是对自己的信心。做成了一件事,可以让自己确切知道本身具有某项工作的能力。很多时候,一份工作可能看上去十分繁复,当事者没有把握能将其完成,不能确定自己是否胜任。只有在实际做的时候,一步一步地完成,使其信心增加;有了较高的自信心时,本身的能力更能获得充分的发挥,取得更大的成就。对工作者来说,这就是极宝贵的经验。

3)工作给予个体"自我表现"的机会

严格说来,自我表现不仅是人类共有的动机,也是做人的基本责任。从整个文化发展的观点来看,每个人其实都负有承先启后的责任,把过去累积的知识接受过来,和本身的智慧、经验融合在一起,再以各种不同的方式表现出来,传递到后一代去。这中间有的只是保存了以往的成就,有的或是将其改进了,扩展了;有的或是新的发明和创造性的成果。这些若不表现出来,则文化的传递工作就将受到影响。而这种传递的过程显然是透过各种工作的形式进行的。

4)工作可以排除不必要的忧惧

所谓不必要的忧惧,是指那些没有实际危险的情况,或是虽有危险而我们无法做到有效控制的事件。用工作去排除不必要的忧惧,"不必要"3个字颇为重要。因为正常的忧愁和恐惧,是表示当事者遇到真正困难或危险的情境,而必须采取适当措施去应付。有些人把自己的生活安排得十分忙碌,对于一些应当处理的问题,也无暇顾及。这只是一种变相的逃避方式,而不是健全的态度。

5)工作可以保持和现实环境的接触

健康的人应当生活在现实的世界里,和现实相对的是幻想的世界。这并不是说健康的人就完全没有幻想,每个人都偶尔会有些幻想。心理不健康的人却往往生活在幻想中。

消除幻想最好的方法,就是工作。在做工作时,每个人总是在接触一些实际的事物,在一个实际的环境中活动,和另一些人发生交往,这些经验都是很实际的。同时,为了增进工作的效果,必须努力去认识其所在的环境,了解其所进行工作的性质,就易于留在现实里。有时甚至可以利用幻想中的蓝图,逐步改善其实际的情况,幻想就成了理想或计划,成了工作的动力,不再具有消极性的作用了。

6)工作可以使人不过于注意自己

过分注意自己的一个毛病,就是常会将原来正常的现象,看成不正常或病态,给自己添加若干不必要的烦恼。内科医师经常听到病人诉说一些病状,如"我听到自己的心跳""我摸不到自己的脉搏""我的小便颜色太黄了"……事实上这些现象都是正常的。心脏是无时不在跳动的,夜深人静时,若未曾睡着,就常能听到,倘若误以为是病象,有点紧张,心跳就将加速,于是会听得更清楚。

根据以上的分析,我们应该认识到工作的重要性。工作不仅具有经济上的意义,同时还关系着身体和心理的健康。所以,每个人都应该有一份工作,有一份适合于自己的工作。职业辅导的原则是使每个人都能安置在最适当于他的工作位置上,同时使每一项工作或职位能找到最适当的人员。这是对个人对社会都有益处的事情。

8.2 进行心理健康的自我调适

8.2.1 职场病态心理面面观

良好的心理素质,是人们进行广泛社交活动的必要条件,也是语言技巧、交际才能得以充分发挥的前提。相反,心理状态不佳,会形成某些隔膜和屏障,在一定程度上阻碍人们交朋结友和适应社会。因此,我们在工作生活中应该注重自身修养,努力克服以下种种人际交往中的病态心理。

1. 自卑心理

有些人容易产生自卑感,甚至瞧不起自己,只知其短不知其长,甘居人下,缺乏应有的自信心,无法发挥自己的优势和特长。有自卑感的人,在社会交往中办事无胆量,习惯于随声附和,没有自己的主见。这种心态若不改变,久而久之,有可能逐渐磨损人的胆识、魄力和独特个性。

2. 怯懦心理

怯懦心理主要见于涉世不深、阅历较浅,性格内向、不善辞令的人。怯懦会阻碍计划与设想的实现,是束缚思想行为的绳索,理应断之、弃之。

3. 猜忌心理

有猜忌心理的人,往往爱用不信任的眼光去审视对方和看待外界事物,看到别人议论什么,就认为人家是在讲自己的坏话。猜忌成癖的人,往往捕风捉影、节外生枝,其结果只能是自寻烦恼,害人害己。

4. 逆反心理

有些人总爱与别人抬杠,以此表明自己标新立异,不管是非曲直。逆反心理容易模糊是非曲直的严格界限,常使人产生反感和厌恶。

5. 排他心理

人类已有的知识、经验以及思维方式等,需要不断更新,否则就会失去活力,甚至产生负效应。排他心理恰好忽视了这一点,表现为抱残守缺,拒绝拓展思维,让人们只在自我封闭的狭小空间内兜圈子。

6. 做戏心理

有的人把交朋友当作逢场作戏,往往朝秦暮楚,且喜欢吹牛。这种人与他人之间的交往方式只是在做表面文章,因此常常得不到真正的友谊和朋友。

7. 贪财心理

有的人认为交朋友的目的就是为了"互相利用",只结交对自己有用、能给自己带来好处的人,常常是"过河拆桥"。这种人际交往中的占便宜心理,会使自己的人格受到损害。

8. 冷漠心理

有些人对与自己无关的人和事一概冷漠对待,甚至错误地认为言语尖刻、态度孤傲、高视阔步,就是自己的"个性",导致别人不敢接近自己,从而失去更多的朋友。

8.2.2 学习积极心理学

幸福的奥秘是什么?现代人为什么经常不快乐?怎样保持生命的最佳状态?怎样走进一个充满积极的精神、乐观的希望、散发着春天般活力的心灵世界?美国著名心理学家塞利格曼为我们揭示了与传统心理学完全不一样的心灵世界——积极心理学。

现代人的一个心理疾病是抑郁症,与反社会型人格不同,其攻击能量指向自身,不去"杀人"却"自杀"。抑郁症是专对幸福的杀手,令一个人活着,却在精神上枯萎。统计表明,90%以上自杀者都伴随着抑郁情绪。有关研究表明,越是年青的一代抑郁的人越多。

随着我国改革的深化,社会转型的加剧,社会各阶层贫富差距的扩大和利益分配的不平衡,人们似乎越来越多地出现了消极心理。弱势群体抱怨生活的不公平,具有强烈的仇富情结,而富人则觉得自己成功全是个人因素造成的,没有看到社会给其提供的机遇,对他人和社会不讲回报,对弱者缺少必要的关心,具有冷漠情绪。个人主义的盛行、实用主义哲学的肆虐、成功者的冷漠和自大、失败者的愤怒和抱怨,这种不能超越简单竞争的幸福观对于社会各阶层人的心灵都具有损害作用。竞争成为生活终极目标,人类一定会被这一自身创造出来的增加财富的手段所毁灭。积极心理学则告诉我们,快乐是怎样产生的,尤其是心灵的快乐。

1. 快乐的第一法宝是宽恕的心

正如《真正的快乐》的作者塞利格曼所说,快乐的人很少感到孤单。他们追求个人成长和与别人建立亲密关系;以自己的标准来衡量自己,从来不管别人做什么或拥有什么。美国伊利诺伊州大学的心理学家爱德·迪恩纳说:"对于快乐来说,物质主义是一种毒品。"即使是那些富有的物质主义者也不及那些不关心挣了多少、花了多少的人高兴。快乐的人以家人、朋友为中心,而那些不快乐的人在生活中,时不时地冷落了这些东西。迪恩纳还认为,如果经常与炫富的邻居做比较,这会是不高兴的开始。密歇根州大学的心理学家克里斯托弗·皮特森认为,宽恕与快乐紧紧相连,"宽恕是所有美德之中的王后,也是最难拥有的"。

2. 快乐的第二法宝是顺其自然

人类不善于预测快乐,因为快乐是乞求不到的。当你追求快乐时,它无影无踪;而你忽视它时,却不期而至。其实,快乐是因为你做了快乐的事情,当你把某一件事情做好了,你对自己的行为感到满意,你就会快乐。许多人重视快乐的感受,却不重视去做快乐的事情,不去行为,只去思考和感受是不会快乐的。

好的感觉并不存在于头脑中,一定会表现在行为上。通常当人们去参加一些非常有趣的活动,达到忘我的程度时,生活满足感就会出现,因为此时他们已经忘记了时间,也忘记了一切忧愁。心理学家彻斯把这一现象称为"顺其自然"。彻斯认为,在生命的流程中,人们也许正在处理棘手的事件,也许正在做脑部手术、玩乐器或者是和孩子一起解决难题,而其中的影响都是一样的。生命中许多活动的流程就是生命中的满足。你不必加快脚步到达终点,顺其自然就可以。

3. 快乐的第三法宝是感激生活

感激的心情与生活满足也有很大关系。心理学研究显示,把自己感激的事物说出来和写出来,能够扩大一个成年人的快乐。感激自己健康地活着,感激自己是自由的,感激自己还有一个美好的未来,感激过去他人赠予你的一切。

美国华裔经济学家奚教授 1998 年发表的冰激凌实验,再次阐明了金钱与幸福无关。有两杯哈根达斯冰激凌,一杯冰激凌 A 有 7 盎司,装在 5 盎司的杯子里面,看上去快要溢出来了;另一杯冰激凌 B 是 8 盎司,但是装在了 10 盎司的杯子里,看上去还没装满。你愿意为哪一份冰激凌付更多的钱?如果人们喜欢冰激凌,那么 8 盎司的冰激凌比 7 盎司多;如果人们喜欢杯子,那么 10 盎司的杯子也要比 5 盎司的大。可是实验结果表明,在分别判断的情况下,也就是不把这两杯冰激凌放在一起比较的情况下,人们反而愿意为分量少的冰激凌付更多的钱。实验数据表明,平均来讲,人们愿意花 2.26 美元买 7 盎司的冰激凌,却不愿意用 1.66 美元买 8 盎司的冰激凌。

这一实验也契合了卡尼曼等心理学家所描述的状况,人的理性是有限的。人们在作决策时,并不是去计算一个物品的真正价值,而是用某种比较容易评价的线索来判断。例如,在冰激凌实验中,人们其实是根据冰激凌到底满不满,来决定给不同的冰激凌支付多少钱的。人们总是非常相信自己的眼睛,实际上目测最靠不住了。

卡尼曼教授的理论还揭示,从心理学意义上,钱和钱是不一样的。同样是 100 元,是工资挣来的,还是彩票赢来的,或者路上捡来的,对于消费来说,应该是一样的。可是事实上却不尽如此。一般来说,你会把辛辛苦苦挣来的钱存起来舍不得花;如果是一笔意外之财,可能很快就花掉了。这证明了人在金钱面前是非理性的,是很主观的,钱并不具备完全的替代性。同样是 100 元,但在消费者的意识里,分别为不同来路的钱建立了两个不同的账户,挣来的钱和意外之财是不一样的。这就是芝加哥大学萨勒教授所提出的"心理账户"的概念。

奚教授认为,财富仅仅是能够带来幸福的很小的因素之一。在过去的 30 多年中,我国的人均 GDP(国内生产总值)翻了几番,但是许多研究发现,人们的幸福程度并没有太大的变化,压力反而增加了。这是因为,人们到底是不是幸福,取决于许多和财富无关的因素。

在我们这个社会,资源是有限的,机会也是不平等的,所以财富不可能会被每个人所拥有。但是,幸福的感受和快乐的心情却是我们每个人都能拥有的。珍惜你的幸福感受,只有它才是你触手可及的宝藏。

资料链接

解放你我的积极心理学

积极心理学是一种关心人的优秀品质和美好心灵的心理学,由美国著名心理学家塞利格曼提出并倡导。积极心理学从关注人类的疾病和弱点转向关注人类的优秀品质,有三个层面的含义。第一,从主观体验上看,它关心人的积极的主观体验,主要探讨人类的幸福感、满意感、快乐感,建构未来的乐观主义态度和对生活的忠诚。第二,对个人成长而言,积极的心理学主要提供积极的心理特征,如爱的能力、工作的能力、积极地看待世界的方法、创造的勇气、积极的人际关系、审美体验、宽容和智慧灵性等。第三,积极的心理品质包括一个人的社会性、作为公民的美德、利他行为、对待别人的宽容和职业道德、社会责任感、成为一个健康的家庭成员。幸福与财富无关。幸福的人不一定是富人,一个穷人也可以是很快乐的。积极状态的人不一定富有,但一定是幸福、快乐和乐观的。

积极心理学与快乐公式

积极的力量让幸福可以永恒。积极心理学的目标是,催化心理学从只关注于修复生命中的问题到同时致力于建立生命中的美好品质。——马丁·塞利格曼

过去,心理学比较关注心理与精神疾病,而忽略生命的快乐和意义。美国著名心理学家塞利格曼(Martin Seligman)希望校正这种不平衡,从而创立了积极心理学(positive psychology),并提出了 H＝S＋C＋V 这一快乐公式。

国民幸福总值(grossNational happiness,GNH)是由不丹国王旺楚克在 1970 年提出,他认为政府施政应该关注幸福,并应以实现幸福为目标。当他提出国民幸福总值这一概念时,不丹是亚洲最贫穷国家之一。按照西方发展模式,穷国要摆脱贫困,首先应发展经济。然而,确保经济发展,必然使得环境保护成为一句空话。而不丹在发展经济的同时,却能将自然环境保护得很好。原始森林覆盖面积为亚洲排名第一,国土的 74％在森林覆盖中。另外,不丹拥有丰富的旅游资源,但是为了保护环境,不丹一直严格限制游客人数,2016 年获得签证的人数不到 6 000。

20 世纪 70 年代不丹提出 GNH 时,并不引人注目。然而 20 多年后,不少著名经济学家都把目光投向这个南亚小国,开始认真研究"不丹模式"。美国的世界价值研究机构开始了"幸福指数"研究,英国则创设了"国民发展指数"(MDP)。日本也开始采用另一形式的国民幸福总值(GNC)。获得 2002 年诺贝尔经济学奖的美国心理学家卡尔曼正致力于"国民幸福总值"的研究。

从有关"不丹模式"的描述,可以看出世界潮流正在转向。物质享受不能直接换算为快乐,已经是不容否认的事实。世人愈来愈重视快乐,把它放到优先位置。然而,究竟什么是快乐?幸福感又如何量化?如果这些问题解决不了,GNH 似乎也只能流于空谈。

积极心理学创始人塞利格曼提出了一个快乐公式:

$$H＝S＋C＋V$$

式中:H(Happy)快乐指数;S(setrange)可快乐的范围;C(circumstances)生活环境;V(voluntaryactivities)可自控因素。

第一,简单来说,S 就是代表先天的快乐潜质,其对快乐的影响大约占 40％。C 很明显就是环境因素,其影响约占 20％。V 是个人信念及思想行为,其影响也占 40％。快乐公式首先指出,基因并不能主宰我们的快乐。第二,自由意志比外在环境,对于快乐有更大影响。第三,快乐与否,个人能够改变的,往往比不能够改变的还要多。

基因不能改变。大环境往往不能凭个人力量改变,但小环境却多半由我们自己做主。至于思想,更是个人全权负责的事。积极心理学的目的就是要教导我们,如何从思想开始,争取自己的幸福。

塞利格曼将快乐分为愉悦(pleasure)及满足感(gratification)。愉悦主要是一些感官

及情势的感觉。不需要思考,是本能反应,或脑内化学反应。而满足感则是完成一件喜欢做的事的感觉。其间不一定有愉悦,甚至会有痛苦。可完事后,比起愉悦,快感能持续较久。他不反对我们追求愉悦,但若想得到更广大、更深层的快乐,他建议我们应该积极追求后一种快乐,即满足感。

如何才能得到满足感? 他从研究中发现,发挥自己的长处及美德,是获得满足感的最好途径。

什么是长处? 如果进行某活动时,你会感到兴奋,不觉累,能够主动学习,进步神速,并想寻求更多展现机会。那就是长处了。

什么是美德? 那可不是握有话语权的人强加于人们身上的道德枷锁,而是每个人独有的,性格中的正面力量。所以,每个人渴望展现的美德都不同,人际间没有可比性。某人性格中隐藏着慷慨的美德,另一人的美德可能是宽恕。现在最大的问题是,大部分人都不知道自己拥有何种美德,亦从没想过要去发掘自己的潜藏美德。于是,他们从来没有享受过展现自己美德时的满足感。

如是观之,快乐其实始于自知。你不知道自己的长处与美德,满足感自然求索无门。至于如何自知,那可是另一个大题目,在此就暂且不表。总而言之,快乐源自长处与美德的展现。因此,与其只专注于改善缺点,不如致力于发挥长处;与其只专注于自己的失落,不如致力于令别人快乐。

快乐人生的证明

一个心理学研究表明,具有积极情绪的人比一般人更能忍受痛苦。在冰水中普通人伸手,只能忍受 60~90 秒,但在积极情绪测量中最出色的人,得分最高的人,或者一个具有积极情绪的人,能忍受的时间往往要长一些。

快乐的人更喜欢与别人交朋友,而不是独处。他们愿意主动接触生人,愿意为他人捐钱,更具有利他主义精神,更关心周围的人,而很少考虑自己的利益。

……

积极正是一种爱

"积极"一词很容易令人产生误解,其实积极的意义是相对的,不是一个固定结果和最后结局。积极是一个行为过程,包括过程的体验。

积极与个人处境有关,是指个人选择一个最能适应的环境和发挥了最高潜能的行为,是一个人把所有力量都运用到了极限而问心无悔的人生态度。一个身患绝症的人和一个处于创作状态的作家,虽然所面临的人生状态如此不同,但在积极状态上是一样的,他们都可能是积极的。只不过前者是与疾病作斗争而感受到生命的勇气,后者是陷入创作高峰体验而感受到生命的激情。两者之比,没有量的规定,但在质的规定上是一样的。

积极只能与消极相比,或者与心理不健康相比,而不能与另一个积极评价相比。积极是指主观上的感受,包括一个人的认知、情绪和行为,只能与自己的过去感受相比。我们不能比较两个人的积极,科学家和下岗工人都有自己的积极,前者是实验室中对科学的献身,而后者可能体现在对小时工的敬业中。积极是一个带有价值导向的概念,不是一个科学的概念。某一文化进程中对于何谓积极品质会有不同的看法。一个优秀的人在什么方面表现出色,是一个复杂的问题。例如,过去我们认为节约、贞洁、谦卑、沉默是积极的品质,而现代社会则更注重创新、自主、主动和外向。

大多数人对积极理解有偏差。人们倾向于认为,积极是指一个人通过努力取得了成功,取得显赫社会地位或经济地位,谈到积极首先想到社会精英,如知名演员、企业家、首富、体育明星等。其实,这种积极不是指人的内在的积极,而是指人的外在积极。我们所说的积极是人的一种出色的心理素质和生活态度。

积极状态虽然不排除外在的指标,一个处于积极状态的人可以拥有外在的高成绩和高分数、一个高的经济地位和社会地位。积极状态主要不是指这些外在的东西,这些只是一个人奋斗和机遇的结果,是一些与人性无关的数字。积极状态是指一个人所具有的出色的综合心理素质,是积极的人生态度。这种心理素质促使一个人热爱自己,热爱他人,热爱这个世界,拥有快乐和幸福。

积极也不总是指一个人征服外部世界,积极有为地把每一个事情都办好。例如,当一个有强迫症的病人屡屡为是否关好家中的煤气而焦虑不安时,他觉得事事都是有为的,只要把事情做到尽善尽美,就一定会万无一失。可是,这种脱离现实的有为,恰恰可以理解为过分的欲望,是不合理的,不是真正的积极,而只能导致矛盾和冲突的消极。真正的积极有时包括一种无为,一种面对现实的客观和如实接受。接受该接受的,做自己能做的,看上去很无奈,却是最佳的积极。

……

悲观的人相信坏事都是自己的过错,发生的坏事一定会持续很久,并且会毁掉一生的一切;而乐观的人遇到同样的厄运时,会认为现在的失败是暂时的,每个失败都有其原因,不是自己的错,可能是环境、坏运气或其他因素带来的后果。例如,面对考试失败,悲观的人往往认为都是自己不好好复习、能力差,这次考不好意味着永远考不好,自己不是上大学的料。不要小看这个小小的区别,往往可以决定一个人一生中的成功、身体与心理健康,甚至寿命的长短。

乐观的人稍有些主观,有些"傻"。他们习惯于歪曲现实世界,当现实世界不利他们发展或有些危险时,他们倾向于人为地忽视危险,或缩小危险,乐观地认为,天塌不下来,睡醒再说。

（资料来源：心理健康网,http://www.ourfeeling.com.）

8.3 战胜职业心理压力

现代社会生活中的压力症,是人们身心疾患发生的根源。当人们遇上"压力"时,最初的反应便是"迎击",或者"逃避"。这是由人们的精神能量及体内对"压力"免疫强度所决定的,即精神能量高、免疫系统机能强的人采取"迎战"的方法;反之,则采取"避开"的战术,以免损害身体中的健康防卫系统。

但是最近的精神科学研究发现,对于"压力"采取一种完全无反应、无视的态度,也有助于维持身心的健康。欧美的体育、企业方面的心理专家提出"压力管理学说",主张通过幽默,控制情绪、动机、态度,放松神经训练,食物疗法,呼吸训练,想象、视觉化训练等方法,来有效地对付"压力症"。

8.3.1　解除"压力"的心理策略和治疗方法

解除"压力",大致可分为以下两大方法。一是治本,即把产生压力的原因加以消除,亦叫"预防"。二是治表。寻找"疏导口",将体内积蓄的"压力"有效地"疏导"出去,使之不危及身心健康,也叫作"排泄"疗法(净化疗法)。

这里提供一些常见的解除"压力"的心理策略和治疗方法。

在纸上写出你在家庭、职业、社会生活中的压力及其原因,每一条"压力",请思考三种不同的处理方法,必要时与心理医生协商。

给亲朋好友写信,将你的压力、烦恼一吐为快。

有时候要"自我吹嘘",自我"赞美"一番,保持自我良好的感觉。

不要将责任都揽到自己身上,要设法学会同他人合作,同他人分担责任。

在人际关系中,要少批评,多提议。不要说"你不可以这样干",而要说"你是不是可以用另一种方法干"。

勇于决断。错误的决断比不决断、犹豫不决要好。决断错误,可以修正。不决断,迟迟犹豫不决,导致"压力"增大,有损身体健康。

全局着眼,不拘泥于细部琐碎的小事。每一件小事、细节之处过分担心,长此以往,将被"压力"压垮。

不要过分拘泥于成功。"有意义、有经验的失败"要比"简单的成功"获益更大。

及早预防,尽早解除产生压力的原因。

睡眠时间要充分,要补足。

运用幽默、微笑、催眠法和呼吸放松疗法,保护大脑神经健康。

8.3.2　缓解心理压力十大对策

中国 CDC 精神卫生中心执委、国家劳动与社会保障部心理咨询职业鉴定专家委员会专家委员赵国秋教授提出了清理"心灵垃圾",拥有一颗健康的心的 10 条应对策略。

1. 自我测试

以下列出的是一些应对压力事件比较常用的办法,哪些是你的行为特征或者是你的常用办法,请注上标记。可以对照,进行自我测试。

(1) 我将自己的需求忽略,只是埋头工作,拼命工作。

(2) 我寻找朋友进行交流并获得他们的支持。

(3) 我比平时吃更多的东西。

(4) 我进行某种形式的体育锻炼。

(5) 我发怒,并将周围的烦恼统统赶走。

(6) 我花些时间来放松,喘口气,做伸展运动。

(7) 我抽支香烟,喝那些含有咖啡因的饮料。

(8) 我面对压力的根源,做工作改变它。

(9) 我收回自己的感情,远离人群只做自己的事情。

(10) 我改变自己对问题的看法,以求更加透彻地看待它。

(11) 我睡觉的时间比我真正需要的时间长。

(12) 我花一些时间离开自己的工作环境。

(13) 我外出购物,用买东西的办法使自己感觉良好。

(14) 我和朋友们开玩笑,用幽默的办法来钝化困难的锐气。

(15) 我比平时喝更多的酒。

(16) 我沉溺在个人的爱好或兴趣中,它使我放松并感觉良好。

(17) 我吃药来使自己放松或者改善睡眠。

(18) 我让自己保持健康的饮食。

(19) 我只是忽视问题,并且希望很快地过去。

(20) 我祈祷,思考,丰富自己的精神生活。

(21) 我对存在的问题担心,害怕去做任何触及它的事情。

(22) 我集中精力对付那些我能够控制以及能够接受的事情。

以上的各项条目中,序号为偶数的条目是一些更具有建设性的策略,而标有奇数号的条目趋向于不大好的应对压力的策略。如果你选择的是奇数序号的条目,那么你就应该考虑一下,你的思考方式和行为方式是否要做一些改变。你可以尝试着采用过去没有采用过的偶数序号策略的方法。

2. 改变生活方式

(1) 确定一个"放松时段"融入日常生活,试着养成放松的习惯。

(2) 尽可能多做令你感到愉快的事情。

(3) 不要让压力累积起来。

(4) 做到劳逸结合。

(5) 坚持在家里和工作中应有的权利。

(6) 避免劳累过度或接受太多的工作任务。

(7) 不要躲避令你感到害怕的事情。

(8) 要学会记住自己的成绩和进步,并会表扬自己。

3. 学会说"不"

当人们请求你帮他们做事情而给你造成压力时,你通常很难说"不"。考虑一下,你是否能够做或者愿意做他们要求你做的事情。如果你不能够或不想做,学会有效地拒绝他人的请求。

4. 说出你的想法

诚实地表达你的意见,这一点很重要,虽然这有可能会惹恼别人或引起争论。如果确信别人的某个请求是不合理的,你就得说出来。当愤怒和挫折无法宣泄时,人就会郁闷、沉默、唠叨、指责或背后诽谤,不能表达自己的意见会导致"消极""挑衅"的行为,这种行为对健康有害,因为被压抑的挫折或愤怒会对免疫系统造成伤害。

5. 建设性的批评

说出你的感受,解释别人的行为为什么伤害了你,或给你带来的不便,告诉别人你是多么希望他们能够改变。

6. 处理冲突

这里介绍处理冲突 3 种行之有效的方法。

1) 避免争执

每个人都遇到过与朋友、家人或同事在某个问题上产生冲突的情况。争执会造成压力,但冷静、克制、自信以及据理力争会缓解这种压力。

2) 处理冲突

要谨慎地选择你的语言,要诚实、自信、得体。

3) 保持中性

处理冲突的一个技巧叫"保持中性",是把话中的"刺"剔掉,重新组织会话的内容。例如,如果有人说"我无法和老板相处",你可以回答"你想讨论改善你和老板的关系吗?"

7. 自我激励

承认自己能从错误中吸取教训,下一次进行更正。告诉自己"我已经做得最好,对我来说已经足够好了""金无足赤,人无完人""即使我不时地失败,人们仍会喜欢我""犯错误并不意味着做人的失败"。

8. 学做 3 件事

具体学会做以下 3 件事。

1) 学会关门

学会关紧昨天和明天这两扇门,过好每一个今天。每一个今天过得好,就是一辈子过得好。

2) 学会计算

学会计算自己的幸福和自己做对的事情。计算幸福会使自己越计算越幸福,计算做对的事情会使自己越计算越对自己有信心。

3) 学会放弃

世界上的事情总是有"舍"才有"得",或者说是"舍"了一定会"得",而"一点都不肯舍"或"样样都想得到"必将事与愿违或一事无成。记住,是"舍"在先,"得"在后。

9. 学说 3 句话

学会说"算了""不要紧""会过去的",这 3 句饱含正能量的话是缓解心理压力的窍门之一。

(1)"算了",即指对于一个无法改变的事实的最好办法就是接受这个事实。

(2)"不要紧",即不管发生什么事情,哪怕是天大的事情,也要对自己说"不要紧"!记住,积极乐观的态度是解决任何问题和战胜任何困难的第一步。

(3)"会过去的",不管雨下得多么大,连续下了多少天也不停,你都要对天会放晴充满信心,因为天不会总是阴的。自然界是这样,生活也是这样。

10. 学会"三乐"和"三不要"

"三乐",即助人为乐、知足常乐、自得其乐。进一步说,就是在自己好的时候要多助人为乐;在自己过得一般的时候要知足常乐;当自己处于逆境中时则要学会自得其乐。

"三不要"，则是指面临以下 3 种情况，可以采取的态度。

（1）不要拿别人的错误来惩罚自己。现实生活中有许多人"一不怕苦，二不怕死"，再重的担子压不垮，再大的困难也吓不倒，但是受不起委屈、冤枉。其实，委屈和冤枉，就是别人犯错误，你没犯错误；而受不起委屈和冤枉就是拿别人的错误来惩罚自己。懂得这个道理，再遇到这种情况，对付它的最好办法就是一笑了之，不把其当一回事。

（2）不要拿自己的错误来惩罚别人。当自己受到冤枉或不公正待遇后，也冤枉别人或不公正地对待别人。事实上当你伤害别人时，自己会再次受到伤害。

（3）不要拿自己的错误来惩罚自己。何谓好人？如果交给他（她）做 10 件事，他（她）能做对 7～8 件，就是好人。显然，这句话潜藏着另外一层含义，就是好人也会做错事，好人也会犯错误。所以，好人做错了事，一点都不要紧，犯了再大的错误也不要紧，只要认真地找出原因，认真地吸取教训，改了就可以。

8.3.3 繁忙中的心灵休憩方法

人类社会进入 21 世纪，很多人的工作、生活理念正在悄然发生变化，渴望在工作之余找到一片能使身心放松、压力缓解的"绿洲"。其实，工作的同时也可以享受到快乐，可以让自己过得轻松愉快。

1. 对工作保持良好的心态

要对工作保持良好的心态，努力去营造一个轻松愉快、友好和谐的工作环境。试想看，我们对工作的态度、对同事的态度是否都曾经或正在困扰着我们呢？这种困扰是否曾经使我们与同事之间产生矛盾甚至怨恨？这种困扰是否使我们的心情烦闷，从而使工作迟滞不前？事实上，要避免这样的困扰并不是什么困难的事，只要我们稍稍改变一下看待事物的角度，情况就会有很大的不同。

下一次出门去上班，不知这一天怎么过时，先别担忧。下定决心，采用一种全新的方式去处世待人，就试这么一天。积极乐观一点你也许会使自己的所作所为有所改观。

就试这么一天，对同事尽量友善。把他们当作恩人来看待。就试这么一天，不再吹毛求疵，挑剔别人。设法找出每一件事物的优点，并且找出每一个跟你一起工作的人值得称赞的优点。

就试这么一天，如果要纠正别人，就尽量以幽默示之，不要出言伤人；设身处地，就像被纠正的人是自己。就试这么一天，不要求自己所做的事都尽善尽美，也不再尝试打破纪录。称职地做好眼前的工作，不强自己所难。就试这么一天，如果自己对工作胜任有余，那就无须不停地反躬自问：我的表现跟职位和酬薪是否相称？就试这么一天，心存感激，庆幸自己活在这个社会和时代，无须在恶劣环境下做劳累讨厌的工作，为能在自由国度里工作而感恩不尽，"在这个国家里没有人强迫我工作"。

就试这么一天，为自己有工作、活得好而满心欣喜，庆幸自己不是在战壕里躲避枪弹，或是在医院里等待动手术。就试这么一天，不去预期别人会如何对待你，不拿自己的酬薪、地位跟别人比较——就因为你是你，所以你很高兴。

就试这么一天，不计较事情"对我有什么好处"，只想在每件事情上你能帮什么忙。就试这么一天，下班后不再想今天做了什么，还有什么没有做；反之，盼望傍晚到来，不管完成了什么都感到欣慰。

这些想法都不复杂,更非天方夜谭。好处却是可以令你活得更有意义、更快乐。最重要的是,它们能使你心境平静,而这是你最珍贵的东西。

2. 调节自己、放松自己

我们要懂得在紧张的工作状态中调节自己,放松自己。要有良好的生活习惯、起居规律,保证充足的睡眠。早上的交通时间,放松一下自己,不要去考虑工作。可以看看报纸(不局限于商业版)、听听音乐或广播,找一件让自己高兴的事,打发掉路上的无聊时间。午餐时间,走出写字楼,接触一下外面的空气与环境。

可以美化你的周围环境。办公环境是一个影响你心情的要素,将桌上的那堆废纸清理掉,给办公桌一点装饰,如放上爱人的相片或一张美丽的风景照片——最重要的是,让办公桌变成你愿意待的地方。

学会合理安排工作,给任务分级,确定你做完了最重要的工作后,再接着干别的。学习一个时间只做一件事情的艺术,更好地管理自己的时间。例如,不要打断手上的工作去看 e-mail,确定你一天只看 3 次:早上、午餐后、下班前。

此外,试一试“慢生活”的哲学。匆忙会让身体分泌更多的肾上腺素,导致身体感觉到压力。为什么要跑着去复印资料? 为什么要一手接电话,另一手还在操作计算机? 这些只能给你带来更多的压力。

小贴士

案例分析:职场心理压力的压力源来自哪里

案例一:张阿姨今年 50 岁了,已经在所在部门工作了将近 30 年。由于部门过去冗员较多,所以养成了她懒散、推诿的工作态度。她现在的直属领导比她小 10 岁,这个领导做事比较严谨,对部门员工要求比较严格,尤其不喜欢员工做事态度不认真。所以在工作中张阿姨会和领导产生一些摩擦,张阿姨总觉得领导在针对她,因此在工作中产生了比较严重的厌倦情绪,而领导又不经常和员工交流,因此导致张阿姨每天上班压力很大,心情不好,甚至总找各种理由请假,部门效率因此受到影响。

问题:

1. 张阿姨的压力源是什么?

2. 应该怎样缓解这种压力?

分析:

1. 张阿姨的压力主要来源于和领导的关系以及对这种关系认知的偏差。

2. 建议分别与领导和张阿姨进行沟通,理清问题的症结所在,并让双方认清自己所存在的问题。领导与张阿姨进行一次开诚布公的谈话,消除误会。建议领导对这种老员工持尊重、谦虚的态度,并多鼓励、少批评。同时,张阿姨要注意自己在工作中所存在的问题,并坚持改正。

案例二:曾处长是人力资源处的新领导,最近公司要进行非领导职务的评定,这件事理所当然由人力资源处负责。由于此次的非领导职务评定涉及公司的集资房分配和薪酬,所以公司里人心惶惶。在公司的董事会上,领导讨论了部分员工的破格聘用,并且明确要求大家保密。但开会第二天就有员工知道了这个消息并去人力资源处"讨要说法",还在曾处长回家的路上围追堵截。曾处长为此压力很大,有点怀疑自己的能力,每天都提心吊胆,晚上还会失眠。

问题:

1. 曾处长的压力源是什么?

2. 应该怎样缓解这种压力?

分析:

1. 曾处长的压力主要来源于公司制度改革所造成的员工不稳定因素。

2. 曾处长应该安抚好职工情绪,并告知结果没出来之前不要轻信谣言。调整自己的心态,多和分管公司领导进行沟通,深刻认识到在公司制度改革中出现员工的不稳定是非常正常的。在下班时间,可以通过培养其他兴趣爱好来转移注意力,陶冶性情。

案例三:小许是新入职财务处的一名应届大学毕业生。在工作中,她觉得力不从心,很多看起来很简单的事情,她做起来却很吃力,而且频频出错。除此之外,她发觉自己在校期间学到的东西根本用不到工作中去,她不禁对自己的能力以及专业知识水平产生了很大的怀疑。渐渐地,做事越来越没自信,甚至害怕去上班,害怕领导交代她做事,每天的情绪都处于低落状态,甚至想到了辞职。

问题:

1. 小许的压力源是什么?

2. 应该怎样缓解这种压力?

分析:

1. 小许的压力主要来源于对工作业务不熟悉所产生的焦虑、自卑、紧张和怠工。

2. 公司在新员工岗前培训中应该关注细节,让新员工能够更尽快地融入进来。所在部门领导应该细致关怀和帮助新员工成长,让其感受到工作中的温暖,同时告知初期的不适应、难胜任都是正常的,多鼓励,少批评。小许应该学会自我调节,培养自身的抗压能力,平时可以多向老员工请教,和同事和睦相处,多听听舒缓的音乐,看看积极向上的书籍等。

(资料来源:百度文库)

8.4 树立心理健康的正确理念

健康的心理不可能天生具有,也不可能总靠别人诱导,其根本就是要树立正确的世界观、人生观。正确的理念是一个人心理健康的基础。这里介绍的理念虽不能涵盖所有与心理健康有关的理念,但只要真正树立这些理念,幸福快乐就会常在你身边。

8.4.1　心理和谐之源：自我和谐、心理平衡

1. 自我和谐的含义与影响因素

什么是自我和谐？温家宝在中国文联第八次全国代表大会、中国作协第七次全国代表大会上的讲话中将自我和谐概括为："人能够做到正确处理自我与社会的关系，正确对待荣誉、挫折和困难，这就是自我和谐。"人的"自我和谐"，就是个人从生活到工作、学习，从身体到心理，从个人到家庭与社会，都是和谐的。每个人的自身和谐，是全社会和谐的个体人格化保证。例如，每个人都要对自己负责，对家庭负责，对社会负责，在工作和学习中尽心尽力，注意身体和心理健康等。这其中还包括每个成员在自我的各个方面以及跟他人相比，尽管存在某些差异，但可以自我和谐相处、跟他人和谐相处，心态健康，心理平衡。同时，自我和谐又是动态的，自己、社会发生变化，周围的生活环境、自然环境、物理环境都会发生变化，这是一个时空的动态的和谐状态。

心理健康是自我和谐的重要标志之一。影响自我和谐的个人因素很多，包括精神追求、需要层次、思维方式、个性特点和行为方式等。一个人要达到自我和谐，要身体健康，还要满足基本的生理需求和安全需求。

从个人发展的角度来看，作为影响自我和谐的个人因素还包括能够感知到下一个目标正在实现中，或者是能够实现的。一个人的现实自我与最终要达到的目标之间一定会有差距，自我和谐的人就是能够在这种情况下保持良好的心理状态，这也是自我和谐的本来含义。能够看到和别人的差距，并保持和谐。这既是自我和谐的标志，也是影响自我和谐的因素。

从社会方面来讲，社会要为个人提供基本的保障，尊重个人价值选择，各个阶层相互开放、平等进入。社会公正及资源配置的原则应该有法制约束。这些都是外部对自我和谐有影响的因素。另外，还包括尊重个人价值选择。人本主义心理学认为，人们之所以会出现心理障碍，出现个人不和谐，是因为他感觉到内心的需求没有办法得到实现，或这些需求即使得到了实现，也得不到社会的赞许。因此，对每个人的选择的尊重程度越低，要达到自我和谐的可能性也就越小。

2. 实现自我和谐

人的全面发展首先取决于人自身的和谐关系。自我和谐是可以通过自我的努力来实现的，主要体现在以下 3 个方面。

1）讲究修养

讲究修养，主要是指自我修养，从道德的角度提高自己的素质，使自己有力量、有目的地不断进行自我克制与心理调适。中国古代哲学家强调人的"内美"；西方哲学家如康德，赞美每个人心中的道德律，这些都是自我修养。人自身和谐的最高境界就是克己爱人，将对物的欲望限制在有限的范围内，用有限的生命去追求无限的精神享受。自我和谐的人，有一个基本特点，就是心理平衡，不抱怨，不攀高，积极对待人生，对名利地位旷达以待、泰然处之。

2）讲究学养

学养和修养有联系,但又是不同的概念。学养强调的是不仅从道德而且从能力的角度,提高自己的素质,而且是强调在学术上的创新精神,包括学问、阅历和在某一领域的专业造诣,同时包括学德、学术良心。学养要通过教育,更需要个人的奋斗和努力。学养,强调"学",要有较多的学识,还要强调"养"。"养"按朱熹的解释是"涵育熏陶,俟其自化也",要学以致用。

人自我身心的和谐,是人与人的和谐,人与自然的和谐,人与社会的和谐的基础,自我身心和谐了,就会通过正心、诚意、修身来规范自我的行为,就会给他人一个创造宽厚处世、协和人我的人际环境。

3）讲究涵养

涵养主要是指做人的道理,强调的是处理好人际关系。人的性格、爱好、志趣各不相同,彼此之间和谐融洽相处,需要有涵养。涵养强调的是包容,对他人要大度,理解人、尊重人、赞美人。每个人的社会地位、社会角色各不相同,每个人又都有一个期望,那就是期望自己在这个社会上生活得好一些。为了改善自己的生存状况和生存环境,采取的方式只要是正当的,也就是通过自己的智力、体力的努力去达到的,都应给予理解和支持。排斥、歧视、看不惯、不顺眼,是人与人之间相互沟通理解的顽固障碍。

每个人都有自己的人格尊严,都应受到尊重。人格侮辱是对人的极大伤害。无论社会地位、社会角色的差异如何,人格都是互相平等的。以自己的优长而傲视他人,是没有涵养、内心不和谐的表现。社会地位高的能自觉地平易近人,社会地位低的能不卑不亢,都值得赞美和尊敬。

如何做到有涵养?孔子说要断绝4种毛病:毋意、毋必、毋固、毋我(《论语·子罕》),即不要瞎猜疑;不要独断;不要固执;不要自以为是。曾经担任过国家副主席的荣毅仁先生有一副座右铭:"发上等愿,结中等缘,享下等福;择高处立,就平处坐,向宽处行。"这24个字蕴含了丰富的人生哲理,折射出优秀的个人修养、学养和涵养。

8.4.2 学会感恩

感恩是一个人与生俱来的本性,是一个人不可磨灭的良知,也是现代社会成功人士健康性格的表现。感恩不仅仅是为了报恩,因为有些恩泽是我们无法回报的,有些恩情更不是等量回报就能一笔还清的,唯有用纯真的心灵去感动、去铭记、去永记,才能真正对得起给你恩惠的人。感恩是一种处世哲学,是生活中的大智慧。英国作家萨克雷说:"生活就是一面镜子,你笑,它也笑;你哭,它也哭。"感恩不纯粹是一种心理安慰,也不是对现实的逃避,更不是阿Q的精神胜利法。

人的一生中,小而言之,从小时候起,就领受父母的养育之恩;等到上学,有老师的教育之恩;工作以后,又有领导、同事的关怀、帮助之恩;年纪大了之后,又免不了要接受晚辈的赡养、照顾之恩。大而言之,作为个体的社会成员,我们都生活在一个多层次的社会大环境之中,都首先从这个大环境里获得了一定的生存条件和发展机会,也就是说,社会这个大环境是有恩于我们每个人的。感恩,说明一个人对自己与他人和社会的关系有着正确的认识;报恩则是在这种正确认识之下产生的一种责任感。

"感恩"是一种认同,是从我们心灵里的一种认同。"感恩"是一种回报。"感恩"是一种钦佩。

"感恩"是一种处世哲学,是生活中的大智慧,可以消解内心积怨,涤荡世间尘埃。"感恩"是一种生活态度,是一种品德,是一个人与生俱来的本性,是一个人不可磨灭的良知,也是现代社会成功人士健康性格的表现。

"感恩"是尊重的基础。在道德价值的坐标体系中,坐标的原点是"我",我与他人,我与社会,我与自然,一切的关系都是由主体"我"发出。尊重是以自尊为起点,尊重他人、社会、自然、知识,在自己与他人、社会相互尊重以及对自然和谐共处中追求生命的意义,展现、发展自己独立的人格。

8.4.3 学会宽容

宽容是一种人类精神,是一种善,是一种美,是一种人性,是一种胸怀和气度,更是一种境界。

宽容作为一种境界,是一种水平的体现,是一种对于他人的理解和体谅,是一种深度与才能,是一种睿智和明达。

宽容是一种修养、一种成熟,这种修养表现出来的不是软弱,而是过人的目光与胸怀、对于人性的深度理解、对于利益的整体把握,是对于个性的充分尊重,是对于共存原则的贯彻与实施。

理解和体谅是宽容的基础,而理解和体谅则要以设身处地的思维方式做前提去进行。当然,我们不是要大家做一个绝对的无原则的宽容主义者。当你面对不能宽容的事情和人物时就绝不能也绝不要宽容。这里说的宽容是有条件宽容和不完全的宽容。宽容仅仅是人类生存与相处的最佳方式之一。当有一些人不容许你选择最佳和最好的方式与他相处时,你只有退而求其次,被迫拿起斗争的武器。

8.5 自 我 管 理

成功的人和其他人中间有一条明显的界线,这条成功者的边界只是标示两者人生态度的不同,无关其他。成功的关键是态度,是对自我的管理。每天都能把十分枯燥琐碎、简单的事情做对就是不简单,日积月累就是成功。

8.5.1 自我管理的内容

自我管理的内容主要包含如下方面。

1. 管理好自己的健康

应该明白这样的道理,健康是1,所有的名和利都是1后面的零。因此,从心理、生活、营养、锻炼和养生等各方面保持自己身心健康是自我管理的第一要义。

2. 管理好自己的生活

能不能在生活中管好自己,这是自我管理能力中最重要的。如果无法管理自己的生活起居和家庭生活,我们很难想象他能够管好其他事情。

3. 管理好自己的学习

学习对我们每个人来说都是一辈子的事情。小时候父母和老师管理我们的学习;进入大学,要管理好自己的学习,包括时间安排、学习科目和学习计划;走向社会管理好自己进行学习的同时,更重要的是如何向实践学习。

4. 控制好自己的情绪

遇事不如意或遭遇突发事件时,人们往往会表现出情绪不稳定,或者是大喜大悲,或者是做事不顾后果,容易冲动。而善于自我管理的人知道情绪是怎么回事,情绪的体验是什么,应该怎样去正确释放自己的情绪等。管理控制自己的情绪,才能减少或避免给他人、给自己带来不可磨灭的伤害。

5. 管理好自己的行为

一般来说,随着年龄的增长,人的自制力在增加,但有些人成年以后,自制力仍然很差,如打麻将赌博上瘾的人就属于这一类。无法想象,一个缺乏自制力的人在职业生涯中能够取得成功。因此,要想获得成功,必须控制好自己的行为,该做的事坚持做好,不该做的事坚决不做,这需要忍耐、决心、毅力和个人强大的自制力。

6. 管理好自我安全

管理保护好自己和家人的人身安全是自我管理的重要内容。一般来说,生活中难免会遇到水灾、火灾、地震、触电、溺水、车祸、迷路、坏人等特殊事件,个人要有处理各种突发事件的知识和本领,要熟悉紧急情况下的求救信息和基本方法。

7. 管理好自己的人际关系

良好的人际关系既是个人成功的基础,也是个人健康快乐的来源。

8. 管理好自我财产

管理好自己的财产,一是要保证财产的安全;二是要做好投资理财,使自己的财产能够保值、增值。

8.5.2 自我管理的策略

为什么有的人目标性强、办事效率高、成功概率大? 除了一般性的时间管理外,更重要的是管理策略的应用。

1. 做正确的事与把事做正确

管理上有一个理论,"要做正确的事,而不是把事情做正确"。倘若一个人仅仅是把事情做正确,那么尽管他做正确了许多事,但是对他而言或许都不是重要的,对他的一生也不产生什么影响。

2. 极其重要的少数与无关紧要的多数

这种策略也被称为帕累托原理,其适用于各个领域。例如,政治上极其重要的少数国家主宰了无关紧要的多数国家的命运;经济上极其重要的少数人的财富超过了无关紧要的多数人的财富;文化上极其重要的少数作品流传下来而淘汰了无关紧要的绝大多数作品;等等。

对一个人而言,他的一生可以有许多问题或决策,但是极其重要的几个问题或决策是决定他一生的。也可以这样讲,一个人的一生路途漫漫,但关键的却只有几步而已。

3. 发现优势,利用优势

培根说,世界上不是没有美,只是缺少发现。同理,个体的存在不是没有优势,而在于没有发现进而利用自己实际上早就存在的优势。

凡成功人士必定是充分发挥和利用了自己的优势,虽然其中可能大部分是无意识的,有时可能是偶然的,但其作用肯定是决定性的。管理策略的作用在于变无意识为有意识、变被动为主动、变偶然为必然,从而掌握自己人生发展的轨迹,真正做到自己的命运自己掌握。

为了便于发现和利用自己的优势,可以从自我"三问"开始:你的优势是什么? 在哪里发挥你的优势? 你如何发挥优势?

至此,我们可以说,发现并利用自己的优势→关注极其重要的问题和决策→做正确的事→成为极其重要的少数,这也是通过自我管理策略,获得成功的途径。

8.5.3　自我管理的进取心和平常心

每个人都要有进取心,这是我们人生奋进的动力和取得美好人生的前提。每个人都要有平常心,这是我们拥有健康心态的基础和保证。

进取心与平常心,是一对辩证的、对立统一的矛盾关系。对工作要有进取心,对关系要有平常心。工作中的进取心,是前进的动力、进步的保证。只有不断超越自己,坚持每天进步一点点,才能保证自己不断前进和成长。在对待人们之间关系的问题上,要保持一颗平常心。对比你生活好的人,包括你的上司,要羡慕,不要忌妒。对比你生活差一些的人,要帮助,不要嫌弃。

1. 对今天要有进取心,对昨天要有平常心

对于已过去的昨天,有很多不尽如人意的地方,有很多做得不如别人的地方,有很多差距的存在。要用一颗平常心看待昨天存在的差距,那是由个人的优势与特长、客观环境的情况及机遇的出现等多种情况组成的,要承认差距,正视差距,理解差距的存在。但要相信自己,变差距为动力,通过每一个今天的不断进取,一定会缩小现有的差距,逐步迎头赶上来。

2. 对挣钱要有进取心,对花钱要有平常心

对挣钱,一定要有进取心。在遵纪守法的前提下,靠自己每天的拼搏进取和聪明才智,在为社会做贡献的同时,尽可能地多创造自己的财富,体现出自己人生的存在价值。但是,对花钱要有一颗平常心。

8.5.4　自我时间管理的技巧

时间管理可以帮助你把每一天、每一周甚至每个月的时间进行有效的合理安排。时

间管理需要一定的训练,也有一些方法和技巧。这里介绍常用的十大时间管理方法,供大家参考。

1. 每天清晨把一天要做的事列出清单

在每一天的早上或是前一天晚上,把一天要做的事情列一份清单出来。这个清单包括公务和私事两类内容,记录在纸上、工作簿上、手机里或是其他什么媒介上。在一天的工作过程中,要经常地进行查阅。例如,在开会前 10 分钟的时候,看一眼你的事情记录,如果还有一封电子邮件要发的话,完全可以利用这段空隙把这项任务完成。当你做完清单上面所有事的时候,最好再检查一遍。完成工作后通过检查每一个项目,你会体会到一种满足感。

2. 把接下来要完成的工作也同样记录在你的清单上

在完成了开始计划的工作后,把接下来要做的事情记录在每日清单上。如果你的清单上的内容已经满了,或是某项工作可以转过天来做,可以把它算作明天或后天的工作计划。你的上司不会三番五次地告诉你都需要做哪些事情。不要相信自己的记忆力,要经常把需要完成的工作和时间期限记录下来。

3. 对当天没有完成的工作进行重新安排

对一天下来那些没完成的工作项目又将如何处置?你可以选择将其顺延至第二天,添加到你明天的工作安排清单中来。但是,不要成为一个办事拖拉的人,每天总会有干不完的事情,这样每天的任务清单都会比前一天有所膨胀。

4. 记住应赴的约会

使用你的记事清单来帮你记住应赴的约会,这包括与同事和朋友的约会。以经验来看,工作忙碌的人们失约的次数比准时赴约的次数还多。如果你不能清楚记得每件事都做了没有,一定要把它记下来,并借助时间管理方法保证其按时完成。

5. 制一个表格,把本月和下月需要优先做的事情记录下来

对一个月的工作进行列表规划是时间管理中更高水平的方法,所列入表格的一定是你必须完成不可的工作。在每个月开始的时候,将上个月没有完成而这个月必须完成的工作加入表格。

6. 把未来某一时间要完成的工作记录下来

你的记事清单不可能帮助提醒你去完成在未来某一时间要完成的工作。例如,你告诉你的同事,在两个月内你将和他一起去完成某项工作。这时就需要有一个办法记住这件事,并在未来的某个时间提醒你。

7. 保持桌面整洁

一个把自己工作环境弄得乱糟糟的人不会是一个优秀的时间管理者。同样的道理,一个人的卧室或是办公室一片狼藉,也不会是一个优秀的时间管理者。因为一个好的时间管理者是不会花很长时间在一堆乱文件中找出所需材料的。

8. 把做每件事所需要的文件材料放在一个固定的地方

随着时间的过去,可能会完成很多工作任务,这就要注意保持每件事的有序和完整。

一般尽可能把与某一件事有关的所有东西放在一起,当需要时查找起来非常方便。当彻底完成了一项工作时,把这些东西集体转移到另一个地方。

9. 清理用不着的文件材料

有的人会把所有的文件都保留,这些没完没了的文件材料最后会成为无人问津的废纸,很多文件可能都不会再被人用到。这里所提到的文件材料并不包括你的工作手册或是必需的参考资料,而是那些用作积累的文件。清理过的文件原稿可以一直保留在计算机里。

10. 定期备份并清理计算机

要注意定期备份文件到光盘上,并删除计算机中不再需要的文件。

复习思考题

1. 为什么说心理健康与生涯规划是相互依存、相互促进的关系?
2. 为什么说工作有益于心理健康? 如何才能快乐地工作?
3. 职场中对付、处理"压力症"的心理策略和方法有哪些?
4. 个人如何才能实现自我心理和谐?
5. 为什么说优秀的人是自我管理出来的?

案例探讨

归隐田园——城市白领的梦

"围城"现象似乎是人类难以逃脱的"运行"规律。在百万民工浩荡进城的同时,白领们也悄然掀起一场新"上山下乡运动"。

近来,许多的成都白领纷纷开着私家车去江家堰附近的菜地种菜,在这片3 000亩的"江家菜地"种菜可比自己去菜市场买菜贵多了。这些白领一年需要花800元来"认种"一分地(约67平方米)。据悉,在江家堰菜地开始大规模认种租地的第一个周末,驾车前来咨询和租地的市民络绎不绝,其中不乏开着奔驰、宝马的企业家。首批认种菜地就高达152.1亩,认种金额高达121.69万元。

每个周末,白领们都要来到自己的"菜园子"耕作,翻地、播种、浇水、施肥、收割,还要购买种子、农药、农具、肥料,以及在自己无暇照顾菜地的时候聘请当地农民进行"技术性服务"。整套下来,一年要花上几千元。在江家堰菜地租了两分地的王先生说:"我想彻底回归田园,但是下不了决心。江家堰菜地正好是个让我体验田园生活的好地方。"

在许多白领将"归隐田园"挂在嘴边时,已经有人身体力行。广州萝岗区的一条山谷里就住着这么一群特殊的人。他们昔日是高学历、高收入的白领,现在却在这里成立了一个"懒人部落",成了彻头彻尾的农民。房子是他们亲手用树皮和竹木搭建的,屋前种着花草、果树、蔬菜,屋后有他们圈养的鸡、鸭、鹅。舍弃了电视、空调和洗衣机,煮饭全用土灶,洗衣服就在河边,连喝的酒都是自己用粮食酿造的。他们的宗旨是"共同劳动、平均分配、自给自足"。

租下40亩荒地,北京白领彻底务农

海归派代表人物:魏女士

魏女士是看了一些媒体的报道,才下定决心卖掉装修精良的房子,来到农村,开始养牛、养鸡、农耕这种"大有所为"的生活的。

当人们还在憧憬归隐田园的美好生活时,魏女士夫妇已经在农村悄然生活了4年。4年前夫妻二人从日本回国,毅然放弃北京城里的3套房产,在通州的永定店租下了40亩荒地。

房子盖好后,接踵而来的是更多的问题。在北京城里长大的魏女士,对养殖的了解几乎为零。虽然她很喜欢动物,天上飞的、水里游的、地上跑的,只要看见自己喜欢的,就买回来。可是养了没几天,动物陆续死掉,魏女士的心里很难受。

在周围农民朋友的帮助下,魏女士渐渐知道应该怎样喂养动物,什么时候该打针,什么状态是生病。目前他们已经有了18头牛、1个养鱼池,魏女士还亲手用树根、葫芦做了一个"土酒吧"。周围的乡亲问魏女士:"你们在城市里生活多滋润呀,又有房子,生活也不成问题,为什么要跑到农村受这苦呢?"魏女士反驳说:"城里的各项设施确实好,但是来自各方面的压力和嘈杂的环境、复杂的人际关系都会让人感到身心疲惫,不像农村能够生活得这样自在。"

"看到满地的农作物,视野开阔了,感觉心里特敞亮。"魏女士说,现在他们已经习惯了这里的生活,只是偶尔有事或陪着孩子玩才去城里一次,但每次都不愿意在城里住,总觉得有束缚感。

魏女士说,他们在国外生活了多年,也过着都市人繁忙惬意的生活,但在农村住了一段时间之后,发现回归自然,才是适合自己的生活方式。

逃避,也是一种生活

平民派代表人物:成都的钟某自述

两年前的夏天,我做了一个大胆的决定,暂时告别感觉疲沓的生活和工作,让自己做一回远离世俗红尘的"陶渊明"。

我向单位请了半年的停薪假后,就开始实施早就预谋好的计划——来到"天下第一幽"的青城山,一方面进修书画艺术,一方面进行心理按摩和调适。

在青城山,我的"别墅"是30平方米的房子,这是当地农民大院旁边的一套出租房,平均每天3元出头的房租。这钱在城里,只够吃一根棒冰。屋内虽然陈设简朴,却也清洁敞亮、水电齐全。住房四周全是茂密的林木,不远处还有潺潺小河,河水清凉凉的齐小腿深,一望见底。院子门口,房东种着不少果树,有枇杷树、桃树和橘子树,有些已经挂果了。房东真诚地对我说:"你想吃就摘,千万别客气啊。"

自然,老婆和女儿也不时会上山来,每当家人在山中团聚,我就会当向导,兴冲冲地带她们一起爬山。山路绿荫密遮,微风习习,除了偶尔几声鸟鸣,简直幽静极了。女儿边走,边不时采摘着路边不知名的野花,不时还会快乐地唱歌。

在这么悠然、清爽的环境中,挥毫写字、作画是我每天主要的工作。也真怪,在钢筋水

泥的都市待久了,常常感到创作灵感的枯竭,可当起了"现代陶渊明"后,我创作的势头又开始一发不可收。在山中,我创作的好几幅书画居然被游山的老外看中,本没想来这里挣钱的我,不经意间就捞了一把美元。

而在过去,我可没那么多快乐心情。单位上评职称、定奖金、谋仕途;上班下班、领导印象;同事关系,太多的负担、约束和羁绊,让我深陷其中。那时的写字、作画不是乐趣,而是我排泄苦闷烦恼的方式。很长一段时期,我严重失眠,有时连续十多天睡不了一个安稳觉。脑白金、眠纳多宁之类的助眠药没少吃,可心事太重,仍旧睡不着。现在,那些累心伤神的名利纷争、人际纠葛,都逐渐远去,失眠也一去不返。

在山上,让我惬意的是,"民以食为天"在这里完全不劳我费任何心思。想当初和老婆在家时,每说到"食"就费神。天天吃馆子,钱包不答应,自己做又确实麻烦,两口子为油盐酱醋、锅碗瓢盆没少吵嘴。现在好了,每月给邻居 300 元伙食费就彻底当"甩手掌柜"。到了吃饭时,邻居就来喊我:"吃饭了,今天有你喜欢吃的嫩苞谷和老腊肉哟……"有时我自己想吃个新鲜,就到邻居——当地农民的菜地中选些新鲜菜,再由农家代为做好。家人、朋友来了,我会和邻居一起,在场院中捉一只上蹿下跳的鸡、兔来宰杀。在捉鸡、逮兔的时候,儿时嬉戏的欢快情景浮上脑海。

在这样一个"世外桃源"中,我如陶渊明一般气定神闲地生活着,把往日的焦虑、苦恼慢慢过滤掉。多年来受的教育都是要我们做风雨中的海燕,不做生活中的逃兵。其实,选择某个时刻逃避一下生活,不也很好吗?就好像疲惫至极的人偷偷睡了个好觉,耗尽了的电池刚刚充了电,我又看到了生活的江长河宽。半年后,重新上班的我既有了好的心情,也有许多新鲜的体验。这让我由衷地觉得,适当地逃避,其实也是一种不错的生活方式。

几位城市白领如是说

海兰　女　26 岁　中学老师

很早之前我就在一个网站上看到一个帖子:"如果你挣了 20 万(衣食无忧之后),你是否会和你爱的人一起去过归隐的生活?"很多人拍砖说,20 万怎么够?加两个 0 还差不多。还有人说,我都有 40 万了,还在乖乖地打工……

其实,我倒认为,真想隐居连 20 万也不用,找个山区男耕女织就行了。摆脱快节奏的生活,去修身养性一段时间,确实是一种享受。若真的在那里生活,可要想好了,不是钱的问题,没电话、没电视、没网络也没有酒吧迪厅、图书馆,说不定还没电,也没有什么朋友,你说闷不闷?

黄某　男　34 岁　企业职员

我是从南方农村来的,我们家旁边有一条河,河边有果园,有庄稼。那一片宽广的土地,就是我童年和小伙伴们一起玩,一起快乐成长的地方。每次在那边放牛、放风筝,风都会带来果园里果子的香味和地里泥土、植物的香味。大自然的清香让我沉醉。

后来,因为读书、工作,我来到了北京。奇怪的是,来这里之后,我发现我失去嗅觉了。不是真的闻不到味道,而是没有什么东西是我想闻到的。汽油味、女人身上刺鼻的香水味……再也没有一种能够让我振奋和愉快的味道。

直到有一天,我在公共汽车上突然闻到了一阵苹果的清香。我的嗅觉第一次复苏了,我仿佛看到一个又红又香的大苹果,仿佛回到了童年河边的果园。我闭着眼睛贪婪地呼吸着,简直陶醉了。为什么会这样呢?原来是一个农民带着一袋苹果上车了,站在我的旁边……我这才醒悟,现在的城市并不是我的家,我真正的家就在那片田园里。我想回到那片我真正热爱的地方,教书或者做些其他什么,我更希望我的孩子将来能够和我一样,在大自然里享受真正的童年。

老雷　男　39岁　公务员

说到归隐,我认为这是一个心态问题。现在隐居田园是一种时尚,几乎每个人都会说,想归隐,不过得先奋斗几年,等到衣食无忧再说。

现在的人想归隐田园,往往是因为压力太大了。但压力是谁给的呢?并不是别人,而是你自己。你有太多的欲望,就会不断地奋斗,想往高处走,越这样,压力就越大。谁说你在城市就一定要有很大的压力呢?如果你没有那么高的生活要求,一个月2 000块钱在北京照样可以过得很舒服。你看那些卖菜的、做小生意的,他们租个小屋子住,每天自己做饭吃,挣的钱不多却天天很开心,因为他们知足,他们对生活要求不高。如果你欲望很多,一个月挣1万元,你也仍然觉得少了,还想拼命挣钱,这样自然会累,也很难快乐!

古人说得好:"小隐隐于野,大隐隐于市。"经历过一些生死劫难和人生的大起大落,才能够看淡名利,所以我觉得我现在就是在隐居,虽然我生活在城市里。如果让我去乡村,我也乐意,种点葡萄、茶叶、蔬菜,养条狗啊什么的,也挺好的……

专家评论——归隐田园,有何不妥?

现如今归隐已然成为一种风尚。好莱坞大嘴美女朱莉娅·罗伯茨生下一对双胞胎之后,也到新墨西哥的农场归隐了,全然褪去大明星的华彩,安心当一个农庄的女主人和好妈妈。日本越来越多的职场精英也选择告别职场生涯,尝试躬耕乡野的田园生活。其实,即使不看这些报道,我们也能够感觉到,在我们的周围,接近田园已经成为一种时代的流行。

越来越多的背包族,打着"进化成驴"的口号,向着东南西北的广阔野外奔去。入藏的铁路修好之后,大量的游客涌入了西藏这片美丽的地方。无法远游的都市人,一到了周末,都会驱车到郊区,去爬山、野炊、体验农家乐。仿佛一定要逃离城市,到乡村里呼吸一口新鲜空气,才可以有勇气继续生活下去一样。

田园,无论如何,已经成为现代人心灵深处的一个避难所。为什么会这样呢?其实人类永远是自然的一分子,无论我们怎样建立一个钢筋水泥的城市,把自己与自然隔离开来,也无法否认我们与自然之间纯天然的紧密联系。人就是自然界的一部分,只有在自然界,与自然万物之间达到一种和谐的状态,人的内心才可以得到真正的宁静。

现代都市人,内心里的浮躁,需要诸多安慰来抚平。而置身大自然中,人们可以体会到安宁、平等、宽容,甚至可以体会到与自然万物的交流和能量置换。这种感觉对于都市人来说,是非常好的减压、疗伤和补充能量的方式。

归隐,本身是对自然的回归。如果真的能够通过这样的回归,让我们理解人类的有限性和自然的伟大,让我们真的可以重新与自然和谐相处,重新与自然联结,并且意识到自然环境对我们的重要性,那么它的意义是非常深远的。正是因为我们与自然的隔离,才使我们的环境受到破坏,而环境的破坏走到极致时,也是人类自身的毁灭。

有的人选择一年出去一次,到山清水秀的地方玩一趟;有的人选择周末的时候到郊区里面体验一次农家乐;有的人选择去农村领养一亩三分地,业余种种田;而有的人则辞掉城市里的工作,到农村里隐姓埋名做一个专职农夫……其实,这些都是在归隐田园,只是程度不同而已。就像一个人喝多少水,是由他渴的程度决定的。让所有的白领都去种田,是不可能的。每个人根据自己的心境、自己的处境,选择各自合适的方式。但有一点是相同的:他们都在田园生活中体验一种安宁、平静、与自然共生的感觉,这就够了。

需要说明的是,这种归隐,并不是从工业社会退回到农业社会,反而是社会的一种进步。以前的农民是不得不种地,物质生活和精神生活都很匮乏。而现在的白领往往是在物质生活很丰富的情况下,为了追求精神上的超越、丰富和平静而到田园中去的。也许可以理解为他们不满足工业社会对人性的束缚和伤害,而去寻找更高的一种境界的方式。寻求精神的成长和超越,这也是白领回归田园的另外一个动机。

清华大学城市社会学方向博士彭剑波认为,为了提高城市人的生活品质,国外很早以前就提出"田园城市理念"。这是一种理想的生活状态,强调一种惬意的工作环境和适宜的居住环境。在国外,IBM和微软等公司都将办公地点建在风光宜人的乡村或森林,实行"郊区化办公",就是在奉行这样一种理念。现代城市生活成本高,交通压力大、工作节奏快、环境污染严重,城市白领们常常觉得身心俱疲,渴望舒缓压力,向往田园风光是一种趋势。但在我国,城市白领要彻底归隐田园在一定时期内还具有难度,归纳起来有三大原因。

第一,城市白领难以适应农村相对落后的生活设施。在欧美等国,城市和农村的基础设施几乎无差异。在中国,城市和农村的生活设施还是存在很大差异的。城市白领们在都市中过着一种有品位、有品质的生活,但中国目前的乡村设施还很难满足他们的需求,如生活起居方面的水电气、卫生设施和网络等。

第二,城市白领在文化上难以融入乡村。中国人的人际关系常常由血缘、业缘、地缘等小圈子组成。城市白领的成长、生活环境和当地农民的差异性比较大,共同语言会比较少,因此会产生一种排斥力。时间一长,必定会产生居住上的分化、理念上的差异。

第三,城市白领难以承受心理上的孤独感。正是由于上一点的引发,城市白领的地缘圈子从城市转向农村,以前的人际网可能不复存在,他们突然失去了原有的小圈子,而又无法融入新的农村生活圈,就会产生一种如真空般的断层。会有一种没有归属感的强烈孤独感。

(资料来源:http://www.blog.sina.com.cn/s/blog_4c4e006701000dp6.html.)

讨论题

你如何看待城市白领归隐田园的现象?你有过此念头或打算吗?

第 9 章

提高职场人际关系能力

9.1　情商与处理人际关系能力

9.1.1　情商的概念及由来

1. 情商的概念演变过程

EQ(emotional quotient)是"情绪商数"的英文简称,代表的是一个人的情绪智力(emotional intelligence)的能力。简单来说,EQ 是一个人自我情绪管理以及管理他人情绪的能力指数。

早在 1920 年,美国哥伦比亚大学教授索戴克(E. L. Thorndike)就首先提出了社会智力(social intelligence)的概念,认为拥有高社会智力的人"具有了解及管理他人的能力,而能在人际关系上采取明智的行动"。

1983 年,美国心理学家嘉纳教授(Howard Gardner)提出了"多元智力"理论,认为只重数、理、语文等能力的传统定义"智力"的方式(亦即 IQ)需要大幅修改,因为一个人的IQ 除了对学校学习的成绩有很高的正相关(IQ 愈高,功课成绩愈好),对于其他方面如工作表现、感情及生活满意度等,并无太大的关系。

第一个使用"EQ"这个名词的人是心理学家巴昂(Reuven Baron),其于 1988 年编制了一份专门测验 EQ 的问卷(EQ-i)。根据他的定义,EQ 包括了那些能影响我们去适应环境的情绪及社交能力,其中有五大项:自我 EQ;人际 EQ;适应力;压力管理能力;一般情绪状态(乐观度、快乐感)。

美国心理学家沙洛维及梅耶(Salovey&Mayer)于 1990 年提出情绪智力的定义。他们认为情绪智力应和乐观等人格特质区分开来,所以他们对 EQ 的定义强调在了解并运用情绪之方面。另一个在各国受到广泛使用的 EQ 测验(msceit),即为他们的最新研究成果。其中的问题有几大项:①察觉及表达情绪之能力;②在脑中想象情绪状态之能力;③了解情绪的能力;④控管情绪的能力。

哈佛大学的高曼教授(Daniel Goleman)1995 年出版的《EQ》(*Emotional Intelligence*)一书,登上了世界各国的畅销书排行榜,在全世界掀起了一股 EQ 热潮。高曼发现一个人的EQ 对他在职场的表现有着非常重要的影响。例如,一份针对全美国前 500 大企业员工所做的调查发现,不论产业类别如何,一个人的 IQ 和 EQ 对他在工作上成功的贡献比例为 IQ:EQ=1:2。也就是说,对于工作成就而言,EQ 的影响是 IQ 的两倍,而且职位愈高,EQ 对工作表现的影响就愈大。

2. 情商(EQ)的内容

高曼针对职场的工作表现,提出工作 EQ 架构。经过不断地测试和修正,目前高曼的工作 EQ 内容共有 4 个大项以及 18 个小项。

　　1) 自我情绪觉察能力

　　(1) 意识到自己情绪的变化,解读自己的情绪,体会到情绪的影响。

　　(2) 精确的自我评估,了解自己的优点以及不足之处。

　　(3) 自信,掌控自身的价值及能力。

　　2) 自我情绪管理能力

　　(1) 情绪自制力,能够克制冲动及矛盾的情绪。

　　(2) 坦诚,展现出诚实及正直,值得信赖。

　　(3) 适应力,弹性强,可以适应变动的环境或克服障碍。

　　(4) 成就动机,具备提升能力的强烈动机,追求卓越的表现。

　　(5) 冲劲,随时准备采取行动,抓住机会。

　　3) 人际关系觉察能力

　　(1) 同理心,感受到其他人的情绪,了解别人的观点,积极关心他人。

　　(2) 团体意识,解读团体中的趋势、决策网络及政治运作。

　　(3) 服务,体会到客户及其他服务对象的需求,并有能力加以满足。

　　4) 人际关系管理能力

　　(1) 领导能力,以独到的愿景来引导及激励他人。

　　(2) 影响力,能说服他人接受自己的想法。

　　(3) 发展其他人的能力,透过回馈及教导来提升别人的能力。

　　(4) 引发改变,激发新的做法。

　　(5) 冲突管理,减少意见相左,协调出共识之能力。

　　(6) 建立联系,培养及维持人脉。

　　(7) 团队能力,与他人合作之能力,懂得团队运作模式。

　　这 18 项能力有谁能完全达到? 答案是不可能有人完全做到。事实上一个人只要能在这 18 项 EQ 能力中,有五六项 EQ 能力特别突出,而且是平均分布在四大项能力中的话,那他在职场上的表现就会非常亮眼。

　　目前广为使用测量工作 EQ 的量表是情绪能力问卷(emotional competence inventory,ECI),总共有 110 道题目,使用 360 度全方位的资料收集方法,不只是问当事人,也会从其上司、属下和同事来了解当事人的工作 EQ,得出来的结果比较客观而准确。

3. 5 个方面的情商(EQ)能力训练

　　我们可以通过如下 5 个方面的 EQ 能力训练,提升自己的 EQ。

　　1) 自我认知能力——自我觉察

　　认识情绪的本质是 EQ 的基石,这种随时认知感觉的能力,对了解自己非常重要。不了解自身真实感受的人必然会沦为感觉的奴隶;反之,掌握感觉才能成为生活的主宰。

　　2) 自我控制能力——情绪控制

　　情绪管理必须建立在自我认知的基础上。如何自我安慰,摆脱焦虑、灰暗或不安的心理,这方面能力较匮乏的人常需与低落的情绪交战,掌握自控的人则很快能走出生命的低潮,重新出发。

3）自我激励能力——自我发展

无论是集中注意力，自我激励或发挥创造力，将情绪专注于某一目标都是绝对必要的。成就任何事情都要有情感的自制力——克制冲动与延迟满足。保持高度热忱是一切成就的动力。一般而言，能自我激励的人做任何事效率都比较高。

4）认知他人的能力——同理心

同理心是站在对方立场思考问题的一种方式，也是基本的人际技巧，同样建立在自我认知的基础上。具有同理心的人较能从细微的信息觉察他人的需求，这种人特别适于从事医护、教学、销售与管理的工作。

5）人际关系管理的能力——领导与影响力

人际关系就是管理他人情绪的艺术。一个人的人缘、领导能力、人际和谐程度都与这项能力有关，充分掌握这项能力者常是社会上的佼佼者。

9.1.2　情商（EQ）对人生和事业的作用

1. 情商（EQ）与人生

在生活中，我们常常遇到这样一种现象，一些 IQ 很高的人并不见得会一定成功，而一些 EQ 很高的人则必定会成功。这是因为 IQ 高的人一般都是专家，而 EQ 高的人却具备一种综合与平衡的能力。

大量研究显示，一个人在校成绩优异并不能保证他一生事业的成功，也不能保证他能攀升到企业领导地位或专业领域的巅峰。虽然我们并不否定在校的学习能力，但在今天这个竞争日益激烈的社会中这绝不是成功的唯一条件。换句话说，在现代社会中 EQ 的重要性绝不亚于 IQ，值得研究的是如何在理性与情感之间求得平衡，否则徒有智慧而心灵贫乏，在这个复杂多变的时代极易迷失方向。

诸多事实证明，EQ 较高的人在人生各个领域占有较多优势，无论是谈恋爱、人际关系或是理解办公室政治中不成文的游戏规则，成功的机会都比较大。此外，情感能力较佳的人通常对生活较满意，较能维持积极的人生态度。反之，情感生活失控的人必须花加倍的心力与内心交战，从而削弱了他实际的理解力与清晰的思考力。

一个 IQ 高的人和一个 IQ 低的人谁更幸福？答案肯定是 IQ 低的人。一个 IQ 低的人往往无忧无虑。一个 IQ 高的人往往在做事情时会瞻前顾后。那么，一个 EQ 高的人和一个 EQ 低的人谁更幸福？答案也很明显是 EQ 高的人。IQ 低的人可能会进步，但是 EQ 低的人很容易患抑郁症。EQ 低的人在受到挫折时，会很容易拿别人的错误来惩罚自己。高 EQ 能让我们明白外面的世界很现实、很复杂，也很精彩。

2. 情商（EQ）与企业领导者

美国哈佛大学心理学博士、组织情商研究联合会主席丹尼尔·戈尔曼的最新研究认为，无论你从事何种工作，你的精神状态都将对你的工作效率产生影响。如果你被焦虑、恐惧、不满和敌意所包围，或者被不确定性和疑虑弄得不知所措，那么你的工作效率将极其低下。相反，如果你能得到应有的激励、启发和指导，能够有好的引导，那么你的工作效率和自我管理的效率都将大大提高。因此，领导者对员工的自我管理状况具有最终的影响力。

领导者是指如何借助他人来高效地完成工作任务的人,领导力则是一种借助他人完成工作任务的艺术。如果想圆满完成工作任务,就必须对员工进行激励、启发、引导和指导,必须虚心倾听他们的建议。领导者还必须及时了解员工对自己言行的反应,做到让员工释放全部能量,而不仅仅是恪尽职守。

人们通常将领导者对某事的情感反应作为最有效的反应,并进而自动调整自身的反应。这就意味着在某种程度上领导者设定了情感标准。因此,即使在大公司里,CEO(首席执行官)的情绪或者态度也会感染和影响整个公司的情感氛围。情商能够转化为利润、收入和成长性。由于公司情商运用能力的差异使得公司运营利润能够产生 20%～30% 的差异,这一数据是百事可乐公司和欧莱雅公司这些世界级企业进行内部研究得出的结论。

9.2　提高认知他人的能力

9.2.1　认知他人的范围

1. 对人感情的认知

感情包括情感和情绪。其中,对人表情的认知,包括面部表情、身段表情和语调表情,是直接获得交往信息的方法。例如,一个人眉飞色舞、喜笑颜开,一定是心逢喜事精神爽;垂头丧气、萎靡不振,一定是遇到不顺心的事。

2. 对人情绪的认知

对人的情绪认知包括对心境、激情和应激 3 种心理行为的认知,通常主要是对人的心境进行认知。例如,日常交往中,出色的领导要关心同事与部下;亲密的伙伴要互相关心;慈爱的家长要关心自己的孩子。

人的双重性格并非无法认识,如强装笑脸、虚情假意等可隐藏一时,难以掩盖永久,往往会在激情状态下,即在狂喜、暴怒、强悲、极愤、急躁等短促爆发式情感支配下表露出来。

3. 对人能力的认知

能力指人适应社会的本领或本事。人的能力有多种内容,如思维能力、学习能力、工作能力、组织能力、生活能力、交际能力、创造能力、应变能力等。一般来说,生活中一个能够吸引或团结人的人,就是个有能力的人,如领导吸引群众、作家吸引读者、歌唱家艺术家吸引观众、科学家吸引同行等。能力有高下之分、宽窄之分,最佳的能力或"能者",能够发挥自己的能力,吸收和借鉴别人的能力,组织和借用别人的能力,调动一切积极因素,用集体的智慧丰富自己的智慧。

4. 对他人倾向的认知

对他人倾向的认知包括对人的需要、动机、兴趣、理想、信念与价值观的认知。社会交往中需要对个人倾向做出积极认知的内容是很多的,未必能兼顾到各个方面,大多只是其中的一部分。例如,自我实现或社会化使人产生交往欲望,交往是有一定动机的,这种动机是真诚的、友善的,还是虚假的、权宜的？是来求助的,还是来交流的？

5. 对个性特征的认知

个性特征包括气质、性格和能力等。其中,能力包含智力,智力在一定程度上反映人的认识能力。能力也影响人的气质和性格,有能力的人常充满自信心,气质安静,性格理智,办事有条不紊、举重若轻。人的性格代表了人对社会的态度,并以习惯化的行为方式表现出来。

9.2.2 认知他人的方法

1. 知人非相

《荀子》中有一篇叫《非相》,意思说交往中不要以貌取人。《非相》中说,舜和周公旦都是矮个子,孔子相貌凶神恶煞,舜时掌刑法的皋陶面色青绿,商汤宰相伊尹脸上没有胡须和眉毛,大禹是瘸腿,商汤是跛足,但他们的人品很高尚;夏桀和商纣长相英俊魁梧,却是残害天下的暴君。因此,荀子认为,观看一个人的容貌体态,不如研究他的思想,看他选择的思想方法。人的品德优劣与高矮、胖瘦、容貌体态无关。所以,"形(体态)相(容貌)虽恶而心术善,无害为君子也;形相虽善而心术恶,无害为小人也"。

2. 知人善交

《论语·述而》云:"三人行,必有我师焉。择其善者而从之,其不善者而改之。"选择的朋友不同,对自己的影响就不同。晋朝傅玄《太子少傅箴》中说:"近朱者赤,近墨者黑。声和则响清,形正则影直。"诸葛亮《前出师表》认为,"亲贤臣,远小人,此先汉所以兴隆也;亲小人,远贤臣,此后汉所以倾颓也"。

3. 知人善教

在社会交往中,自我实现最基本的内容之一就是传授经验和知识,要因人施教,循循善诱。例如,老师对于学生、上级对于下级、长辈对于晚辈、朋友对于朋友,都会有言传身教的作用。孟子把"得天下英才而教育之"作为人生第三大乐趣,还说知人善教有5种方法,"君子之所以教者五:有如时雨化之者;有成德者;有达财(材)者;有答问者;有私淑艾者。此五者,君子之所以教也"(《孟子·尽心上》)。就是说,君子教育人的方法有5种:有像及时雨那样灌溉的;有成全其品德的;有培训才能的;有解答疑难问题的;有才学影响使后人自学获益的。

4. 知人善任

通过了解人,合理地安置人,量才使用。《尚书·皋陶谟》中说,"知人则哲,能官人",意思是能了解别人的人,才是聪明睿智的人,才能用人得当。

5. 知人善举

季氏的总管仲弓问孔子怎样治理政事,孔子回答说:"先有司,赦小过,举贤才。"(《论语·子路》)给手下各部门管事的人带头,对他们的小过错不加追究,选拔德才兼备的人。宋代黄庭坚诗云:"世上岂无千里马,人间难得九方皋。"白居易曾写了一篇《养竹记》,"竹不能自异,唯人异之;贤不能自贤,唯用贤者异之"。竹子混杂草木之中,要靠人爱惜赏识它,发现人才也同此理。

6. 知人善谏

知道别人的不足,要善于批评指出。在日常交往中,搞好人际关系,不等于一团和气、抹稀泥,对于缺点和错误,及时提出善意的批评和建议,这是对朋友同事的爱护和关心,可以避免因小失大,铸成大错,酿成大祸。

7. 知人善学

孔子说:"见贤思齐焉,见不贤而内自省也。"通过知人,可以向别人学习,把品德高尚的人作为自己学习的榜样,凡是别人的长处,自己都应吸取,成为自己的品行。

8. 知人善助

孔子说:"君子成人之美,不成人之恶,小人反是"(《颜渊》),认为"博施于民而能济众"者是圣人,又说"夫仁者,己欲立而立人,己欲达而达人。能近取譬,可谓仁之方也"(《雍也》)。就是说,有仁德的人,自己要想站得住,同时也要让别人站得住。自己要通达,同时也要让别人通达。凡事都要以身为例想到别人,这就是实行仁德的方法。

9.2.3　认知他人的"八观"

(1)"通则观其所礼",即显贵之时看其所行的宾礼。用之于今就是说,有地位时看是否脱离群众、蛮横无理、趾高气扬。

(2)"贵则观其所进",即任要职之时看其推荐的都是什么人。用之于今就是说,作为部门领导是用人唯贤还是用人唯亲。

(3)"富则观其所养",即富裕之时看其所养的门客、宾客。用之于今就是说,作为大款先富,要看他用财结交什么人,是吃喝嫖赌,还是为大众服务。

(4)"听则观其所行",即听他所言之后要看他如何去做。用之于今就是说,不仅要说得好听,而且要言行一致,不能光打雷不下雨。

(5)"止则观其所好",即无事之时看其追求崇尚什么。用之于今就是说,通过物质和精神的追求,可以看是追求享受还是贡献,是低级趣味还是助人为乐。

(6)"习则观其所言",即作为帝王的近习(亲信)看其所进之言。用之于今就是说,作为领导身边的工作人员,要看他是出好主意还是坏主意。

(7)"穷则观其所不受",即穷困之时看其不受非分之财。用之于今就是说,作为普通的公务人员,看其是安贫乐道、清正廉洁还是索贿受贿。

(8)"贱则观其所不为",即贫贱之时看其不为非义之事。用之于今就是说,尽管地位低下,绝不做有损国格人格之事,堂堂正正,掷地有声。

9.2.4　认知他人的"六验""六戚""四隐"

(1)"六验"是依据人的情感来认知人,内容是:"喜之以验其守",即使之喜悦,看其是否不变操守;"乐之以验其僻",即使之高兴,看其是否邪僻不正;"怒之以验其节",即使之发怒,看其是否能自我约束;"惧之以验其特(持)",即使之恐惧,看其是否不失持守;"哀之以验其人",即使之悲哀,看其是否不变其人,能否节哀自制;"苦之以验其志",即使其处于艰苦环境,看其是否有大志。

(2)"六戚"指"父、母、兄、弟、妻、子",他们代表了人的家庭关系。考察"六戚",就是看能否处好家庭成员之间的关系,家庭没有伦理道德,不讲和睦,就难以处好社会关系。

(3)"四隐"指"交友、故旧、邑里、门郭",他们代表了个人的社会联系,是狐朋狗友还是良朋益友、高朋净友。通过社会交往、居住环境,考察"人以群分",可以分析交往趣味情操。

9.2.5 认知他人的表情

表情是情绪表达的一种方式,也是人们交往的一种手段。人们除了言语交往之外,还有非言语交往,如表情等。在人类交往过程中,言语与表情经常是相互配合的。同是一句话,配以不同的表情,会使人产生完全不同的理解。所谓的"言外之意""弦外之音"就更多地依赖于表情的作用,表情比言语更能显示情绪的真实性。表情可以分为 3 类:面部表情、身段表情和语调表情。

1. 面部表情

面部表情是由面部肌肉和腺体变化来表现情绪的,是由眉、眼、鼻、嘴的不同组合构成的。例如,眉开眼笑、怒目而视、愁眉苦脸、面红耳赤、泪流满面等。面部表情是人类的基本沟通方式,也是情绪表达的基本方式。面部表情有泛文化性,同一种面部表情会被不同文化背景下的人们共同承认和使用,以表达相同的情绪体验。心理学家们经过研究发现,有 7 种表情是世界上各民族的人都能认出的,即快乐、惊讶、生气、厌恶、害怕、悲伤和轻视。研究者发现,不同文化背景的人们都能精确辨认这 7 种基本表情,5 岁的孩子在辨认表情的精确度上便等同于成人了。面部表情识别的研究还发现,最容易辨认的表情是快乐、痛苦,较难辨认的是恐惧、悲哀,最难辨认的是怀疑、怜悯。一般来说,情绪成分越复杂,表情越难辨认。

2. 身段表情

身段表情是由人的身体姿态、动作变化来表达情绪。例如,高兴时手舞足蹈,悲痛时捶胸顿足;成功时趾高气扬,失败时垂头丧气;紧张时坐立不安,献媚时卑躬屈膝等。身段表情不具有跨文化性,并受不同文化的影响。研究表明,手势表情是通过学习获得的。在不同的文化中,同一手势所代表的含义可能截然不同。弗洛伊德曾描述过手势表情:"凡人皆无法隐瞒私情,尽管他的嘴可以保持缄默,但他的手指却会多嘴多舌。"

3. 语调表情

语调表情是通过声调、节奏变化来表达情绪的,也是一种副语言现象。例如,言语中语音的高低、强弱、抑扬顿挫等。又如,人们惊恐时尖叫;悲哀时声调低沉,节奏缓慢;气愤时声高,节奏变快;爱慕时语调柔软且有节奏。

9.2.6 理解他人情绪的 4 个步骤

要改进或提升其他人的生命品质,如自己的上司、员工或同事、朋友等,需要做到先处理情绪,再处理事情。有效工具是积极聆听法,通过有效的聆听、发问、区分和回应,设身处地了解和接纳他人的情绪,解读其未觉察的内在情感,协助对方处理情绪。有效 EQ 管理有以下 4 个步骤。

1. 接纳

接纳在处理单位人际关系时特别需要。看到同事不开心,不要躲开他,而是走到他身边,用关切的语气问:"我看到你愁眉不展的样子,好像不开心,发生了什么事? 需要我的帮助吗?"当你用这种认同的口吻和对方说话时,对方一定能感受到你的关怀及诚意。对情感比较"麻木"的都市人来说,你的这种接纳有助于其恢复情绪知觉,没有理由不被你感动。

2. 分享

成功接纳了对方的情绪,对方才愿意进一步和你谈内心的感受。分享的第一步就是其内心感受。一般来说,女性情感表达平均能力要远远高于男性,心理开放的人比心理压抑的人在表达上更清晰、更敏锐。在对方对自身情感不觉察的情况下,可以有意识地引导他表达感受,和他一起分享这种感觉,协助他学习区分情绪的界限。等对方情绪稳定下来,肯定会乐于说出事情的经过。

3. 区分

帮助对方区分,哪些责任是他应该负责却没有做好的,哪些责任又是外在的客观属性。通过问题很容易就让对方了解应该做的事和不该做的事之间的界限,让其在把控自己的行为时更准确、稳重。

4. 回应

最后应该回归到现实中,让对方制订一个有效的行动计划,以达成预定的目标。

9.3　提高自我激励能力

所谓自我激励,就是通过激发人的行为动机的心理,使人处于一种兴奋状态。这种状态不仅能够使我们充满激情地面对工作、迎接挑战,而且可以让我们在平凡的工作中做出不平凡的业绩,因为成功总是属于不懈努力和不断自我激励的人。

9.3.1　需要自我激励的时刻

1. 情绪低谷时需要自我激励

"情绪低谷"像过境蝗虫,瞬间就会冲击你的理智,让平时温文尔雅的你在刹那间失去控制,掉入情绪黑洞。老板会因为 3 秒的失控给你打一个"不职业"的低分数;在同事心里,你经营了许多年的"专业"口碑也被打破。事实上,绝大多数的情绪低落,都是在为日后的崩溃蓄积力量,若不做及时的排遣调节,总会有一天,会做出令自己后悔的事情。

例如,你投入最大精力去做的一个项目,被老板否决掉,此时的挫折感是否会导致你在午饭中暴饮暴食? 你的对手春风得意地升作你的上司,你是不是请了一个下午的假,出去疯狂购物,买了一大堆又贵又难看的东西,第二天睡醒后想起信用卡刷爆,后悔得想吐血？

这些事都会令你在事后痛恨自己愚蠢，但事实上，在当时你别无选择，因为你需要激励自己，帮助自己从坏情绪中走出来，你的出发点没有错，只是没有找到更好的方法而已。

2. 挫折失败时需要自我激励

每次失败都是一块成功的垫脚石。生活也是如此。各种各样的困难和挫折，会如尘土一般落到我们的头上，要想从这苦难的枯井里脱身逃出来，走向人生的成功与辉煌，办法只有一个，那就是，将它们统统都抖落在地，重重地踩在脚下。有这样一个经典的励志故事，经常被大家引用。

有一天，一个农民的驴子掉到了枯井里。可怜的驴子在井里凄惨地叫了好几个钟头，农民在井口急得团团转，就是没办法把它救出来。最后，他断然认定，驴子已经老了，这口枯井也该填起来了，不值得花这么大的精力去救驴子。农民把所有的邻居都请来帮他填井。大家抓起铁锹，开始往井里填土。

驴子很快就意识到发生了什么事。起初，它只是在井里恐慌地大声哭叫。不一会儿，令大家都很不解的是，它居然安静下来。几锹土过后，农民终于忍不住朝井下看，眼前的情景让他惊呆了。

每一铲砸到驴子背上的土，它都做了出人意料的处理，迅速地抖落下来，然后狠狠地用脚踩紧。就这样，没过多久，驴子竟把自己升到了井口，纵身跳了出来，快步跑开了。在场的每个人都惊诧不已。

3. 信心不足时需要自我激励

自我肯定可以默不作声地进行，也可以大声说出来，还可以在纸上写下来，甚至可以歌唱或吟诵。每天坚持进行有效的肯定练习，就能逐步抵消许多年的思想习惯。可以这样说，"在我所从事的领域，我是出类拔萃的"；"我有足够的时间、能力、智慧来实现自己的美好愿望"；"谁说我比别人差，既然我们考入同一所学校，就证明我不比别人差"；"每天我都激励自己去实现人生目标"；"我建立了积极、健康的自我形象"；"我找到了自信、热情的自我"等。

当然，在肯定自我的时候，也不要忘了对自己过失的否定，要始终保持实事求是的态度。运用自我肯定时应该遵循以下原则。

（1）始终要以现在时态而不是将来时态进行肯定。例如，应该说"我现在很幸福"，而不能说"我将来会很幸福"。

（2）始终要在最积极的方式中进行肯定。肯定所需要的，而不是不需要的。不能说"我再也不偷懒了"，而是要说"我越来越勤奋，越来越能干了"。

（3）一般来说，肯定词越简短，也就越有效。自我肯定应该是要传达出强烈情感的清晰陈述，情感传达得越多，给人的印象越深，如"我真棒！"

（4）在进行自我肯定时，尽可能努力创造出一种相信的感觉，一种已经真实存在的感觉。

4. 自卑时需要自我激励

心理学认为，自卑是一种过多地自我否定而产生的自惭形秽的情绪体验。其主要表现为对自己的能力、学识、品质等自身因素评价过低;心理承受能力脆弱,经不起较强的刺激;谨小慎微,多愁善感,常产生猜疑心理;行为畏缩、瞻前顾后等。

自卑的对立面是自信。自信就是自己信得过自己,自己看得起自己。别人看得起自己,不如自己看得起自己。美国作家爱默生说"自信是成功的第一秘诀",又说"自信是英雄主义的本质"。确立自信心,就要正确地评价自己,发现自己的长处,肯定自己的能力。

人们常说人贵有自知之明,这个"明",既表现为如实看到自己的短处,也表现为如实分析自己的长处。如果只看到自己的短处,似乎是谦虚,实际上是自卑心理在作怪。如果我们能客观地估价自己,在认识缺点和短处的基础上,找出自己的长处和优势,并以己之长比人之短,就能激发自信心。

5. 关键时刻需要自我激励

关键时刻或危急关头,采用积极的自我暗示的激励方法很有效。暗示是用含蓄、间接的方式对人的心理和行为产生影响,从而使人按一定的方式去行动或接受一定的意见,使他的思想、行为与自己的意愿相符合。暗示分为他人暗示、自我暗示、行为暗示、环境暗示、言语暗示等。从作用上讲,有积极暗示与消极暗示之分。例如,孩子上床睡觉前,母亲关照他:"玩了一天,当心尿床。"果然被母亲说中了。这属于消极的言语暗示。有个人特别怕下水井的盖子,生怕掉下去。心理指导者让他在接近井盖时用"男子汉,区区井盖何以害怕"的话语鼓励自己,然后站在井盖上讲 10 遍,跳 10 次,结果这种紧张感消失了。这就是积极的自我暗示。

自我暗示对人的心理作用很大,有时甚至会创造奇迹。在自我暗示的作用下,一个人可以突然变得耳聋眼瞎。这种视力的丧失不是因为视神经受损,而仅仅是由于大脑管理视觉的那个区域的机能受到扰乱。例如,病人的治疗也可以用暗示的方法。

当我们要参加某种活动前或面临竞争之时,注意不要受到消极的环境暗示、言语暗示和他人的行为暗示,而应适当用积极的自我暗示方法使自己产生勇气,产生自信,争取意想不到的效果。

9.3.2 自我激励的 4 个小动作

一直以来,专家学者们都告诉我们,从事一份有意义的工作是建立自信最好的方法之一。然而当年轻上班族进入职场,却因为工作效率不高、工作表现不如预期,或人际关系出了问题,反而让工作剥夺了自信。美国《今日心理学》杂志推荐了 4 个简单的小动作,以帮助消除工作所带来的负面影响。

1. 抓住空当,磨炼你的热情

即使一天只有 15 分钟也好,每天花一点时间在自己最喜欢的兴趣上。例如,利用上班前和另一半吃顿早餐;晚饭后整理阳台的花花草草;或上网和计算机玩 15 分钟的围棋。这样会让你更容易找回对工作的热情。

2. 写下让你感到骄傲的努力

准备一张小卡片,每天至少写下 3 件让你感到骄傲的事情。如果你真的想不出来自己到底做了哪些努力,或许可以找个值得信任的同事或朋友帮助你。

3. 准备一个"奖状"公布栏

在家里找一个你每天最常经过的一面墙,挂上一个小小公布栏,把所有能够展现自我价值的"奖状"都贴在上面。例如,辛苦设计的提案报告封面;被老板称赞的一封 E-mail;或是生日时同事合送给你的鲜花。每天经过看一眼,你就能吸收其带给你的正能量。

4. 专注于如何解决问题

停止任何负面的、责备自己的想法,专注于如何解决问题。或在电话或计算机旁贴一个禁止标志,可以提醒自己不要陷入负面的思考中。

9.4 提高自我情绪控制调节能力

美国密歇根大学心理学家南迪·内森的一项研究发现,一般人的一生平均有3/10的时间处于情绪不佳的状态。因此,人们常常需要与那些消极的情绪作斗争。情绪变化往往会在我们的一些神经生理活动中表现出来。

当然,这并不意味着你应该压抑所有这些情绪反应。事实上,情绪有两种:消极的和积极的。我们的生活离不开情绪,它是我们对外部世界正常的心理反应,我们所必须做的只是不能让我们成为情绪的奴隶,不能让那些消极的心境左右我们的生活。

9.4.1 情绪控制的 5 个阶段

日常生活中,情绪好像是一种很难控制的东西,很可能因为一件小事激起我们很强烈的情绪,也可能在我们不知不觉中销声匿迹。我们真的能控制情绪吗?

斯坦福大学的 James J. Gross 将情绪控制过程细分为以下 5 个阶段。为了有一个良好的身心状态去迎接更多的挑战,你必须控制自己的情绪。

1. 情境选择阶段

在这个阶段,可以通过选择有利情境来控制情绪。例如,在头一天晚上你可以选择去跟朋友们愉快聊天,而不是挑灯夜战去背一些专业技术名词。

2. 情境修补阶段

当你所选择的情境并不是十分理想时,可以在这个阶段再做些修补。例如,在第一个阶段你选择了与朋友聊天,可他们聊到了你第二天的大客户拜访,你可能会要求他们换一个更轻松的话题。

3. 注意力分配阶段

你可以将你的注意力转到其他的事情上来控制情绪。例如,你个性较内向,当朋友们聊起你的客户拜访时,你不大好意思让他们换个话题,那么你可以把注意力转到其他事情上,如朋友的新发型、新衣服等。

4. 认知改变阶段

认知改变阶段是指当情境基本稳定,改变已经不大可能,仍然可以通过将情境赋予不同的意义而控制情绪。例如,无论你怎么运用前 3 个方法,拜访本身的担心和忧虑都是不可避免的,这时你可以把客户拜访看作一次锻炼自己的绝好机会,即使失败,所给你的经验也是非常宝贵的,可让你下一次的拜访更加顺利。事实上这是控制情绪最重要的方法,因为在现实生活中我们操作情绪的可能性太小,"苦中作乐""穷快活""阿Q精神""酸葡萄心理"等尽管不太好听,但确实是非常实用的调节情绪的方法。

5. 行为调控阶段

行为调控阶段与前4个阶段有一个很大的区别,前4个阶段都是在行为的冲动产生之前进行调节,也就是我们常说的"疏导";最后这一阶段是指在行动的冲动已经产生后对这种冲动的调节,用日常的话来说就是"压抑"。例如,也许你的客户拜访砸了锅,你在别人面前仍要"强颜欢笑",这时你有如祥林嫂一样扯到谁就跟谁诉苦的冲动——这就是最后一阶段可用的调节方法。这里有一个忠告:作为职业人,最好向你的家人和知心朋友倾诉。

资料链接

只 为 今 天

卡耐基为自己及世人制订了一个快乐的计划,名字叫作"只为今天"。

(1) 只为今天,我要很快乐。假如林肯所说的"大部分的人只要下定决心都能很快乐"这句话是对的,那么快乐是来自内心,而不是存在于外在。

(2) 只为今天,我要让自己适应一切,而不去试着调整一切来适应我的欲望。我以这种态度接受我的家庭、我的事业和我的运气。

(3) 只为今天,我要爱护我的身体。我要多加运动,善自照顾,善自珍惜;不损伤它,不忽视它;使它能成为我争取成功的最好基础与条件。

(4) 只为今天,我要加强我的思想。我要学一些有用的东西,不要做一个胡思乱想的人。我要看一些需要思考、需要集中精神才能看的书。

(5) 只为今天,我要用3件事来锻炼我的灵魂:我要为别人做一件好事,但不要让人家知道;我还要做两件我总想做的事,这就是像威廉•詹姆斯所建议的,只是为了锻炼。

(6) 只为今天,我要做个外表讨人喜欢的人,外表要尽量修饰,衣着要尽量得体,说话低声,行动优雅,丝毫不在乎别人的毁誉。对任何事都不挑毛病,也不干涉或教训别人。

(7) 只为今天,我要试着只考虑怎么度过今天,而不把我一生的问题都一次解决。我能连续12个钟点做一件事,但若要我一辈子都这样做下去的话,就会吓坏我。

(8) 只为今天,我要订下一个计划,我要写下每个钟点该做什么。也许我不会完全照着做,但还是要制订这个计划。这样至少可以免除两种缺点——过分仓促和犹豫不决。

(9) 只为今天,我要为自己留下安静的半个钟点,轻松一番。在这半个钟点里,我要想到快乐,使我的生命更充满希望。

(10) 只为今天,我心中毫无惧怕。尤其是,我不要怕快乐,我要去欣赏美的一切,去爱,去相信我爱的那些人会爱我。

9.4.2　情绪调节的 11 种技巧

1. 转移技巧

当我们受到无法避免的痛苦打击时,长期沉浸在痛苦之中既于事无补,不能解决任何问题,又影响自己的工作、损害健康,所以我们应该尽快地把自己的注意力转移到那些有意义的事情上去,转移到最能使你感到自信、愉快和充实的活动上去。这一方法的关键是尽量减少外界刺激,尽量减少其影响和作用。

一般情况下,能对自己的情绪产生强烈刺激的事情,通常都与自己的切身利益有很大关系,要很快将它遗忘,是很困难的。但是,可以进行积极的转移,或者主动去帮助别人,或者找知心朋友谈心,或是找有益的书来阅读。要使自己的心思有所寄托,不要使自己处于精神空虚、心理空旷的状态。凡是在不愉快的情绪产生时能很快将精力转移他处的人,不良情绪在他身上存留的时间就短。

2. 解脱技巧

解脱就是换一个角度来看待令人烦恼的问题。从更深、更高、更广、更长远的角度来看待问题,对其做出新的理解,以求跳出原有的圈子,使自己的精神获得解脱,以便把精力全部集中到自己所追求的目标上。

我们的烦恼有很多都是因为自己心胸狭窄,只看到自己眼前的一点利益或身边的几件事,而没有从更广的范围、长远的角度来想,为一些非原则的小事而忽略了生活中的大事。积极的解脱是把长远利益放在首位,抛开区区小事,而全神贯注地去追求自己的远大目标。

3. 升华技巧

升华就是利用强烈的情绪冲动,将其引向积极的、有益的方向,使之具有建设性的意义和价值。

我们常说的"化悲痛为力量",就是指升华自己的悲痛情绪。其实不只是悲痛可以化为力量,其他的强烈情感也都可以化为力量。例如,可以化愤怒为力量、化仇恨为力量、化教训为力量、化鼓励为力量等。

4. 利用技巧

利用,就是我们常说的"坏事也能变成好事"。一个能使我们苦恼的强制性要求,如果能巧妙地加以利用,就有可能首先在精神上感到自己由被动转化为主动,进而可以使烦恼变为怡然自得、乐在其中。

还有一种利用,就是对情绪本身的利用。把情绪化为情趣加以利用,说得更为具体一些,是指"嬉笑怒骂,皆成文章"的意思。例如,诗人利用涌现的激情写出流传千古的诗篇;作曲家则当灵感来潮时谱出动人心弦的乐章。当自己真挚的感情强烈涌现时,抓住它做一些有益的事。

5. 疏导技巧

首先,必须承认不良情绪的存在。其次,承认了不良情绪的存在后,就要分析产生这一情绪的原因,并弄清楚究竟为什么会苦恼、忧愁或愤怒,这样可以帮助我们弄清自己所苦恼、忧愁、愤怒的事物,是否确实可恼、可忧、可怒,有时实际上并不是这样,那么不良情绪就会得到消解。最后,有时确实有可恼、可忧、可怒的理由,那么就要寻求适当的方法和途径来解决它。例如,如果因为客户拜访的把握不大,对能不能完成任务感到焦虑不安,你就要把精力转移到充分准备工作上来,集中精力搞好演练,减轻自己的忧虑。

6. 发泄技巧

将不良情绪的能量发泄出去。例如,当你发怒时,不如赶快跑到其他地方,或是用拳头捶击墙壁,或是找个体力活干一干,或是跑一圈,这样就能把因盛怒激发出来的能量释放出来,从而使心情平静下来。或者在你过度痛苦时,不妨大哭一场。

7. 自我激励技巧

自我激励也就是用生活中的哲理或某些明智的思想来安慰自己,鼓励自己同痛苦和逆境进行斗争。自我鼓励是人们精神活动的动力源泉之一。一个人在痛苦、打击和逆境面前,只要能够有效地进行自我鼓励,就会感到力量,就能在痛苦中振作起来。

8. 语言暗示技巧

当你为不良情结所压抑的时候,可以通过言语暗示作用,来调整和放松心理上的紧张状态,使不良情绪得到缓解。语言是一个人情绪体验强有力的表现工具。通过语言可以引起或抑制情绪反应,即使不出声的内部语言也能起到调节作用。例如,林则徐在墙上挂有"制怒"二字的条幅,这是用语言来控制调节情绪的好办法。例如,你在发怒时,可以用言辞暗示自己"不要发怒""发怒会把事情办坏的"。陷入忧愁时,提醒自己"忧愁没有用,于事无益,还是面对现实,想想办法吧",等等。

9. 请人引导技巧

有时候,不良情绪光靠自己独自调节还不够,还需借助于别人的疏导。心理学研究认为,人的心理处于压抑的时候,应当允许有节制地发泄,把闷在心里的一些苦恼倾倒出来。因此,当青年人有了苦闷的时候,可以主动找亲人、朋友诉说内心的忧愁,以摆脱不良情绪的控制。

10. 环境调节技巧

环境对人的情绪、情感同样起着重要的影响和制约作用。素雅整洁的房间,光线明亮、颜色柔和的环境,使人产生恬静、舒畅的心情。相反,阴暗、狭窄、肮脏的环境,给人带来憋气和不快的情绪。因此,改变环境,也能起到调节情绪的作用。当你在受到不良情绪压抑时,不妨到外面走走,看看大自然的美景,能够旷达胸怀,欢娱身心,对于调节人的心理活动有着很好的效果。

11. 食物调节技巧

多年来的研究显示,某些特定的食品能影响大脑中某些化学物质的产生,从而改善人们的心情。试举例一二,如下所述。

全麦面包——食物中的色氨酸能提高大脑中 5-羟色胺的水平,使人产生愉悦的感觉。在吃富含蛋白质的肉类、奶酪等食品之前,先吃几片全麦面包,可以保证色氨酸能进入大脑,不至于被其他氨基酸排挤掉。

咖啡——早上喝一杯咖啡有提神醒脑的作用。咖啡能使血压暂时略有升高,并阻断使我们感到瞌睡的化学物质传递,但每天喝 3 杯以上可能会使人烦躁、易怒。

水——每天应喝足够的水,防止因缺水而感到萎靡不振,不能用咖啡或其他含咖啡的饮料代替。

香蕉——紧张与镁缺乏密切相关。生活忙碌的人在食谱中应补充富含镁的食品,如香蕉。

橙和葡萄——每天 150 毫克剂量的维生素 C(约两只橙子)就可以使紧张、易怒、抑郁的不良情绪得到改善。

辣椒——辣椒中含的辣椒素能刺激口腔神经末梢,使大脑释放出内啡肽。这种物质能引起短暂的愉快感。

巧克力——许多女士,尤其是当她们受到经期前综合征或不良情绪困扰时,特别想吃巧克力。因为巧克力具有镇定作用。

小贴士

心理医生的情绪 ABC 理论

有一个年轻人失恋了,一直摆脱不了失恋的打击,情绪低落,已经影响到了他的正常生活,他没办法专心工作,因为无法集中精力,头脑中想到的都是前女友的薄情寡义。他认为自己在感情上付出了,却没有收到回报,自己很傻很不幸。于是,他找到了心理医生。

心理医生告诉他,其实他的处境并没有那么糟,只是他把自己想象得太糟糕了。在给他做了放松训练,减少了他的紧张情绪之后,心理医生给他举了个例子。"假如有一天,你到公园的长凳上休息,把你最心爱的一本书放在长凳上,这时候走来一个人,径直走过来,坐在椅子上,把你的书压坏了。这时,你会怎想?"

"我一定很气愤,他怎么可以这样随便损坏别人的东西呢!太没有礼貌了!"年轻人说。"那我现在告诉你,他是个盲人,你又会怎么想呢?"心理医生接着耐心地继续问。"哦——原来是个盲人。他肯定不知道长凳上放有东西!"年轻人摸摸头,想了一下,接着说,"谢天谢地,好在只是放了一本书,要是油漆或是什么尖锐的东西,他就惨了!""那你还会对他愤怒吗?"心理医生问。"当然不会,他是不小心才压坏的嘛,盲人也很不容易。我甚至有些同情他了。"

心理医生会心一笑:"同样的一件事情——他压坏了你的书,但是前后你的情绪反应却截然不同。你知道是为什么吗?""可能是因为我对事情的看法不同吧!"对事情不同的看法,能引起自身不同的情绪。很显然,让我们难过和痛苦的,不是事件本身,而是对事情不正确的解释和评价。这就是心理学上的情绪 ABC 理论的观点。情绪 ABC 理论的创始者埃利斯认为,正是由于我们常有的一些不合理的信念,才使我们产生情绪困扰,如果这些不合理的信念日积月累,还会引起情绪障碍。

情绪 ABC 理论中,A 表示诱发事件;B 表示个体针对此诱发事件产生的一些信念,即对这件事的看法和解释;C 表示个体产生的情绪和行为结果。通常人们会认为诱发事件 A 直接导致了人的情绪和行为结果 C,发生了什么事就引起了什么情绪体验。然而,同一件事,人们的看法不同,情绪体验也不同。

比如,同样是失恋了,有的人放得下,认为未必不是一件好事,而有的人却伤心欲绝,认为自己今生可能都不会有爱了。再比如,在找工作面试失败后,有的人可能会认为,这次面试只是试一试,下次可以再来,有的人则可能会想,我精心准备了那么长时间,竟然没有成功,是不是我太笨了,我还有什么用啊,人家会怎么评价我。这两类人因为对事情的评价不同,他们的情绪体验也不同。

对于上面这个失恋的年轻人来说,失恋只是一个诱发事件 A,结果 C 是他情绪低落,生活受到影响,无法专心工作;而导致这个结果的,正是他的认知 B——他认为自己付出了却没有收到回报,自己太傻了,太不幸了。假如他换个想法——她这样不懂爱的女孩不值得自己去珍惜,现在她离开可能避免了以后她对自己造成更大的伤害,那么他的情绪体验显然就不会像现在这么糟糕。

9.5　建立良好人际关系的原则与方法

9.5.1　处理人际关系的基本原则

人际关系虽是一种错综复杂的社会现象,但其存在和发展是有规律可遵循的。处理人际关系所涉及的主要原则有以下 9 项。

1. 择善原则

择善原则是指建立和发展人际关系时,不能盲目从事,而要有所选择地进行。不仅要"择其善者而从之,其不善者而改之",而且要"两害相取取其轻,两利相取取其重"。善者,是指对社会、对他人、对自己无害或有益的人及其关系。在建立和发展人际关系时,要考虑自己与交往对象是否相互需要,是否有益于社会、有益于他人。如果是有益的,就采取积极态度;如果是有害的,就要坚决放弃。

2. 调衡原则

调衡原则是指协调平衡各种关系,使之不相互冲突与干扰。一个人的精力和时间是有限的,建立人际关系的目的是满足需要,不能过多或不足。过多则忙于交往,影响自己履行岗位职责;不足则会使自己陷入孤独苦闷,导致信息闭塞、孤立无援,使自己减少发挥能力的机会与范围。所以,要经常协调平衡人们的需要与时间、精力之间的关系。

3. 积极原则

积极原则是指在人际交往中行为要主动、态度要热情,即待之以礼,晓之以理。例如,在机关工作中,对来办事者,一请坐、二倒茶、三办事、四送出,主动认真有利于消除隔阂,密切关系。主动的作用还表现在文明礼貌的语言中,表现在热情的交往态度上。没有热情,人际关系就会变得冷漠,暗淡无光。

4. 真诚原则

真诚是做人的基本要求,也是人际交往的基本原则,要以诚相待。信息反馈原理告诉我们,有良好的信息输出,才能有良好的信息反馈,实现人与人之间的心理交融。真诚是一种传统美德,"精诚所至,金石为开""心诚则灵",这些都是对真诚及其作用的高度评价。

5. 理解原则

理解原则主要是指关系双方在人际行为中互相设身处地、互相同情和谅解。只有相互理解,才能心心相通,才有同情、关心和友爱。人之相识,贵在相知;人之相知,贵在知心。关系主体双方要互相了解对方的理想、抱负、人格等情况,了解彼此之间的权利、需要、义务和行为方式;要相互体谅、互相包涵,不斤斤计较、吹毛求疵;要善于运用"心理换位"的思考方式,这样在平常交往或发生矛盾、产生冲突时,都能妥善处理之。

6. 守信原则

守信原则就是在人际关系中讲求信用、遵守诺言。守信乃处世立世之本,要"言必信",说真话,说话算数;要"行必果",遵守诺言,实践诺言。在交往中,要不轻诺,不轻诺是守信的重要保证。要严守对方的秘密,不炫耀和披露大家不知的隐私,也不要依据自己的臆想来推测对方如何。

7. 平等原则

平等原则就是尊重他人的自尊心和感情,不干涉他人的私生活,人格平等。在交往中,情感对等、价值对等、地位对等、交往频率对等。平等还具体体现在政治平等、法律平等、经济平等和人格平等等方面。

8. 相容原则

相容,即宽容,是指宽宏大量、心胸宽广、不计小过、容人之短、有忍耐性。相容不是随波逐流、不讲原则,容人正是为了把原则性与灵活性有机结合起来,以便更好地达到自己的远大目标。要有谦让精神,做到有理也让人;要将心比心,"己所不欲,勿施于人";要大事清楚,小事糊涂;要严于律己,宽以待人。

9. 适度原则

适度原则即在人际交往中的一切行为都要得体,合乎分寸,恰到好处。这是人际交往中最重要的一个原则,是唯物辩证法关于质、量、度观点在人际行为中的具体体现。过与不及,皆为不妥。

9.5.2 了解他人的情感需要

实际的人际关系处理中,除了对自我情绪进行有效管理,还可以了解他人的情感需要,最终达成和谐人际关系的目标。

1. 他人需要尊重

人人都有自尊心,都希望得到他人的尊重。俄国教育家别林斯基曾说过:"自尊心是一个灵魂中的伟大杠杆。"当人的自尊心得到满足时,他就会心情愉快地去做一切事情;反之,就会不情愿地做事情。

尊重是人的一种心理需求,是社会发展的需要,体现了多元化时代的价值共识。21 世纪是一个多元化的时代,人们更强调的是差异而不是统一。多元化的发展,其最根本的动力是人的自由天性的存在与发展。"尊重"体现了多元化时代的基本道德取向。

被人尊重是一种权利,尊重他人是一种美德。敬人者人恒敬之。

2. 他人需要关怀

关怀他人,会使自己的存在更有价值,会使自己的生命更有意义。关怀他人是美好心灵的体现,是伟大爱的升华。正如德兰修女所说,我们都不是伟大的人,但我们可以用伟大的爱来做生活中每一件平凡的事。

关怀他人并不需要轰轰烈烈的举动,救他人于危难之间的壮举值得歌颂,可大多数情况下我们没有这样的机会。生活中我们要做的也许仅仅是一个微笑、一声赞许、一个轻轻的拥抱、一个依靠的肩膀。生活中我们总有那么多的机会给他人一点关心,让别人因你的存在而温暖。关怀他人有时会给我们带来麻烦,可也会让我们终身受益,更多情况下是我们的福音,而不是祸祉。

3. 他人需要理解

任何一种结果、一种行为、一种境界、一种心态,都有其事,必有其理,我们要学会以理所当然的心态来理解他人。当认识到理所当然时,就理解他人了,同情心、宽容心自然而然流露出来。此时,内心充满欢喜和平静,所有的人与事,都会变得耳顺目畅。

许多推销员考虑的是自己利益的事,他们确信自己的商品是消费者必需的。他们以为理解了消费者,但可悲的是,他们并未能很好地将这份理解传达给消费者。事实上,把理解传达给对方是处理所有人际关系的根本。

无论何时、何地,你都要向对方传达你的理解,这是最迅速、简洁的做法。例如,"我知道你的感觉"或者"我很理解你的心情"。

4. 他人需要帮助

帮助了别人,能让自己感受到"百分快慰"。帮助了别人,快慰了自己。那么,何乐而不为? 在美国,圣诞节对于不同的人代表了不同的意义。对某些人而言,圣诞节的意义是在布置好的圣诞树底下那些包装得色彩鲜艳的礼物。对另外一些人而言,则是家人团圆以及共享美好的一餐。对基督徒来说,它代表了耶稣的诞生,圣诞节的意义也是向需要帮助的人伸出援手。在美国及世界各地,圣诞节提供了很多传扬"平安与世,善意与人"的机会。例如,救世军的摇铃者对大多数为圣诞节购物的人而言,是一个熟悉的景象。他们通常会站在购物中心和商店外面,为有需要的人募钱。很多教会和其他的机构会收集玩具和衣服,作为穷苦家庭的圣诞礼物。报佳音是另外一种能够将欢乐带给邻舍的传统方式,尤其是针对那些老人和无法常出门的人。圣诞节的精神鼓励人们在许多大大小小的事情上互相帮助。

5. 他人需要同情

戴尔·卡耐基有一句名言,"我可以理解你的看法,因为如果我是你的话,我一定也会有相同的感受"。要化解纠纷,赢得友谊,请记得要同情他人的立场与愿望。

同情心一般是指对别人遇到的麻烦、烦恼、不快及意外给予真诚的关心,而不是视而不见、麻木不仁、冷漠处之与幸灾乐祸。同情心是一种爱,是一种友谊与理解,是平等的而非居高临下的施与。其实,每个人在生存中都会因种种原因,需要获取他人的同情,大多是精神、情感上的,物质的缺少或有与无的问题,不牵扯同情问题。每个人同样还需要获得尊重与尊严。

心理学家亚瑟·盖提斯在《教育心理学》中曾说:"同情是人类最普遍的一种需求,小孩子在受伤时,即使是一点点擦伤,也会需要大量的同情和安慰。对于成年人来说,他们之所以会醉心于诉说自己的忧伤、病痛和一切生理异状的细节,全都是基于同样的心理。"所以,要想说服别人,先要学会设身处地地替别人着想。

6. 他人需要激励

"激励"意味着什么?《韦氏新世界英语词典》定义为"向别人提供积极性或以积极性影响别人",而"积极性"一词意思是"促使一个人做事或以某种方式行事的内心的动力、冲劲或意欲"。所以,激励涉及如何激发一个人内心深处的东西,即潜能。

没有激励,人就很难动起来,更不可能鼓起冲劲,也就很难发挥潜能。因此,成功学大师安东尼·罗宾指出,要想成功,你必须学会调动别人内心深处的积极性让他们发挥潜能,你必须"给他们的油箱加油"。在一次调查中,要求 70 位心理学家说出主管人员必须懂得的人性中最关键的东西,有 65% 的人说"积极性",就是使人行动起来的那种感受和认识。如果你不能调动别人的积极性,你就不能领导他们。如果你领导不了别人,那么你想做的一切事情都要由自己独立完成。

7. 他人需要赞美

赞美可以激励别人发挥他们的潜能实现他们的理想,可以建立他们的信心,并使他们成长。有一位心理学家曾经这样说过:"抚育孩子没有其他窍门,只要称赞他们。当他们把饭吃完时,赞美他们;画了一幅画之后,也赞美他们。当他们学会骑自行车时,也赞美他们,鼓励他们。"

我们应该学会赏识、赞美他人,努力去挖掘他人的闪光点。同是一棵树,有的人看到的是满树的郁郁葱葱,而有的人却只看到树梢上的毛毛虫。为什么同样一件事物,会产生两种截然不同的结果呢?原因就在于有的人懂得赏识、赞美,而有的人只会用挑剔、指责的眼光看待事物。

小贴士

与 7 类不易相处的老板共事策略

下面列出 7 种不易相处的老板类型,你知道如何成为他们心中的好员工吗?

1. 固执型

这类老板对自己的领域非常了解,坚信每个问题只有一个解决方法,就是他提出的方法。他自认为是权威,听不进不同的意见。

应对策略就是,你应该给他切实的帮助,但一定要谨慎,切忌以说教的口吻跟他说话。

如果你的帮助确实能发挥作用,你就有可能成为他的左膀右臂。

2. 家长型

这类老板以家长自居,喜欢出面协调下属之间的关系,总是担心被人冷落。他们知道自己并不是百事通,于是忍不住将下属的创意据为己有,夸夸其谈。

如果你的创意被剽窃,不妨对老板说:"谢谢您采纳我的想法,并对它进行了改进。"如果老板邀请你一起出席重要活动,千万不要推辞,否则就可能被认为对企业不忠诚。另外,这类老板喜欢企业充满人情味,可以偶尔送他一件小礼物,哪怕是自己做的小手工,他也会非常高兴。

3. 监工型

这类老板是现代奴隶主,"严格遵守规章制度"是他们的口头禅。他们在企业中建立严格的监控制度,下属的一举一动很难逃过他们的眼睛。他们不准员工私下交谈,午间休息不能超时等。

应对策略就是,台面上,一定要按照他的要求小心行事;私下里可以婉转地暗示员工们的不满,在潜移默化中,令他慢慢做些改变。

4. 杂乱型

这类老板的创意、点子层出不穷,整日为新点子奔忙,手头的工作杂乱无章。正因为创意不断,可能招致不同意见,为对付这些批评意见,他们不得不耗费大量精力。

应对策略就是,提出有说服力的观点,控制无休止的讨论,尽快完成最重要的工作。如果可能,建议老板把工作依照轻重缓急分类,帮他逐渐改变手忙脚乱的工作局面。

5. 奴隶型

这类老板就像是企业的奴隶,为公司牺牲一切,每天工作时间长达 14 小时以上。在他们看来,只有公司的发展才是生命中最重要的。他们以节约资金为要务,能省一分是一分。他们希望员工都是精英,能切实为企业创造价值,否则就可能遭殃。

同这类老板接触务必讲究策略,尽可能让他知道你取得的成绩。如果你能弥补一个市场缺口,如找到一个只有你才能对付的客户,或拉到一笔老板想都没想过的订单,你就可能成为他眼中不可或缺的人物。

6. 傲慢型

这类老板一般年轻有为,可能不到 30 岁就进入了最高领导层。他们灵活机智,工作积极,很快就出人头地。不平凡的经历使他们自视甚高、桀骜不驯,相信自己足以成为后来者的榜样。

这类老板具有很强的虚荣心,对他们的决策应及时表示赞赏。当然,只有在决策的确正确的时候才能这样做,不适当的赞颂之词会很快被识破,反而弄巧成拙。

7. 吹嘘型

这类老板喜欢以外表博得别人的好感。他们身穿名牌的服装、鞋子,乘坐豪华汽车,出入高档消费场所,喜欢到处吹嘘自己的成绩。

应对策略就是,对他的穿着、用品适当给予夸奖,但要注意把握分寸,切忌让他感到你在有意讨好他。如果这一点奏效,你大可以放心工作。

（资料来源:豆丁网,http://www.docin.com.）

测测你的 EQ

以下为员工 EQ 测试的模板,可帮助员工了解自己的 EQ 状况。共 33 题,测试时间 25 分钟,最高得分为 174 分。如果你已经准备就绪,请开始计时。

第(1)～(9)题:请从下面的问题中,选择一个和自己最切合的答案,但要尽可能少选中性答案。

(1) 我有能力克服各种困难。_____

    A. 是的　　　　　　　　　B. 不一定　　　　　　　　C. 不是的

(2) 如果我能到一个新的环境,我要把生活安排得_____。

    A. 和从前相仿　　　　　　B. 不一定　　　　　　　　C. 和从前不一样

(3) 一生中,我觉得自己能达到我所预想的目标。_____

    A. 是的　　　　　　　　　B. 不一定　　　　　　　　C. 不是的

(4) 不知为什么,有些人总是回避或冷淡我。_____

    A. 不是的　　　　　　　　B. 不一定　　　　　　　　C. 是的

(5) 在大街上,我常常避开我不愿打招呼的人。_____

    A. 从未如此　　　　　　　B. 偶尔如此　　　　　　　C. 有时如此

(6) 当我集中精力工作时,假使有人在旁边高谈阔论,_____

    A. 我仍能专心工作　　　　B. 介于 A、C 之间

    C. 我不能专心工作且感到愤怒

(7) 我不论到什么地方,都能清楚地辨别方向。_____

    A. 是的　　　　　　　　　B. 不一定　　　　　　　　C. 不是的

(8) 我热爱所学的专业和所从事的工作。_____

    A. 是的　　　　　　　　　B. 不一定　　　　　　　　C. 不是的

(9) 气候的变化不会影响我的情绪。_____

    A. 是的　　　　　　　　　B. 介于 A、C 之间　　　　C. 不是的

第(10)～(16)题:请如实选答下列问题。

(10) 我从不因流言蜚语而生气。_____

    A. 是的　　　　　　　　　B. 介于 A、C 之间　　　　C. 不是的

(11) 我善于控制自己的面部表情。_____

    A. 是的　　　　　　　　　B. 不太确定　　　　　　　C. 不是的

(12) 在就寝时,我常常_____。

    A. 极易入睡　　　　　　　B. 介于 A、C 之间　　　　C. 不易入睡

(13) 有人侵扰我时,我_____。

    A. 不露声色　　　　　　　B. 介于 A、C 之间　　　　C. 大声抗议,以泄己愤

(14) 在和人争辩或工作出现失误后,我常常感到震颤,精疲力竭,而不能继续安心工

作。_____

  A. 不是的   B. 介于A、C之间   C. 是的

(15) 我常常被一些无谓的小事困扰。_____

  A. 不是的   B. 介于A、C之间   C. 是的

(16) 我宁愿住在僻静的郊区,也不愿住在嘈杂的市区。_____

  A. 不是的   B. 不太确定   C. 是的

第(17)~(25)题:在下面问题中,每一题请选择一个和自己最切合的答案,同样少选中性答案。

(17) 我被朋友、同事起过绰号、挖苦过。_____

  A. 从来没有   B. 偶尔有过   C. 这是常有的事

(18) 有一种食物使我吃后呕吐。_____

  A. 没有   B. 记不清   C. 有

(19) 除去看见的世界外,我的心中没有另外的世界。_____

  A. 没有   B. 记不清   C. 有

(20) 我会想到若干年后有什么使自己极为不安的事。_____

  A. 从来没有想过   B. 偶尔想到过   C. 经常想到

(21) 我常常觉得自己的家庭对自己不好,但是我又确切地知道他们的确对我好。_____

  A. 否   B. 说不清楚   C. 是

(22) 每天我一回家就立刻把门关上。_____

  A. 否   B. 不清楚   C. 是

(23) 我坐在小房间里把门关上,但我仍觉得心里不安。_____

  A. 否   B. 偶尔是   C. 是

(24) 当一件事需要我做决定时,我常觉得很难。_____

  A. 否   B. 偶尔是   C. 是

(25) 我常常用抛硬币、翻纸、抽签之类的游戏来预测凶吉。_____

  A. 否   B. 偶尔是   C. 是

第(26)~(29)题:下面各题,请按实际情况如实回答,仅需回答"是"或"否"即可,在你选择的答案处打"√"。

(26) 为了工作我早出晚归,早晨起床我常常感到疲惫不堪。

  是_____否_____

(27) 在某种心境下,我会因为困惑陷入空想,将工作搁置下来。

  是_____否_____

(28) 我的神经脆弱,稍有刺激就会使我战栗。

  是_____否_____

(29) 睡梦中,我常常被噩梦惊醒。

  是_____否_____

第(30)~(33)题:本组测试共4题,每题有5种答案,请选择与自己最切合的答案,

在你选择的答案下打"√"。

回答标准如下：

选择1、2、3、4、5分别代表从不、几乎不、一半时间、大多数时间、总是。

（30）工作中我愿意挑战艰巨的任务。1、2、3、4、5

（31）我常发现别人好的意愿。1、2、3、4、5

（32）能听取不同的意见，包括对自己的批评。1、2、3、4、5

（33）我时常勉励自己，对未来充满希望。1、2、3、4、5

参考答案及计分评估：

计分时请按照计分标准，先算出各部分得分，最后将几部分得分相加，得到的分值即为你的最终得分。

第(1)～(9)题，每回答一个A得6分，回答一个B得3分，回答一个C得0分。计_____分。

第(10)～(16)题，每回答一个A得5分，回答一个B得2分，回答一个C得0分。计_____分。

第(17)～(25)题，每回答一个A得5分，回答一个B得2分，回答一个C得0分。计_____分。

第(26)～(29)题，每回答一个"是"得0分，回答一个"否"得5分。计_____分。

第(30)～(33)题，从左至右分数分别为1分、2分、3分、4分、5分。计_____分。

总计为_____分。

点评：

通过以上测试，你就能对自己的EQ有所了解。但切记这不是一个求职询问表，用不着有意识地尽量展示你的优点和掩饰你的缺点。如果你真心想对自己有一个判断，你就不应施加任何粉饰。否则，你应重测一次。

测试后如果你的得分在90分以下，说明你的EQ较低。你常常不能控制自己，极易被自己的情绪所影响。很多时候，你容易被激怒、动火、发脾气，这是非常危险的信号——你的事业可能会毁于你的急躁。对于此，最好的解决办法是给不好的东西一个好的解释，保持头脑冷静，使自己心情开朗。正如富兰克林所说："任何人生气都是有理由的，但很少有令人信服的理由。"

如果你的得分在90～129分，说明你的EQ一般。对于一件事，你不同时候的表现可能不一，这与你的意识有关，你比前者更具有EQ意识，但这种意识不是常常都有，因此需要你多加注意、时时提醒。

如果你的得分在130～149分，说明你的EQ较高。你是一个快乐的人，不易为恐惧担忧，对于工作你热情投入、敢于负责，你为人更是仗义正直、富于同情关怀，这是你的优点，应该努力保持。

如果你的EQ在150分以上，那你就是个EQ高手。你的情绪智慧不但不会是你事业的阻碍，而且是你事业有成的一个重要前提条件。

（资料来源：宋振杰.成就精彩的自己.中国人力资源开发网,http://www.chinahrd.net.）

复习思考题

1. 为什么说情商(EQ)较高的人在人生各个领域占有较多优势? 应该如何提高自己的情商?

2. 为什么要提高认知他人的能力? 认知他人的方法和技巧有哪些?

3. 为什么要自我激励? 有哪些自我激励的情景与方法?

4. 如何控制好自己的情绪?

5. 处理好人际关系有哪些基本方法和要点?

案例探讨

职场人际关系案例剖析

案例一：如何与领导改善关系

2005 届应届毕业生 Mark 说："在公司里,我是个人人羡慕的角色：大学刚毕业就当上了总经理秘书,成了离老板最近的人。""你的工作最接近高层,最容易得到老板的欢心,也最容易高升。"同事们的说法也让我着实兴奋了一阵。

我是在一个比较优越的环境中长大的,爸爸是一家企业的领导,妈妈是机关干部。因为父母的关系,身边的人对我都是客客气气的。从小学到大学,我在别人的赞扬声中长大,不懂得什么是"迎合";向来是别人逗我说话,我自己却不知道如何在交谈中寻找话题……

正因如此,进入公司一个月后,我开始为如何与领导相处犯难。不管怎样下决心,有很多话我都说不出口,哪怕是一些很正常的话,在我看来,那都是在讨好老板。一开始老板还对我问长问短,而我除了有问必答外,也绝不多说什么。渐渐地,我发现老板不太和我搭讪了,即使说话,也局限在工作范围内。工作伊始,我和老板的关系就陷入僵局,我该怎么办?

专家观点：改变现状,从认清职位内涵开始

跟学校、家庭相比,企业的人际环境要复杂得多。在学校,日常接触的大多是年龄相近、经历相仿的同学,彼此更容易理解和沟通。在家里,即使在言行上有所不妥,也会得到包容。但在企业,同事有长幼、上下级之分,各自经历也不尽相同,不能简单套用学校里的经验,也不能把自己对家长的态度混同于对领导的态度。

Mark 想要改变现状,就要从认清职位内涵开始。总经理秘书一职是企业各种复杂关系的中枢、接口。找老总的人,不是企业干部就是重要客户,谁都不能怠慢。所以说,这个职位令人羡慕,但也颇具挑战性。

优越的家庭环境、良好的教育背景以及一帆风顺的经历都让 Mark 过于以自我为中心,对他人缺乏关心,甚至忘却了基本的沟通技巧。建议 Mark 从补习最基本的商务礼仪做起。

Mark 就这个问题跟父母沟通一下。Mark 的父母都处于领导岗位,他们会从"领导"的角度给他一些建议。在日常工作中,Mark 应多观察与老板相处融洽的同事,看看他们是如何处理与老板的关系的。

案例二:派系斗争,该站哪边

2005 届应届毕业生小 A 很苦恼。自己很幸运,早早找到了一份待遇不错的工作,并且从 5 月起就开始上班了。那是一家规模不大的股份制公司,年轻、肯吃苦、毕业于名校的自己很快就适应了工作环境,老总和副总都在有意无意间表示了栽培之意。可时间不长,有老员工悄悄给我递话:"你没看出来啊?老总和副总不和,站哪边,你看着办吧!"刚从学校出来,遇到这种事,自己真不知该怎么办。一番思考后,决定严守中立,"只要干好本职工作,谁能挑我的刺?"

公司小,老总和副总都喜欢越级交代工作。虽然任务压得人喘不过气来,但自己宁可加班加点,也要做到两边都不得罪。几个星期下来,累得够呛,但两位领导似乎并不领情。他们开始变得热衷于教训我,常常是前脚迈出总经理室,就被隔壁的副总经理叫去,换个角度、换套说辞再骂一遍。自己不知道自己到底做错了什么。部门经理悄悄告诉我:"两边都帮,可就等于谁都不帮啊!"听了部门经理的话,自己彻底晕了,到底应该怎么办?

专家观点:新人要坚持三"不"原则

面对公司内的派系斗争,一个人很难保持中立。想做到两边不得罪,最后往往两边都得罪了。其实,问题在于怎么看"得罪"二字。如果你所做的事对得起职位、对得起自己,而对方又恰恰不能捅破窗户纸、拿你开刀,那来个"难得糊涂"又有何妨?这里建议,面对公司内的派系斗争,新人要坚持三"不"原则——不介意、不参与、对事不对人。

其中,"对事不对人"是指保持平常心,一切从工作出发,从组织利益出发,按公司的规则和程序来判断、处理工作中的是是非非。

一般来讲,对待领导,下属要服从,而非盲从;要忠诚,而非愚忠。很多时候,领导之间的意见差异只是方法、手段的差异,并非目的不一致。即便目的、手段有分歧,那也应按公司规定的程序,让高层自己去解决。

新人有问题,不必憋在肚子里,最好问问自己的直属上司。如果直属上司的话也令人发晕,那就直接向发令者询问:"老总,您的意见好像跟副总的不大一样,您看我怎么跟他解释呢?要不然您跟他沟通一下行吗?"

如果公司内的派系斗争确实令人身心疲惫、不开心,那就不要留恋"不错的待遇",早点另谋高就吧,此处不宜久留。

案例三:考证和实习如何选择

2006 届毕业生小王说,暑假过后,就将成为一名大四的学生了。这个暑假,也有了自己的烦恼。到底是全力备考,在下半年考个英语证书,为自己在求职过程中增加砝码,还是找个企业认真实习,为自己增加工作经验?如果去考英语证书,就需要参加一些高强度的辅导课程,每天的时间就会被上课、做题占据。没有过硬的英语基础,想顺利拿下证书,就必须付出更多。尽管企业不愿承认,但英语水平的高低在招聘中的作用不容小视。可另一方面,现在的企业在招聘过程中还特别强调实习经历的重要性。对学生而言,暑期实习是积累经验的最佳途径。就业前的最后一个暑假,在考证和实习之间,自己应该如何选择?

专家观点：明确目标，决定取舍

首先，小王应该对自己做出一个客观的评价，找出自己亟待提高的方面，然后定下目标并去逐步实施且限期完成，这样才能实现自身的提高。用一个大家都知道的比喻，一个木桶到底能装多少水，不是由最长的那块木板决定的，而是由最短的那一块决定的。

如果在分析过后觉得两方面都确有不足的话，这里建议小王还是应注重实践，毕竟很多理论知识都来自实践并最终服务于实践，而刚毕业的学生恰恰普遍存在理论有余实践不足的问题。在实际招聘过程中，很多用人单位都是非常看重毕业生动手和实际解决问题的能力的。

当然，英语并不是不重要，但是单凭一个证书恐怕不能说明太大问题，关键还是要看实际应用能力。英语水平的提高也需要平时一点一滴的积累，要不断努力才能有成绩。

不过，有一点可能是企业 HR 们共同的价值观，即不管你是实习了，还是考证了，重要的是你是否认真地去做了。通过实习，你对工作的理解是不是深刻了，工作技能是不是加强了？通过考证，你的相关专业水平是不是扎实了、提高了？有些人考证的结果，只是给自己多了一张纸，而实际水平并没有真正提高，这恐怕对求职没有帮助。

讨论题

3 则职场人际关系案例给我们哪些启示？如果你是职业规划人士，你会给他们哪些建议？

第 10 章

成功学与职业生涯规划

"成功学"这个名词,最早出现在拿破仑·希尔作品的中文译本中。希尔从 1903 年开始采访、研究成功人士,总结成功规律,给人们提供精神指导,著有《成功定律》《人人都能成功》等。成功学的另一位经典人物是戴尔·卡耐基,《人性的弱点》一书被誉为《圣经》之后的第二大畅销书。

按照《拿破仑·希尔成功学全书》的解释,成功是一种积极心态,也是一种积极行为的过程,大致包括积极的心态、明确目标、多走些路、正确的思考方法、高度的自制力、培养领导才能、建立自信心、迷人的个性、创新精神、养成好的习惯、充满热忱、专心致志、永葆进取心、合理安排时间与金钱、保持身心健康等。

成功学的书籍和演讲引入中国后,在年轻人中间产生了较大影响,也产生了一些思想认识上的误区。学习了解一些成功学理论并对其正确理解和应用,避免走入成功学的一些思想误区,对于年轻人做好自己的职业生涯规划及走向成功,有着重要意义。

10.1 成功学的概念和基本观点

10.1.1 成功学的概念

说到"成功"的概念,在日常生活中,人们往往把其和商业推销与销售联系在一起,把成功等同于商业的成功。难怪有人说,成功学就是"富人哲学"。这种理解具有片面性,正是由于这种片面性,人们才对它产生了某种误解。成功,就是一种崇高,对成功的追求,就是对崇高的追求。这就是说,成功是不易达到的,不是不能达到的,就像爬山,爬山者众多,但真正能够爬到山顶是不容易的。对于爬山者来说,任何人都有可能爬到山顶。只有那些真正爬到山顶的人,才能领略到无限风光。因此,成功学对年轻人说:成功不易,但有可能达到,人人都有成功的可能。

成功学是无数成功研究者以及成功人士所共同创造的智慧结晶。成功学研究者认为,不一样的人,有着相同的成功的规律,如果找到成功的规律,成功就变成非常简单的事情。成功学的核心原理是分享成功,分析已经获得成功结果的实例,并应用于生活、工作实践中去。

10.1.2 成功学的原理和基本理论

1. 成功学的原理

成功学在国外最早来源于英国培养绅士的观点,代表人物有约翰·洛克等人。中国古代有立德、立言、立功的说法,现代的很多成功学理论其实在孔子的《论语》中都有阐述,并不是很新的东西。

成功学有3个原理基础：一是弗洛伊德的"三我"；二是巴甫洛夫的条件反射和第二信号系统；三是马斯洛的需求层次学说。其基本范畴是目标、行动、时间管理、情绪管理、人际管理、自身修养、特长、创新能力和自学能力。

"成功学"实际上是一门关于自我管理的学问，或者说是理想信念与目标行动教育方面的内容。有学者曾经指出："虽然'情商热'和'财商热'都有组织策划的成分，但作为一个持续10多年的社会文化现象，'成功学现象'却不是某一个机构所能及的，它既有天时、地利的社会环境因素，又有人们心理需要的配合；既有成功学本身的魅力，又有成功学培训和图书等丰富载体的配合。可以说，成功学现象是多种因素相互作用的产物，它的发生和发展对人们的影响是深刻而持久的。"

2. 成功学的基本理论

（1）美国学者拿破仑·希尔以及美国作家奥格·曼狄诺特别强调，成功最重要的因素就是要有积极的心态，"成功态度最重要，有积极的态度就有积极的人生"。一份由研究机构所进行的万人调查显示，决定一个人成为成功者的最关键要素中，80%属于个人自我价值取向的"态度"类要素，如积极、努力、信心、决心、意志力等。13%属于后天自我修炼的"技巧类"因素，如各种知识和能力。7%属于运气、机遇等因素。客观环境固然很重要，但它决定一个人暂时的成败。如果一个人有积极的心态，激发高昂的情绪，克服抑郁、消除紧张就能凝聚成功的行动力量，从而实现人生的进步及事业的成功。

（2）美国的本杰明·富兰克林提出个人品德修养的基本准则，并在青年时期对自己进行了严格的品德行为训练。美国作家阿尔伯特·哈伯德在《送给加西亚的信》一书中提出以忠诚、勤奋、敬业为核心的工作原则。美国的另一位成功学大师戴尔·卡耐基则提出了良好人际能力的基本思路。戴尔·卡耐基认为，"成功15%靠专业技术，85%靠人类工程即人格和领导别人的能力"，这一切都构成了个人成功的基本要素。

（3）现代管理学之父——彼得·德鲁克（1909—2005）关于自我管理的理论，在《二十一世纪的管理挑战》等书中写道："事实上，管理不等于企业管理，正如医学不等于妇产科一样。妇产科是医学的一部分，同理，企业管理是管理的一部分。""有伟大成就的人，向来善于自我管理。然而，这些人毕竟是凤毛麟角。但在今天，即使资质平庸的人，也必须学习自我管理。"关于目标管理的理论，"不是有了工作才有目标，而是有了目标才有工作"。关于时间管理的理论，"如果不对时间进行管理，那么任何管理都没有必要了"。

10.1.3 成功学的分类

成功学分为广义成功学、狭义成功学与成功规律学。

1. 广义成功学

广义成功学包括3个方面：一切物质、物种的成功，成功是人类的主观诉求；关于物质如何保持积极的存在状态与和谐的存在关系的成功学学说；成功就是物质存在得更好（生命力和竞争力的加强），就是保持世界以适合人类生存的均衡状态。

2. 狭义成功学

狭义成功学包括两个方面：个人、组织的成功；关于个人、以人的活动为核心的组织如何保持积极的存在状态与和谐的存在关系的成功学学说。狭义成功学还包括心理激励、技能培训、经验管理等各种不同的流派。

3. 成功规律学

成功规律学，是一门正在风靡全球的新学科。其创始人高安明认为成功是很简单的事情，如果找到成功的规律，成功就变成非常简单的事情。他总结认为成功的规律就是：成功＝知识＋自信＋梦想＋努力。

10.2　正确认识与理解成功学

不知道在学习成功学与听励志讲座的人中有多少人走向了成功，但可以基本肯定的是，成功的人基本上没有听过成功学与励志讲座，而且很多在我们看来似乎很成功的人他们自己可能并不觉得自己多成功，他们很不愿意有人把他们称为成功人士。那些最愿意被人称为成功者的人，往往是初尝胜果，但还没有被时间沉淀证明他们的成功是坚实与可持续的。因此，不客气地说，目前的一些成功学讲座不仅没有太大的含金量，或许会妨碍个人的前进能力。原因可能有以下方面。

（1）成功学与励志讲座中充满了美化故事，而这种对于个人历史的美化，如同对国家历史与帝王对自我历史的美化一样，是不真实的。例如，我们很少从企业家的成功中找到大家普遍感到存在的"原罪"，很少看到他们对付政府、客户、员工的"桌面下"的手法，很少看到他们讲到后悔的事情。成功者已经拥有了话语权，他们自己诠释自己的历史，用的不是没成功时的实际情况，很大一部分是成功后的形象包装。

（2）成功学总结出了成功的很多技巧与经验，但是却很少提供那种人们其实不太愿意接受的情势与压力。成功学有一种强烈的暗示，就是成功是有捷径与窍门的，这种暗示加强了成功学听众的投机心理，那就是他们试图模仿与采纳在成功学讲授者所提供的信息中他们愿意接受的部分。因此，即使成功学讲授提供的是真实的成功故事，但是被接受的却是成功机制的某些部位，从而注定了不可能收获成功本身。

（3）成功学中的大量讲师并非成功者本人，他们用评书与神话的方式讲授成功经验，用他们自己的理解去诠释成功者，用近乎演戏的夸张方法将现场气氛的热闹替换成有价值的成功之道。成功学中充斥的这类方式类似传销中的"洗脑"训练，可以激发个人一时的斗志，却往往让人走向歧途。

被成功学误导而引起的人生悲剧也不在少数，由于盲目相信成功学的各种方法，满脑子都是成功、优秀、感恩、回报、潜能、超越、提升。在成功学的逻辑中，如果没有赚到"豪宅、名车、年入百万"，没有成为他人艳羡的成功人士，就证明你不行，就犯了"不成功罪"，助你"实现人生价值""开发个人潜能""3个月赚到100万""有车有房""35岁以前退休"，诸如此类成功学的名词泛滥于职场和网络，众多人群迷失在多款提升课程和短期培训班里，曾经不成功的讲师通过讲授成功学成功了，而那些努力学习成功学的学员，大部分永远在成功的路上。

总之,源自西方的成功学目前还算不上一门有着扎实理论功底和实践意义的学问,除了在解除自我设限方面有些激发作用外,某些方面的误导或许远超过其功用,需要我们正确认识和把握,不要沉迷于成功之术而不能够自拔。

小贴士

那些成功学不会告诉你的事

第一份名单:傅以渐、王式丹、毕沅、林召堂、王云锦、刘子壮、陈沆、刘福姚、刘春霖。第二份名单:李渔、洪昇、顾炎武、金圣叹、黄宗羲、吴敬梓、蒲松龄、洪秀全、袁世凯。这两份名单中的人物你认识多少?哪份名单上你认识的人物多一些?

答案揭晓:前者全是清朝科举状元,后者全是当时落第秀才。

第一眼看到,感觉挺有道理的,论据充足,论证给力。实在是安慰今天高考孩子的一剂良药:即使你这次高考没考好,也不代表你这一辈子就完了。看看这份名单上的人,后者全都落榜,但流传千古,我们永远怀念他;前者虽然是当年的状元,可现在谁还知道他们。所以,成功和学历并没有半毛钱关系! 安心去考,落榜了也能有大好前程!

下面再看第三份名单:

①欧阳修为避嫌曾巩,不然苏轼本是状元;②唐宋八大家的曾巩是状元;③文天祥是状元;④王维是状元;⑤柳公权是状元;⑥郭子仪是状元;⑦贺知章是状元;⑧三国演义开头曲,写二十一史弹词的杨慎,明朝三大才子,他也是状元;⑨张居正更是出名的神童,顾璘怕他年少得意,故意压制了几年,即使如此也在嘉靖二十六年中了进士;⑩其继任者申时行也是状元。

怎么不举这些例子?

以这个例子出发,可以略谈一下成功学的误区。

第一,幸存者偏差。

第三份名单上的10个例子即是死亡的数据。他们并不会开口说话,告诉你,你看我也是状元不也流传千古了? 这就是幸存者偏差。

他们并不会告诉你事实的全部,总是以偏概全,只采纳对他们有利的数据,从而诱导出他们希望你得到的结论。

第二,一部分事实、以果导因的历史预判。

我们现在手头有3个人的资料,下面是关于他们的一些事实。

A. 跟一些不诚实的政客有往来,而且会星象占卜学。他有婚外情,是一个老烟枪,每天喝8~10杯的马丁尼,世族大家出身。

B. 他过去有过两次被解雇的记录,睡觉睡到中午才起来,大学时吸鸦片,而且每天傍晚会喝一大夸特威士忌。出身于贵族家庭。

C. 他是一位受勋的战争英雄,素食主义者,过着斯巴达式的苦修生活。不抽烟,不喝酒,从没有发生过婚外情。饱览群书,且有着极为高超的演讲才能,富有人格魅力,他是一位平民子弟。

如果现在要你判断,你认为他们哪一个人会获得成功?

再来一个问题,如果要你在他们3个人当中选一个做领袖,你会选哪一个?

估计大部分人都会选C,很明显嘛,他不抽烟不喝酒没有婚外情,还是一位英雄,再看看其他人,有搞婚外情的,还有吸鸦片的。另外,前两个人都是官二代,世族大家出身,第三个人是平民,怪不容易的,还这么克制、自律、有才华,不选他选谁?

如果你选了C,那么很遗憾,你成了纳粹的帮凶,屠杀犹太人的刽子手,希特勒的狂热追随者。是的,第三个人是希特勒。而第一个人是罗斯福,第二个人是丘吉尔。

这个结果的意外之处和荒诞是怎么产生的?

看看开头我写的,下面是关于他们的一些事实,只是"一些"。成功学也是这么来的,不过和这个故事恰好相反,这个故事可以叫作"反成功学",用到的讲故事的技法和成功学一样,只不过颠倒了与之匹配的论据,放上了不该放上来的那一部分。

第三,简单的因果线条、单维度的价值判断。

成功学把事实隐藏,逻辑简化,只留下简单的因果联系。

A. 考中状元——无人知晓。

B. 考不上——流传千古。

C. 你即使考不上也会流传千古。

这种思维实在是很害人的。尤其是当年参加高考的孩子看到这种话,在还没有足够阅读面和理智判断的时候会产生什么后果?它告诉你高考压根和成功关系不大:第二份名单中的人物不都没考中,不还是流传千古?第一份名单中的状元却籍籍无名。

另外,你听说过人家的名字并不代表人家不厉害。

第一份名单里仅举毕沅、傅以渐为例。

毕沅:经史小学金石地理之学,无所不通,续司马光书,成《续资治通鉴》。梁启超对之评价极高,以为:"有毕《鉴》,则各家续《鉴》皆可废也。"

傅以渐:学识广博,精通经史,工于诗文,学者称星岩先生。是一位竭诚尽忠的贤臣良相。有史料记载,顺治破格提拔傅以渐为兵部尚书,众皆赞同,一致认为,选择得当,用人适时,宫廷和睦,天下太平。

第二份名单里,如李渔、蒲松龄家喻户晓是因为文学作品受众广,而毕沅所作《续资治通鉴》除了对史学感兴趣的学者们,一般人哪会注意这些?

(资料来源:知乎专栏(江寒园))

10.3 别人的成功不可复制

10.3.1 "打工皇帝"的成功并不能复制

"打工皇帝"唐骏前几年出了本"名著"——《我的成功可以复制》,并到处演讲号召年轻学子"复制他的成功"。但由于其涉嫌学历造假,引来一片质疑。有人调侃:"你的成功难复制,但假学历可以复印。"

网络时代,成功是个易碎品。从一名广泛被社会赞誉和媒体追捧的成功偶像,到媒体和社会广泛质疑的"造假博士",唐骏的大起大落让我们更深刻地反省,究竟什么是"成功"。

从另一方面讲,唐骏虽然被"学历门"搞得形象大损,但其宣扬的勤奋工作方法、各种沟通技巧和敬业的工作态度,以及与前雇主的友好分手及互不揭短,也是值得我们学习和借鉴的。

10.3.2 "不成功即失败"的错误逻辑

我们每个人都有必要反思和定义,什么才是自己的"成功"。如果所有人都被置于"不成功即失败"二元选择的情况下,这将是个疯狂的功利社会。功利社会认可的成功,如果都用金钱、地位和名望来衡量,那么默默无闻的亿万城市和农村各行业劳动者,众多农民工都失败了,广大劳动人民都失败了,辛苦干一年活而没有名气、地位的人都是失败者。这显然是充满偏见和荒谬的认识。

人人都成功的社会未必就是一个进步的社会,真正的社会进步取决于社会的开放和多元,取决于个人选择的自由与自主——无论选择成功还是选择不成功。当丧失了多元化的价值观,成功只能用一种评判标准来衡量的时候,也许有人成功了,整个社会却只能充斥着压抑、浮躁和失败。

10.3.3 什么样才算成功

只有定义了什么是成功,为成功定义了明确的标准,才能用这个标准来衡量是否成功。

每个人对成功的定义完全不同。很多人对成功的定义是当大官,挣大钱,有多少房子、车子、票子;有些人认为成功是生活过得幸福快乐,生命延续时间长;有些人认为成功是能够青史留名,有多少丰功伟绩和学术成果;等等。

对成功的不同定义是由不同的价值观决定的。因此,世界上没有绝对的成功和失败。

追求金钱的人获得的金钱上的成功,在追求幸福生活的人眼里他是可悲的,因为过度沉湎于对金钱的追求,他丧失了很多人生的幸福;追求高官的人获得的高官职位,在追求金钱的人眼里并没有太多值得羡慕的地方,因为高官也意味着更多的监督和更多的责任,并不意味着能赚到很多钱。在高官位置上赚钱,常常要冒犯法的危险,也是不值得的。

成功没有寻常路,世上没有可复制的成功。不要掉进别人的成功陷阱,要成功,首先要有独特的思考和判断能力,因为任何人的成功经验都是根据讲话者自己的立场和自己的资源来看的,对于别人未必适合。比较这些成功大师的不同方法,不同的人按照不同的方法都能成功。要成功,不可能复制别人,要在学习别人的基础上,根据自己的基础、能力和特长,找到自己独特的成功道路。

10.4 可以借鉴的成功方法

成功一定有方法。我们生活在实在的世界里,周围所见所闻的成功事例是实在的事例,我们的世界是客观的、可解释的,必然存在确实的成功过程,导致我们所看到的结果。

我们都知道,学习有学习方法,工作有工作方法,做生意有生意经。成功者所以成功,是因为其当时当地具备了成功的必要因素。这里把这些成功的必备要素提取出来,供大家参考。

10.4.1 清醒认识自己

1. 以心为根基,以己为主角

自我意识表示个体自己身心状态的认知、体察和监控,而身心状态中,最重要的就是情绪。因此,自我意识是领悟力的基础,也是心理治疗所欲探询的重点。在意识层之下,某些激昂沸腾的情绪会严重影响我们的看法与反应,虽然我们对此可能茫然不觉。

良好的自我形象对一个人是否能成功,确实占着关键性的地位。你认为自己是怎样的人,就会有怎样的表现,这两者是一致的。你觉得自己是个有价值的人,结果你就会变成有价值的人,做有价值的事,而且拥有一些有价值的事物。你觉得自己一文不值,你就不会得到有价值的事物。一个人的自我观念是人格的核心,会影响人的行为。例如,学习、成长与变化的能力、选择朋友、配偶与职业,等等。坚强、积极的自我形象,是成功的生活最坚实的基础。

成功与快乐的起点,就是良好的自我认识。在你真正喜欢别人以前,你必须先接纳自己。在你未接纳自己以前,动机、设定目标、积极的思考等,都不会为你工作。在成功、快乐属于你之前,你必须先觉得这些事情很值得。具有不良的自我心像的人,容易看到自己是为其他人工作,而不是为自己工作。

许多人并未觉出,即使一个未经教育的心灵也可能有无比的潜能。你需要清楚了解的一个要点是:教育和聪明不是同样的一件事。万国商业公司的创办者托马斯·华特森,是从周薪6美元的推销员做起,最后才升到董事会的主席。许多成功人物仅仅受到很少的教育,但是他们却在这个高度技术的世界获得重要的成就。所以说,你不能以"仅仅受到有限的正规教育"为借口而不思上进,你也没有理由因此而有不良的自我形象。教育显然是重要的,但是献身给你的工作更为重要。因此,要真诚地相信自己,这将使你做出令你本人都吃惊的成就。

2. WHWW:自我内省的魔镜

1994年,心理学家日莫曼(B. J. Zimmerman)提出了著名的关于自我意识和自我监控的"WHWW"结构。其中,WHWW分别是"Why"(为什么)、"How"(怎么样)、"What"(是什么)、"Where"(在哪里)的第一个字母。日莫曼认为,与人的任何活动一样,自我意识和自我监控也可以从"为什么""怎么样""是什么"和"在哪里"这4个基本问题上进行分析。

(1) 在"为什么"问题上,自我意识和自我监控的内容就是动机,所解决的任务是对是否参与进行决策,体现个体内部资源的特征属性。

(2) 在"怎么样"问题上,自我意识和监控的内容是方法、策略,所解决的任务是对方法、策略进行决策,体现个体计划与设计的属性。

(3) 在"是什么"问题上,自我意识和监控的内容是结果、目标,所解决的任务是对取得什么样的结果和达到什么样的目标进行决策,体现个体自我觉察的特征属性。

(4)在"在哪里"问题上,自我意识和监控的内容是情境因素,所解决的问题是对情境中的物理因素(如时间材料及其性质)和社会因素(如成人、同伴的帮助)进行决策和控制,体现个体敏锐与多智的特征属性。

可见,按照日莫曼"WHWW"结构,自我意识和监控具有动机自我意识监控、方法自我意识监控、结果自我意识监控和环境自我意识监控的四维结构。一个情绪化严重的现代青年,可能具有高智商,如果他在"为什么"这个维度上存在缺陷,也就是说,他缺乏成功的动机,那么将很难开发出他智慧的潜能。同样,在"怎么样"问题上存在缺陷的现代人,可能整天忙忙碌碌,却总是事倍功半。在"是什么"维度上不健全的人,则不能合理地估量和揣度事情的结果和结果对他人生的意义,这样的话,成功就容易与他失之交臂。至于"在哪里"问题上遇到麻烦的人士,对社会环境以及自己在环境中的位置缺乏清晰的认识,不是高估,就是低估自己,从而导致自负或者自卑的消极情绪。

3. 开发金矿:挖掘你的潜能

人的潜能主要是指心理能量、大脑潜力。许多事实表明,每一个人身上都有巨大的潜能没有开发出来。从生理角度而言,人的身体潜能存在一个限度;但是从心理学角度讲,人的心理潜力却是无法想象的。

(1)人的脑力活动有着巨大的潜力。实际上,普通一个人能够表达出的信息量只是巨大的冰山露出海平面的峰顶。现代科学研究表明,像爱因斯坦那样伟大的科学家,只用了自己大脑30%的功能,而一般人则连10%都不到,绝大部分脑细胞仍处于待业状态。人脑不同于机器,使用久了会有磨损,而是越来越好用,就像有人学外语,一旦掌握了一两门外语,再学第三门外语就会容易许多。

(2)人们在选择控制自己的情感和与人交流思想感情方面,也有巨大的潜能可以开发利用。这种潜能可以从人们对自主神经系统的新的理解中显示出来。因为人的言谈举止、交际水平和心律、血压、消化器官运动以及脑电波都可以受到精神力量的控制和影响。

(3)人的感觉能力很强。人们平时所注意到的信息,只是本身可以感觉到的无数信息的一小部分,远远没有充分利用自己的感觉能力。很多人总是以为自己天生就比较笨,比不上别人,所以就自暴自弃。诚然,智商的高低是影响一个人事业的重要因素,但事实上很多人缺乏对自己充分的认识。自己的能力究竟怎样,自己究竟能成为什么样的人,很多人对此问题是一无所知的。很难想象,一个不自知的人怎么能自信地面对生活呢?

人贵在"自知",就是要充分认识自己,挖掘自己的潜能,就像挖掘一个无穷尽的金矿一样。然后,你才能自信地奔向成功的康庄大道。

4. 积极思维:积极认识自我的途径

思维的态度决定人生的高度,这是一个亘古不变的人生命题。一个玻璃杯装了半杯水,积极的人说玻璃杯是半满的,而消极的人士则说玻璃杯是半空的。所罗门说:"他心怎样思量,他的为人就是怎样。"这就是说,人们相信会有什么结果,就可能有什么结果,人不能取得他自己并不追求的成就。苏埃尔·皮科克说:"成功人士始终用最积极的思考,积极主动地认识自我,用最乐观的精神和最辉煌的经验支配和控制自己的人生。"

1）自信地认为自己是一个强者

美国亿万富翁、工业家安德鲁·卡内基说过："一个对自己的内心有完全支配能力的人，对他自己有权获得的任何其他东西也会有支配能力。"当我们开始用积极的方式思维并把自己看成成功者时，我们开始成功了。

2）所为如你欲所为

许多人总是等到自己有了一种积极的感受再去付诸行动，这是本末倒置。积极行动会导致积极思维，而积极思维会导致积极的人生态度。态度是紧跟行动的。如果一个人从一种消极的心境开始，等待着感觉把自己带向行动，那他就永远成不了他想做的积极思维者。

3）尊重别人，关怀别人

我们生活在一个快节奏的世界。大多数人来去匆匆，一心想着要完成的任务，他们往往疏于腾出时间与他们所接触到的人谈谈心。如果你能够这样做，并以积极方式给他们全面的关怀，就会对他们产生很好的结果。你会使他们的人生更有价值，他们也会给予你丰富的报答。

4）用积极的态度去影响别人

随着你的行动与思维日渐积极，你就会慢慢获得一种美满人生的感觉，信心日增，人生中的目标感也越来越强烈。别人会被你吸引，因为人们总是喜欢跟积极乐观者在一起。运用别人的这种积极响应来发展积极的关系，同时帮助别人获得这种积极态度。

5）使你遇到的每一个人都感到自己重要、被需要、被感激

每个人都有一种欲望，即感觉到自己的重要性，以及别人对他的需要与感激，这是我们普通人自我意识的核心。如果你能满足别人心中的这一欲望，他们就会对自己，也对你抱有积极的态度，一种"你好、我好、大家好"的局面就形成了。美国19世纪哲学家兼诗人拉尔夫·沃尔都·爱默生说："人生最美丽的补偿之一，就是人们真诚地帮助别人之后，同时也帮助了自己。"

6）善于发现别人的闪光点

寻找每个人身上最好的东西，这一点跟使别人感到受赞赏是相似的。最差劲的人身上也有优点，最完善的人身上也有缺点。你眼睛盯住什么，你肯定就能看到什么。寻找别人身上最好的东西，就会使他们对自己有良好的感觉，能促使他们成长，努力做到最好，并且创造出一个积极的、卓有成效的环境。

7）少谈自己的健康问题

生活中很少有其他东西比大谈自己身体不适，更快地使人们产生消极情绪。头一两次谈这个问题，人们会同情你；再讲，则会反感厌倦；最后，就不想见你了。一个人的健康问题，只能跟他的家人及亲密的朋友谈。

8）善于寻找最佳的新观念

积极思维者时刻在寻找最佳的新观念，这些新观念能增加积极思维者的成功潜力。正如法国作家维克多·雨果说的："没有任何东西的威力比得上一个适时的主意。"有些人认为，只有世界上的天才人物才会有好主意。事实上，要找到好主意，靠的是态度，而不是能力。一个思想开放有创造性的人，哪里有好主意，就往哪里去。在寻找的过程中，他

不轻易扔掉一个主意,直到他对这个主意可能产生的优缺点都彻底弄清楚为止。

9) 不要因小失大

积极思维者不把时间精力花在小事情上,因为小事使他们偏离主要目标和重要事项。如果一个人对一个无足轻重的小事情做出反应——小题大做的反应——这种偏离就产生了。我们要记住,一个人为多大的事情而发怒,他们的心胸就有多大。

10) 乐于奉献

通用面粉公司前董事长哈里·布利斯曾给属下的推销员这样的忠告:"忘掉你的推销任务,一心想着你能给别人什么服务。"他发现,人们的思想一旦集中于服务别人,就马上变得更有冲劲,更有力量,更加无法拒绝。说到底,谁能抗拒一个尽心尽力帮助自己解决问题的人呢? 谁尽力帮助其他人活得更愉快、更潇洒,谁就实现了推销术的最高境界。

10.4.2　不断超越自己

1. 冲出自己的思维定式

人一旦形成一定的思维定式,就会顺着定式的思维思考问题,不愿也不会转个方向、换个角度想问题,这是很多人的"难治之症"。在生活的旅途中,我们总是经年累月地按照一种既定的模式运行,从未尝试走别的路,这就容易衍生出消极厌世、疲沓乏味之感。所以,不换思路,生活也就乏味。

很多人走不出思维定式,也就走不出宿命般的可悲结局。一旦走出了思维定式,也许可以看到许多别样的人生风景,甚至可以创造新的奇迹。例如,从舞剑可以悟到书法之道,从飞鸟可以造出飞机,从蝙蝠可以联想到电波,从苹果落地可悟出万有引力,等等。换个位置,换个角度,换个思路,也许摆在我们面前的将是一番新的天地。

2. 要敢于向自我挑战

只要是你心神能构思的而又相信的,你就能用积极心态去实现它,这是一条助你改变世界的定则。拿破仑·希尔说:"向自己挑战。每一次你做一件事,尽你所能做得比你自己上一次的表现更好、更快,你就会傲视同侪。"你要向怯弱挑战,变怯弱为无畏,你要向不幸挑战,变不幸为幸运;你要向失败挑战,变失败为成功;你要向贫穷的处境挑战,变贫穷为富有;你要向一切不满意的事物挑战,改变自己的命运,改变自己的世界。

遇到了问题——那好呀! 没有什么了不起,问题中已经包含着解决问题的办法。遇到了不幸——对于拥有积极心态的人,每一个不幸都有等量或更多幸运的种子。遇到了困难——假如生命给了我们一个困难的问题,它同时也给了我们应付这些困难的能力。只要是以积极心态做指导,敢想敢干,而又不违背客观规律,世界上没有办不成的事。

3. 要有"破釜沉舟"的勇气

中国古代"破釜沉舟"的历史故事告诉我们,如果我们在最恶劣、最不利的情况下仍然想获得胜利,必须主动将"船只"烧掉,把所有可能退却的道路切断,只有这样我们才能保持必胜的热忱与心态。有"破釜沉舟"的勇气,不给自己留后路,这也是成功必备的条件之一。

5条成功秘籍

美国实业家、亿万富翁、凯泽铝业公司、凯泽钢铁公司等100多家公司的创始人亨利·凯泽认为机会到处都有,只要愿意,就可以抓住它。他的成功秘诀是以下5条。

一要认清自己,并决定你想怎样度过一生。记下你的目标并制订达到目标的计划,目标和计划应该富于创造力而且要大胆。

二要充分运用隐藏在你潜意识、灵魂内的力量。

三要热爱你周围的人并为他们服务。不管你是做一份简单的工作,还是经营一家公司,或是做某一项事业,你所做的都是在满足人们的需要。

四要发挥出你性格中好的一面。你并不一定要有极高的智商,要想获得成功,性格中的优点比技术更重要。

五要努力工作,将你的一生都倾注在确定的目标中,倾尽你的所有追寻你所想要的。

复习思考题

1. 成功学的基本理论和基本观点有哪些?
2. 为什么说世上没有可复制的成功?
3. "成功"的定义是否因人而异?如何定义你的"成功"?

案例探讨

不要掉入复制他人成功的陷阱

在现代社会和职场大力推崇"成功学神话"的时代,复制他人的职业成功,真的是通向成功的捷径吗?

Jimmy陷在谜团

Jimmy,28岁,大学专业是IT,留学加拿大读硕士时是管理专业,2009年回国。听好朋友说管理咨询业不错,就应聘进了一家IT公司做咨询顾问。可是进了公司后发现,自己的IT技术跟不上,在很多地方需要学习,几乎要从头学起,每天非常长的工作时间,使他身心疲惫,而且对公司的企业文化也很不认同,薪资方面也不满意。

Jimmy在家里是独生子,背负着家人所有的期望。当初家里借钱送他出国,本以为"镀金"后的他,事业从此可以突飞猛进,承担养家的责任,早点成家立业,可如今现状却令母亲失望。"儿子呀,你看看你的同学Andy,他只是个本科生,年收入已经上百万了,车子房子都买好了。你还是出国留学过的人,每月才拿个四五千元。"Jimmy的妈妈抱怨道。

Jimmy迫切希望有所改变,想跳槽,想在另一个好平台重新开始,想尽快帮家里还清债务,更想成为父母眼中那个有出息的孩子。可是,对于自己的职业方向,Jimmy陷入彷徨与迷惘,反复思索,还是不知道什么样的工作适合自己。

当初自己就是看到 Andy 的风光得意,才进的管理咨询公司,为何一个行业里,Andy可以成功,而自己却笼罩在阴霾之中? 渴望快速成功的Jimmy,原本想直接复制 Andy 的发展之路,但事实证明这种做法似乎并不可取。

解开谜团

某公司首席职业规划师洪向阳认为,奉行"拿来主义",把别人的职业生涯拿过来照搬照抄,很容易迷失自我。Jimmy想成为一名职业经理人,却不知该如何着手实施,随着时间的推移,现实与目标的距离越来越大,于是那种紧迫感和失落感也越来越大,可称之为"现实震荡",是一种常见的青年职业困惑,多发生在 24~28 岁的青年人群中。他们之所以要复制别人的职业成功,主要原因有以下两种。

其一,成功欲望强烈,迫切地想要做最好的自己,于是想复制他人的成功,希望找到通向成功的捷径,在短期内快速成功。

其二,职业定位不明确,盲目跟风。对职业领域及工作内容一知半解,在自己心里没底的状态下,只能向前辈、家人、朋友寻求意见,建议听多了,没有自己的判断,更容易迷失。

通过人格类型、职业倾向、价值观等方面的测评、分析,以及一对一的沟通面谈,职业规划师认为,Jimmy有强烈的成功愿望(与其性格和压力有关),压力来自其父母,他希望自己将来成为一名职业经理人,关键点是职业心态的调试,如何将急切而膨胀的对成功的硬性渴求,引导为一种脚踏实地的理性思考和实际行动,以及看到通过自己的努力确实可以达到目标的行动方案。

鉴于Jimmy已经在 IT 咨询公司担任咨询顾问 1 年多的经历,职业规划师建议Jimmy在现有的企业中重新定位。具体的职业发展路径是 IT 咨询顾问—资深顾问—项目管理—项目经理—职业经理人。用 1~2 年的时间(在 30 岁前),熟悉公司业务并有意识地接触项目管理工作,力争做到项目经理的职位。

Jimmy对该咨询方案表示出极大的认可,心中的困惑也烟消云散。他表示,在接下来的时间里,自己会脚踏实地,一步步提升自我,努力去实践职业梦想。

总结

所谓的成功,每个人都有不同的定义。如果盲目地复制他人的职业成功,而不去分析自己的职业兴趣、个性特点、能力特长,其结果必然是错位和失败。还在职业发展道路上迷失的人们,不要等到步履维艰的地步才想到行动。别再羡慕别人的成功,静下心来,认真地为自己做一个量体裁衣的职业规划!

讨论题

Jimmy为什么难以复制 Andy 的发展之路? 你认为职业规划师给 Jimmy 的咨询建议是否可行,为什么?

第 11 章

职业环境发展的新特点和新趋势

11.1 职业环境发展变化的新特点

当今时代,全球化、知识化、信息化和多元化发展趋势的进一步加强,使我们每个人都面临着全新的挑战。技术的飞速发展和扩散,政治、文化的广泛甚至激烈的冲突,我们只能有些无奈地用"快变"和"不确定性"来形容我们所处的内外部环境。职业生涯规划需要了解环境变化的特点和趋势,需要应对职业环境的复杂性和多变性。

1. 全球化

全球化是我们每个人面临的最鲜明的时代背景。"地球是平的""一个地球村"是当今世界流行的术语,全球化已经不仅局限于经济全球化,而且渗透于我们生活中的各个方面。日本的地震海啸使世界许多国家都感受到了核辐射的威胁,美国华尔街的金融危机使全世界爆发严重的经济危机。全球化是我们面临的最突出的时代背景,每个人的职业发展不可避免地要与国际社会经济发展变化相关联。因此,职业生涯规划要有全球化眼光,必须在这一鲜明时代背景条件下进行规划和发展。

2. 知识经济

以信息革命为代表的第三次科技革命推动世界经济由物质经济转向知识经济,经济发展动力由资金、物质、人力为主转向以技术、信息、资金为主。技术进步在经济增长中的贡献由 20 世纪初的 5%～20%上升到 90 年代的 70%以上,已经在各种生产要素中上升到第一位,而且其稳定性大大提高,逐步实现了向"内部化"的转变过程。发达国家的经济比以往任何时候都更加依赖于知识的生产扩散和应用。

此外,技术发明、创新及其转移和普及时间的缩短,加快了科技转化为生产力的速度,给全球经济发展和经济活动以及经济管理带来了革命性或非预测性的变化,也使得职业的更新变化速度越来越快。

3. 互联网时代

以互联网为核心的沟通技术给世界和我们的生活带来了革命性的变化,互联网改变了或正在改变我们的生活方式和工作方式,这又是职业生涯必须面对的时代特征。

互联网几乎影响了所有人群、所有领域,不断改变人们的生活、工作、学习、娱乐方式,改变人们的思维方式。由于互联网跨地区、跨领域,超越了时间、空间的限制,打破了国家和地区有形和无形的壁垒,首次将人类引领到了全球性的资源共享社区和"自由贸易区"。互联网时代,人人都可以是媒体人,人人都可以在互联网自由发表意见,互联网信息传播的透明性、及时性以及传播速度,使建立公开、透明、公平、公正的公民社会成为一种必然和可能。

电子商务更是促进买者和卖者直接发生交易,减少中间环节,缩短交易时间,降低经营成本,减少资源浪费,扩大经营范围,营造了面向全球的网上商贸环境,电子数据的交换已经开始取代传统的直接贸易方式。

在网络时代,人们面对最大的资源——知识和人力资本,可谓唾手可得。我们必须清楚地认识到,人力资本将主导 21 世纪经济的舞台。地球未来的事,就发生在你的眼前、你的身边。不管你现在的工作和收入与互联网有没有关系,你都必须感受到这场历史变革。

4. 文化的多元化

随着经济全球化和通信及交通技术的进一步发展,当今世界不同地区、不同文化、不同种族、不同宗教信仰的人们交往日益频繁,多元文化的相互学习、相互融合与冲突并存,这是当今世界又一鲜明的时代特点。

作为个人来说,我们的就业环境面临的是多元文化员工的复杂性和不确定性,这就要求我们改变原来的文化传统和思维方式,承认差异,同时不带任何歧视,学会与各种文化的同事有效沟通、和睦相处。因此,要在文化多元化的环境中生活、工作和发展,就必须学会适应文化多元化的工作环境。

5. 二元经济结构与经济转型

对于当今世界广大发展中国家来说,中国的职业人面临的时代背景不仅是多元化的,更是复杂的。中国目前还是一个发展中国家,具有典型的二元经济结构特征,一方面存在着以城市工业为代表的现代经济部门;另一方面存在着以手工劳动为特征的传统农业部门,还未实现工业化和城市化。

从现阶段中国社会发展的实际来看,国家正在经历多方面的社会转型过程,其中最主要的,正是经济社会形态和技术社会形态这两个不同视角内的双重转型。一方面,从经济社会形态的视角看,中国正在经历社会主义社会的模式转换,即从原有的苏联计划经济模式的社会主义转换为中国特色的市场经济社会主义。另一方面,从技术社会形态的视角看,中国社会则正在经历另一种意义的社会转型,这就是由农业社会向工业社会的转型。通常所谓从"传统社会"向"现代社会"的转型,亦即社会现代化。从世界范围看,工业社会的前锋已经开始向信息社会过渡。从总体上看,中国社会所面临的任务首先仍是继续完成由农业社会向工业社会转型。

两个不同视角内的社会转型,同时并存于当代中国社会发展的实践。与这两种转型并存的是,目前存在着两种职业评价体系。一种是体制内的职业发展与评价体系,如行政事业单位、国有企业等,在注重个人业务能力的同时,更注重政治面貌、学历职称等。另一种是个体、民营、外企等体制外的职业发展与评价体系,更注重能力、实力和业绩的评价,而不注重政治面貌、学历、职称。由于二元经济结构和两种职业评价体系的存在,中国的职业人员必须具备在不同体制和机制条件下生存与发展的本领。

6. 绿色经济与低碳生活

发展低碳环保的绿色经济将代表中国经济形态未来发展的方向,包含循环经济、低碳经济和生态经济,其中循环经济主要是解决环境污染问题,低碳经济主要是针对能源结构和温室气体减排而言,生态经济主要是指向生态系统(如草原、森林、海洋、湿地等)的恢复、利用和发展（如发展生态农业等）。

毋庸置疑，调整经济结构、发展低碳经济，将对我们每个人的职业生涯产生深远和深刻的影响，将为大学生毕业提供更多的就业岗位，并对高校专业设置、人才培养方向产生深远影响。2010年以来，许多大学毕业生发现越来越多的"绿色岗位"摆在了面前，绿色建筑师、城市规划师、资源回收商、可持续发展智能软件开发者等绿色就业行业风生水起，使大学生的就业空间更广阔。因此，职业生涯规划要面向未来，适应绿色经济发展的要求，才能占得先机，拥有未来。

7. 和谐社会与和谐世界

和谐是当今社会发展的主旋律，和谐的发展观为社会、企业和个人的发展提供了一个崭新的思路。对企业来说，在市场竞争日益激烈的情况下，企业耗费很大的人力、物力、财力才有可能获得竞争的胜利，胜利的结果通常不是丰厚的利润，相反还有可能是巨额的亏损，在疲于应对外部竞争的同时，企业的领导者还不得不应对企业内部员工的竞争，平息员工的不满，消除怠工和懒惰。对个人来说，在事业上取得辉煌成就的成功者并不一定幸福快乐，职场人士频繁跳槽、收入增加却又心力交瘁。对世界来说，经济增长了，社会发展了，但并没有摆脱贫困、战争和不公平。因此，构建和谐社会，推动世界和谐将是世界发展的新潮流，实现个人心理和谐、家庭和谐、组织内部和谐将是个人职业管理的一项重要内容。

8. 劳动者身份和角色正在由劳动成本向人力资产发生转变

传统的经济和管理理论都把劳动视为一种成本，必须加以控制，甚至由于劳动不能和其人性动机以及意识分离，必须加以激励，确保他们会为目标投入技能。此外，由于劳动者也把自己的利益和能力带入组织，组织必须防止他们借由组成维护自己权益的工会或其他组织来展现他们的力量。

人力资本、知识导向的观点则认为，劳动者是创造组织价值的人力资产。一旦加入并留在这个组织，员工就形同冒风险在投资他们的人力资本。借助持续学习与发展的机会，他们的人力资本会随之深化与扩张。由于员工有着工作之外的兴趣和义务——针对他们的职业、家庭、社区与其自身——他们不可能也不希望将全部精力都贡献给组织。因此，必须整合工作与个人生活。员工对工作也有很多期望，包括在他们看来在很多重要的事情上拥有影响力和发言权。同时，雇主可以适度要求员工和他们所代表的组织为公司长期的生存与绩效贡献力量。因此，组织必须采取同时满足组织和个人利益以及期望的方式雇用员工。我们每一个职场人士应该了解这一变化，准确定位自己的角色，发挥应有的建设性作用。

9. 工作模式正在向知识导向模式转变

现在的工作体系正由工业模式演变为知识导向模式，模糊了管理者与非管理者之间的工作界限。在知识导向的经济中，企业的经营充满弹性与创意，工作者必须开展合作，从事多元、项目导向的工作，唯有让工作者运用并深化他们的知识和技能，才能达到高水平的绩效。因此，企业强调分散的团队之间的横向合作关系（无论是内部或外部），以及团队、跨职能的任务小组、跨组织的联盟和网络的协调作用。因此，个人的职业发展必须建立在终身学习、不断提高自己知识水平上,这样在职业发展过程中才更有竞争力,更能适应知识导向模式的要求。

10. 中国正在实施更高层次更广领域的对外开放,为当代青年职业生涯的全球规划带来新机遇

2015 年 5 月 5 日,中共中央国务院《关于构建开放型经济新体制的若干意见》,提出关于如何在外商投资、走出去战略、外贸和国际经济合作等领域建立开放型经济新体制,以开放促改革、促发展、促创新,建设开放经济强国,为实现"两个一百年"奋斗目标和中华民族伟大复兴的中国梦打下坚实基础。这一意见预示着中国进入开放发展的新阶段。

11. "大众创业,万众创新"为当代青年创业规划发展提供了难得机遇

李克强总理在 2015 年政府工作报告中提出,推动"大众创业,万众创新",培育和催生经济社会发展新动力。同年 6 月,国务院颁布了《关于大力推进大众创业万众创新若干措施的意见》,明确指出,推进大众创业、万众创新,是培育和催生经济社会发展新动力的必然选择,是扩大就业、实现富民之道的根本举措,是激发全社会创新潜能和创业活力的有效途径。

"大众创业,万众创新"的提出把创业、创新与人、企业这几个关键要素紧密结合在一起,不仅突出要打造经济增长的引擎,而且突出要打造就业和社会发展的引擎;不仅突出精英创业,而且突出草根创业、实用性创新,体现了创业、创新、人和企业"四位一体"的创新发展总要求,揭示了创新创业理论的科学内涵和本质要求,为广大青年人创新创业规划和实践开辟了新天地。

中国社会生产力大发展的事实表明,劳动者所对应的生产资料已不仅是土地、工业制造设备等。现代科技的快速发展,以互联网为代表的新一代信息技术,使劳动者、生产资料和劳动对象的结合方式与过去相比有了极大变化,它使得"大众创业,万众创新"成为浩浩荡荡的大规模实践活动。近年来科学技术的革命性变化带来创新组织模式发生重大变化。大数据、云计算和移动互联网的快速发展,使创新呈现出明显的个人化、小规模、分散式、渐进性特征,创业创新活动变成了社会大众人人可及的事情,众创、众包、众扶、众筹等一批集众人之智、汇众人之财、齐众人之力的创意、创业、创造与投资的空间如雨后春笋般应运而生,使得那些有梦想、有意愿、有能力的人,无论是受过高校教育的科技工作者、大学毕业生,还是普通农民、家庭妇女、退役军人、失业人员甚至残障人士等都可以参与进来,都可找到"用其智、得其利、创其富"的机会和空间。

青年是创业创新的生力军,国家特别需要并大力支持青年创业创新。青年创业创新要符合国家和社会发展需要,要千里之行始于足下,脚踏实地从小事做起。要经得住困难的考验、失败的考验、各种诱惑的考验,守法创业、诚信创业、合作创业,以恒心和毅力坚持不懈地创业。大学生是最具创造力的群体,也处在最有创造力的年龄段。政府有关部门和高校要共同为青年创业创新服务,大力宣传青年创业创新典型,帮助、支持和引导广大青年做大众创业、万众创新的先锋。

11.2　组织变革的发展趋势与无边界职业规划

11.2.1　组织变革的发展趋势

个人职业生涯与组织发展有着密不可分的关系,组织的性质、规模、目标以及组织发展变化趋势对组织成员的职业生涯目标及其实现状况有着直接的重要影响。根据近年来组织演变发展趋势,结合资料收集与分析,这里就组织发展变化趋势及其对职业生涯规划的影响总结归纳为以下几点。

1. 组织的分散化与虚拟化

组织的分散化、虚拟化是指运用技术手段把人员、资产、创意等动态地联系在一起而形成的组织。一般地说,虚拟组织指两个以上的独立实体,为迅速向市场提供产品和服务,在确定的时间内结成一个动态联盟,是以机会为基础的各种核心能力的统一体。当机会消失后,虚拟组织就解散。所以,虚拟组织可能存在几个月或者几十年。虚拟组织是一种开放的组织结构,可以在拥有充分信息的条件下,从众多的组织中通过竞争招标或自由选择等方式精选出合作伙伴,迅速形成各专业领域中的独特优势,实现对外部资源的整合利用,从而以强大的结构成本优势和机动性、完成单个企业难以承担的市场功能,如产品开发、生产和销售等。

组织发展的这一趋势,要求组织在制订职业生涯规划时必须考虑这种趋势并重视这一领域。这种工作需要雇员自发向上和自律的能力,能在独立、无监督的环境中工作显得更加重要,而提供在家工作技巧的培训也会受到欢迎。

2. 组织的扁平化

在以信息技术支持的知识经济时代,一种全新的扁平化、网络化的组织结构成为新形势下变革的必然选择。组织的金字塔结构正逐渐被更广、更平坦的组织形式所取代。扁平化的核心就是减少管理的中间层次,简化流程,提高效率。在这种情况下,制定职业生涯规划的时候,就不仅要考虑到组织中职位的高低,还必须考虑工作的改进和扩展。

3. 组织的多元化

社会正朝着多元化发展,评价标准更为复杂,绝对的对错成败已不复存在。因此,雇员都期望得到更多的多元化的技能培训。当一个人找到新的工作和接受新的任命时,他就必须更新职业规划并开展一系列新的职业活动来确保工作成功。

4. 组织的全球化

自从中国加入世界贸易组织以来,经济的全球化就不断加剧,随着各国间障碍的逐步消除,去国外工作将变得越来越普遍。因此,在选择此类职业时,也要适当考虑外语培训和不同文化价值观的沟通问题。

5. 组织信息化

现在的时代,可以称为信息化时代。发达国家经济中的制造业所占份额在急剧下降,信息产业提供的就业机会在不断增加。许多政府机构正遭遇着缩减规模的危险,而专门从事提供信息、解释信息的企业组织却大规模涌现,并在世界范围内呈现出相同的趋势。因此,职业规划应当考虑这一趋势。

6. 组织的弹性化趋势

组织的弹性化是指员工工作时间不再固定,在完成规定的工作任务或固定的工作时间长度的前提下,员工可以灵活自主地选择工作的具体时间安排,以代替统一、固定的上下班时间的制度。"弹性工作制"为个人职业生涯规划和个人全面发展提供了新的选择机会和工作条件。

7. 组织的轻型化趋势

组织的轻型化趋势是指近年来兴起的人事外包现象。这种管理形式能够避免企业内部过高的人力成本和"协调成本"。调查研究表明,全球财富500强企业通过人事外包而使其劳工成本削减了25%～30%。在美国出现了各种各样的"临时雇员"公司,为客户公司承担有关工资、福利、招聘等管理工作并提供相关服务等,是为企业提供人事方面服务的专门机构。

8. 组织的柔性化趋势

柔性的概念最初起源于柔性制造系统,指的是制造过程的可变性、可调整性,描述的是生产系统对环境变化的适应能力。柔性概念应用到企业的组织结构上来,是指企业组织结构的可调整性以及对环境变化的适应能力。很显然,企业组织结构发生的这种变化也是企业所处的社会经济环境不断变化的结果。新的经济时代的到来,企业外部环境变化已大大高于工业经济时代的变化,企业的战略和组织结构也将因此做出及时的调整。所以我们说企业组织结构的柔性化将成为企业组织结构未来发展的一种趋势。

综上所述,组织发展趋势对职业生涯规划影响重大,在进行职业生涯规划时必须考虑组织的特点、形式、发展趋势及发展阶段,才能有的放矢地进行职业生涯规划。否则,就可能前功尽弃,功亏一篑。

11.2.2　无边界职业生涯规划

适应组织分散化、虚拟化、网络化、弹性化等的发展特点和发展趋势,无边界职业生涯规划的理论和概念也应运而生。

无边界职业生涯的概念最早出现于20世纪90年代,是由Arthur在1994年《组织行为杂志》(*Journal of Organizational Behavior*)的特刊上首先提出来的,是指"超越单个就业环境边界的一系列就业机会"。与传统的职业生涯不同,无边界职业生涯强调以就业能力(employability)的提升替代长期雇用保证,使员工能够跨越不同组织实现持续就业。

1996年他进一步进行了修正和丰富,成为一个颇具影响的概念。Arthur和Rousseau出版《无边界职业生涯》一书,他们详细描述了以下6种不同的无边界职业生涯。

像硅谷公司职员一样,跨越不同雇主的边界流动的职业。

像学者或木匠等职业那样,从现在的雇主之外获得从业资格的职业。

像房地产商那样,受到外部网络和信息持续支持的职业。

打破关于层级和职业晋升的传统组织设想的职业。

出于非职业本身或组织内部原因，而是个人或家庭原因令其放弃现有职业机会的职业（这里强调对"职业与个人"或"组织与家庭"之间边界的跨越）。

基于从业者自身的理解，认为是无边界而不受结构限制的职业。

Arthur 和 Rousseau 还总结了这些定义中的共同特征，即"独立于而不是依赖于传统组织的职业安排"。因此，可以说，无边界职业生涯是一种多角度的概念，包括甚至超越了多种边界，而且涉及实体和心理、主观和客观等多种分析层面。

1. 无边界职业生涯产生的背景

20 世纪中后期以来，企业所面临的竞争环境变化剧烈，尤其是 90 年代以来信息技术和知识经济的迅猛发展，组织结构正在发生根本性的变化，从传统科层体制向更具柔性、更扁平的组织形式发展，出现了信息化、分散化、虚拟化、小型化等多元发展趋势。在这一背景下，企业势必要改变传统的长期雇用而代之以更具弹性的雇用形式，如雇用短期化、员工派遣、裁员等，即使日本企业长期坚持的终身雇用模式也产生了动摇甚至崩溃。实质上，企业将外界环境剧烈变动的风险通过组织结构与雇用形式的调整传递到员工。

由于企业战略在外部环境剧烈变化下不断调整，只有通过弹性雇用形式才能保证企业组织结构的弹性，从而保证企业组织能够随战略调整而调整。企业战略调整对员工能力不断提出新的要求，如果原有员工不能满足需求就必须不断雇用新人。尤其是日新月异的技术变革，造成企业内部员工技术老化加速，要求企业必须不断雇用掌握新技术的员工。20 世纪 90 年代以来大规模的并购潮流动摇了长期雇用的基础，跟随企业并购的往往是大规模的裁员行动，而被并购企业的员工雇用状况也成为并购成功与否的重要影响因素。

2. 无边界职业生涯的分类

无边界职业生涯可以分为自愿无边界和非自愿无边界两种。

（1）自愿无边界。自愿无边界是指当听说或者找到一个能够获得更多发展和回报的机会时，人们主动选择进入一个新的企业。

（2）非自愿无边界。非自愿无边界是指当发生如缩小规模、淘汰、重组或者裁员时，人们被迫去寻找新的工作。

这种划分更加体现了环境和结构因素在无边界职业生涯中的影响，有助于界定不同职业生涯转换中的实质，为现实世界中的无边界职业生涯提供更加准确和精细的分析框架。

3. 无边界职业生涯的影响

无边界职业生涯的影响主要表现在如下方面。

1）雇用关系的变化

组织结构变革导致了雇用关系的变化。雇用保障是传统职业生涯管理方式赖以存在的先决条件，而组织内存在的专业的职能部门和多个层级则是传统职业生涯管理模式运行的组织基础。组织结构变革使传统的职业生涯规划丧失了基础，员工不得不在多个企业间寻求受雇机会。

从制度层面上看,雇用短期化和员工派遣构成了雇用关系调整的最直接表现形式。这两种雇用形式不仅增强了企业组织柔性,还促使雇员不断更新技能以保持就业能力。不论雇用短期化还是员工派遣,员工就业能力无疑是实现雇用、促成派遣的最核心要素,"能力恐慌"无疑是促使员工比任何时候更重视企业提供的培训、参与有挑战性工作的动因。

隐藏在雇用制度层面之下的是不同雇用条件下心理契约的变化。一般观点认为,无边界职业生涯中,员工与组织之间的心理契约由关系型转变为交易型。传统关系型心理契约的核心在于员工从未来和稳定角度出发,以忠诚换取长期雇用保障;而交易型心理契约的核心则转变为员工更关注现实条件下组织为员工提供的经济利益和自身就业能力的提升。相比制度层面的雇用关系调整,心理契约变化的影响更加深刻。

2)职业生涯成功标准的变化

与无边界职业生涯转变相一致的是员工对个人职业生涯成功标准认识的变化。传统职业生涯成功的标准主要是作为职业生涯结果的薪酬增长、职位晋升,以及外在的社会评价因素,如职业声望、社会称许等。无边界职业生涯的成功标准则发生了方向性变化,从看重结果转变为看重过程,如职业生涯经历、职业社会网络等;从看重外在评价标准转变为个人内在感受标准,如工作是否与兴趣一致、工作与家庭的平衡等。

职业生涯成功标准的转化既是无边界职业生涯导致的结果,同时也是无边界职业生涯产生的原因。无边界职业生涯成功标准中无疑体现了社会价值观多元化趋向,重视过程和自我是当前社会价值观的重要取向。从这个意义上说,职业生涯成功标准既是结果,又是原因。

3)人力资源中介模式的变化

人力资源中介业务的迅速发展是雇用关系变化的直接结果,集中表现为20世纪末员工派遣业务和网络招聘的崛起。尤其是网络招聘这种成本更低、更快捷的招聘方式降低了企业招聘成本,扩大了招募范围,提高了空缺岗位的填补速度;也为员工寻找新岗位提供了更多的便利。

更具冲击力的是猎头服务,这种以职业社会网络关系为基础的定向招募服务在满足企业高端人才需求的同时,也为高端人才突破组织边界获得职业发展提供了便捷途径。目前,类似的猎头服务逐渐突破高端人才的范围,向中低端岗位扩展,出现了推荐人招聘网站,即利用同一职业人员的社会网络寻找合适的候选人,如美国的Jobster公司、我国中人网推出的中人网猎以及新兴的"职客"网站。

4. 企业视角的无边界职业生涯管理的应对建议

针对企业视角的无边界职业生涯管理的应对建议具体如下。

1)更新理念

企业必须放弃以雇用保障换取员工忠诚的雇用哲学,即使企业单方面坚持也是没有意义的,因为对于大多数企业尤其是中小企业而言,外界环境的整体改变不可能允许个体企业的抵抗行为获得成功。

企业必须重新定义忠诚的含义,忠诚不再代表员工长期服务于一家企业,而变成员工在合同期内遵守职业操守,达到既定的绩效标准。

无边界条件下以薪酬、事业、文化和感情为手段的留人策略遭遇挑战,持续提升员工就业能力将成为吸引和保留员工的重要手段,这不能简单等同于职位晋升和提供培训机会。例如,即使没有职位和培训,但员工可能由于有机会参加某一关键性项目,可以获得就业能力的提升。这也部分解释了相当多的年轻求职者会选择职位和薪酬都稍低的大型外资企业作为初期职业生涯开始的现象。

传统职业生涯规划是以企业为主导的,员工是在企业指导下参与职业生涯管理的。在无边界条件下这一主导权转移到员工手中,这表现为员工有充分的动机对个人就业能力提升负责,员工必须在职业生涯管理中具有主导权。

2) 透明操作

员工具有主导权的职业生涯管理的关键是透明操作。在企业主导下传统职业生涯管理一般是半透明的,员工一般只能从整体上了解企业人力资源规划;员工只能在人事决策后被告知结果,而无法了解和参与决策过程。无边界条件下,员工应当成为职业生涯管理的主体,而不仅仅是参与者,因此必须使职业生涯操作透明化。

企业人力资源规划是根据企业战略对人力资源进行整体协调和指导,包括企业人力资源发展方向和对关键岗位的接替计划。开放的人力资源规划可以使员工按照企业需求主动提升就业能力。

无边界职业生涯是相对于组织边界而言的,对员工封锁内部发展机会则是在组织内部制造壁垒,从而更加促使员工寻求组织外部机会。很多大型企业采取内部招聘策略,在企业内公布岗位空缺信息、接受报名,内部人员优先录取。这是职业生涯实施的最有效保证。

企业内的人事决策应该是透明的,人事决策的暗箱操作只会降低员工对职业生涯管理的信任程度,很多企业职业生涯管理体系都是被暗箱操作架空的。

3) 集中资源

相对于企业所有员工而言,职业生涯通道上的高端岗位永远是稀缺的,无论企业如何设计多维度的职业生涯通道,其最主要的成果是解决员工争夺有限行政岗位的问题,即所谓的"千军万马争过独木桥",但无论如何也不可能依靠职业生涯通道设计解决所有员工向高端岗位发展的问题。

有限的资源必须使用在最具价值的人力资源的激励上,即为企业创造 80% 价值的20% 的关键员工。客观上讲,传统职业生涯管理的目标也必须集中于保留少数关键人员,因为只有稀缺资源才需要规划,对于以低成本即可获得充分满足的人力资源进行规划的意义不大。以职业生涯规划减少其他大多数一般员工的流动既是不明智的,也是不现实的。合理流动有利于增强该部分员工提升自身就业能力的动力,企业也将因此而获益。

在具体操作上,从传统角度来看,企业应提供更具竞争性的薪酬和弹性福利,与绩效和能力挂钩的更可预期的晋升通道,企业品牌价值下的职业声望等。从无边界职业生涯的角度,则需进一步向员工提供更具挑战性和多样化的工作,更自由和宽松的工作氛围,帮助员工平衡工作与家庭(如提供 EAP 计划)。

4) 加强企业知识管理

职业生涯管理过程的一个重要内容是企业帮助员工提升自身能力,从而实现职业发展。在无边界职业生涯管理中,由于员工潜在流动性的增强,必须加强企业知识管理。

（1）防止员工对企业知识产权、商业秘密的侵害。这已成为某些人员流动率较高行业的一个焦点问题,如 IT 行业。

（2）员工个体能力提升过程并非仅是单向的,往往还伴随着"干中学、学中干"式的创新过程。这需要企业不断将这一过程中产生的零散的、隐性的、存在于员工身体之内的经验上升为系统的、显性的、独立于员工个体的组织知识,从而避免关键员工的离职构成对组织能力的巨大破坏。

5. 个人视角的无边界职业生涯管理要点

无边界职业生涯正成为未来职业生涯的基本模式。在个人无边界职业生涯规划的实施中,提升个人就业能力是核心,培育个人的社会资本是重要保障。个人的无边界职业生涯规划内涵,包括以下几个方面。

1）关注人职匹配,确定无边界职业生涯方向

大学生通过较长时间的专业学习,掌握了丰富的专业知识和技能,形成具有专业特点的思维和行为模式。因此,大学生应立足自身专业,尽可能选择与所学专业接近的职业,提高自己人力资本的使用效率。如果自身选择的未来职业方向和专业不符,要尽早调整专业,以避免因专业和职业不对口带来的时间和金钱上的更多成本。同时,对于大学生来讲,促进所学专业知识的迁移,提高学习知识的能力显得更为重要。未来新职业对知识、经验和专业素养的要求更新和变化速度非常之快,如果具有较强的学习能力,就能不断地、主动地进行人职匹配——个人主动地适应职业要求,而不是让职业适应个人条件,或被动应付职业要求。大学所学的专业应成为职业生涯发展的基础条件和推动力,而不是束缚我们的绳索。

2）设定多维的职业生涯发展路径,提升职业规划管理能力

无边界职业生涯是易变性职业生涯,要设定多维的职业生涯发展路径。俗话说,"不能一条道走到黑""一招鲜吃遍天",要多准备一些谋生和发展的手段与本领。另外,职业生涯的易变更凸显了职业生涯规划的重要性。面对无边界职业生涯趋势,个人必须承担自我职业生涯管理的责任,提高职业生涯管理的能力,进行更科学可行的职业生涯规划。

3）形成和谐、合理的职业生涯成功目标

长期以来,"追求完美""追求卓越""永远争第一"等,是许多人自励或追求的人生目标,但现实情况中"完美、卓越、第一"的目标都是理想状态,或是昙花一现,或是根本难以达到,或是永远也达不到。与其为一个永远达不到的目标让自己身心疲惫,不如设定一个和谐、合理的职业目标。环境变化越来越复杂、多变,个人所依赖的组织目标、组织形式也是易变的,个人的目标也要灵活。无边界职业生涯规划的要点就是,职业目标的确定要和谐、合理,体现多元化、易变性、无边界的特点。

4）不断培育个人的社会资本

个人的成功不完全是个人的事情,而需依靠个人和他人之间的关系,每个人的薪酬、升职和绩效在很大程度上是由其人际和企业关系网络的组织结构所决定的,就连天赋、智力、教育、个人努力和所谓的运气等决定职业生涯成功的因素也根本不属于个人品质,全都是借助于与他人之间的关系而发展、形成和体现出来的。

Defillippi 和 Arthur(1994)提出适应无边界职业生涯成功的胜任特征结构模型,将影响因素分成 3 个领域,即"知道为什么""知道谁""知道如何"。其中,"知道谁"包括有没有导师、组织内部的人际关系网络、组织外部的人际关系网络,这 3 个方面构成了个人的社会资本。因此,一定要充分认识社会资本的重要性。不少人存在认识上的误区,把运用社会资本错误理解为不道德的"耍手腕",把建立和运用社会关系看作追求私利的工具。其实,社会资本和物质资本、人力资本一样重要,是社会发展不可或缺的资源。人作为社会性动物,不可避免地处于社会关系网络中,任何人都有必要对自己的社会关系网络进行有意识的管理。在建立和运用社会关系网络时,不能仅着眼于我们能从社会关系网络中获得什么,而是要致力于我们如何为他人做出贡献,在付出的同时获得回报,在自身获得发展的同时为他人和社会做出贡献。

要采取科学策略,培育自己的社会资本。大学生在校期间和毕业后都应致力于建立开拓型的社会关系网络,以获得更多的信息,发现更多的机会。在校期间应积极发展学校内人际关系网络,积极参加组织的各种活动,主动与同学、老师增加联系,多帮助别人,建立组织内良好的人际关系,同时要主动发展学校外部人际关系网络。工作后,更应积极主动地拓展人际关系网络,培育自己的社会资本。

5)自由职业者之路

另外,可以考虑选择走第三条道路,成为一名自由职业者,这是一条有待开发的新路,也是一条适应组织分散化、虚拟化发展的更具个性化和多元化的理想之路。

选择自由职业,不仅是选择与众不同的职业方向,更是选择一种自由而快乐的生活方式。在中国经济持续发展下,家庭的财富积累已经不需要为眼前的生计忙碌时,在"80后""90后"的个性发展得到空前呵护与促进下,他们选择了另一种身份——自由职业者,或者称为"飞特族"(freeter,自由劳工)、"SOHO"(small office home office,在家办公的自由职业者)。这是一群只在需要用钱时才会拼命地工作,并且从事的都是富有挑战性的、弹性大的短期工作的人。自由职业者的出现,可以说是对朝九晚五工作方式的一种挑战,是对传统就业模式的一种革命,也为就业找到了另外一种诠释。

总之,无边界职业生涯发展趋势对于企业和员工意味着挑战与机遇并存,积极探索新条件下职业生涯发展的路径将成为一个长期课题。

11.3　互联网与职业生涯规划

11.3.1　互联网时代带来职业发展的变革

网络已经融入我们每个人生活和工作的各个方面,互联网时代为我们每个人的职业发展带来了新的工作机遇、新的工作方式,也带来了新的挑战。抓住机遇,迎接挑战是每个职场人士必须面对的现实问题。

中国互联网络信息中心(CNNIC)2016 年 8 月初在国家网信办新闻发布厅发布了第 38 次《中国互联网络发展状况统计报告》(以下简称《报告》),《报告》显示,截至 2016 年 6 月,中国网民规模达 7.10 亿人,上半年新增网民 2 132 万人,增长率为 3.1%,互联网普及率达到 51.7%,超过全球平均水平 3.1 个百分点,超过亚洲平均水平 8.1 个百分点。同时,移动互联网塑造的社会生活形态进一步加强,"互联网＋"行动计划推动政企服务多元化、移动化发展。《报告》显示网民总数持续攀升,互联网普及率增长稳健。

2016 年上半年,我国个人互联网应用保持稳健发展,除网络游戏及论坛/BBS 外,其他应用用户规模均呈上升趋势,其中网上外卖和互联网理财是增长最快的两个应用,半年增长率分别为 31.8%和 12.3%,网络购物也保持较快增长,半年增长率为 8.3%。手机端大部分应用均保持快速增长,其中手机网上外卖用户规模增长最为明显,半年增长率为 40.5%,同时手机网上支付、网络购物的半年增长率均接近 20%。2016 年,我国网民整体互联网应用呈现出五大特点。

1. 基础应用用户规模稳定增长,多元化服务满足用户精准需求

即时通信、搜索引擎、网络新闻作为基础的互联网应用,用户规模保持稳健增长,使用率均在 80%以上。即时通信企业深入挖掘用户需求,拓展更加多元化、差异化的服务类型,制定针对性产品满足用户线上线下各种生活服务需要;搜索引擎企业着重发展人工智能,提升差异化竞争力,同时国家出台相关监管政策,对搜索信息的内容进行严格规范;网络新闻应用着力发展基于用户兴趣的"算法分发",满足移动互联网时代用户对个性化新闻的需求,传统媒体与新媒体的融合加速,全媒体趋势初步显现。

2. 商务交易类应用持续快速增长,政策监管持续完善

2016 年上半年,商务交易类应用保持平稳增长,网上购物、在线旅行预订用户规模分别增长 8.3%和 1.6%。政府在推动消费升级的同时加大对跨境电商等相关行业的规范管理,网上购物平台从购物消费模式向服务消费模式拓展;网上外卖行业处于市场培育前期,由餐饮服务切入构建起来的物流配送体系可以围绕"短距离"服务拓展至多种与生活紧密相关的外送业务,具有更广阔的发展前景;在旅游消费高速增长带动下,在线旅行预订行业迅速发展。

3. 网上支付线下场景不断丰富,大众线上理财习惯逐步养成

互联网金融类应用在 2016 年上半年保持增长态势,网上支付、互联网理财用户规模增长率分别为 9.3%和 12.3%。电子商务应用的快速发展、网上支付厂商不断拓展和丰富线下消费支付场景,以及实施各类打通社交关系链的营销策略,带动非网络支付用户的转化;互联网理财用户规模不断扩大,理财产品的日益增多、产品用户体验的持续提升,带动大众线上理财的习惯逐步养成。平台化、场景化、智能化成为互联网理财发展新方向。

4. 网络娱乐类应用用户规模稳步增长,正版化进程加快

2016 年上半年,网络娱乐类应用进一步向移动端转移,手机端网络音乐、视频、游戏、文学用户规模增长率均在 6%以上。网络娱乐类应用的版权正版化进程加快,各应用厂商对涉嫌侵权的应用积极展开维权行动。网络视频内容朝着精品化、差异化方向发展,以优质内容培养用户付费习惯;网络音乐平台逐步扩大海外市场,以网络音乐为核心的包括明星演出、粉丝运营等在内的新兴产业链逐渐形成;作为新兴互联网娱乐类应用,网络直播发展势头强劲,随着各大互联网公司的介入,竞争将更加激烈。

5. 在线教育、在线政务服务发展迅速，互联网带动公共服务行业发展

2016 年上半年，各类互联网公共服务类应用均实现用户规模增长，在线教育、网约车、在线政务服务用户规模均突破 1 亿，多元化、移动化特征明显。在线教育领域不断细化，用户边界不断扩大，服务朝着多样化方向发展，同时移动教育提供的个性化学习场景以及移动设备触感、语音输出等功能性优势，促使其成为在线教育主流；网约车领域，基于庞大的市场需求和日益完善的技术应用，行业规模不断扩大；在线政务服务领域，政府网站与政务微博、微信、客户端的结合，充分发挥互联网和信息化技术的载体作用，优化政务服务的用户体验。

总之，不论是移动互联网的快速发展，还是互联网应用在广度和深度上的拓展，都会促进我国网民数量的增加和网络的繁荣，也会给我们每个职场人士带来新的机遇与挑战。

11.3.2 利用互联网进行职业规划

要学会利用网络资源进行职业规划，通过网络了解职业信息、进行职业测评、应聘及培训等。

要学会利用网络资源包装、宣传、推广自己，树立自己的网络职业品牌和形象，这也是打造自己职业形象和职业品牌的重要内容。

要把互联网工作作为自己职业规划的一个重要选项，进行规划设计。互联网行业是各个行业中新陈代谢速度最快的，要求从业者不断进行学习。为了让自己在 10 年后还能继续工作，就需要我们对自己各个阶段的工作进行规划，每个阶段都要有自己的工作重点和目标，为以后的职业做好铺垫。否则，我们会在洪流激荡的网络大潮中被冲走。

我们还可以把互联网创业作为一个重要的创业选项。正在兴起的互联网第三方平台的开放热潮将更好地减轻草根创业者的负担。开放意味着创业者可以通过平台提供商获得更多的流量与市场份额，创业者不需要庞大的硬件和软件投资就可以轻松快捷地创业，从而达到双赢。

资料链接

2016 年最赚钱的十大自由职业

工作不应该是单调的重复，自由也不应该只是说说而已，能够经受住长年累月的磨砺才能开出那朵让人顶礼膜拜的彼岸花。手艺好的自由职业者，工作时往往是心情愉悦的，不是他们傻，而是他们太聪明，懂得在可控的时间内做感兴趣的事，这应该才叫不枉此生吧！

习惯了朝九晚五的工作环境，总认为做一名自由职业者会被人另眼看待，其实不然，只要你有自己的技能，并且能够合理地分配时间，自由职业者也能成为高薪收入者。自由职业的工作也有冷热门之分，聪明的你快来看看做什么最受欢迎吧！

1. 礼仪模特

模特大家都不陌生，T 台秀和车展这样的场合最容易见识到模特的魅力，他们美丽动人、帅气挺拔,只要是站在舞台上就能够散发无尽光芒,最重要的是他们是衣服最好的驾驭者。有人打趣说淘宝是骗子,因为平面模特拍出来的跟实际穿在我们身上的完全不一样,想想也就释然了,180 厘米的女生、190 厘米的男生怎么可能跟我们的小身板相提并论呢？礼仪也是最受女生欢迎的自由职业之一,因为在这个看脸的时代,身材和脸蛋的魅力会提分不少,而且礼仪就是门面,落地活动也必不可少,所以称之为最富有的职业之一当之无愧。

2. 翻译员

翻译员在落地活动中的地位相当重要。语言沟通不畅一直是制约社会进步的障碍,更何况与国际接轨后,很多国家的商人都来我大中华做生意,肢体语言交流太困难,没有翻译根本不行。更重要的是很多大型会议都需要同声翻译,会小语种的就很吃香,年薪不少于 50 万元。

3. 摄影摄像师

不同于记者,摄影摄像师是通过镜头说话的,他们的每一张照片、每一个 DV 都能够让不同阶层不同年龄的人拍手叫好。摄影摄像师出现的场合很多,只要是做宣传的基本上都会需要,比如演唱会,比如电影发布会,再比如新品服饰发布会。有说服力的照片和影视是专业与否的标准,摄影摄像师的工资是按小时计算的,可想而知会有多赚钱！

4. DJ 和乐手

在娱乐行业如此发达的当下,北漂者比比皆是,DJ 和乐手可谓是受尽追捧,比如说草莓音乐节、舟山音乐节、小型音乐会都会有大批或草根或知名的 DJ、乐手出现,他们的薪水是按照场数付费的,很给力。

5. 插画师

"设计"在宣传方面是很重要的,形象的图画往往能够更快地成为标示,让人记忆。拟人化的图像更是如此,插画师每出一个稿最低都过万元,所以如果你执行能力强、创造能力赞的话不妨走这条路子看看。

6. 活动专员与活动顾问

落地活动离不开专员和顾问,专员做的是执行,不同类型的活动需要的技能不一样,所以有经验的活动专员往往能够获得很高的录用率与重用率。活动顾问的主要职责就是协调和指导,如果作为主办方的你还在为如何做好这场活动而苦恼,那么不妨找找活动顾问吧。

7. 网络营销

网络是个很神奇的地方,身处万千辞海,需要快、准、狠地把握每一个话题来为自己造势,现在不管什么企业都在做网络营销,都在占领高地影响市场,但是缺乏高手,如果你是能人奇才,那么不妨动起来吧,这个不需要"抛头露面"！

8. 写手

爱情小说都拍成电影了,玄幻小说都改成游戏了,这么大的群众基础,项目组是绝对不会忽略的。南派三叔、唐家三少,哪个不是从小写手被发掘的？所以写手是如今最有前途的自由职业之一。当下大批需求正在靠近,软文、新闻稿、介绍信、论文,有多少字就有多少钱,语文学得好的草根可要赚大发了。

9. LoGo(徽标或商标)设计师

作为设计师,我们在设计 LoGo 时常考虑的可能是美感与创意,但还是那句话,设计师不是艺术家,是解决问题的人。如何利用 LoGo 设计去帮助企业,是设计师们该思考的一个重要方面,也是企业寄予设计师的厚望。今天与同学们分享这篇好文,希望以后设计LoGo 时可以借鉴一下,这样企业开心,设计师不改稿,大家都高兴!

10. SEO

SEO 是 search engine optimization 的缩写,中文意思是搜索引擎优化,与搜索引擎定位(search engine positioning)和搜索引擎排名(search engine ranking)是同一种工作。指通过了解各类搜索引擎如何抓取互联网页面,如何进行索引以及如何确定其对某一特定关键词的搜索结果排名等技术,来对网页进行相关的优化,使其提高搜索引擎排名,从而提高网站访问量,最终提升网站的销售能力或宣传能力的技术。

(资料来源:新浪网,自由职业如何赚钱的博客)

复习思考题

1. 职业环境变化的新特点和新趋势有哪些?如何应对职业环境的复杂性和多变性?
2. 组织变化的新特点和新趋势有哪些?如何适应组织分散化、虚拟化、网络化、弹性化等变化,进行自己的无边界职业生涯规划?
3. 作为互联网时代的职业人,如何利用网络资源进行职业规划?

案例探讨

什么人在当自由职业者

自由职业者的生活——自由,不可挡

李星从小学习成绩就很优异,却是老师和长辈眼里的不安分孩子。他总是踩着上课的铃声进教室,总是最后一个交作业,总是非常勉强地参加学校的各类竞赛。这个不愿受约束的男孩大学毕业后,让父母头疼了好一阵子。他一直没有安分地像其他大学毕业生那样去找工作,用父母的话来说,"毕业一年了,成天窝在北京租住的房子里睡大觉"。在贵阳的父母成天为他的工作到处张罗,每天一个电话催问他在北京找工作的结果。他却说:"我现在又不缺钱用,只想休息一下。"原来学自动化控制的李星在学校的时候,就接了不少软件开发的活,每天除了学习,还要做大量的工作,毕业时已经挣了一笔数目可观的钱。电话中他说:"实际上我从小就是那种自由散漫的性格,爸妈希望我找一份稳定的工作,收收性子。我曾经尝试过找一份安定的工作,但发现不适合自己。因为每个人的性格不同,我希望在一种自由的氛围中做自己想做的事情,而我所学的计算机专业,为我提供了获得这种自由的空间。实际上,毕业后我一直没有闲着,而是帮一些公司做软件,我刚完成了一个大型游戏软件,目前正在试玩的阶段。我已经通过了今年的研究生考试,准备学习动漫设计与制作。等研究生毕业,我会成立自己的工作室,想工作时就工作,想休息时就休息。"

43岁的王先生看上去比他的实际年龄年轻,他认为这和他现在的就业现状有关系。因为王先生作为一名自由职业者,承受的生活压力没有别人那么大。

5年前,一次很偶然的机会,王先生一位朋友的单位搬新办公楼,原来两层楼的办公室准备外租,由于一些原因一直没有找到合适的租赁方。朋友认为王先生人缘广,为人也好,大家都信得过他,把这件事情托给了王先生,并说好了一个底价,并且租金超过底价的都归王先生。没费多大劲,王先生就办成了这件事,因为正好一个朋友的外地朋友要在贵阳租写字楼。这一次,王先生一下子挣了近1万元。这件事使在事业单位当了10多年工薪族、月薪只有1000元的王先生想了很多。半年后,经过深思熟虑的王先生正式从单位辞职,开始专职做起了房地产租赁的中间商。

和很多中介公司不同的是,王先生并不是完全的挂牌营业,只是纯个人的行为,完全是靠他的信誉和人际关系做房产中介。对于自己的这种状况,王先生认为做这份工作的好处在于自由,完全是按自己制定的工作目标去完成,很少有来自外界的压力,想做就做,不想做就歇着,同时收入也不错。这个职业王先生也不准备长期干下去,他说,准备再干一段时间,应该会转行做别的行当。

为生活而挣钱　不为挣钱而生活

早在什么"飞特""SOHO"这些词派生之前,张娴就已经是一名自由职业者。首先她辞去人人都美慕的银行工作,放弃了月薪5000元的高薪生活,把更多的时间留给自己脱产考研。有人说她傻,在职一样考研,就算脱产也不必辞职。可她认为,如果那样就会失去更多选择的自由。研究生读完后,她在北京一家外企找到一份主管会计的工作,月薪近2万元,可是一年后当她被升为财务副总监时,又一次辞职了。面对周围众多的不理解,她说:"我已经厌倦了成天担心老板脸色,操心每天该穿什么套装,厌倦了办公室的人际关系。升职意味着我要更加拼命地去工作,更没有自由,更没有生活质量。这不是我想要的生活。"她是这样说的,在她读高中的时候曾经在黄果树瀑布遇到过一个瑞典游客,他当时已经游遍了大半个亚洲,当时她认为这人肯定很有钱,但其实不然。原来这个瑞典人每年拼命地工作半年,挣够了钱,就出门旅游,钱用完了又回去拼命工作,享受着自由工作与生活的快乐。她当时就有了一个愿望,将来也一定要这样工作和生活。她说:"工作是求财不是玩命,犯不着把自己卖给工作,累了就歇,拥有工作的自由和快乐的生活最有品质。目前我存折上的数目够我悠闲地过一阵子。因此,决定响应网上驴友的号召去游览祖国的大好河山,把没有去过的地方走一遍。回来再考虑下一步该干什么。"

还在读研究生的小海,与班上同时读研的另外几个同学比较,他的生活明显要惬意得多,原因是经济上的宽松。利用自己写文章的天赋成为职业论文写手的小海,对自己的规定是每个月所写论文的数量绝对不超过5篇,尽管如此,他的月收入也在3000元以上。读研两年多,小海没有向家里要过生活费。

小海认为,这是一个很好的职业。一方面自己喜欢写文章;另一方面是职业写手要涉猎多方面的知识,也是一种很好的学习方式。他说:"应该说我主要把它看成知识面的一种拓展。因为要写的论文知识涉及面很广,就需要储备大量信息,不仅仅是储备在电脑里,更多的要储备在自己的头脑里。现在我感觉自己有了很大的进步,这对于我的学业、我的人生都是非常有意义的。"

因网络而成就自由

小照是网上活跃的高级"SOHO"族，是一个计算机硕士，曾经在一家IT企业任业务主管，可是工作了两年后，在公司准备给他升职时，他却辞职了。很多人认为他可能是创建了自己的公司，可是他认为那样要负很多责任，会失去原本希望获得的自由。他利用自己的专长、技术和人际关系，虽不隶属于任何公司，却在为很多家公司打工，而且担任很多网站的网络管理员，还成了一名多产的网络写手。他这样形容自己的生活：没有固定的老板，自己就是自己的老板；没有固定的工作时间，想何时工作就何时工作。就像倒挂在网上的蝙蝠，独来独往、昼伏夜出。

自由职业者都在干什么

自由职业者有两类，一类是自由白领，另一类为一般自由职业者。

自由白领收入很高，一般不会为生计问题而烦恼。但要成为自由白领却不是一件容易的事。在调查成功的自由白领过程中，发现他们都具备以下素质：有很强的分析能力和出色的口头、笔头表达能力；充满自信，能与他人友好相处；有能力承受时间和资金的压力；渴望学习、有创造性，敢冒风险、足智多谋；是一个能主动工作的人，在没有外界压力的情况下也能及时地完成手头的工作；做事计划性很强，懂得维持工作与生活方面的平衡，不会因为在家工作而导致生活秩序大乱；能够控制工作的进展程度。同时，他们还善于解决问题，具备出众的专业能力，有良好的人际关系与资源，并有精良的工作设备。

而一般的自由职业者主要是依靠自己的力量，依靠社会互助合作解决创业与就业。例如，一些家政服务人员，他们主要是靠自己的勤劳和信誉挣钱，这类人虽说也能自由安排自己的工作时间，但由于收入相对较低，不能像自由白领那样想干就干、想歇就歇。还有就是网上"SOHO"商人，或在网上开店，或嫁接于电子商务网站和厂商，利用网络和人际关系的双重优势将物美价廉的产品销售给客户。此种方式无须更多专业知识要求，成为包括下岗职工等众多创业者的首选。

实际上，在面临严峻就业形势的同时，各个领域也有相当多的自由职业者在以不同的方式就业，而且范畴愈来愈广，他们广泛地分布于现代服务业、创意产业。例如，IT软件程序员、服装设计师与裁剪师、自动化数控编程技术员、测量与传感技术员、印刷设计员、智能楼宇布线设计工艺员等高科技自由职业者。还有领域更为广阔的，如摄影图片制作师，漫画、动画、多媒体设计师，产品造型设计师，家庭医生，护理员，财务管理咨询师，会计员，审计员，咨询策划师，作家，翻译家，律师，行业经纪人，股票债券经纪人，金融保险代理员等。

自由职业者的生存空间

自由撰稿人陈先生说，每逢登记或填表，在"职业"这一栏他真不好填，因为他的职业总在不停地变化，每次都写上"自由职业者"。因此，也招来一些异样的眼光和不一样的接待方式。

陈先生说："我从心里感谢这个时代给予个人选择与放弃的自由，但我们的体制为自由职业者提供的保障和方便却是滞后的。我希望能有一个专门负责保存自由职业者档案的机构，管理所有的'自由职业者'，让我们免除一些尴尬和麻烦。"

的确,自由职业者的出现,在客观上缓解了就业压力这一越来越重的社会问题,如何将这一群落有意识地纳入社会分工体系,并从身份、立法、税收和社会保障等方面予以确认、规范和保护,是摆在各职能部门眼前的现实问题。

(资料来源：soho 世界同盟,http://soho.icxo.com.)

讨论题

根据案例中几位自由职业者的生活学习状态,根据组织分散化、虚拟化的发展趋势,你如何理解"自由职业者已经成为潮流,成为新一代的创业者"这句话的含义?

第 12 章

高难度的职业规划：创业

12.1 时代呼唤大学生创新创业

李克强总理在 2015 年政府工作报告中,两次提到"大众创业,万众创新"。鼓励创新创业,在经济仍有巨大下行压力的情况下,不仅是经济增长的内生动力,也是保证就业的重要出路。大学生是最具创新与创造活力的群体。在就业压力巨大、从制造大国向制造强国转变的语境下,激发大学生的创新创业活力,意义重大。

"大众创业,万众创新"是在当代以互联网、大数据发展为代表的科技大发展条件下,以及在制度变革和政策创新作用下,中国社会生产力的又一次解放。长期以来,在中国社会中创业和创新只是少数人从事的"高大上"事情,对于普通大众来说只能沿着前辈的生活轨道谋生。随着电子商务快速发展,淘宝网等平台凭借技术难度小、进入门槛低、初始资金需求量少等优势,帮助千百万普通民众实现创业梦想,在中国城乡地区形成了极强的示范和带动效应。近年来东部地区的浙江、山东、江苏等地出现了一批"淘宝村",极大改变了现代技术发展与普通民众的疏离,这是他们前辈没有遇到也没有想到过的事情。

青年是创业创新的生力军,国家特别需要并大力支持青年创业创新。青年创业创新要符合国家和社会发展需要,要千里之行始于足下,脚踏实地从小事做起。要经得住困难的考验、失败的考验、各种诱惑的考验,守法创业、诚信创业、合作创业,以恒心和毅力坚持不懈地创业。大学生是最具创造力的群体,也处在最有创造力的年龄段。响应时代呼唤和国家号召,不负这个时代赋予当代年轻人的机遇和责任,勇于创新创业成才,就成为当代年轻人职业规划的重要选项。

1. 经济的发展需要创业

当前,衡量一个国家的综合实力特别是国际竞争力的标准已经发生了很大变化,不再主要看实物产品、生产能力,不再看生产了多少钢铁、水泥、汽车,甚至也不看其外汇储备多少。纵观世界,凡是能够长期保持强劲竞争力的国家,无一不是创业创新活动普及活跃、依靠创新驱动发展的国家。推进大众创业创新,正是这些国家提升综合实力、保持国际竞争力的一条重要经验。

世界管理学大师彼得·德鲁克(P. F. Drucker)认为,创业型就业是美国经济发展的主要动力之一,是美国就业政策成功的核心,鼓励创业是带动就业增长的主要措施。他分析了 1965—1984 年美国的就业结构,发现就业机会都是由中小企业创造的,并且几乎全都是创业型和创新型企业创造的。特别是最近 10 年以来,美国经济的推动力越来越多地来自创业和创新型企业。未来学家约翰·奈斯比特认为创业是美国经济持续繁荣的基础。自 1990 年以来,每年都有 100 多万个新公司成立,即平均每 250 个美国公民就有 1 个新公司。创业高潮在美国是一浪高过一浪。据《华盛顿邮报》报道,在美国,人们创办企业的势头还从来没有像现在这样强劲过,它已经成为美国经济增长的强大推动力。美国"考夫曼企业家领袖中心"1999 年 6 月的一份研究报告显示,每 12 个美国人中就有 1 个人期望开办自己的企业。91%的美国人认为,创办自己的企业是"一项令人尊敬的工作"。20 世纪 90 年代以来,美国经济的高增长堪称当代经济奇迹,内在的原因固然很多,但是,具有企业家意识、自下而上的创业精神,可以说是美国经济持续发展的根本原因。在美国的资本市场上,资金流向那些能够获取高收益的创业公司,年轻的创业者由于掌握新技术或能够把握新的商业机会,他们的创造性和创业热情,促使他们寻求更多的机会获得创业资本。美国经济几十年的持续发展,即得益于高新技术的创业成功。

2. 当今时代呼唤着创业

改革发展是当今中国的主旋律,当今的经济社会正处于一个不断变革的时代。这种变革渗透到社会生活的各个方面,从经济领域到政治领域,从家庭的组合到个体的发展。而每个方面的变革又同其他方面相互影响、相互作用。在这种变革过程中,更加注重突出人的价值,体现人的发展,显示人的才能。只有这样,变革的目的与人的发展才能趋于一致。在这种变革的社会,要实现人的价值,显示出个性的特征,只有适应社会的发展,创造自己的事业,才能把自己融于变动的社会发展之中,适应经济发展的要求。

对于一个贫穷的国家或民族来说,要想改变国家或民族贫穷落后的面貌,需要更多的人投入创业行列。无论是中国共产党人领导全国人民的革命,还是改革开放中国的经济建设,每件事都是中国人民所进行的艰苦卓绝的创业。从国家到家庭以至个人,一个真理需要我们记住并认真思考:贫穷与落后就会挨打! 贫穷对于国家、民族、家庭、个人都是非常可怕的。贫穷是我们中华民族的耻辱,贫穷使我们这个伟大的民族成为外国列强的奴隶! 要改变贫穷,需要我们振奋精神、起来创业! 创业是我们每代人的责任,创业是我们每代人的义务。

当今时代是经济发展的时代,是变革的时代,是高科技革命的时代,也是世界经济全球化发展的时代。在这样的时代中,要求每个有志于实现人生价值的人都应有创业的精神和创业的志向。在这个不断进步的经济社会,人类积淀的科技成果和物质基础为人们开创事业提供了充分的物质保障。通信的发展,使信息交流更为便利;交通的发展,使人们的出行和物流更加便捷。但要适应经济社会不断发展的要求,使自己从容地生活于这个不断进步的社会,就必须根据环境的要求和自身的特点进行一番创业活动。它既是社会进步对人的要求,也是人们自身发展的必然趋势。

在工业化时代的市场经济条件下,创业和创新所需要的资金、技术门槛高,不是普遍大众能轻易迈过去的。今天互联网的广泛应用和低门槛使机会平等有了更为有利的基础,依托于"互联网+"的创业和创新无处不在,普通大众都可以参与其中,并找到获得成功的机会。

"市场是天生的平等派"。改革开放以来,特别是推进建设社会主义市场经济以来,给了社会中相当一部分人改变自身命运的机遇,一批人通过诚实劳动和艰苦努力成为市场竞争的优胜者,今天中国社会主义市场经济体制带来的积极的流动效应比以往任何时期都要大得多。今天,推进"大众创业,万众创新",就是让更多的人富裕起来,让更多的人实现人生价值,这有助于调整收入分配结构,促进社会公平,也会让更多年轻人,尤其是贫困家庭的孩子有更多的上升通道。

3. 产业结构的调整需要创业者

推进大众创业创新,是推动我国经济转型升级、提质增效的迫切需要。当前我国经济进入了新常态,稳增长、转方式、调结构的任务十分紧迫,需要通过创业创新进一步释放市场活力,增强经济转型发展的内生动力。中央一再强调要以大众创业创新形成发展的新动力,并接连出台有关政策措施,就是要通过深化改革激发数以亿计各类人才的创业和创新潜能,推动我国经济从依靠要素驱动、投资驱动向创新驱动转变,为我国经济可持续发展打造不熄的引擎。

在经济全球化的发展趋势下,我国经济结构仍存在一定的问题,主要是产业结构不合理、地区发展不协调、城镇化水平低,这是当前我国经济发展中的突出矛盾。在产业结构方面,面对目前我国农业基础薄弱、工业素质不高、第三产业发展滞后的局面,我国产业结构调整的方针是:巩固和加强第一产业的基础地位,加速和提高第二产业,发展第三产业。这一方针将为创业者提供大量的发展机遇和广阔的发展空间。

随着我国经济的发展和改革的逐步深入,以及经济结构战略性调整的不断推进,产业结构的调整已加快了步伐。这意味着行业中原有投资主体退出,个别行业萎缩或消失,而新的投资者出现,新兴的行业将迅速崛起。新兴行业的出现和投资主体的多元化将推动一大批创业者产生与成长。在大力发展第三产业方针的指导下,第三产业将蓬勃发展。为适应社会发展和产业结构调整的需要,就要有更多的人创办第三产业,为我国的改革发展注入新的活力。第三产业是投资少、见效快的投资领域,十分适合青年投资。一般来说,创办一个企业,必须有地点、人员、设备和资金,即人、财、物三个起码的要素。就地点而言,第三产业一般不需要占用太多的场地,而且对场地的选择要求也不太苛刻。就人员而言,不要求过高的专业知识和技术人员,有些服务性行业的人员只要掌握熟练的技术即可,这样的劳动力相对而言价格低廉,且极易找到。就物而言,第三产业的项目投资一般不大,所需资金有的仅几百元。就其收益来说,第三产业的投资项目一般具有灵活、新颖、特色等优势,通过充分发挥自身小而精的特点,根据人们的需求,灵活经营,加速资金的周转,自然获利也较大,创业成功的机会就比较多。由此可见,迅速发展的社会不仅需要人们创业,呼唤人们创业,而且它也为创业者创造了前所未有的机遇和条件。

4. 知识经济的时代需要大学生创业

知识经济是以知识和信息的生产、分配和使用为基础,以人力资源及其创造性为依托,以高科技产业及智力为支柱的经济。它强调知识在经济发展中的作用,强调人力资本的开发,特别是人力资源创造力的开发在经济发展中的价值。在产业结构方面,高科技产业将成为这种经济的主导或支柱。

知识经济和传统的农业经济、工业经济相比较,主要有以下特征。

(1)知识经济是一种信息化经济。信息技术在全社会的广泛渗透和应用,对政治、经济、文化、社会等方面的影响是全面而深刻的;信息和知识成为最重要的资源和财富;拥有选择的信息网络;自动化在全社会普及,经济的发展与信息技术的发展密不可分。

(2)知识经济是一种网络经济。计算机普及,互联网四通八达,由众多计算机组成的网络建立起企业与市场之间的桥梁,在网络中可以完成某些商业活动。

(3) 知识经济是一种创新经济。传统的农业经济时代,人类靠长期积累的经验维持着简单的再生产;工业经济时代是以资本积累和扩大再生产为主;知识经济时代则是知识积累和创新再生产。知识经济使社会科技发展迅速,高新技术不断涌现,落后技术迅速被淘汰。科技对经济增长的贡献率可达 90%。只有知识创新、技术创新、制度创新、产品创新、市场创新、管理创新以及它们之间的相互结合,形成一种持续创新机制,才能赢得竞争的优势。

(4) 知识经济是一种智力支撑型经济。它以智力、知识、信息等无形资产的投入为主,通过应用知识提供智力、添加创意成了知识经济活动的核心问题。

(5) 知识经济是一种可持续发展经济。它要求以先进的科学技术为手段,合理、综合、高效地利用现有资源,同时开发尚未利用的各种资源。总之,知识经济是一种新的经济形态,对人类社会必将产生深远的影响,对大学生也无疑是一种严峻的挑战。

人类知识的生成、传播和继承都离不开人与人之间的沟通与交往。今天数据已经渗透到几乎每个行业和职能领域,成为不可或缺且日益重要的生产要素。随着对数据收集、管理、挖掘技术的快速发展,大数据催生出一大批新产业。据测算,自印刷术发明以来,过去上千年印刷材料的数据量相当于 200PB[数据存储以比特(Byte)为最小单位,为 1024 进位制,从低到高依次为 B、KB、MB、GB、TB、PB、EB 和 ZB],而 2011 年全球产生的数据量约为 1.8ZB,相当于人类过往数据量的 9 400 倍。

与工业革命不同,知识经济、大数据的基本特征是知识与数据的排他性约束相对较少。与传统工业扩大规模带来边际成本递增不同,同一(同类)数据则可以被多个主体同时使用,乃至越用越丰富,其边际成本还会出现不断降低趋势,这对国家治理模式、企业决策、组织和业务流程、个人生活方式产生巨大的影响。

今天社会生活正日益高度数据化,数据信息的传播也从单中心、单向传播向多中心、网络裂变式传播转变。比如,传统条件下对消费者的需求只能依据人口统计特征来描述,而个人需求所具有的隐蔽性、复杂性、易变性和情景依赖性难以把握,现在大数据通过细分化、个性化、精准化、动态化,可以实时模式化其需求行为。"互联网+"和大数据在带来传统重构的同时,更催生了无数的商业机会和盈利空间,它把人重新组织进新的财富创造体系之中。

大数据具有无限接近消费者潜能的性质,它极大地推进了人的愿望、需要和现实需求与可能提供的产品、服务在更细微层面的匹配,预示着新一轮生产率增长和消费者盈余浪潮的到来。依托于互联网所带来的平台效应、链接效应和重构效应,使"淘宝村"等业态所面对的市场早已不是简单的地域性本土市场,它连接的是全国乃至全球大市场。

目前,以"互联网+"为代表的知识经济,大大降低了创新创业成本,为大学生创新创业提供了广阔的市场。在这个时代,新的产业部门将取代传统的产业部门,新的资源与新的资源配置方式也将出现。一些社会新型阶层必将兴起,知识的拥有者、控制者将打破传统的货币资本与实物资本的控制者对社会权力的垄断地位,成为新时代社会结构的核心和中坚力量。与此同时,社会财富也必将被新的知识创新阶层所控制。一些新的就业方式和财富增长方式也必将出现,知识就业者、信息就业者、网络就业者、数字就业者将大量涌现。通过知识的生产、交换获取社会财富将成为财富积累的主要方式。这就出现了新型的财富观，即不以拥有的货币量和实物量作为测算财富的主要指标，而是以知识拥有量、市场化水平及更新速度作为财富的主要指标，无形资产成为财富的主要表现形式，财富已经成为一个知识资本化的动态概念。随着知识的资本化，知识资本家和知识资本营运家将成为时代新宠，成为社会发展与控制的主导力量。

人类社会的不断发展与进步的过程，就是一个不断创新的过程。在以高新技术为支柱的知识经济时代，创新意识、创新精神、创新能力更是衡量新型人才的重要标志。大学生作为我国高素质国民的群体之一，知识经济时代将为其提供更多的就业与创业机会。大学生要迎接知识经济的挑战，不仅要注重掌握科学前沿的最新知识，更要注重把自己培养成为创新人才。在知识经济时代，大学生通过科技创新在某一方面取得突破性的成果或者毕业后先进入某一行业就业，进而自己或与他人合作创办公司，在为自身创造就业机会的同时，也为社会和他人提供更多的就业机会将成为一种新的时尚。

5. 中国进入发展新阶段需要"大众创业，万众创新"

20世纪后半叶以来，西方发达国家进入后工业时代，其重要特征之一就是服务业的快速发展。1978年，我国第一产业、第二产业和第三产业占国内生产总值（GDP）的比重为28.2%、47.9%和23.9%。2013年，我国第三产业占GDP比重达46.1%，首次超过第二产业。在传统工业化道路下，高资本投入、高资源消耗的模式难以为继。2014年，我国GDP约占世界的13%，但消耗了世界能源的23%、钢材和水泥的50%，资源环境瓶颈制约十分严峻。

6. 大学生是"万众创业"的主力军

推进大众创业创新，是解决大学生就业、促进年轻人成长成才的有效路径。当有些大学生经过数载寒窗苦读，感觉终成正果，踌躇满志地准备一展宏图时，却发现社会并未如所想象的那样向他们展开欢迎的双臂。在"双向选择"的就业方式下，有些学生就业的单位不理想，有些学生未找到就业单位，面对所学专业知识和社会现实所产生的困惑，走自我创业之路不失为一种发展自我、完善自我的新途径。

推进大众创业创新，也是人民群众自身发展的内在要求。习近平总书记强调，要让全国人民"共同享有人生出彩的机会，共同享有梦想成真的机会"。中国人民素来就有吃苦耐劳、勇于探索创新的传统。改革开放30多年来，艰苦奋斗、自强不息的创业精神和敢为人先、与时俱进的创新精神更加深入人心，通过创业创新勤劳致富已成风尚。推进大众创业创新，必将为广大群众挖掘自身潜力、实现自身价值、创造美好生活提供更加广阔的空间和舞台。

青年处于创新创业的活跃期，大学生是"万众创业"的主力军。但目前我国高校毕业生创业的比率只在2%左右，与西方发达国家大学生创业比率的平均水平20%相差还很大。高校还应进一步思考和探索，创业教育究竟该如何开展？

要激发更多的大学生创业，大学营造一种创业文化很重要。现在大学中创业的文化氛围还不够浓厚。在大学里的各种讲座和报告中，学术方面的内容居多，而关于创业的较少。今后可以多邀请企业家和成功的创业者来到大学开办讲座、同学生交流，让企业家的精神在青年学生的心中发芽。

要支持和鼓励老师和学生成立更多的创业沙龙，比如清华大学的创客教育基地联盟就是一个很好的尝试。学生和老师能在一起学习和交流关于创业的思想和心得，并亲自动手实践创新，也是塑造创业文化的一种途径。学校里也应该兴办创新工厂、车库咖啡这样的场所，让学校有创业的文化和氛围。

值得注意的是，大学在营造创业文化的过程中，不仅是要培养学生的创业热情，更重要的是让他们认识到创业不仅是就业和挣钱，更是一种更高一层的精神和价值追求！创业应该是比简单的就业具有更高的自我实现的价值。

要激发更多的大学生创业，加强创业实践教学是重要基础。培养学生创业，仅通过开设课程是难以完成的。创业是综合多方面内容的复杂实践，因此创业教育一定要通过实践性的教学和训练进行。创业教育可以借鉴 MBA 案例教学的方式，让学生通过鲜活的创业案例，学习和体会创业中需要的工商管理、金融和法律等方面的知识和技能。

组织不同类型的创新、创业竞赛，让学生在模拟创业练习中积累经验、提高能力。"创青春"全国大学生创业大赛两年一次，参加人数有限。各个学校可以在学院层次定期举办类似的创业比赛，让学生在比赛中学习。硅谷的创业教父彼得·泰尔从 2011 年起，启动资助"20 Under 20"创业青年人项目，鼓励大学生退学创业。虽然我们不一定要退学创业，但这种鼓励大学生创业的活动，在美国乃至很多国家引起了很大反响。

激发更多大学生创业，需要给学生提供创业空间。实验空间就像乔布斯家的车库，是创新创业的原始空间。因此，利用大学科技园提供创业空间很有必要。这方面需要高校予以重视，出台更加灵活、便于学生到科技园创办企业的政策和措施。这方面工作做得好，我国的大学也能够像斯坦福等国外大学那样，在大学科技园中产生很多有影响的创新企业。

创业教育还要求高校转变办学思路，与社会加强联系，使更多的金融、法律等资源进入学校，为创业服务。由于目前高校教师普遍较为缺乏实践经验，这就促使学校要在体制和机制方面有所创新，使社会上经验丰富的"创业导师"走进学校，以多种灵活的形式到学校上课或任教。这也可借鉴德国大学的经验，对一些学科的教师要求有企业工作的经验。

总之，时代的发展，社会的进步，高科技的创新，经济制度的变革，孕育了一个需要创业的时代。大学生要适应时代的发展要求，响应社会变革的召唤。每一个希望实现自己价值、发挥自己才能的大学生都应在这样一个时代的大舞台上一显身手，创一番事业。

12.2　创业：也需要进行职业规划

"创业比就业更难"，为什么这样说呢？因为，创业是一种创造性劳动，每个人特点、素质和优劣势不同、所处的环境不同，创业成功的概率就不同，由于大学生没有实际工作经验和社会阅历，创业就非常艰难。近几年统计数据显示，大学生创业的成功率不高，因此，学生创业之前应该做好应对各种困难的思想准备，做好创业前的职业规划。

1. 创业为什么需要进行职业生涯规划

对于一个立志创业的人来说，职业生涯规划与其创业规划在一定程度上是同一个东

西。要制定一份好的创业规划,从原则上说,应该把握 3 个主要内容,严肃地问一问自己 3 个问题:自己能够做什么? 社会需求什么? 自己拥有什么资源? 因此,就有必要进行自我分析、环境分析和关键成就因素分析。

(1) 自己能够做什么? 作为一名创业者来说,只是知道自己想干什么,是不够的,更重要的是,应该知道自己能够做什么、做到什么。当然,这也是相对而言的,因为一个人的潜能发挥是逐渐展现的过程。但是,一个人对自己的兴趣、潜能有一个基本的认识,仍然是一项具有前提性的工作。

(2) 社会需求什么? 一个人在明确自己想做什么、能做什么的同时,还应考虑社会的需求是什么这一重要因素。如果一个人所选择的创业领域既符合自己的兴趣又与自己的能力相一致,却不符合社会的需求,那么,这种创业的前景无疑会变得暗淡。由于分析社会需求及其发展态势并非一件易事,因此,在选择创业目标时,应该进行多方面的探索,以求得出客观而正确的判断。

(3) 自己拥有什么资源? 要创业,就必然依赖各种各样的资源。创业者应该清楚地审视自己所拥有或能够使用的一切资源的情况,是否足以支持创业的启动和创业成功之后可持续地进行。这里所说的资源,不仅指经济上的资金,还包括社会关系,即通过自己的既有人际关系以及既有人际关系的进一步扩展所可能带来的各种具有支持性的东西。

总之,一份创业规划也必须将个人理想与社会实际有机地结合,创业规划同样能够帮助一个人真正了解自己,并且进一步评估内外环境的优势、限制,从而设计出既合理又可行的职业事业发展方向。只有使自身因素和社会条件达到最大限度的契合,才能在现实中发挥优势、避开劣势,使创业规划更具有可操作性。

一份创业规划能够在多大程度上取得实际成功,取决于它在多大程度上对以上 3 个原则进行了准确的把握,并进行了最完美的结合。

具体地说,一份创业规划至少应该包括以下 7 个方面的内容。

(1) 确立创业目标和方案。一个人要把一个创业理想变成现实,首先就必须确立一个创业目标并制订一个总体计划。

(2) 制定创业原则和步骤。创业原则常常是在创业理念的指导下确立的,它会产生有效的创业实践构想,并使创业活动赢得新的资源。创业步骤把整个创业过程和有关阶段加以具体划分,但是,它在深层上仍然是创业目标、创业原则的一种体现。

(3) 创造创业的基本条件。要创业,从来不是等到条件成熟了之后才开始的。创造创业的基本条件,这本身就是创业的一个重要组成部分。这种条件既包括创业领域的内在条件,也包括创业领域的外在条件。

(4) 确定创业的期限。有必要制定一个关于创业成功的时间表,有的专家认为,创业期限以两年为最佳;换言之,创业者应尽量在两年内把创业的产品做成功。但是,创业环境和市场是处在发展和变化之中的,人的主观努力应尽量与环境的客观条件相符合。

(5) 提出好的创意。一个独到新颖的创业创意,能够较大可能地把市场的需求与产品的生产结合起来,从而形成一项新事业的生长点和扩展基础。

(6) 组织创业团队。要创业成功、创成大业,就需要一个团队的共同努力。在组建一支创业团队时,应该把团队精神或合作意识放在至关重要的地位。

(7) 选择风险投资者。首先要选择能够同甘共苦的风险投资者,以便在创业不顺利的时候,还能够继续得到支持;其次要寻找具有较大影响力的风险投资者,他的经验和力量本身就是一种重要资源。

2. 要深刻分析创业面临的困难和问题

就大学生、研究生而言,由于其年龄、阅历与知识等方面的原因,使其在创业过程中面临较多的心态、知识、经验、技术与资金等方面的问题。

1) 心态问题

拥有良好的心态,尤其是对创业风险具有清醒的认识,并充分拥有应对风险的心理准备,是创业成功的必要条件。但是由于大学生、研究生受年龄及阅历等方面的限制,未必对创业风险具有清醒的认识,缺乏对可能遭遇到风险的必要准备。在缺乏良好心态的情况下,创业前景也会受到相应的不利影响。

2) 知识限制

创业需要企业注册、管理、市场营销与资金融通等多方面的丰富知识,在缺乏相应知识储备的情况下,仓促创业不仅难以筹集到必需的资金,而且在残酷的市场竞争中也将处于劣势。

3) 经验限制

受年龄及相应学识的限制,大学生、研究生很难拥有关于创业的直接经验与间接经验,创业知识一般也限于"纸上谈兵",这种情况下学生创业及在公司运营中肯定会遇到各种不可预见的问题,以致创业困难。

4) 技术限制

理工类学生受学识的限制,拥有可创业的技术的学生只可能是少数。而对于那些文科类学生来说,很难拥有可以创业的技术。技术的缺乏直接限制了学生创业,在激烈的市场竞争中学生创业将遭遇较多的困难。

5) 资金问题

由于大学生很难有足够的创业资金,从社会上融资或获取无息及贴息贷款是必然选择。但是学生创业由于风险较大,难以获得必需的资金。而且一般在获取资金方面也存在两种问题:一是急于获得资金而不惜贱卖技术;二是过于珍惜技术而不肯做出适当的让步。这些问题都决定了大学生在创业初期在资金方面难以获得相应的支持。

3. 要进行创业前的自我评估

面对如上所述的众多困难,大学生要想减轻创业过程中的阻力,进行创业前的自我评估不失为一个行之有效的方法。

1) 要看专业是否适合

学生自主创业虽然存在很多未知数,除了要有生意头脑外,还要有资金、专业技术、创业背景、懂得市场运作,等等。但是,有些专业的学生或许会更加适合自主创业,如美术、装潢设计类的学生。由于专业的特殊性,他们的工作本身就是一种创作行为,只要具备一定的专业技术,反而不需要太多的创业背景和承担过多的风险。据悉,广东技术师范学院的艺术设计系把"项目设计"融入教学,从而带动学生自主创业。近年来,毕业生一次就业率都保持在98％以上，其中有近80％的毕业生实现了自主创业。除了艺术类专业的学生外，自主创业以理科和经济类专业的学生居多。文科学生中也不乏自主创业的例子，如自由撰稿人、策划人、职业写手，甚至作家。文科学生的自主创业更偏向于自由职业一类，从这个角度上说，创业所需要的诸如资金、经验、市场等条件反而不会太苛刻，学生也较容易在刚出校门的"一穷二白"中站稳脚跟。

2）综合考虑社会经验和实践能力

自己尝试办设计工作室的某师范学院学生认为，创业前的社会经历十分重要。他这样评价自己："我绝对不是最顶尖的学生，就算是在我们系里，也有不少人比我强。我之所以比他们更敢走出这一步，主要是因为朋友较多、经验多些、懂一点儿法律知识。创业不仅仅是有专业能力就可以的，社会阅历、人际交往、客户关系、法律常识更重要。"创业是一个整合过程。它需要充分考虑各方面的因素，如果没有经验的积累，没有社会的支持，学生创业实际上是"独木难支"。相对于其他背景的创业者而言，学生最大的劣势就是社会经验的严重缺乏，所以学校应当理解、支持和正确引导学生创业。"把创业纳入学校的管理教育思路中，成了许多人的共识。"现在的高等教育更侧重于培养学生的知识和技能，毕业培训也千篇一律地指向就业，而在自主创新、自由创业方面显得较为薄弱。既然现在国家鼓励高校毕业生自主创业，那么是不是学校可以适当地在平常的教学中向学生渗透一些市场动态、融资、法律等知识，让学生慢慢树立起自己创业的意识与信心？还可以利用学校既有的资源优势和科研力量，再加入一些配套的思路，在一定程度上帮助学生实现自主创业。

3）切忌好高骛远

学生自主创业容易产生好高骛远的心理，比如把创业目标定位在需要一大笔启动资金的高科技大型项目上。这会给创业带来巨大的风险和压力。所以，学生应该选择一些低成本、低风险的小项目，放下架子去创业。一些家长也表示，资金困难、经验能力缺乏是高校毕业生创业面临的主要问题，建议高校最好设立学生"创业辅助机构"，让毕业生更好地走上自主创业的道路。

4. 全面分析影响创业成功的因素

影响大学生创业成功的因素，大致包括以下5个方面。

1）个人能力与素质

创业是一项非常具有挑战性的社会活动。由于其强烈的个体性色彩，因此十分强调创业者本身的个人素质和能力。毕业生要在真刀真枪的社会竞争中站稳脚跟，靠的只能是实力。没有实力，其他一切都是妄谈。只有创业的美丽梦想，没有足够的创业实力，创业永远不可能成为现实。而当毕业生的创业实力达到一定的程度时，他会排除其他因素的影响，坚定地走创业之路。因此可以说，个人的能力与素质在创业过程中起决定作用，其他因素都是外因。

2）个人的性格、气质、个性、爱好和特长

性格、气质、个性、爱好、特长与创业项目的结合，会为创业的成功增加重要的砝码。比尔·盖茨、杨致远所进行的创业项目，正是他们的爱好和特长，他们对其有着无比浓厚的兴趣，而且可以说，是兴趣引领他们开始了创业的脚步，他们在创业最初绝对没有想到未来是如此的灿烂。极具功利色彩的创业，在很多时候，显得不那么功利，它需要创业者将其作为一种理想追求，一种崇高的价值实现。

3）家庭因素

父母的价值观对毕业生的创业选择产生影响。父母鼓励孩子不要担心失败、大胆尝试、勇于开拓，那么受父母的影响，他们在选择创业时就会持更积极、乐观的态度。父母担心孩子吃苦受累，希望他们找一个安稳的工作，一步步发展，那么，毕业生就会在选择创业之路时更为谨慎。家庭的现实状况对学生的创业选择产生影响。家庭的经济条件较好，父母有着较好、较稳定的收入，不需要孩子在眼前给予照顾甚至可以给他们的创业提供某些方面的支持，那么，毕业生在选择创业时，就会更自主，敢于冒更大的风险；反之，如果家庭条件不太好，父母需要给予及时的照顾，那么毕业生就会更在乎创业的失败。听取父母的意见，考虑家庭的情况，这都是毕业生选择创业时必经的一环。事实上，父母的意见对学生创业选择的影响并不小，虽然已经成人，但是我国大多数大学生，即使已经进入硕士、博士学历学习阶段，仍然没有在经济上以至心理上摆脱对父母的依赖。

4）学校因素

学校对毕业生创业的影响分直接和间接两方面。直接的影响来自学校针对学生创业推出的政策和各种教学、训练活动。间接的影响指学校所有的教育活动，尤其是以创新为主题的教育教学改革对学生创业潜移默化的影响。近年来，各高校已经注意到学校教育对学生创业的影响，并采取相应措施。

5）社会因素

影响学生创业选择的社会因素有两方面：一是社会为学生提供的创业硬软件环境；二是学生创业的社会舆论。"硬"的社会环境主要指风险投资机构对学生创业项目的关注和扶持；"软"的社会环境是指与大学生创业相关的政策环境、法律环境、商业环境。除此之外，从众是人的正常心理反应，在年轻人中表现更甚。年轻的毕业生往往把周围同学朋友的观念、选择作为自己行动的有力参照，加以实践和效仿。所以我们说，第一代毕业生的创业路走得如何，对后来人的创业选择有着十分重要的影响。

以上 5 方面因素，相互作用，对学生毕业创业产生影响。当前，对于毕业生创业，各方面的条件和环境还在逐步完善中。随着时间的推移，参与创业的毕业生越来越多，创业定将成为根植学生心中的一种成才模式、成才理念。

5. 如何创业才能扬长避短

学生创业的优势很明显：对事物较有领悟力，有些东西一点即通；自主学习知识的能力强；接受新鲜事物快，甚至是潮流的引领者；思维普遍活跃，不管是不是能干至少是敢干；运用 IT 技术能力强，能够在网络上搜寻到许多信息；自信心较足，对认准的事情有激情去做；年纪轻，精力旺盛，故有"年轻是最大的资本"之说；没有成家的高职大学生暂无家庭负担，其创业很可能获得家庭或家族的支持。

毋庸讳言，大学生创业也存在一些缺点：缺乏社会经验和职业经历，尤其缺乏人际关系和商业网络；缺乏真正有商业前景的项目。许多创业点子经不起市场的考验；缺乏商业信用，在校学生信用档案与社会没有接轨，导致融资借贷困难重重；喜欢纸上谈兵，创业设想大而无当，市场预测普遍过于乐观；独立人格没有完全形成，缺乏对社会和个人的责任感,甚至有毕业后继续依赖父母过日子的想法;心理承受能力差,遇到挫折就放弃,有的学生在前期听到创业艰难,没有尝试就轻易放弃了。

以上是从统计面上来分析学生创业的优缺点,实际上每个学生的情况是千差万别的,还需要个性化地认识自己。

作为当代的大学生、研究生,面对复杂多变的创业环境,要做到以下几点。

(1)要抓住机遇,顺应时代环境。我们面临一个创业的好时代,这个时代有更多的机会让人们去选择自己的命运,去改变自己的命运。当机遇来临的时候,要注意从社会的需要中发现机遇,并围绕这种需要进行创造,以最快最有效的方式满足社会的需求。要通过踏实的工作来驾驭机遇,通过艰苦而诚实的劳动去获取成功。要在洞察和分析时代环境中创造机遇,并在进与退、得与失、成与败之中进行选择与整合,以便在新的需求即将出现的时候,或者市场的游戏规则即将改变的时候,抓住时机率先进入,以此获得先机及丰厚的回报。

(2)要把握地利,善用地域环境。无论是处于好的地域环境还是处于差的地域环境,都可以利用地域的特点和有利之处进行创业。在一些发达城市,创业氛围浓厚,对创业的支持包容度大,许多大学生创业者就是利用了这种地利,充分发挥自己的才干获得了事业的成功。但是,地域环境差的地方也有地利,是最需要建功立业的地方,穷乡僻壤有时也会变成创业的肥沃土壤。地域环境的地利,有的比较明显,有的则比较隐晦。

(3)要善于经营,构筑物质环境。在现代社会创业,必须以经营为手段,最大限度地利用现有的物质资源,进行有效的管理与使用。只有这样,创业才能得以健康发展。要充分利用国家政策法规获得物质上的实惠。要善于经营自己的"知本资源",懂得"知本"作价和股权比例等具体问题的操作程序,了解其中的游戏规则,以知识优势和技术成果去获取经营产权,善于利用金融支持体系的支持。

12.3 大学生、研究生创业成功之道

12.3.1 融入社会,修炼自我,把握机遇

学生完成学业并就业后,如果是在已有企业的岗位上施展自己的才华,以求生存和发展,工作中只需要考虑如何履行好本岗位的职责,通常不需要考虑企业人、财、物的管理,协调企业的发展,除非通过努力达到了一定职位。而创业则完全是从零开始,从设立企业的可行性研究分析到筹备、运作都必须按照自己的意志和实际能力去设计、把握事业发展的进程。这就需要创业者有远见卓识、超人的智慧以及挑战风险的勇气,并能把握自己的实力资本。此外,还需要创业者不断了解市场的竞争态势,及时调整应对对策,力求将风险转化为机遇。

为了获取经验,毕业生应该树立起"先就业,后择业,再创业"的新意识,走一条面对现实,降低起点,先融入社会再寻求发展的道路。"先就业,后择业,再创业"就是指学生毕业时,只要有条件基本认可的单位接纳,就应该采取先工作的方式,实现就业。工作一段时间后,如果认为工作不合适,可以重新选择就业。有了一段就业和择业的工作经历,自己

各方面的能力都会有所提高。当具备了创业的自信心和一定的主观条件后,客观上时机也到来时,就可以考虑走创业这条路。这是一种完善自我、减少风险的好方法,但也不能苛求每个毕业生都这样循规蹈矩。对有一定知识产权、发明创造的毕业生,可将自己的技术作为资本投入企业或自己开办公司直接进入创业阶段。对大多数毕业生而言,通常都有一个"先就业,后择业,再创业"的过程,这种就业观是以职业流动观、创业观等现代就业观为基础,并符合市场经济环境下奋力拼搏、追求发展、事业有成的鲜明写照,是人生事业追求的三部曲。

1. 进入欲创业的行业了解现状

当你确立了创业志向后,不一定能立即实现,除了创造必需的条件外,还必须在思想上做好准备。首先,要有创业的坚定信念。因为一个人的信念具有不可思议的力量。对自己的人生态度,可能会产生巨大的力量,也可能会使人裹足不前。其次,要树立终身创业的意识。创业就是激励自己,开发自己最大的潜能,发现和挖掘通往成功的潜在时机。创业就是创造,创造新的就业岗位,创造新的成功机遇,创造新的富有挑战性的人生。只有立志不断创造,才能提高创业成功的概率。最后,勇敢地走向市场,走向竞争。在瞬息万变的社会,只有适者才能生存。因此,为了达到上述目的,必须一步一步地进行心理激励并重新认识自我。有了创业的志向,但主客观条件不具备时,可以先就业。即使从事的工作与创业的志向不一致,也必须为了解决基本生活问题先稳定下来。当基本生活有了保障,并对现有工作不满意而再择业时,应进入欲创业的行业,目的是观察、了解和熟悉该行业。因为对特定行业熟悉是创业成功的基础。仔细观察各行各业,赚钱的关键只在"熟悉"二字。熟悉一个行业到一定的程度,研究它的规律,具备比较成熟的业务关系和一定量的资金,就可以自己创业了。

有一条规律对有志创业者是有用的:一年入行,两年入门,三年有小成。如果不敢确定自己是天才,那么熟悉欲创业的行业,选择创业时机,预测创业结果,最终付诸行动,这条规律人人可以用来参考。

由此可见,创业成功者的秘诀就是对行业的熟悉再加上勤奋和自信心。所以不要担心自己不如别人聪明能干,因为多数人的智商差别不大。许多工作、许多行业需要的是熟悉、熟悉、再熟悉,而不是天才。只有熟悉以后,才能总结出规律,找到成功的诀窍。

2. 在实践中修炼自我,选择时机

对欲创业的学生而言,修炼自我的过程,单凭在学校中的学习是不能完成的,也很难有条件在自己的企业中完成,绝大多数人只能通过打工的方式在别人的企业中完成,这是修炼的基本途径。

如果正在适合个人创业的小公司、小企业中工作,那是最好不过的。你可以将所需知识和经营运作的各个环节全面熟悉,而不会有盲点。熟悉之后要面对特定行业,全面分析,以研究自己的长处和不足,并确定适合个人特点的做法。更为可取的是,老板赔钱,就是在为你的成功准备经验。你有充分的资料和机会来研究行业成败。这个资讯和条件是外面的人永远得不到的。你是在内部,用一个老板的眼光研究这些资料,是在为自己做实战演习。你还有足够的机会与老板交流,这是你向老板学习的最好时机,他想保守一点行

业机密都不可能。因此，不要怕与老板交流、谈心，也不要不想、不敢说出内心的真实想法，但要注意分寸，不要忘记你的身份，你是打工的，不能因为自己是大学毕业生而显出比老板高一等。在小公司，鉴于小老板个人的经历，他只会相信自己，因此你也不要心存什么幻想。在理智的思想指导下，你才会尽快学到想要的东西。有朝一日你成为老板时，也会面对这个问题。

欲创业的学生具体应从哪些方面修炼自己，掌握创业的本领呢？

（1）了解和熟悉企业产品的生产工艺、原材料购进渠道、产品的销售渠道。这是欲创业者应具备的基本常识，即明确生产什么、如何生产、原材料从何而来、产品又如何销售出去等问题。

（2）了解该企业产品的特点、优势与劣势。不同的企业生产的同类产品，除具有共同的基本功能外，通常都有各自的特色。你应通过比较分析，博采众长，设计出更能满足消费者需要的产品，为创业做好产品准备。

（3）了解企业的机构设置和管理方式。管理界有一句话："管理无定式。"意思是说企业的管理没有固定的模式可循，因为不同行业、不同产品、不同的技术条件，甚至不同的地域和人文环境都会影响管理方式和组织机构的设置。所以，对未来企业的管理设想不能局限于理论或某一企业的模式上，应了解现有企业的管理现状，分析不足，总结归纳，为欲创企业的管理做准备。

（4）预测市场前景。在企业各部门工作可以有机会观察市场的需求变化，预测产品的市场前景。因为任何一种产品都有其生命周期，在产品成长期进入该行业风险最小。了解和掌握了这些规律，就会为成功创业打下良好的基础。

通过这一过程的锻炼，熟悉和了解了该行业的现状及未来发展前景，当时机成熟时，就可以自立门户。

3．以小博大，借鸡生蛋，积小利求大成

自己创业，获取财富，最省时省力的办法就是以小博大，借鸡生蛋。这也是白手创业的必修课程。

初创业的人往往资金有限、经验不足，有了机会，却没有力量去干。在这种情况下，最好能"借鸡生蛋"，即利用别人的资金关系、组织机构、人员去做事，事成之后参加利润分成。人们各有各的优势。有的人有销售渠道，有的人有方方面面的关系，有的人信息灵通，有的人掌握着新产品的技术秘密，有的人有很好的主意。在这种情况下，初创业者可以用技术、信息、销售渠道、关系网、智慧做股本与他人合作，得利后按比例分成。这样做虽然不如独自做获利大，但可以化解风险，同时也可避免受自己资金数量小的制约。

经济生活中有这样一条规律，风险与收益是成正比的。一般来说，风险大，收益也大；风险小，收益也小。例如，市场上一种新产品或服务的出现，通常会产生两种截然相反的结果：一种是企业提供的产品和服务供不应求，价格必然高于价值，收益也大；另一种是企业提供的产品和服务，由于各种原因得不到消费者的认可，就可能产生投入资金后没有收益甚至亏损的结果。这就是风险所在，也是大多数人望而却步的原因。对于已经有了一定基础，且有多项业务的公司，为了赢得较多的利润，有时冒点风险是必要的，也是可以承受的。如果企业搞的是多元化经营，东方不亮西方亮，这儿赔了，那儿却赚了，企业还可

以生存下去。但是,对于初创业者来说,应该尽量避免做风险大的事情,应将为数不多的资金投入风险小、规模也较小的事业中去。先赚小钱,再赚大钱,聚沙成塔,滚动发展。等资金雄厚了,再干大事业,冒大险,赚大钱。

4. 在"冷"与"热"上寻求机会

抓住有市场需求,而目前又没有多少人干的"冷门"行业,风险小,盈利大,是创业初期可供选择的行业。当然,从事"热门"行当也可以创业赚钱,不过要在需求达到高峰之前。需求高峰一过,赶快抽身,不要陷在里面。这需要较高明的决策艺术。

创业之初为了保证稳定的利润,最好瞄准"冷门"和即将成为"热门"的产品。在看不清的情况下,不要轻举妄动。如果一开始就加入竞争激烈的行业,可能会因实力、经验不足而在竞争中败北,出师不利,搞得"赔了夫人又折兵",从此一蹶不振。

5. 发挥自己的知识优势

随着知识经济的到来,人类社会将进入知识社会。知识创业是促进科学技术进步和高新技术产业化的决定性因素。经济的知识化和知识的资本化使创业行为发生在社会生活的各个角落,使创业成为更多知识工作者的最佳选择。在科学技术日新月异的今天,无论从创业行为实现的价值或是从实现这种价值的机会衡量,几乎都是无限的。由于计算机、通信等信息技术的发展,改变了人们对时间、空间、知识(智力)的理解,同时也改变了人们对需求、市场、管理、价值、财富等概念的基本认知。人类正在走向知识经济时代,这使创业形式也呈现出多样化的趋势,一些新的创业形式纷纷出现,包括大公司创办的小公司、学生创办的公司、个人公司、为一个客户服务的公司,等等。毕业生作为知识工作者中的一分子,在创业过程中应充分发挥自己的知识优势。

在知识经济时代,知识工作者的创业优势主要有以下几点。

(1) 创业将更加容易。由于信息产业的出现与壮大,人们获取市场信息的渠道更快捷、更容易。技术的日新月异、市场的快速变化、人们生活节奏与方式的变化,使创业机会大大增多。根据市场的需要、企业的需要以及技术的进步进行创业构思并实践,是每个人都能做到的。在知识经济时代,只要有愿望,人人都可以找到创业的机会。

(2) 创业使得学生与教师、学习与工作、企业与社会的界限更加模糊。当今,知识的快速更新要求人们在工作中不断学习,使以往存在于人们头脑中的"学习是吸纳知识,工作是使用知识"的简单认知发生了改变,学习与工作的界限逐渐模糊。这在美国硅谷的企业以及中关村的高新技术企业中体现得很明显。由于企业与社会界限的模糊,出现了许多创业的新模式。例如,在公司内创业、公司鼓励与吸纳新创企业、公司支持员工在社会上创业等。

(3) 创业与成功的距离更拉近了。由于创业环境大大改善,创业所需的信息可以快捷、低廉地获得,创业所需的资金也可以从风险投资家那里得到。同时,由于企业孵化器和创业中心的大量出现,加之资本市场的发育成熟,使得从创业到成功、从投入到回报所花费的时间比以往任何时候都短。

(4) 创业的源泉大大增加了。由于知识与技术获取渠道的增多,技术发明者与技术掌握者已经不是主要的创业者来源,知识与技术能够面对更多的人,创业行为将更加普遍。

（5）利用技术或构思进行创业将更加普遍。创业团队的概念将被普遍接受,创业团队是拥有技术、管理等各种专门技能的创业人才的自愿组合。创业者在形成了基于市场需求的创业构思后,无论他是管理者还是技术掌握者,都可以去寻找技术掌握者或管理人员从而形成创业团队。

12.3.2 谨慎选择,注重开局,力求成功

1. 谨慎选择行业

特长是一个人最熟悉、最擅长的某种技艺,它最容易表现一个人在某一方面的能力和才华。事实证明,能够发挥自己最大特长的事业是最容易取得成功的事业。因此,当选择了能够发挥自己最大特长的事业时,实际上就意味着已经在创业的道路上步入了成功的开端。那么,如何将特长作为创业时选择行业的依据呢?

（1）搞清楚自己有哪些特长。无论自己的特长是不是自己的爱好,都要清清楚楚地了解它。有些人可能说,我什么特长也没有。其实这些人并不真正了解自己,因为不管是什么人,都有一定的特长,没有任何特长的人是没有的。只要认真地去发现和挖掘,就会发现自己的特长,比如善于唱歌、善于写作、善于用人等。不要小看这些特长,它有时会使你获得意想不到的收获。所以,在走向创业之路之前,首先要尽可能诚实并客观地回答这样一个简单的问题:我究竟有哪方面的特长? 我的这些特长能作为我创业时选择行业的依据吗? 了解自己的特长,并确定这些特长是否就是你的爱好,就可以很从容地对自己将要从事的事业做出选择。想一想自己周围的或从书上读到的有关创业的成功经验,很多人似乎都是在创业活动中发挥了自己的特长。如果想成功,就应该向他们学习。

（2）选择特长中的特长。一个人往往具有许多方面的特长,比如喜欢写作或擅长进行商业咨询以及生物学研究等。在选择创业行业之初,往往觉得有些眼花缭乱,可能将自己所有的特长都在心中设计成创业的各种方案,但要在多个方案中做出优化选择似乎并不十分容易。其实,选择方案的过程就是对自己的选择过程,即在许多方面的特长中,选择自己特长中的特长。这样就会可以把自己的最大特长转化为创业行业,并在创业致富的道路上不断走下去。什么是特长中的特长? 就是最能体现自己创造力的特长,它不是仅仅为自己所熟悉的某种手艺或某一方面的知识,还包含着自己的兴趣。如果在选择创业时,将自己最感兴趣的、能够体现自己创造力的特长作为首要选择的目标,那么,创业就不会轻易地失败。

此外,在多种特长中,选择了自己最好的特长作为创业之始,就会由于自己的特长得到了淋漓尽致的发挥而处于高度兴奋之中,灵感会不断地涌现,从而使自己不断地创造出能够为自己赚钱的好主意。而且,创造力越是丰富,获得新的创意的可能性也就越大,而新的创意会使自己走向成功。

如何选择创业行业,并没有统一不变的固定模式。不同的人,所处的社会环境不同,选择创业行业的标准也不同。创业行业的选择,不仅仅是一个理论问题,更重要的是一个实践问题。当然,创业行业的选择还有许多应该考虑的因素,例如,社会风尚、国家关于创业的有关法律政策和个人的投资能力、资金状况,等等。这些因素都是在选择创业行业时

应予以考虑的。实践证明,在"八仙过海,各显神通"的创业大潮中,凡有一技之长者往往独占鳌头。

2. 精心制订开局方案

创业开头难,开个好头更难。开头顺利会增强自信心,就可以继续干下去,随着经验的日趋丰富,实力的日益雄厚,事业越干越大,再做起生意来就会更顺利、更容易。如果开头就出师不利,赔了钱,就会对创业丧失信心。其实,对开头是否能干好过分担忧、过于恐惧也是不必要的。

(1)头三脚不好踢,是正常的。古人云:"不入虎穴,焉得虎子。"毛泽东也说过:"在战争中学习战争。"搞科学研究,带兵打仗,一开始也是不知所措。经过一次又一次的失败,逐渐掌握了事物运动的规律,成功的概率大了,失败的概率就小了。什么事都是由不知到知,由知之不多到知之甚多,这个过程就是不断失败,而后取得成功的过程。创业或干其他事也是一样,因为经济活动是复杂的,如果人们对经济活动的规律缺乏认识,不按规律办事,当然要栽跟头,开始时人们对经济活动规律的了解必然是较少的,因而在开始时会干出一些违背规律的事情,失败的概率较大一些,这不奇怪。即使对经济活动规律较为了解的人,由于经济运动过程中起作用的因素多,某种突发性、偶然性因素的作用,也会使结果与人们的预期不一致。因此,创业就要准备"交学费",不然,就不能从市场经济的大学校毕业。如果怕失败,怕栽跟斗,就很难实现创业目标了。由此看来,先应有这样的心理准备:宁愿多考虑失败了怎么办,而不要把开局设想得过于美妙。这样,即使开头不顺利,也不会就此一蹶不振,而会振奋精神,总结经验,接受教训,由不会做生意到会做生意,由赔钱到赚钱。

(2)经济活动毕竟是有规律可循的,只要认真地研究与观察,经济活动规律是可以被认识的。按照规律办事,在一开始也可能取得成功,即使不成功,也不会败得很惨。在创业初期受挫折的例子固然有,但是,一开始就旗开得胜的先例也不是没有,事在人为。

3. 行动是成功的先导

我们每个人都崇拜成功者,尤其在小的时候,可长大后却发现许多成功者原来只是曾经生活在我们身边的普通人。我们很了解他们,如果抛开媒体的渲染,要我们崇拜他们,还真不知崇拜什么。何况他们中还有人曾经崇拜过我们中的某个人呢。但他们毕竟不平凡了,毕竟与我们地位不同了。为何如此?他们比我们聪明或者条件比我们好?当我们冷静地思考后,发现答案只有一个:他们不懈地行动了。行动使他们增长了才干,行动使他们获得了成功。特别对于为人处世,即与人交往的学问,实践才是最好的导师。毛泽东曾说:"要想知道梨子的滋味,就必须亲口尝一尝。"要获得创业的成功,就要亲身去实践。我们应该崇拜成功者,崇拜他们敢于行动、不懈行动的精神。有行动才可能有成功。行动说起来容易,做起来却很难。行动就要克服懒惰,行动就可能遇到难以想象的困难和挑战。能行动也是一种能力,行动才是对你是否真正具备自信和勇气的严峻考验。要不为什么将那些卓越的行动者,称之为行动家呢?有许多次我们都被名人的事迹感动得热血沸腾,浑身充满力量,恨不得马上就去大干一场。但可惜的是它如大海的波浪,来得快,去得也快。思想上的震撼、情感上的激动都只是短暂的,作为一个立志创业者,真正重要的就是行动。有了以上思想准备和认识,就可以做开局方案了。创业的开局方案是以可行性研究的结果为基础制订的创业实施计划,一般应包括以下步骤和内容。

为了保证创业投资行为的正确性,要对投资项目的必要性、可能性和经济效益所进行的认真分析项目的可行性研究,投资在项目的建立和选择的过程中是由浅入深、由粗到细分步完成的。首先是机会研究,即创业者对投资的初步设想所进行的概括性分析,以便确定投资的必要性和可能性的基本因素;其次是初步可行性研究,它是在有了项目概貌的基础上,对关键性的问题进行专题研究,如市场的需求问题等;最后是详细进行可行性研究,它是在认真调查、掌握足够信息资料的基础上,对项目进行系统分析,其结果应是诞生一个或几个认为较优的方案。创业者通过对不同方案利弊的比较,进行选择决定。

12.3.3 学生创业应该始于熟悉和擅长领域

学生创业有优势,也有局限性。学生思维活跃、充满活力、喜欢接受新鲜事物,学校的学习使大学生具备了一定的专业知识,但由于没有进入社会,商业意识、社会经验、企业管理、财务及营销等方面的技能都比较欠缺,因此学生在创业方向的选择上应扬长避短,寻找适合自己发展的道路。以下几个创业领域较适合学生的创业特点,不妨尝试一下。

1. 科技成果研究

大学是科研成果和科技人才聚集的地方,曾经出过不少科技创业的成功人才。作为学生,如果自己在某一领域有科技成果,则可以利用自己的成果走科技创业的道路。这里要注意的是,在进行科技创业时,要充分利用学校的资源,包括科技成果、技术、设备、老师、同学等;另外要注意的是,要将科技成果转化成商品,这是用科技成果创业能否成功的一个重要因素。

2. 科技服务

学生根据自己的兴趣爱好结合专业可以做出一些科研成果,但这些科研成果往往难以转化成商品,更无法将它们直接用于创业,而我们的一些企业,特别是一些大中型企业会有许多科技难题,学生可以通过老师、学校加强与企业联系,将企业难题作为科研课题,为企业提供科技服务。如果某项科技服务成果能成为大企业一个长期的配套产品或服务,这就将为创业者奠定了一个稳定发展的基础。

3. 科技成果应用

大学的许多科技成果是与我们的生活息息相关的,但缺少应用方面的开发,许多都束之高阁。学生可以利用自身的知识及学校资源,进行科技成果的应用开发。这里不一定把眼光放在能改变社会生活的大项目上,只要能找到与人们日常生活相结合的一个点,小商品就可能做成大市场,比如,我们把食品科技的成果用于休闲食品领域,把种植、养殖方面的科技成果用于家庭种花、养宠物,把材料表面处理新工艺用于工艺品、饰品,等等。

4. 智力服务

随着社会经济的发展,服务业在我们的生活中已占有越来越重要的地位。学生创业应发扬自己的知识优势,选择一些需要知识和专业的智力服务,如翻译、计算机维修维护、家教培训等,或把软件设计应用到一些传统行业、中小企业、商务及商业连锁领域中。

5. 电子商务

现在网络已变得日益普及,它已成了人们生活的另一个舞台。电子商务成本低,不受时间、空间限制,学生从小就学习和使用计算机,他们可以用自己的知识技能进行网上创业,做电子商务。在这方面学生不应停留在网上开店,买卖传统商品上,而应该结合自己的特点提供一些网上智力服务,或一些有创意的电子商务。比如,学国际贸易的可以通过网络寻求国际订单,为传统行业提供网络销售,为需要走出去的中小企业提供外部信息,建立虚拟办公服务,等等。

6. 创意小店

学生年轻有朝气、思维活跃、喜欢接受新鲜时尚的东西,小店的经营相对简单,对社会经验、管理、营销、财务要求不高。因此,学生可以发挥自己的特点在这座日新月异的国际化大都市开一些有创意的小店。比如,创新的蔬果店、甜品店、幼儿绘画坊、成人老年人玩具吧、绣品工艺品DIY店、个性家饰、饰品店、美容美发吧,等等。

7. 连锁加盟

连锁加盟是一种成功的商业模式,发达国家的连锁加盟在商业经营中占有很高的比例,在我国,连锁加盟的比例还不高,还有很大的市场空间。连锁加盟可以为加盟者提供成功的模式和经验。对学生来说,通过连锁加盟形式创业,可以弥补自身的不足,快速掌握经营所需的经验和知识,降低风险,提高创业成功率。通过连锁加盟创业的关键,是要寻找一个连锁加盟体系相对完善、适合自己的项目。

以上所说的一些创业方向,比较符合学生的特点。随着大学精英教育向大众教育转变,学生的就业也将从学历就业转变成能力就业,创业将成为就业的一种选择。生存型的创业将逐步成为我们的一种选择,因此,为了明天更美好的生活,学生应做好全方位的准备。

小 贴 士

"大众创业,万众创新"时代俞敏洪谈年轻人如何创业

他是一名全国政协委员,他思维敏捷,善于表达,有人说他是教育界最善于营销的人;他就是新东方的创始人——俞敏洪。在全国政协十二届三次会议上,他对"大众创业,万众创新"时代的大学生创业有哪些建议?互联网时代在教育领域创业有哪些潜力可以挖掘?

李克强总理在2016年的政府工作报告中提到鼓励"大众创业,万众创新",对于年轻人如何做好"创客",俞敏洪根据自己带领新东方发展的经验,给出了3点建议:"建议现在的年轻人一要不断熟悉商业模式;二要不断思考自己的创业点是否有创新性;三要有组建团队的能力。把这3点把控住后我觉得创业成功的可能性就会大很多。"

互联网时代给了很多草根创业者以广阔的创业机会和崭新的创业领域。记者假设俞

敏洪目前就是一名刚毕业的大学生,会选择在哪个领域创业?俞敏洪选择了自己熟悉的教育领域,当然,是融合了互联网技术的教育领域创业。谈到原因,他说:"因为教育是可以不断创新的领域,比如说在现代移动互联网时代我可以用很多优势比如大数据来统计学生的学习状况,分析学生的学习状态,甚至包括每个学生做每道题需要多长时间,为什么做对和做错都能分析出来。我也可以通过云平台上传大量的教育资源和教育内容供大家分享,移动互联网时代的到来其实给教育带来的兴奋点是最多的。"

俞敏洪同时也一直关注互联网时代的基础教育信息化问题。在今年的政协会议上,他带来了有关促进教育信息化的提案:"关于教育信息化,尤其是基础教育信息化,中国过去十年在教育信息化领域一直在硬件方面投入,未来要尽可能做到'人人通',就是教育内容、教育资源、教育分享,这些主要需要通过软件来完成。我的建议是未来在国家教育信息化中间,以软件和信息服务为主构建中国的教育信息网。"

相比毕业就创业,更多的大学毕业生在刚毕业时还是先选择了就业。在当前的经济形势下,大学生毕业找工作难,海归就业也面临着严峻的局面。俞敏洪认为,海归素质良莠不齐,一些人回国暂时找不到工作是正常现象,他同时也呼吁国内高等教育的教学内容更加契合社会需求。"不是每个海归都是从名牌或优势大学毕业的,也有在国外混日子的海归,这些人回国连英语都讲不利落,找工作自然会有困难,不能因为有些海归回来找不到工作就否定留学的必要性和先进性。同时,我也鼓励国内的高等教育加快改革步伐,使中国高等教育的教学内容更加契合学生的就业需求,更加迎合世界未来的发展方向。也希望高校老师尽可能从古老的、落后的、陈旧的书斋中走出来,不断吸纳新知识,尽可能做些实践性、基础性的社会工作,教育的学生也能更符合社会需求。"

12.3.4 学生创业如何避免没有实践经验

大学生、研究生的理想与抱负很高,这是好事。当前,很多学生把创业当作实现人生理想的最好途径,既可避开就业压力,又可自由发挥自己的综合能力,何乐而不为?有同学说,创业固然需要很强的综合能力,但可以一边创业一边锻炼,没有相关实践经验无所谓,只要创业项目有市场就可以操作。是的,有市场的项目就有可能盈利。但是市场竞争非常激烈,在你看好一个项目时,稍有风声,就会有人跟风,只要别人的各方面经验高于你,那你的项目就相当于是为别人做了嫁衣。有无经验不能决定能否创业,却能决定创业能否成功。那么,如何避免创业经验不足呢?

1. 利用大学社团得到实践锻炼

学校社团的任何一项活动,从策划到最后实现是个综合过程。参与全局,体验全局,可锻炼组织、协作、资源利用等能力。这是锻炼综合能力最基本的途径。

2. 利用大学课余和寒暑假打工

现在社会留给学生的打工机会很多,利用打工可充分锻炼自己的综合能力。市场调研、销售、组织、人力资源管理、财务管理、物流管理等各方面能力都可以在打工的过程中或多或少地得到锻炼,加上相关书籍的对照学习,积累经验是完全可能的。学生打工的实际工作往往都是烦琐的或者重复性强的工作,但不能小看这些工作。例如,做销售,在此过程中,学生可以观察消费者的消费能力、消费观点、对公司产品及市场相关产品的评价等,掌握市场消息、预测市场需求、洞察市场空白,以市场指导生产。如果担任市场销售的学生团队领导,还可以借机向公司相关销售人员讨教经验,申请到生产现场参观等。担任学生领导,可以带领学生充分发挥团队协作能力,超额完成任务,积累人员管理、物流管理、财务管理等方面的实践基础经验。以后,从事相关的项目创业,在市场方面便有了对照和参考。在其他内容的打工实践中,同样可通过简单的工作综合积累相关经验。

3. 参与学校的科研项目获取实践经验

参与学校科研项目的同学,有更多接触项目导师的机会。项目导师跟社会的接触往往很紧密,在导师那里能学到很多实践经验。参与科研项目,能通过实验充分锻炼动手能力,找出创业金点子,锻炼策划能力。

4. 毕业后在企业实际锻炼

企业就是个实际创业团队,在这个团队里,锻炼能力积累经验都是可取的。但在企业里,要想独立创业,还需要善于发现全新的创业点子,或在所在企业市场空白处找到创业契机,或自己组建的团队高于所在企业的团队,那么独立创业才会有成功的可能。

"眼高手低,纸上谈兵"是一些急于创业的同学的特点,经验不足,缺乏从职业角度整合资源、实行管理的能力,是学生创业失败的一个重要原因。因此,要做成功一个项目,没有实践经验则无必要盲目尝试,没有在人生独立之初就体验重大失败的必要。

12.4　有关大学生、研究生创业的扶植政策

近年来,伴随着国内经济社会发展形势的变化,创业活动受到了众多社会人士的普遍关注,无论业界还是学术界都充分肯定了创业活动对于社会发展和经济转型的重要作用。学生创业活动亦成为社会各界人士的关注焦点。从中央到地方,各级政府在支持学生创业方面出台了许多政策,这反映了政策决策部门对于大学生、研究生创业活动现象的关注和支持。

学生创业活动的发展受到国内整个经济环境发展的影响,学生创业活动的兴起与一般性创业活动的发展密切相关。近年来,国家和地方先后推出了一系列支持大学生创业的政策措施。

12.4.1　国家支持学生创业的政策和措施

针对学生创业的促进政策最早是在 2000 年 1 月,教育部出台了关于大学生、研究生(包括硕士、博士研究生)可以休学保留学籍创办高新技术企业的政策。这一政策的出台显然是受到了 1998 年以来大学生创业活动浪潮的影响。其主要鼓励领域也是高新技术创业活动。2003 年,国务院有关部门发布了《关于切实落实 2003 年普通高校毕业生从事个体经营有关收费优惠政策的通知》。通知规定,凡高校毕业生从事个体经营的,除国家限制的行业(包括建筑业、娱乐业以及广告业、桑拿、按摩、网吧、氧吧等)外,自工商行政管理机关批准其经营之日起.一年内免交个体工商户登记注册费、个体工商户管理费、集贸

市场管理费。2006年1月,为进一步鼓励高校毕业生从事个体经营,财政部和国家发改委下发了《关于对从事个体经营的下岗失业人员和高校毕业生实行收费优惠政策的通知》。通知明确规定,从事个体经营的下岗失业人员、高校毕业生免交工商部门收取的个体工商户注册登记费(包括开业登记、变更登记、补换营业执照及营业执照副本)等管理类收费项目。

与此同时,各地方政府也出台了一系列鼓励大学生创业的优惠政策。2003年,上海市政府出台了有关政策,上海地区应届大学毕业生创业可享受免费风险评估、免费政策培训、无偿贷款担保及部分税费减免四项优惠政策,这又被称为"四项优惠套餐"。2005年,河南省出台了对从事个体服务的大学毕业生3年内免交登记类、管理类和证照类各项行政事业性收费的政策,并及时提供创业培训、开业指导、项目开发、小额贷款担保等服务。北京市则规定从2006年开始,北京高校毕业生在北京市从事个体经营,自工商部门批准其经营之日起,3年内免交五部门的行政事业性收费。

除了这些优惠政策,还有一些直接支持性的资金项目。2005年3月,上海市政府启动大学生科技创业基金。每年5 000万元,连续投入1.5亿元,支持大学生创业项目。北京也规定从2006年5月起,除拥有北京《再就业优惠证》的人员外,持有北京户口的未就业大学毕业生想要从事个体经营或自主、合伙创办小企业自筹资金不足的也可申请小额担保贷款。重庆、河南、海南等地都有类似的优惠政策。

自2008年以来,伴随着国际金融危机所带来的一系列连锁反应,国内就业市场的供给缺口迅速上升,加上历年来大学扩招所积累的问题。如何通过行之有效的措施解决大学生就业问题成为各级政府、各个高校的工作重点。2008年10月,国务院办公厅批转了人力资源社会保障部等11部门联合发出的《关于促进创业带动就业工作的指导意见》来降低创业者市场准入门槛。2009年1月19日,国务院办公厅下发的《关于加强普通高等学校毕业生就业的通知》,再次提出四项积极就业政策鼓励毕业生创业,促进高校毕业生创业问题被提到一个前所未有的高度。国家对大学生创业的扶持政策主要表现在以下方面。

1. 企业注册登记

企业注册登记方面的扶持政策主要包括如下两方面。

(1) 程序更简化。凡高校毕业生(毕业后两年内,下同)申请从事个体经营或申办私营企业的,可通过各级工商部门注册大厅"绿色通道"优先登记注册。其经营范围除国家明令禁止的行业和商品外,一律放开核准经营。对限制性、专项性经营项目,允许其边申请边补办专项审批手续。对在科技园区、高新技术园区、经济技术开发区等经济特区申请设立个私企业的,特事特办,除了涉及必须前置审批的项目外,试行"承诺登记制"。申请人提交登记申请书、验资报告等主要登记材料,可先予颁发营业执照,让其在3个月内按规定补齐相关材料。凡申请设立有限责任公司,以高校毕业生的人力资本、智力成果、工业产权、非专利技术等无形资产作为投资的,允许抵充40%的注册资本。

(2) 减免各类费用。除国家限制的行业外,工商部门自批准其经营之日起1年内免收其个体工商户登记费(包括注册登记、变更登记、补照费)、个体工商户管理费和各种证书费。对参加个私协会的,免收其1年会员费。对高校毕业生申办高新技术企业(含有限责任公司)的,其注册资本最低限额为 10 万元,如资金确有困难,允许其分期到位;申请的名称可以"高新技术""新技术""高科技"作为行业予以核准。高校毕业生从事社区服务等活动的,经居委会报所在地工商行政管理机关备案后,1 年内免予办理工商注册登记,免收各项工商管理费用。

2. 金融贷款方面

金融贷款方面的扶持政策内容如下。

(1) 优先贷款支持、适当发放信用贷款。加大高校毕业生自主创业贷款支持力度,对于能提供有效资产抵(质)押或优质客户担保的,金融机构优先给予信贷支持。对高校毕业生创业贷款,可由高校毕业生为借款主体,担保方可由其家庭或直系亲属家庭成员的稳定收入或有效资产提供相应的联合担保。对于资信良好、还款有保障的,在风险可控的基础上适当发放信用贷款。

(2) 简化贷款手续。通过简化贷款手续,合理确定授信贷款额度,在一定期限内周转使用。

(3) 利率优惠。对创业贷款给予一定的优惠利率扶持,视贷款风险度不同,在法定贷款利率基础上可适当下浮或上浮。

3. 税收缴纳方面

凡高校毕业生从事个体经营的,自工商部门批准其经营之日起 1 年内免交税务登记证工本费。新办的城镇劳动就业服务企业(国家限制的行业除外),当年安置待业人员(含已办理失业登记的高校毕业生,下同)超过企业从业人员总数 60% 的,经主管税务机关批准,可免纳所得税 3 年。劳动就业服务企业免税期满后,当年新安置待业人员占企业原从业人员总数 30% 以上的,经主管税务机关批准,可减半缴纳所得税 2 年。

4. 企业运营方面

企业运营方面的扶持政策具体如下。

(1) 员工聘请和培训享受减免费优惠。对大学毕业生自主创办的企业,自工商部门批准其经营之日起 1 年内,可在政府人事、劳动保障行政部门所属的人才中介服务机构和公共职业介绍机构的网站免费查询人才、劳动力供求信息,免费发布招聘广告等;参加政府人事、劳动保障行政部门所属的人才中介服务机构和公共职业介绍机构举办的人才集市或人才、劳务交流活动给予适当减免交费;政府人事部门所属的人才中介服务机构免费为创办企业的毕业生、优惠为创办企业的员工提供一次培训、测评服务。

(2) 人事档案管理免 2 年费用。对自主创业的高校毕业生,政府人事行政部门所属的人才中介服务机构免费为其保管人事档案(包括代办社保、职称、档案工资等有关手续) 2 年。

(3) 社会保险参保有单独渠道。高校毕业生从事自主创业的,可在各级社会保险经办机构设立的个人缴费窗口办理社会保险参保手续。

12.4.2 学生创业贷款优惠政策

大学生、研究生创业贷款是国家给学生提供的创业优惠措施,为支持学生创业,国家各级政府出台了许多优惠政策,涉及融资、开业、税收、创业培训、创业指导等诸多方面。具有一定生产经营能力或已经从事生产经营活动的个人,因创业或再创业提出资金需求申请,经银行认可有效担保后而发放的一种专项贷款。符合条件的借款人,根据个人的资源状况和偿还能力,最高可获得单笔50万元的贷款支持;对创业达一定规模或成为再就业明星的,还可提出更高额度的贷款申请。创业贷款的期限一般为1年,最长不超过3年。

贷款要求:①学生创业贷款申请者年满18周岁,具有合法有效身份证明和贷款行所在地合法居住证明,有固定的住所或营业场所;②学生创业贷款申请者持有工商行政管理机关核发的营业执照及相关行业的经营许可证,从事正当的生产经营活动,有稳定的收入和还本付息的能力;③学生创业贷款申请者投资项目已有一定的自有资金;④学生创业贷款用途符合国家有关法律和银行信贷政策规定,不允许用于股本权益性投资;⑤在银行开立结算账户,营业收入经过银行结算。

全国大中小城市几乎都推出了针对大学生创业的贷款优惠政策。

(1)北京:从2006年5月起,除拥有北京《再就业优惠证》的人员外,持有北京户口的未就业大学毕业生想要从事个体经营或自主、合伙创办小企业自筹资金不足的,也可申请小额担保贷款。崇文区(现东城区)出台的新政策规定,崇文区的创业者可以得到最高50万元的贷款,且由区财政进行贴息。同时,新政策规定的贷款主体也有所增加。除失业、待业人员及创业大学生等,崇文区创业培训班的合格学员、创业者俱乐部成员以及区内已经开办企业的私营业主都可以申请该贷款。

(2)上海:大学生创业"天使基金"为大学生开办企业提供5万元至30万元的支持。为了激发毕业生们的创业激情,上海专门设立了大学生创业"天使基金"。"天使基金"将根据学生的申报计划,严格评估学生创业项目,然后确定实际支持金额。这笔资金将以股权形式投入学生企业中,获利部分将成为创业者的利润,而一旦创业失败也无须学生还款。在创业之前,专门机构还将对学生科技创业者进行创业培训,使其迅速拥有"老总"素质,相关部门还将为大学生免费提供代理工商注册登记、纳税申报、发票管理等服务。

(3)重庆:对于半年以上未就业、有固定户口的大学毕业生可在其户口所在地居委会登记,申请3 000~4 000元的银行抵押和担保贷款;另外,重庆转为直辖市以来,进入各类高校的重庆学生越来越多,全市各高校在校生人数也较直辖初增加了约1倍。为适应大中专生就业形势的变化,重庆市近两年先后推出了大学生自主创业小额贷款、对本地和外地生源平等开放就业资源及就业市场等措施,为大中专毕业生创造了更多的就业机会。

(4)太原:创业贷款政府协助找贷款担保。太原市登记失业的高校毕业生,想自主创业的,可申请不超过5万元的小额担保贷款。各县(市、区)财政部门可委托指定担保机构,为其提供担保,小额担保贷款基金运行中出现缺口,由各县(市、区)负责补足。应届毕业生选择自主创业,工商部门会放宽其办企业住所登记证条件,申请人只需提交有效房屋租赁合同,无须再提交相关产权证明文件。工商部门还允许创业大学生用自有或租赁住房兼作经营场所,毕业后5年内从事个体经营符合条件的大中专毕业生,自工商部门登记注册之日起,3年内免交登记类、管理类和证照类行政事业性收费。创业项目为高新科技的,税务部门将减免15%的企业所得税。

(5)福建：福建省对高校毕业生从事个体经营符合条件的,制定了免收行政事业性收费、落实税收优惠、小额担保贷款和贴息等扶持政策;对毕业两年以内的普通高校毕业生从事个体经营的,自其在工商部门首次注册登记之日起3年内免收管理类、登记类和证照类等行政事业性收费;对于自主创业、灵活就业的高校毕业生,人事部门所属人才中介机构3年内免费办理人事代理,提供落户服务。自主创业的高校毕业生可享受小额担保贷款和其他形式小额贷款贴息政策,贴息贷款额度最高5万元,由财政按中国人民银行公布的同期贷款基准利率上浮3个百分点以内给予全额贴息。同时依托团省委,设立大学生自主创业担保基金,为需要担保的异地创业高校毕业生提供担保服务。

(6)青岛：青岛拨款1 000万元,设立"青岛市高校毕业生创业扶持资金",扶持高校毕业生自主创业。高校毕业生自主创业的可申请小额担保贷款,贷款额度最高不超过5万元。对从事微利项目的,由同级财政据实全额贴息;两人及以上团队创业的可放宽到20万元。

12.4.3　新时期"大众创业,万众创新"的新政策

2015年3月,国务院办公厅印发《关于发展众创空间推进大众创新创业的指导意见》,为加快实施创新驱动发展战略,适应和引领经济发展新常态,顺应网络时代"大众创业,万众创新"的新趋势,加快发展众创空间等新型创业服务平台,营造良好的创新创业生态环境,激发亿万群众创造活力,打造经济发展新引擎,提出：①加快构建众创空间。②降低创新创业门槛。③鼓励科技人员和大学生创业。④支持创新创业公共服务。⑤加强财政资金引导。⑥完善创业投融资机制。⑦丰富创新创业活动。⑧营造创新创业文化氛围8项措施。

2015年5月,国务院办公厅印发《关于深化高等学校创新创业教育改革的实施意见》(以下简称《意见》),全面部署深化高校创新创业教育改革工作。《意见》指出,深化高等学校创新创业教育改革,是国家实施创新驱动发展战略、促进经济提质增效升级的迫切需要,是推进高等教育综合改革、促进高校毕业生更高质量创业就业的重要举措。瞄准9项改革任务,推出30余条具体措施,力争2020年建立健全课堂教学、自主学习、结合实践、指导帮扶、文化引领融为一体的高校创新创业教育体系。其中,"实施弹性学制,允许保留学籍休学创新创业"等政策体现了中国鼓励大学生创新创业的决心。此外,为了形成全民创新的良性循环,"创造创新从娃娃抓起"的工作也在不断开展。

2015年6月,国务院印发《关于大力推进大众创业万众创新若干政策措施的意见》提出,推进"大众创业,万众创新",是发展的动力之源,也是富民之道、公平之计、强国之策,对于推动经济结构调整、打造发展新引擎、增强发展新动力、走创新驱动发展道路具有重要意义,是稳增长、扩就业、激发亿万群众智慧和创造力,促进社会纵向流动、公平正义的重大举措。

2016年12月,国务院办公厅印发《关于加快众创空间发展　服务实体经济转型升级的指导意见》提出,促进众创空间专业化发展,为实施创新驱动发展战略、推进大众创业万众创新提供低成本、全方位、专业化服务,更大释放全社会创新创业活力,加快科技成果向现实生产力转化,增强实体经济发展新动能。通过龙头企业、中小微企业、科研院所、高

校、创客等多方协同,打造产学研用紧密结合的众创空间,吸引更多科技人员投身科技型创新创业,促进人才、技术、资本等各类创新要素的高效配置和有效集成,推进产业链创新链深度融合,不断提升服务创新创业的能力和水平。

这一系列意见是推动"大众创业,万众创新"的系统性、普惠性政策文件,为新时期大学生创新创业指明了方向、开了绿灯、保驾护航。

当前,中国进入发展新阶段和现代科技迅速进步,为"大众创业,万众创新"提出了迫切需要,并提供了巨量空间。

复习思考题

1. 为什么说创业是高难度的职业生涯规划?
2. 大学生创业有哪些优势和劣势?如何提高成功率?
3. 创业者需要具备哪些基本素质?
4. 谈谈你对"大众创业,万众创新"的大环境的认识,你如何顺应这个时代潮流?

案例探讨

陈欧从 GGgame 到聚美优品的创业之路

陈欧的家乡在四川省中江县,1983 年 2 月 4 日出生在德阳,少年时代的陈欧拿过不少奥数的奖,小学毕业直接跳级读初二。至 16 岁,陈欧机缘巧合发现了当年德阳的全额奖学金留学项目,于是考取了新加坡南洋理工大学并拿到全额奖学金。

陈欧大学读的是计算机,业余爱好是挣钱、打游戏比赛。和时下多数大学生一样,陈欧在大学期间经常参加游戏比赛。但有所不同的是别的参赛选手把打魔兽当成生活,而陈欧只是在参赛前的三四天才抽空练习一下。最好的成绩是曾获新加坡《魔兽争霸》前三名。陈欧通过参加游戏比赛很快就发掘到了商机,这也就成就了陈欧打造全球领先的在线游戏平台 GGgame。

2009 年,陈欧发现自己与公司不合拍,于是卖掉公司。在 GGgame 发展得不错时,不甘心现状的陈欧决定去斯坦福大学读 MBA,扩充自己的知识储备。与此同时,留学斯坦福还让陈欧结识了第二位创业伙伴戴雨森。

2009 年 7 月,陈欧在毕业后的第三天回国,开始第二次创业。他带着一个全新的项目,找到了已经两年没有联系的天使投资人徐小平。早在 2007 年 7 月的一天,还是斯坦福大学学生的陈欧飞回北京,为创业项目融资。经朋友介绍,陈欧在北京翠宫饭店结识了未来最重要的创业恩师——真格天使投资人徐小平(新东方教育集团创始人之一)。两人在北京翠宫饭店喝了一次茶,徐老师便决定投资他的 GGgame。但陈欧这一次没有拿徐老师的钱。

两年后,当陈欧从斯坦福毕业再次回国创业时,陈欧在中国大饭店又一次遇到了徐小平。徐小平向陈欧的项目投资了 18 万美元,顺便还给了陈欧的团队一套房子作为办公场地。斯坦福师弟戴雨森也放弃学位回国追随陈欧。陈欧选择游戏行业,成立了 Reemake 公司,创业项目是在社交游戏中内置广告。但很快发现,他们搬来的国外模式在中国行不通。

陈欧发现中国的广大女性消费者对于线上购买化妆品的信心不足,线上化妆品行业没有"领头羊"企业。化妆品就是新大陆。他总结出了 3 个"可行条件"。首先,电子商务在中国正在高速发展是不争的事实;其次,化妆品需求很大,但市场上还没有一个可信的化妆品网站;最后,做这个别的男人不好意思做的行业反倒给了自己机会。合伙人之间有了激烈的争吵,陈欧要做电商,戴雨森提议做社区。他们争执不休之际,国内刮起了团购热。陈欧提议先借着团购的方式做着玩,凭感觉一步一步来。由于公司的流动资金只剩下 30 万元,只好一面继续着游戏广告业务,一面用了两天时间,在技术上让团美网(聚美优品前身)上了线。

2010 年 3 月 31 日,团美网作为中国首家专业女性团购网站上线,以正品平价形象口碑相传,短时间内取得飞速发展。

陈欧将代理商的化妆品买断,存放在仓库,以限时团购的形式卖出,价格比专卖店低了四成。同年 5 月,陈欧全面停掉了之前的游戏内置广告业务,同时再次获得了来自徐小平的 200 万元投资。团美网上线后,业绩出人意料的好,不到 5 个月注册用户突破 10 万。2010 年 9 月,团美网更名为聚美优品,有"聚集美丽,成人之美"的含义,同年销售额达到 2 000 万元。2011 年 3 月,公司成立不到 1 年总销售额突破 1.5 亿元,同时也获得了来自红杉资本千万美元级别的投资。5 月,聚美优品转型为团购外表的化妆品 B2C(商家对顾客)网站。

讨论题

陈欧的创业经历给了你哪些启发? 结合案例谈谈大学生毕业创业需要什么样的前期准备和职业生涯规划。

参 考 文 献

[1] 刘仲仁.大学生择业指南[M].北京：中国物资出版社,2000：25-28.

[2] 周文霞.职业生涯管理[M].上海：复旦大学出版社,2004：3-34,128-156.

[3] 亚瑟·W.小舍曼,等.人力资源管理[M].大连：东北财经大学出版社,2001：12-15.

[4] 周文霞.人力资源管理[M].北京：中国城市出版社,2004：88-103.

[5] 石建勋,等.职业规划与创业管理[M].北京：机械工业出版社,2006.

[6] 石建勋.多元化与和谐管理[M].北京：机械工业出版社,2008.

[7] 里尔登·伦兹,桑普森·彼得森.职业生涯发展与规划[M].侯志瑾,伍新春,译.北京：高等教育出版社,2005：23-45.

[8] 石建勋.160种求职择业致富新方法[M].北京：中国人民公安大学出版社,1998：1-81.

[9] 姚裕群.职业生涯规划与发展[M].北京：首都经济贸易大学出版社,2003：125-145.

[10] 埃尔伍德·N.查普曼.职业生涯发现方案[M].韩经纶,等译.天津：南开大学出版社,2002：89-98.

[11] 刘冰,张欣平.职业生涯管理[M].济南：山东人民出版社,2004：189-202.

[12] 约翰·米多顿.职业规划[M].胡零,译.上海：上海远东出版社,2002：98-120.

[13] 王凌峰.我的大学：大学生职业规划与就业指导[M].北京：中国时代经济出版社,2005：4-9.

[14] 周文,龚先,等.素质测评与职业生涯规划[M].长沙：湖南科学技术出版社,2005：23-34.

[15] 徐娅玮.职业生涯管理[M].北京：海天出版社,2002：230-243.

[16] 谌新民,唐东方.职业生涯规划[M].广州：广东经济出版社,2002：87-89.

[17] 张玲玲,张芝萍.大学生就业指导[M].北京：科学出版社,2004：60-91,201-215.

[18] 鄂桂红.现代人事管理技术实用手册[M].北京：中国人事出版社,1999.

[19] 姚裕群.走向市场的中国就业[M].北京：中国人民大学出版社,2005.

[20] 苏永华.人才测评案例集[M].北京：中国人民大学出版社,2011.

[21] 邓展.邹其芳.设计人生[N].中国贸易报,2004(2360).

[22] 肖勇.在职场中如何建立个人品牌[J].金领世界,2007(5).

[23] 俞国良.心理健康与生涯规划[J].教育研究,2008(10).

[24] 宋振杰.成就精彩的自己[EB/OL].中国人力资源开发网,http://www.chinahrd.net.

[25] 林泽炎,陈红.职业生涯设计与管理技术[EB/OL].豆丁网,http://www.docin.com.

教学支持说明

尊敬的老师：

　　您好！为方便教学，我们为采用本书作为教材的老师提供教学辅助资源。鉴于部分资源仅提供给授课教师使用，请您填写如下信息，发电子邮件给我们，或直接手机扫描上方二维码实时申请教学资源。

　　（本表电子版下载地址：http://www.tup.com.cn/subpress/3/jsfk.doc）

课程信息

书　　名			
作　　者		书号（ISBN）	
开设课程1		开设课程2	
学生类型	□本科　□研究生　□MBA/EMBA　□在职培训		
本书作为	□主要教材　□参考教材	学生人数	
对本教材建议			
有何出版计划			

您的信息

学　　校			
学　　院		系/专业	
姓　　名		职称/职务	
电　　话		电子邮件	
通信地址			

清华大学出版社教师客户服务：

电子邮件：tupfuwu@163.com
电话：010-62770175-4506/4340
地址：北京市海淀区双清路学研大厦 A 座 515 室
邮编：100084

清华大学出版社投稿服务：

投稿邮箱：wzhangwu@sina.com
投稿咨询电话：010-62770175-4316